延中灯火映初心

郭博 著

人民日報出版社
北 京

图书在版编目（CIP）数据

延中灯火映初心 / 郭博著 . -- 北京 : 人民日报出版社 , 2024.3
ISBN 978-7-5115-8186-0

Ⅰ . ①延… Ⅱ . ①郭… Ⅲ . ①中学－校长－学校管理－文集
Ⅳ . ① G637.1-53

中国版本图书馆 CIP 数据核字 (2024) 第 026770 号

书　　名： 延中灯火映初心
YANZHONG DENGHUO YING CHUXIN
作　　者： 郭　博

出 版 人： 刘华新
责任编辑： 郭晓飞
封面设计： 金　刚

出版发行： 人民日报出版社
社　　址： 北京金台西路2号
邮政编码： 100733
发行热线： （010）65369527　65369846　65369509　65369510
邮购热线： （010）65369530　65363527
编辑热线： （010）65363486
网　　址： www.peopledailypress.com
经　　销： 新华书店
印　　刷： 北京旺都印务有限公司
法律顾问： 北京科宇律师事务所　010-83622312

开　　本： 710mm×1000mm　1/16
字　　数： 500千字
印　　张： 28.125
版　　次： 2024年6月第 1 版　2024年6月第 1 次印刷

书　　号： ISBN 978-7-5115-8186-0

定　　价： 57.00元

序1　伟大的精神，创新的弘扬

杨新城

有幸读到延安中学校长郭博同志的鸿篇巨著《延中灯火映初心》，书里处处闪烁着延安精神的光辉，涌动着几代延中人对伟大精神的深刻理解、忠实传承，让人看到了新时代延安中学师生牢记习近平总书记视察时“用延安精神教书育人”的谆谆教导、奋力弘扬伟大精神的创新实践。

延安精神是党中央在延安13年大政方针与正确决策下所形成的，是党的性质、宗旨、传统、作风的集中表现，也是党十分宝贵的精神财富。伟大的延安精神使人民翻身解放、当家作主，激励了一代又一代中华儿女为强国富民而艰苦奋斗。延安精神是时代之声、思想之旗、奋斗之路、力量之源，过去、现在和未来仍需坚持和发扬，永远不能变、永远不过时、永远不能丢、永远要传承。面对新时代、新形势、新任务和世情、国情、党情发生的深刻变化，更需要用延安精神武装头脑，用伟大的精神推动伟大中国梦的实现。

这一点，作为中国共产党1938年建立的第一所中学的延安中学的师生们，他们做到了。在这本书里，我们可以看到延中人的——

一、对延安精神的深刻诠释与理解

对一种精神的理解，不应该只停留在熟练背诵和应知应会上，而是要从辩证唯物主义的高度、历史的纵深和当时的社会背景去探源。从哲学的角度、用思辨的方法去研究理解一种精神是劳神费力的，需要大量的阅读和思考。郭博同志一定全面研究了党中央在延安的13年：在这13年里形成了以毛泽东为核心的稳定成熟的领导集体，实现了全党的高度团结和统一，创立了毛泽东思想科学体系，实现了马克思主义同中国实际相结合的历史性飞跃，造就了一大批优秀领导人才，积累了治党、治政、治军一整套具有丰富经验的历史；同时怀着虔诚熟读了毛主席的《实践论》《矛盾论》《论持久战》等光辉名篇。在写这本书的时候，月明星稀的晚上，红彤彤的延安精神一定照亮了他脑海中的整个世界。

二、政治上的坚定与清醒

习近平总书记视察延安中学，在看了食堂、宿舍、教室后，和学生进行了亲切对话，嘱托老师要用延安精神教书育人。从英明领袖坚毅睿智、高瞻远瞩的目光中，延中人读懂了总书记的宏图大略和深谋远略。当年红军铁流二万五千里到了延安，建立了边区政权，铸就了延安精神。看着随军而来的红军后代和新政权下边区的孩子们，党中央、毛主席英明决策，办起了共产党领导下的第一所学校；徐特立、董必武等革命老前辈亲自授课，培养了一大批救国的人才；许多学生从这所学校毕业后远赴苏联留学，成了建设社会主义新中国各条战线的栋梁之材，实现了红色基因的薪火相传。在建设社会主义现代化强国的今天，更需要培养永远忠诚于党、忠诚于祖国和人民的合格的革命事业的接班人，培养有责任心、有社会担当的新时代人才，用延安精神为党育人、为国育才。在这方面，作为在这片红色土地上诞生的延安中学，重任在肩、责无旁贷，利用自己独特的优势为全国的中学教育作出表率。

三、激情爆发中的责任担当

总书记的视察，如春风化雨，温暖着延安中学全体师生的心田；领袖的教导，如启明的北斗星，照亮了学校更加光辉的前程，激发了大家立德树人、培根铸魂、干事创业更大的热情。学校党委会议室里，各个党支部办公室里，各个学科教研室里，都在激动地互相述说着总书记视察后的感受、研究新的教育改革方案。作为校长的郭博是敏感的，汲取了群众的智慧，从历史、现实、未来3个维度思考出了以“用延安精神教书育人”为纲的信仰之魂——精神教育的支撑点、奋斗之本——责任教育的根本点、赤子之心——砥砺教育的出发点、未来之星——终极教育的目标点、创新之路——引领教育的突破点、必要之识——廓清教育的边界点、灵魂之问——找准教育的落脚点、百世之师——掌舵教育的切入点、干城之将——激活教育的价值点、力量之源——抓稳教育的发力点等一系列新观念、新实践、新举措。延中，大步迈入了新境界、新天地。2022年11月，延中与中国人民大学联合启动了大中小学思想政治教育一体化建设项目，其中延中独有的红色育人平台为全国的大中小学思政课教师提供了包括延安精神在内的中国共产党精神谱系的教学资源。

四、红色基因在血脉中的融化

通过这本书，你可以看到初创时延安中学艰苦拼搏的历程：没有教室、宿舍，自己动手挖窑洞；没有桌椅，用木板代替；没有课本，自己编印。烈日炎炎，学生们坐在窑洞前，将木板放在膝盖上，这就是课桌；寒冬腊月，任北风夹着雪花吹打着窗户，他们哈着气，手握着用废弹壳做成的钢笔在写笔记。战火硝烟中，学校十四次迁徙，在炮声、枪声中探求救国的真理、建国的知识；学习间隙，师生们走进黄土高坡皱褶里的山村，唱着《义勇军进行曲》，边帮老乡们放羊、锄地、收割，边办夜校和识字班，“唤起民众同心干”“敢教日月换新天”。延中的师生，在战争时义无反顾走向抗美援朝的战场，把一腔热血洒在异国他乡；留学苏联的青年学子学成归来，在新中国建设时成为急需的高精尖缺专业人才。将报国志写在长空和大地上的延中毕业生，包括我国第一代核潜艇总设计师，长征五号运载火箭总设计师，北大地球与空间科学院教授、博导……即便成了国家政要、地方要员，各行各业领军人物、先锋榜样，这些优秀的延中学子也始终执政为民，造福一方百姓。他们用融化在血脉里的延安精神为祖国大地添光辉，为中华儿女振神威。

通过这本书，你还可以看到发展中的延安中学培根铸魂的行动：师生们依然唱着《陕甘宁边区中学校歌》，履行着“艰苦奋斗、努力学习、勇于担当、光明在前”的校训，进行“走延安路、做延安人、铸延安魂”的红色远足，请来老革命、老模范、老前辈讲述当年的峥嵘岁月。在红色基因的涌动中，学生们穿起了当年的八路军军服、老陕北农民的羊皮袄，走向社区、村镇，演出红色剧《兄妹开荒》，唱起“东方红，太阳升，中国出了个毛泽东”的信天游，以及“山丹丹开花红艳艳”“崖畔上开花崖畔上红，受苦人盼着好光景”“一杆杆红旗一杆杆枪，咱们的队伍势力壮”的昂扬乐曲，还有“全国动刀兵，一齐来出征，毛主席在延安指挥百万兵”等提振精气神的红色经典歌曲，让每一个新延安人和万千游客心潮澎湃、为之动容，望着宝塔山，看着延河水，仿佛回到了那个军民团结、一心报国救国、风清气正、热气腾腾、令人神往的陕甘宁边区火红的年代。

红色基因在传承，红色的血液在流动。在今日的延安中学里，老师依旧向学生讲解毛主席《为人民服务》《纪念白求恩》《愚公移山》帮助确立无产阶级世界观、人生观、价值观的名著。我们看到了学校领导班子与教职工用愚公移山的精神攻坚克难拼搏的气概，看到了老师对学生无疆的大爱，人与人之间理解体贴、互相帮助、共同进步的场景比比皆是，毛主席“完全彻底为人民服务”“毫不利己，专门利人”的教导已经成为延中人的自觉行动。

这本书既有理论的探索、创新的实践，又有生动的描述，给人启迪、开卷有益，非常值得一读。

我想，这本书出版后也应该推荐给党政机关的广大干部读一读，让他们从中汲取延安精神的内涵，把为人民服务的初心树得更牢固，更好地落实习近平总书记“以人民为中心”的共产党人的执政理念，让社会主义的经济和社会建设更加健康快速地发展。

（杨新城，包括本书在内的“用延安精神教书育人”书系特邀策划。衡水市委原副秘书长。著有长篇小说《位子》《布局》等）

序2　抓住根本，教书育人

李森

党的二十大报告指出“教育是国之大计、党之大计。培养什么人、怎样培养人、为谁培养人是教育的根本问题。育人的根本在于立德。全面贯彻党的教育方针，落实立德树人根本任务，培养德智体美劳全面发展的社会主义建设者和接班人”①，这是以习近平同志为核心的党中央，对迈上全面建设社会主义现代化国家新征程的教育事业提出的总体要求，深刻阐释了新时代中国特色社会主义教育事业的发展方向和基本原则。

1938年8月，中国共产党在延安创办了第一所红色中学——延安中学。这样一所有着光荣历史和教育典范的学校，怎样贯彻落实新时代党和国家的教育方针？现任延安中学校长郭博用他的新作《延中灯火映初心》向党和人民交上一份合格的答卷：用延安精神教书育人，培根铸魂从青少年抓起，把“为人民服务”镶嵌在每个学生的心中，让他们在成长成才的道路上打上深深的红色烙印。

延中人始终追寻着“光明在前”的红色足迹，牢记习近平总书记来校视察时的重要指示精神，落实在行动中，融化在血液里，坚持用延安精神教书育人，确立“严管是厚爱、精细出成绩”的德育目标，依托延安精神和延安的红色资源，着力重构教育模式、创新教育路径。用延安精神提炼新时代教育理念文化，彰显学校文化的引领作用；用延安精神塑造行为文化，彰显学校文化的

① 习近平：《高举中国特色社会主义伟大旗帜　为全面建设社会主义现代化国家而团结奋斗——在中国共产党第二十次全国代表大会上的报告》，《求是》2022年，第21期。

示范作用；用延安精神凝聚精神文化，丰富学校文化内涵。健全德育机制，强抓养成教育；开发德育课程，创建特色班会，打造特色活动，观看延安精神主题教育展；利用红色资源，举办“研学旅行”实践活动；创建新阳光大课间，丰富健康教育主体；推行开放办学，拓宽家校共育路径。延安中学一系列守正创新的举措，培育了学生的核心素养，增强了学校教育的核心竞争力。

延中人始终不忘红色来时路，自觉担负起中华红色第一中学的责任与义务，充分利用延安445处红色传统文化教育基地以及市科技馆、县区青少年校外活动中心的宝贵资源，和全国众多学校建立了一地多校、一校多地的联系联谊机制，定期组织优秀师生来延安参观、学习，在红色资源的现场熏陶中共同研讨如何上好新时代思政课，为党育人、为国育才的新举措。让伟大的“毫不利己，专门利人”的白求恩精神、完全彻底为人民服务的张思德精神发扬光大，让全国的中学都聚集在习近平总书记提出的“用延安精神教书育人”这面大旗下奋勇向前。

万丈高楼平地起。作为一名大学教育工作者，我深知一个人世界观、人生观、价值观的形成是从启蒙教育开始的，只有在中小学阶段树立正确的世界观、人生观、价值观，才能在大学接续成才，坚定为人民服务的宗旨信仰，坚定以人民为中心的发展思想，坚定为党奋斗、为国争光的人生目标。因此，《延中灯火映初心》这本书，不仅值得中小学教育工作者阅读，也值得大学教育工作者阅读。只有抓住教书育人的根本，让延安精神之花开遍各个校园，让一代又一代接班人茁壮成长，让红色基因传承下去，才能确保党和国家的事业后继有人、薪火相传，才能让实现中华民族伟大复兴的中国梦走得更加坚实稳固。

（李森，本书作者导师。陕西师范大学教育学部部长，教授、博士生导师。国家“万人计划”哲学社会科学领军人才，兼任教育部高等学校教育学类专业教学指导委员会委员、教育部基础教育教学研究指导专业委员会委员、中国教育学会教育学分会副理事长）

序3　时代需要延安精神，教育需要延安精神

郭博

2022年10月26日下午，习近平总书记来到延安中学枣园校区。延安中学是中国共产党创办的第一所中学，是在老一辈革命家、教育家、党和国家领导同志亲切关怀和精心培育下成长起来的，具有光荣历史和优良革命传统，为革命老区培养了大批人才。

总书记走进教育史馆，了解学校总体办学情况。他希望延安中学坚持用延安精神教书育人、办好人民满意的教育，弘扬革命传统、培育时代新人。

在学生餐厅，总书记详细查看色香味俱全的各式菜肴，向厨师们了解饭菜的价格、口味，叮嘱他们确保质量、注意卫生，让同学们吃得放心、舒心。

教学楼里，学生们正在上课。总书记走进高一（2）班教室同师生亲切交流，问同学们有什么理想、长大后想做什么。一位同学说将来想当李时珍那样的医生，另一位同学说想考大学药剂专业，还有一位同学说想要学外语，将来当一名外交翻译。总书记听了十分高兴，称赞他们的人生目标明确、理想高尚。他勉励同学们从小树立远大理想，立志成为社会主义建设者和接班人，确保红色基因代代相传。

总书记离开学校时，夜幕降临。同学们走出教室，鼓掌欢送。总书记向同学们挥手致意。

延安，中国革命的熔炉，民族精神的摇篮。巍巍宝塔，铭记着中华儿女的丰功伟绩；滚滚延河，传承着中国共产党的优良传统。

陕北黄土高原是延安精神的诞生地，延安精神是土生土长的中国精神。艰

苦卓绝的十三载岁月，铸就了中国革命历史最为辉煌的篇章；光照千秋的延安精神，挺起了中华民族伟大复兴的脊梁。

几十年来，延安精神哺育了一代又一代继往开来的中华儿女、谱写了一曲又一曲建功立业的时代凯歌。实践证明，延安精神是中国共产党和中国人民永恒的精神财富。无论是在革命战争时期、和平建设年代，还是在实现中华民族伟大复兴中国梦征程中，延安精神都放射出永恒的光芒、充满着时代的活力。

延安中学是中国共产党创办的第一所中学，从创办之日起就被打上了红色的印记，自觉肩负起传播民族观念、民主思想，培育抗战建国新青年的历史重任，在古老的黄土地上点燃了希望的曙光，为抗日战争、解放战争的胜利作出了重要贡献。

延安中学秉承革命传统，依托延安红色文化资源，确立了“用延安精神教书育人”的办学理念，坚持立德树人，着力开展责任教育、创造教育、生活教育和励志教育四项主题教育活动。通过参观革命旧址、祭扫烈士陵园、朗诵红色诗词、讲述红色故事、唱响红色歌曲、表演红色剧情、举办纪念活动等举措，激励学生传承红色基因，当好延安精神的传承人和实践者，在培养学生坚定的信念、奋斗的精神、阳光的心态、文明的习惯和团队的意识等方面取得了显著成效。

“用延安精神教书育人”，既是老一辈的历史造就了延安精神、时代需要延安精神，也是培养具有奋斗精神、创新意识、实践能力和社会责任感的优秀人才的时代需要。

今天，面对纷繁复杂的社会环境，特别是在多元文化交流激荡的新时期，一个全球化、多变、复杂的世界，各种矛盾和问题交织在一起，不断挑战着我们的智慧和勇气，而延安精神所弘扬的坚定的理想信念和顽强的斗争意志，正是我们应对这些挑战的重要精神力量。

诚如时任浙江省委书记的习近平在接受延安电视台《我是延安人》节目专访时所说：“陕北高原给了我一个信念，也可以说是注定了我人生往后的轨迹。

经过了陕北这个人生课堂，就注定了我今后要做什么，它教了我做什么。”[①]总书记说这是他人生的一个启承点，现在所形成的很多基本观念、形成的很多的基本特点也是在延安形成的。2009年11月，他在陕西调研时指出，伟大的延安精神滋养了几代中国共产党人，始终是凝聚人心、战胜困难、开拓前进的强大精神力量。尽管时代不同了、条件变化了、党的历史任务也不一样了，但延安精神并没有过时，对建设中国特色社会主义仍具有不可替代的当代价值。实践证明，只要坚持和发扬延安精神，党和人民的事业就能不断取得成功。

习近平总书记说：“人无精神则不立，国无精神则不强。唯有精神上站得住、站得稳，一个民族才能在历史洪流中屹立不倒、挺立潮头。”[②]延安中学作为用延安精神教书育人的桥头堡和试验站，不仅牵动着教育的脉络、吐纳着历史的厚重，更关乎中国的未来。时代需要延安精神！教育需要延安精神！延中灯火映初心！

① 陕西日报特别报道组：《初心益坚中国梦》，《陕西日报》2017年12月8日，第2版。
② 习近平：《在全国抗击新冠肺炎疫情表彰大会上的讲话》，《求是》2020年，第20期。

目录
CONTENTS

第一章　信仰之魂——精神教育的支撑点

第二章　奋斗之本——责任教育的根本点

第三章　赤子之心——砥砺教育的出发点

第四章　未来之星——终极教育的目标点

第五章　创新之路——引领教育的突破点

第六章　必要之识——廓清教育的边界点

第一章
信仰之魂——精神教育的支撑点

延安中学是中国共产党创办的第一所中学，是在老一辈革命家、教育家、党和国家领导同志亲切关怀和精心培育下成长起来的，具有光荣历史和优良革命传统，为革命老区培养了大批人才。

延安中学80多年的办学历程就是一部用延安精神教书育人的历史。进入新时代，延安中学坚持以习近平新时代中国特色社会主义思想、习近平总书记关于教育工作的重要论述、习近平总书记回延来校考察重要指示精神为指导，坚持用延安精神教书育人，全面贯彻党的教育方针，落实立德树人根本任务，培养德智体美劳全面发展的社会主义建设者和接班人。

延安中学的教育实践，证明了延安精神是取之不尽、用之不竭的精神源泉，是我们立德树人、教书育人的信仰之魂。

习近平总书记来校考察，对学生和教师的关心关爱，对课堂教育教学改革的关心，更加坚定了我们用延安精神教书育人的信心。延安中学将继续坚持从延安精神中汲取思想力量，办好人民满意的教育，努力培养担当民族复兴大任的时代新人。

第一节　延安精神：取之不尽、用之不竭的精神财富

每一次跟同行探讨交流关于延安精神的历史意义和时代价值时，我都有这样一个观点：从其对我们中国革命事业和建设事业起到的作用来看，延安精神是我们党的一座精神宝藏，是中国特色社会主义事业取之不尽、用之不竭的精神财富。

延安精神是以毛泽东同志为代表的中国共产党人在延安时期培育和形成的优良革命传统。它要求党员干部和人民群众自己动手、艰苦奋斗，自力更生地创造物质财富和精神财富。它不仅是一种奋斗精神，也是一种工作作风和思想方法。它要求党员干部和人民群众坚持实事求是的原则，从实际出发，深入调查研究，了解实际情况，制定正确的政策和策略，推动革命和建设事业的发展。它要求党员干部和人民群众始终把人民放在心中最高位置，为人民利益而奋斗，为人民利益而牺牲。

一、延安精神指向胜利

延安精神是我们党和人民在革命、建设和改革时期形成的宝贵财富，不仅是中国革命和建设事业的重要支撑，也是中国共产党人的思想武器和行动指南。延安精神所蕴含的思想观念、价值取向、道德准则等，对于激励全党全国各族人民团结奋斗、推动社会进步和发展，具有不可替代的重要作用。

历史证明，延安精神是我们必须永远坚持的宝贵精神指南。中国共产党自成立之日起就把马克思主义作为自己的指导思想，但马克思主义所提供的不

是解决中国问题的现成方案，需要结合中国的革命实际，进行马克思主义中国化。延安时期，我们党开展了延安整风运动，在全党进行了思想大解放，扫清了马克思主义中国化的障碍，并确立了实事求是的思想路线和毛泽东思想的指导地位，实现了马克思主义中国化的第一次伟大历史性飞跃。因此，延安精神是马克思主义中国化的重要成果，是马克思主义在中国的延续、落地和发展，是我们党永不能丢的精神指南。

实践证明，延安精神是我们取得革命和建设胜利的重要法宝。2002年3月，江泽民同志在陕西考察工作时指出，延安精神，体现了我们党马克思主义政党的性质，体现了我们党与时俱进的思想风范，体现了我们党与人民同呼吸、共命运的优良作风，体现了中国共产党人一往无前的奋斗精神。无论过去、现在和将来，延安精神都不能丢。

过去，我们党正是依靠延安时期形成并成熟起来的一整套思想路线、理想信念、伦理道德、感情操守、工作作风的精神文化，成为具有高度凝聚力、战斗力的工人阶级先锋队党，取得了新民主主义革命、社会主义革命和社会主义建设的胜利。我们正是依靠延安精神，自觉纠正了错误，开创了改革开放和社会主义现代化建设的新局面。

二、延安精神指引方向

走进新时代，我们党正带领全国各族人民为实现中华民族伟大复兴的中国梦而努力奋斗。2020年4月，习近平总书记在陕西考察时指出，延安精神培育了一代代中国共产党人，是我们党的宝贵精神财富。要坚持不懈用延安精神教育广大党员、干部，用以滋养初心、淬炼灵魂，从中汲取信仰的力量、查找党性的差距、校准前进的方向。

我们是在一个与过去完全不同的环境条件下进行建设有中国特色社会主义大业的。如果不弘扬延安精神，筑起理想、道德、情操、作风的坚固防线，我们党就很难继续经受住执政和改革开放的严峻考验。我们要建设立足中国现实、继承历史文化传统、吸收外国文化有益成果的社会主义精神文明。延安精神是中华民族优秀的精神文化遗产，更是中国人民和中华民族的重要精神支柱。

延安精神是中国共产党人精神谱系的重要组成部分，是中国共产党人和中国人民宝贵的精神财富。在中国共产党精神谱系中，延安精神地位独特、内涵丰富，格外光彩夺目、熠熠生辉。延安精神既是伟大建党精神、井冈山精神、长征精神的传承与发展，又是中国革命理论创新和实践探索在延安时期的概括和升华。2022年10月27日，习近平总书记在瞻仰延安革命纪念地时强调："在延安时期形成和发扬的光荣传统和优良作风，培育形成的以坚定正确的政治方向、解放思想实事求是的思想路线、全心全意为人民服务的根本宗旨、自力更生艰苦奋斗的创业精神为主要内容的延安精神，是党的宝贵精神财富，要代代传承下去。"[①]总书记的这一重要讲话，既深刻揭示了延安精神的科学内涵，又指明了延安精神是我们党要继承和发扬的宝贵财富。

三、延安精神磨砺初心

不忘初心，方得始终。不忘记当初为何出发，才能坚持梦想，走得更远。历史是一面镜子，能映照过去、启迪未来。习近平总书记在党的十九大报告中指出，"中国共产党人的初心和使命，就是为中国人民谋幸福，为中华民族谋复兴"[②]。我们每个党员，都要时刻回顾入党初心，回忆入党故事，审视入党以来个人思想政治发展脉络，对照检查，明确努力方向。

2020年1月8日，习近平总书记在"不忘初心、牢记使命"主题教育总结大会上的讲话中指出："不忘初心、牢记使命不是一阵子的事，而是一辈子的事，每个党员都要在思想政治上不断进行检视、剖析、反思，不断去杂质、除病毒、防污染。"[③]延安精神就是党员干部的一面镜子，不断照这面镜子，能够使

① 习近平：《继承和发扬党的优良革命传统和作风，弘扬延安精神》，《求是》2022年，第24期。

② 习近平：《必须坚持人民至上》，《求是》2024年，第4期。

③ 《习近平著作选读》第一卷，人民出版社2023年版，第229页。

我们正衣冠，去灰尘，去私心杂念，做一名合格的共产党员。

首先，延安精神是检视广大党员政治方向是否坚定正确的标尺。是否对党忠诚，对人民忠诚，从来都是党员干部能否真正践行初心使命的试金石。新时代，我们也要始终坚定正确的政治方向，对国之大者要心中有数，更加自觉讲政治，围绕党中央关心的重大问题、作出的重大决策、展开的重大部署，切实把增强“四个意识”、坚定“四个自信”、做到“两个维护”落到行动上。

其次，延安精神是检视广大党员为人民服务是不是全心全意的标尺。践行党的初心使命，全心全意为人民服务，从根本上来讲，就是人民当家作主。1944年10月4日，毛泽东同志在向《解放日报》和新华社工作人员发表讲话时指出，正是因为中国共产党人有了这种全心全意为人民服务的精神和决心，才使其成为中国近代社会进步和革命发展的主心骨、先锋队，成为历史的选择和人民的选择。

最后，延安精神是检视广大党员工作中是不是破除形式主义和官僚主义的标尺。延安时期，我们党开展整风运动，党员干部普遍进行批评与自我批评，进行深入广泛的调查研究工作，逐渐打破形式主义，养成了注重客观、实事求是的精神。正是通过力戒形式主义、官僚主义的整风运动，坚持了理论联系实际、密切联系群众的思想路线和工作路线，才使党的初心不断滋养，党的事业不断前进。

尽管时代在进步、任务在变化，但我们党的红色基因不能变，党的光荣传统不能丢，延安精神这笔精神财富不能丢。延安精神也不会因为时间久远而失去光彩，相反会使每一位党员都感受到灵魂上的震撼和思想上的启迪，令人信念坚定、砥砺前行。

四、延安精神永放光芒

延安精神的时代价值永放光芒，继承与弘扬延安精神、从中汲取丰富养分是我们牢记初心使命的重要途径。

首先，延安精神蕴含着历史唯物主义的群众观，能够使我们正确认识和处理党员干部与人民群众关系。延安时期，陕北有首民歌唱道："瓜连的蔓子，蔓子连的根。老百姓连的共产党，共产党连的人民。"我们党只有始终将延安精神这条"蔓子"扎根于人民群众之中，才能拥有用之不竭的营养来源，才能得到最广大人民群众的衷心认同和拥护。

其次，延安精神蕴含着以人民为中心的发展思想，彰显着为人民服务、以人民为中心的宗旨意识。延安精神告诉我们，争取、维护人民群众的利益，要从小事做起，从给人民看得见的物质福利着手，要处理好局部和整体、眼前和长远之间的关系。

最后，延安精神蕴含着马克思主义的基本立场、观点和方法，可以帮助广大党员增强工作能力和服务本领。1939年5月20日，毛泽东指出："我们队伍里有一种恐慌，不是经济恐慌，也不是政治恐慌，而是本领恐慌。"[①]解决"本领恐慌"问题的办法，就是认真学习马克思主义理论、观点与方法，不断提高理论水平和工作能力；甘当人民群众的"小学生"，扎根于群众之中，向他们学习，将他们科学的创造性的意见集中起来，并坚持下去。

综上所述，中国共产党在百年奋斗的非凡历程中，形成一系列伟大精神，构筑起了中国共产党人的精神谱系。延安精神是这些精神中辉煌的篇章、宝贵的精神瑰宝，蕴含着丰富的经验和智慧，是我们取之不尽、用之不竭的精神财富和力量源泉。2010年，中国延安精神研究会召开第五次会员代表大会，时任国家副主席的习近平致信祝贺说，延安精神是中华民族优良传统的继承和发展，是我们党的性质和宗旨的集中体现。

从根本上说，延安精神就是中国共产党人的精神。所以，延安精神对于我们而言，不是一本浅显易懂、可有可无的无字天书，而是一笔取之不尽、用之不竭的精神财富。

---

① 《毛泽东文集》第二卷，人民出版社 1996 年版，第 178 页。

第二节　精神内涵：中国特色的无产阶级革命精神

1935年10月，中央红军经过二万五千里长征终于到达西北革命根据地，以毛泽东为代表的党中央在这里生活和战斗了13个春秋。党中央把以延安为中心的陕甘宁边区作为红军长征的落脚点和建立抗日民族统一战线、赢得抗日战争胜利进而夺取全国胜利的解放战争的出发点，运筹帷幄，决胜千里，奠定了中华人民共和国的坚固基石，培育了伟大的延安精神，谱写了可歌可泣的历史篇章。

党中央在延安的13年，是中国共产党及其领导的新民主主义革命由小变大、由弱变强、不断走向胜利的辉煌时期。中国共产党把以延安为中心的陕甘宁边区作为红军长征的落脚点和抗日战争的出发点，高举抗日民族统一战线的伟大旗帜，打开了中国革命事业的新局面：坚持全面抗战路线，独立自主地开辟敌后抗日根据地；坚持抗战、团结和进步的方针，打退了国民党顽固派的反共高潮，克服了敌后抗战最严重的困难，成为夺取抗战胜利的中流砥柱；努力争取和平民主，坚决进行人民解放战争，使新民主主义革命取得了具有历史性转变意义的伟大胜利。党中央在延安的13年，形成了以毛泽东为核心的稳定成熟的领导集体，实现了全党的高度团结和统一；创立了毛泽东思想的科学体系，实现了马克思主义同中国实际相结合的历史性飞跃；成功地实施了党的建设“伟大的工程”，孕育和形成了伟大的延安精神；造就了一大批优秀的领导人才，积累了治党治军的一整套丰富经验，为新中国的成立奠定了基础。

党中央在延安的13年，是我们党由弱变强、转败为胜的13年，是毛泽东思想日益成熟、丰富发展的13年，是延安精神孕育形成、发扬光大的13年。

延安精神是中国共产党在艰苦卓绝的革命斗争中培育和形成的坚定正确的政治方向，以解放思想、实事求是，全心全意为人民服务，自力更生、艰苦奋斗为主要内容的伟大精神。延安精神博大精深，是中国共产党人把马克思列宁主义的科学思想体系与中华民族的优秀传统结合的产物，是中国共产党在长期革命斗争中形成的优良作风的结果，是井冈山精神和长征精神的继承和发展，是一种具有中国特色的无产阶级革命精神。延安精神包括抗大精神、白求恩精神、张思德精神、整风精神、南泥湾精神、延安县精神、劳模精神等内容，其灵魂是坚定正确的政治方向，其精髓是解放思想、实事求是的思想路线，其本质是全心全意为人民服务的根本宗旨，其特征是自力更生、艰苦奋斗的创业精神。

正因为如此，弘扬延安精神，对于推进中国特色社会主义事业、实现中华民族伟大复兴具有重要意义；从延安精神中汲取力量，做延安精神的传人，是历史赋予我们的光荣使命！

那么，延安精神具体是什么？

一、坚定正确的政治方向是延安精神的灵魂

坚定正确的政治方向是延安精神的灵魂。引领中国历史潮流、以实现共产主义制度为远大理想和前进方向的中国共产党人，其坚定正确的政治方向，就是坚持新民主主义革命的总路线，就是坚持抗日民族统一战线，就是坚持建立独立、自由、民主、和平的新中国，就是坚持马克思主义、坚持党性原则，就是坚持先进的人生信念、人生境界和人生价值，就是追求真理、追求光明、追求进步。

1939年5月，毛泽东提出抗大的教育方针是“坚定正确的政治方向，艰苦奋斗的工作作风，灵活机动的战略战术”①。坚定正确的政治方向是延安精神的

① 《毛泽东文集》第二卷，人民出版社1993年版，第188页。

灵魂。瓦窑堡会议总结了两次国内革命战争的基本经验，制定了抗日民族统一战线的方针。洛川会议制定了全面抗战路线的方针，对抗战和争取抗战的最后胜利具有重大意义。中共七大确立了毛泽东思想的指导地位，为抗日战争和新民主主义革命在全国的胜利奠定了政治上、思想上、组织上的深厚基础。中共七大之后，全党同志在毛泽东思想的指引下团结一致，为推进中国革命的历史进程努力奋斗，终于在1949年取得了新民主主义革命的伟大历史胜利。在革命年代，中国共产党召开的瓦窑堡会议、洛川会议、中共七大等一系列重要的会议，确定了正确的政治方向，指引革命取得了胜利。

二、解放思想、实事求是是延安精神的核心

解放思想、实事求是的思想路线是延安精神的精髓。解放思想，就是要使我们的思想认识摆脱一切不合时宜的观念、做法和体制的束缚，摆脱对马克思主义的错误的和教条式的理解，在研究新情况、解决新问题、总结新经验的基础上形成新的认识。解放思想就是使思想和实际相符合，使主观和客观相符合。

1942年延安整风时，毛泽东在《改造我们的学习》中指出："'实事'就是客观存在着的一切事物，'是'就是客观事物的内部联系，即规律性，'求'就是我们去研究。我们要从国内外、省内外、县内外、区内外的实际情况出发，从其中引出其固有的而不是臆造的规律性，即找出周围事变的内部联系，作为我们行动的向导。"①有了这样的指导思想，以毛泽东为代表的中国共产党人克服了教条主义的束缚，从而为中国革命的胜利提供了理论武器。

中共中央到达陕北以后，毛泽东、周恩来、朱德等领导人根据中国革命形势和延安的实际情况，在延安人民群众的支持下，坚持解放思想、实事求是的思想路线，最终迎来了中国革命的胜利。

① 《毛泽东选集》第三卷，人民出版社 1991 年版，第 801 页。

三、全心全意为人民服务是延安精神的内涵

全心全意为人民服务是延安精神的本质。人民群众是历史的创造者，是先进生产力和先进文化的创造者。全心全意为人民服务站在最大多数劳动人民的一面，是对中国共产党根本宗旨最简洁、最准确、最本质的描述。许多革命志士始终本着全心全意为人民服务的根本宗旨，为新民主主义革命的胜利和新中国的成立作出了重大贡献，甚至献出了自己的宝贵生命。

《为人民服务》是毛主席于1944年9月8日在张思德同志追悼会上所作的演讲。当时抗日战争正处在十分艰难的阶段，有许多困难需要克服。毛主席针对这一情况讲述为人民服务的道理，号召大家学习张思德同志完全彻底为人民服务的精神，团结起来，打败日本侵略者。

为人民服务是时代的强音，是永恒的时代精神，是在共产党人的血脉中永远流淌、从小到大、从弱到强、无往不胜的力量源泉。

四、自力更生、艰苦奋斗是延安精神的特点

自力更生就是依靠自己的力量，走自己的道路，开创中国革命和建设事业的新天地。艰苦奋斗既是一种思想和精神境界，也是一种生活作风和工作作风，其基本含义从思想层面讲一是艰苦二是奋斗。艰苦是指客观环境和条件，奋斗是指主观进取，艰苦奋斗是用主观行动战胜客观环境和条件。艰苦和奋斗紧密连接，重在奋斗。从精神上讲，艰苦奋斗精神是一种积极向上的拼搏精神，一种开拓创新的进取精神，一种无私奉献的牺牲精神。从生活作风和工作作风上讲，艰苦奋斗是清正、廉洁、克勤、克俭的生活作风和脚踏实地、认真肯干的工作作风。

面对严重困难，在1939年的生产动员会上，毛主席问大家："饿死呢？解散呢？还是自己动手呢？饿死是没有一个人赞成的，解散也是没有一个人赞成的，还是自己动手吧——这就是我们的回答。"[①]正是抗日根据地军民坚持自己

① 《毛泽东文集》第二卷，人民出版社 1993 年版，第 460 页。

动手、丰衣足食才把南泥湾变成了陕北的好江南，从而度过了抗日战争时期最艰难的岁月，为抗战的胜利奠定了坚实的物质基础。南泥湾是中国共产党军垦事业的发祥地，是南泥湾精神的诞生地。南泥湾精神是延安精神的重要组成部分，其自力更生、奋发图强的精神内核激励着一代又一代中华儿女战胜困难、夺取胜利。

如今，南泥湾自力更生、艰苦奋斗的创业精神成为延安精神的同义词，南泥湾在歌曲传唱中家喻户晓，自己动手、丰衣足食是历史时期革命年代我们先辈留下的宝贵经验，自力更生、艰苦奋斗更应该成为今天我们学习的精神财富。

第三节　信仰之魂：延安精神是党的宝贵精神财富

延安精神是我们党和中华民族一笔非常巨大的宝贵精神财富，深刻地影响着中国近现代的历史发展进程，在中国的革命中起到了重要的推动作用。延安精神的主要内容是：坚定正确的政治方向，解放思想、实事求是的思想路线，全心全意为人民服务的根本宗旨，自力更生、艰苦奋斗的创业精神。

在新时代，我们必须对延安精神进行深刻解读、深入学习、广泛传播和积极贯彻，更好地将延安精神与当前的教育工作结合起来，与党的教育方针结合起来，与学校的教育工作实际结合起来，从而不断深化其精神内涵，更好地应用于教育实践中。

延安精神是自力更生、艰苦奋斗的创业精神。在当前这样一个时代，我们必须脚踏实地、自主地开展教育教学工作。也正因为处于这样一个时代，创业压力空前巨大，因此必须培养学生吃苦耐劳的精神，培养学生在艰苦的条件中磨炼心性的能力，培养更多吃得了苦、干得成事的新时代青少年。

延安精神是全心全意为人民服务的精神。我们党的根本宗旨就是全心全意为人民服务，而延安精神与这一宗旨一脉相承，正是衡量一名党员合格与否的最根本的标准。对于学校和老师来说，必须坚守岗位职责、创新工作方法，不断提高为学生和家长服务的能力。

延安精神是理论联系实际、不断开拓创新的精神。我们之所以学习理论知识，是为了用它来更好地指导教书育人实践活动，所以我们在学习延安精神的时候，都必须时刻牢记这一点，学会在学习中思考、在实践中总结，不断开拓创新，提升教育工作水平。

延安精神是实事求是、与时俱进的精神。新时代党的教育工作者要树立正确的教学观，不能为了提高成绩而一味追求传统教学方式方法。实事求是是我们党的思想路线的实质和核心，因此我们要充分领会这一核心，坚持脚踏实地、实事求是，通过对教育实际情况的准确把握与灵活变通，学会与时俱进，让延安精神在教书育人过程中不断焕发新的魅力。

党中央在延安的13年，培育形成了光耀千载、泽被后世的延安精神。习近平总书记高度重视延安精神的传承和弘扬，多次阐述延安精神的丰富内涵和时代价值。

2015年2月，习近平总书记在陕西考察时强调，老一辈革命家和老一代共产党人在延安时期留下的优良传统和作风，培育形成的延安精神，是我们党的宝贵精神财富。今天，全面从严治党要继续从延安精神中汲取力量。

2020年4月，习近平总书记在陕西考察时再次强调延安精神，明确指出，延安精神培育了一代代中国共产党人，是我们党的宝贵精神财富。要坚持不懈用延安精神教育广大党员、干部，用以滋养初心、淬炼灵魂，从中汲取信仰的力量、查找党性的差距、校准前进的方向。

2022年10月26日，习近平总书记在延安考察期间，专程来到延安中学，希望延安中学坚持用延安精神教书育人。

习近平总书记关于延安精神的重要论述，深刻阐明了延安精神的历史地位和时代价值，为我们传承和弘扬延安精神注入了强大思想动力，提供了根本行动指南。站在新的历史起点上，我们必须悉心体悟习近平总书记关于延安精神的重要论述，坚定理想信念，坚守共产党人的价值追求，大力弘扬延安精神，砥砺前行、继续奋斗，走好新时代赶考路。

第四节　时代价值：延安精神永不过时

延安时期形成的延安精神，是一份具有重大历史意义的革命遗产。有些人认为延安精神是中国共产党在新中国成立前培育形成的精神财富，在新时代的今天已经过时。其实，这是一种狭隘的认识，是对延安精神的误读。陕北黄土高原是延安精神的诞生地，延安精神是土生土长的中国精神。尽管时代不同了，条件变化了，党的历史任务也不一样了，但延安精神并没有过时，对完成新时代建设中国特色社会主义的各项任务仍具有不可替代的当代价值。实践证明，我们什么时候坚持和发扬延安精神，什么时候党和人民的事业就能不断取得成功。

延安精神永不过时，因为延安精神是以中华民族优良传统和民族精神为深厚历史文化底蕴的精神财富。可以说，延安精神就是在延安时期中华民族精神与中国共产党人革命精神汇流而形成的伟大中国精神，是以马克思主义科学理论为指导、以人民创造历史的唯物史观为基石、集中体现中国共产党性质和宗旨的科学精神。

从人类文明发展史来看，精神具有传承性特征，世界上还没有哪一个国家在实现民族复兴和推进现代化进程中完全依靠外来文化来实现，都必须植根于本民族的精神文化气质之中。正因为如此，我们党历来都强调要继承民族精神之精华，剔除传统文化之糟粕，从中华优秀传统文化中汲取营养，强调继承中国共产党历史上培育的精神财富，其中就包括延安精神。延安精神作为中国共产党的精神瑰宝，不仅对于教育广大党员干部升华思想、锤炼党性、增强素质、提升能力具有重要的现实价值，而且对于践行社会主义核心价值观、教育和培养广大人民群众不断提高思想道德水准同样具有重要意义。

一、坚定正确的政治方向始终是共产党人的立身之本

坚定正确的政治方向是延安精神的政治灵魂。延安时期中国共产党人把坚定的共产主义远大理想和争取民族独立、人民解放的民族民主革命坚定信念紧密地联系在一起，表现出救国救民的爱国主义精神和为争取新民主主义革命胜利，实现社会主义、共产主义而奋斗的崇高政治情操，领导革命事业取得前所未有的大发展。

毛主席始终认为没有政治观点就等于没有灵魂，因而他在延安时期多次强调要坚持坚定正确的政治方向。今天，中国共产党所处的历史方位虽然发生了变化，但坚持坚定正确的政治方向始终是我们党毫不动摇的政治本色和立于不败之地的根本保证。

1.坚定正确的政治方向，就要铭记革命理想高于天

理想指引人生方向，信念决定事业成败。有了坚定的理想信念，就能够坚持坚定正确的政治方向。中国共产党人的奋斗史充分证明，正是中国共产党人把为实现共产主义而奋斗的远大理想与争取民族独立人民解放的坚定信念相结合，抛头颅、洒热血，不怕流血牺牲，前仆后继使中国革命取得胜利、中华民族得以独立，使中国人民得以解放并成为国家的主人；正是中国共产党人把坚定的共产主义远大理想与践行中国特色社会主义共同理想统一起来，以“咬定青山不放松”“任尔东西南北风”的气魄和胆识，开创出中国特色社会主义事业的新局面。坚定理想信念是共产党人的魂，动摇或缺失了理想信念，就失去了奋斗的目标，失去了前进的方向。因此，坚持坚定正确的政治方向，就必须不断增强政治信念的坚定性。

理想动摇是最危险的动摇，信念缺失是最致命的缺失。理想信念是共产党人精神上的“钙”，理想信念坚定，骨头就硬；没有理想信念或理想信念不坚

定，精神上就会“缺钙”，就会得“软骨病”。在改革开放和发展市场经济大潮中，一些党员干部的理想信念动摇，认为“理想是远的，信念是空的，权力是硬的，票子是实的；抛开远的，不要空的，抓住硬的，大捞实的”，信奉“理想理想，有利就想，无利不想”，把理想信念金钱化、利益化。还有些党员干部，不信马列信鬼神，算命看相，烧香拜佛。为了“保官”“升官”，有的官员将注意力集中到自己的生辰八字上。他们有的“走出去”，给祖坟迁一个“金地”；有的则把“大师”请进来，在办公桌脚底贴上一道“符”，挡一挡来自竞争对手的“煞气”。一些人信仰失落了，历史传统被抛弃了，精神目标式微了，对未来的追求物化了。

针对改革开放以来社会上一部分人和部分领导干部中出现信仰淡漠、人生追求物质化、只看到金钱看不到精神的现象，党的十八大报告明确指出，对马克思主义的信仰，对社会主义和共产主义的信念，是共产党人的政治灵魂，是共产党人经受住任何考验的精神支柱。

信仰缺失必然导致精神迷失。苏共灭亡的教训深刻警示我们，一个政党的崩塌，首先是理想信念的崩塌。人生如屋，信念如柱，如果信念的柱子出了问题，人生的房屋就会倒塌。习近平总书记强调：“只有理想信念坚定，用坚定理想信念练就了‘金刚不坏之身’，干部才能在大是大非面前旗帜鲜明，在风浪考验面前无所畏惧，在各种诱惑面前立场坚定，在关键时刻靠得住、信得过、能放心。”①

只有信念坚定，始终坚持坚定正确的政治方向，才能保持政治上的清醒与坚定，才能具有政治鉴别力。如果一个党员干部政治鉴别能力缺失，就会是非不明、好坏不分，就难以旗帜鲜明、站稳脚跟。因此，对于党员干部特别是领导干部来说，必须具有政治鉴别的敏锐性，有“任凭风浪起，稳坐钓鱼船”的政治定力。面对各种思潮的渗透和侵袭，要不被表面现象所迷惑，自觉同宣扬新自由主义、西方民主思想、历史虚无主义、宣扬西方资产阶级思潮做斗争，

① 《习近平著作选读》第一卷，人民出版社 2023 年版，第 132 页。

具有道路自信、理论自信、制度自信、文化自信。

2.坚定正确的政治方向，就要把坚定共产主义远大理想与践行中国特色社会主义共同理想统一起来

习近平总书记指出："没有远大理想，不是合格的共产党员；离开现实工作而空谈远大理想，也不是合格的共产党员。"[①]共产主义并不是可望而不可即的，只要坚持正确的道路和路线，扎实推进，就可以到达理想的彼岸。中国特色社会主义道路是通向共产主义的必由之路，为中国特色社会主义而奋斗，就是在为实现共产主义的远大理想而奋斗。

一些人认为，理想信念涉及人的世界观、价值观，是内化在人的内心的主观性活动，难以用客观标准去评价。习近平总书记指出，坚定理想信念"是有客观标准的，那就要看他能否坚持全心全意为人民服务的根本宗旨，能否吃苦在前、享受在后，能否勤奋工作、廉洁奉公，能否为理想而奋不顾身去拼搏、去奋斗、去献出自己的全部精力乃至生命。一切迷惘迟疑的观点，一切及时行乐的思想，一切贪图私利的行为，一切无所作为的作风，都是与此格格不入的"[②]。

始终不渝地为共产主义和中国特色社会主义奋斗，需要解决的一个核心问题，那就是对党忠诚。对党忠诚是一个共产党员之所以是共产党员的根本问题，是流淌在共产党人血液中不变的情愫。对党忠诚就要信而忠、忠而笃、笃而行，否则就会迷失方向、迷失自我，否则就是对自己加入中国共产党时庄严承诺的背叛，就不可能为共产主义和中国特色社会主义的伟大事业去拼搏、去奋斗、去奉献。

在激烈的革命战争年代，加入中国共产党是要经受血与火的考验的，因为那时中国共产党是革命党，处于被奴役、被围剿、被屠杀的地位，中国共产党革命的对象是帝国主义、封建主义和官僚资本主义。中国共产党面临的对手

① 《习近平著作选读》第一卷，人民出版社 2023 年版，第 83 页。

② 《习近平谈治国理政》第一卷，外文出版社 2018 年版，第 23-24 页。

异常强大，他们总是千方百计要维护他们的反动统治，利用一切手段镇压革命人民，所以那时投身革命、参加共产党就意味着付出、奉献和牺牲。一部中国革命史，就是一部中国共产党人为了民族独立、人民解放而英勇奋斗、流血牺牲的光荣史，无数革命先烈为了人民的解放事业献出了他们宝贵的生命就是例证。而当历史方位发生变化后，中国共产党由一个革命党成为执掌全国政权的执政党，这时就同过去有很大的不同。我们党执政的权力来自人民，是为人民服务的资本，但不排除一些人总是抱着享受到权力的好处的目的而加入中国共产党。同时，由于处在和平环境中，加入中国共产党一般来说不会像战争年代那样有生命危险，因此就有可能存在相当一些人本身并不爱共产党而加入共产党中来的问题。

对于一个真正的共产党员而言，就要解决好在党言党、在党信党、在党忠党、在党为党的问题，而解决好这些的核心就在于牢固确立对党的信仰。延安精神明确告诉我们，只有牢固确立对党的信仰，才会牢记党的使命、践行党的宗旨、严守党的纪律，将爱党忠党化为自觉行动。

3.坚定正确的政治方向，就要坚定不移地用科学理论武装头脑，不断培植我们的精神家园

崇高信仰、坚定信念不会自发产生，也不会随职务的升迁而自动增强，必须下苦功夫刻苦学习，学习马克思主义经典著作、学习习近平新时代中国特色社会主义思想、学习党的优良传统、学习各个时期的先进典型。通过学习，把理想信念建立在对科学理论的认同上，建立在对历史规律的正确认识上，建立在对基本国情的把握上。

立身立德要以立学为先。“非学无以广才，非志无以成学。”[①]“事业发展没有止境，学习就没有止境。”[②]“重视抓全党特别是领导干部的学习，这是推动

① 习近平：《青年要自觉践行社会主义核心价值观——在北京大学师生座谈会上的讲话》，《人民日报》2014年5月5日，第2版。

② 习近平：《在中央党校建校80周年庆祝大会暨2013年春季学期开学典礼上的讲话》，《人民日报》2013年3月3日，第2版。

党和人民事业发展的一条成功经验。”[①]在每一个重大转折时期，面对新形势和新任务，中国共产党总是号召全党加强学习，而每次学习热潮都能推动党和人民事业实现大发展大进步。延安时期的理论大学习，造就了理论大繁荣，促进了党在理论上的成熟，这是一条宝贵经验。中国共产党人依靠学习走到今天，也必然依靠学习走向未来。

习近平总书记指出：“领导干部学习不学习不仅仅是自己的事情，本领大小也不仅仅是自己的事情，而是关乎党和国家事业发展的大事情。”[②]学习就要原原本本学、反反复复学，做到知其然，而且要联系实际学、深入思考学。

用马克思主义特别是马克思主义中国化的最新成果武装头脑、指导实践、推动工作是中国共产党的一贯主张，也是共产党人加强党性修养的基本遵循。共产党人历来强调律己要严、对党忠诚。律己要严，就要以党的理论规范自己的言行，对党忠诚就要时刻拿共产党员标准严格要求自己，把律己要严的原则落实到行动中。如果口口声声讲对党忠诚，而在实践中对党的理论却不能真学、真信、真用，何谈对党忠诚呢？因此，作为一个共产党人，必须用马克思主义特别是马克思主义中国化的最新成果武装自己头脑，并将其作为立身、修德、践德的终身课题。唯有如此，才能防止精神沦陷，面对诱惑才能稳住心神，面对利益纠缠才能守住操守，面对权力、金钱和美色的诱惑才能不变质、不越轨、不出格。

学习延安精神，就是让自己不为私利所困、不为私情所惑，堂堂正正做人、干干净净用权，使权力真正成为为党分忧、为国干事、为民造福的工具。

4.坚定正确的政治方向，就要始终不渝地解决好世界观、人生观、价值观这个“总开关”问题

党员干部中存在的诸多问题，从主观上说，主要原因是一些同志的世界观、人生观、价值观问题没有解决好。习近平总书记说：“我们每一个人，包

①② 习近平：《在中央党校建校80周年庆祝大会暨2013年春季学期开学典礼上的讲话》，《人民日报》2013年3月3日，第2版。

括我在内，都有一个不断解决好世界观、人生观、价值观的问题。活到老学到老，世界观改造永远没有完成时。”①

牢固树立正确的世界观、人生观、价值观，就要在各方面守住底线。2013年1月22日，习近平总书记在十八届中央纪委二次全会上指出，只要能守住做人、处事、用权、交友的底线，就能守住党和人民交给自己的政治责任，守住自己的政治生命线，守住正确的人生价值观。总书记这是对全党同志特别是领导干部的谆谆告诫，是对全体党员开列的行为和精神的“防火墙”。一些领导干部走上违纪违法道路，就是没有守住底线、把好第一关。

夫祸患常积于忽微，而智勇多困于所溺。在世界观、人生观、价值观上来不得半点马虎，如果稍有差池，就有可能酿成人生悲剧。因此，就需要在人生的旅程中不断校正航向，明确什么能为、什么不能为，匡清立身、为人、做事的边界，做人讲道德、做事讲原则、做官讲官德。

牢固树立正确的世界观、人生观、价值观，就要把正确的世界观、人生观、价值观转化为立党为公的责任心。责任心是一个人成就一番事业的基础。有了责任心，就会心无旁骛、尽职尽责，一心一意干事情，就会为了自己肩负的责任不懈奋斗；缺了责任心，就可能事不关己高高挂起，在是非面前丧失原则，就会在党和人民的事业面前得过且过。

因此，作为一个共产党人，具有一份立党为公的责任心至关重要。延安精神告诉我们，要把对待党的事业像对待自己的生命一样，把维护党的形象像爱护自己的眼睛一样，把爱党忠党变成为党和人民履职尽责的具体行动，积极投身建设中国特色社会主义伟大事业，毫不动摇地用马克思主义中国化的最新理论成果武装头脑，坚持报效祖国、服务人民和实现自身价值的一致性，使自身价值在实现国家繁荣富强、人民生活富裕当中有所体现。

① 《习近平关于党的群众路线教育实践活动论述摘编》，党建读物出版社、中央文献出版社2014年版，第35页。

二、解放思想、实事求是是共产党人成就伟业的思想基石

实事求是是延安精神的精髓，与解放思想并行不悖、相辅相成，集中体现了共产党人的世界观、认识论和方法论。中国共产党在近百年的奋斗历程中，之所以“历经磨难而不衰，千锤百炼更坚强”，就在于它始终不渝地坚持解放思想、实事求是的思想路线，具有与时俱进的马克思主义理论品格和实践品格。历史表明，始终与时代同步、与人民共命运，解放思想、实事求是、与时俱进，是中国共产党永葆生机和活力的法宝；不为任何风险所惧，不为任何干扰所惑，走自己的路，始终不渝地把握住马克思主义中国化的正确方向，是中国共产党的胜利之本、成功之道。对于党员干部特别是领导干部而言，锤炼解放思想、实事求是、与时俱进的思想品质与境界，不断养成科学的思想方法、领导方法和工作方法至关重要。

习近平总书记指出：“我们党是靠实事求是起家和兴旺发展起来的。”①总书记强调：“实事求是作为党的思想路线，它始终是马克思主义中国化理论成果的精髓和灵魂，即是毛泽东思想的精髓和灵魂，是包括邓小平理论、‘三个代表’重要思想以及科学发展观在内的中国特色社会主义理论体系的精髓和灵魂；它始终是中国共产党人认识世界和改造世界的根本要求，是我们党的基本思想方法、工作方法和领导方法，是党带领人民推动中国革命、建设、改革事业不断取得胜利的重要法宝。”②

实践反复证明，坚持实事求是，就能兴党兴国；违背实事求是，就会误党误国。解放思想、实事求是、与时俱进，才有希望，才有生机，才有活力；懒于进取、怯于开拓、甘于平庸，就会安于现状、动力不足、少有业绩与贡献。

通过学习延安精神，我认为，坚持解放思想、实事求是，需要党员领导干部树立六种意识。

一是求真意识。坚持实事求是、不尚空谈。讲真话、追求真理、为人真

①② 习近平：《坚持实事求是的思想路线》，《学习时报》2012年5月28日，第1版。

诚，说实话、鼓实劲、办实事、求实效。做到“三少”“三不”，即少说空话、套话、假话，“不装、不吹、不偷”。在现实中，一些党员干部表现出“两面人”现象，表里不一、口是心非，当面一套、背后一套，说的一套、做的一套，把“逢人且说三分话，未可全抛一片心”奉为圭臬。一些党员干部作风漂浮、脱离实际，沉溺于文山会海、习惯于官话套话，唯书唯上、照抄照搬，做表面文章，把一切正确的方针政策和工作部署都变成了口号和过场。还有一些党员干部因循守旧、不思进取，精神萎靡、无所用心，或安于现状，不学习新知识，不研究新问题，无开拓创新之意；或违背经济发展的客观规律，盲目拍板、决策失误，造成重大经济损失。所有这些，虽然表现形式不同，但其思想根源都是违背了马克思主义的认识论，表现为主观与客观相分离、认识与实践相脱节的主观主义。

2012年5月16日，习近平总书记在中央党校春季学期第二批入学学员开学典礼上发表重要讲话，指出：“一些党员和干部在坚持实事求是的思想路线方面还存在一些必须引起注意的问题。比如，有的常年坐在办公室，很少下基层，很少接触群众，对下情若明若暗，接‘地气’不够；有的一切从本本出发，唯上、唯书、不唯实；有的故步自封、因循守旧，思想和工作落后于客观形势的要求；有的不按客观规律办事，急功近利，急于求成以至蛮干、瞎干；有的为了迎合或满足某种需要，说假话、大话、空话，甚至弄虚造假；有的怕担风险，明哲保身，明知是错的，却听之任之，不批评制止；有的不喜欢听真话、实话，不愿意修正错误、择善而从。凡此种种，都违背了实事求是的要求，虽然不是主流，但如果不重视、不警惕、不纠正，其消极影响和后果不可低估。”①

作为共产党人，一定要有求真意识，要说真话、追求真理、为人真诚，这是对共产党人的起码要求。共产党人除了人民的利益，没有自己的特殊利益。说真话、追求真理、为人真诚，不仅仅是个人的道德品质问题，更关乎人民

① 习近平：《坚持实事求是的思想路线》，《学习时报》2012年5月28日，第1版。

的利益能否维护、党的事业能否健康发展的问题。如果一个共产党员连真话都不能讲或不愿讲，何谈做到实事求是、求真务实？如果一个共产党员不能为真理而奋斗，何以做到为人民的利益鼓与呼？如果一个共产党员不能做到为人真诚，何以把党和人民的利益放在第一位，为党和人民奋斗终身？如果一个政党谎话成风、是非不分、表里不一，那么这个政党的生命就会窒息，就会最终被人民所抛弃。因此，坚持实事求是就要说真话、追求真理、为人真诚，这是坚持实事求是的基础与前提。

二是法治意识。法令行则国治，法令弛则国乱。法律的权威和地位是衡量一个国家、一个社会文明进步的重要标准。法治是一个国家发展的重要保障，是治国理政的基本方式。只有当一个社会形成人们不愿违法、不能违法、不敢违法的法治环境，做到有法必依、执法必严、违法必究，绝大多数人不但熟悉法律规范而且处处按法律规范行事时，人与人之间的信任才会大幅度提高，社会秩序才能健康规范。

共产党人坚持实事求是思想路线。实事求是是延安精神的基本要求，也是党性的基本要求，问题是做到实事求是是件非常复杂的事，如果一个党员不愿或不敢做到实事求是怎么办？如果不实事求是的人得到了好处，而实事求是的人却得不到好处怎么办？因此，不能只用道德来约束党员和干部，法治才是真正的治本之策。党员干部都要自觉强化法治意识。

2013年2月，习近平总书记主持在十八届中央政治局第四次集体学习时明确指出：“全面推进科学立法、严格执法、公正司法、全民守法，坚持依法治国、依法执政、依法行政共同推进，坚持法治国家、法治政府、法治社会一体建设，不断开创依法治国新局面。”[①]

小智治事，大智立法。治理一个国家、一个社会，关键是要立规矩、讲规矩。法律是治国理政最大最重要的规矩。推进国家治理体系和治理能力现代化，必须坚持依法治国，为党和国家事业发展提供根本性、长期性的制度保

①《习近平谈治国理政》第一卷，外文出版社2014年版，第144页。

障。推进依法治国，要求广大党员和各级干部具有法治意识、法治素养、法治能力，要带头维护宪法和法律的权威性，在宪法和法律范围内活动，学法、知法、用法、守法，要提高运用法治思维和法治方式深化改革、推动发展、化解矛盾、维护稳定的能力，要努力推动形成办事依法、遇事找法、解决问题用法、化解问题靠法的良好法治环境。

三是人民主体意识。全心全意为人民服务是党的宗旨。人民群众高兴不高兴、满意不满意、拥护不拥护、答应不答应是共产党人想问题、办事情的出发点，而实事求是事实上正是共产党人为人民谋利益的道德规范和价值选择。因此，牢固树立共产党人为人民服务的道德观，是坚持实事求是的基础。离开这个基础，实事求是就可能荒腔走板。

坚持人民主体意识，就要体察民情、了解民意，体会群众感情、听取群众呼声、了解群众意愿、顺应群众要求、实现群众愿望；就要想群众之所想、急群众之所急、办群众之所需，确保决策的科学性、正确性；就要深入基层，贯彻从群众中来、到群众中去的工作路线。坚持从群众中来，才能汲取群众的经验，反映群众的意愿，集中群众的智慧，使党的理论和路线方针政策切合实际，符合规律，富于现实性；坚持到群众中去，才能发挥理论和路线方针政策的指导作用，使之落实到为人民群众服务的具体实践中。

习近平总书记指出："各级领导干部要坚持工作重心下移，经常深入实际、深入基层、深入群众，真诚倾听群众呼声，真实反映群众愿望，真情关心群众疾苦，拜群众为师，向群众问计，从群众的实践中汲取营养、增长智慧。"[①]

心底无私天地宽，只有真正为人民、毫无私心杂念的人，才能一身正气，善于和敢于坚持实事求是。那种一事当前、个人第一的人，必然瞻前顾后、明哲保身，难以做到实事求是。因此，坚持实事求是，就要有人民主体意识，加强道德修养。延安精神告诫我们，把实事求是作为共产党人立身、立德、立言的人生课题，持之以恒、一以贯之地坚持下去，这是共产党人道德建设的题中

① 习近平：《始终坚持和充分发挥党的独特优势》，《求是》2012年，第15期。

应有之义。

四是反思意识。实事求是与反思意识紧密相连，从一定意义上看，实事求是就是反思的结果。中国共产党实事求是思想路线的确立过程就是不断反思的过程。延安时期中国共产党确立起实事求是思想路线，就是反思土地革命战争时期“左”倾错误的结果。而第三次“左”倾错误的特征就是把马克思主义教条化，把共产国际的指示和苏联的经验神圣化，其思想根源在于唯书唯上而不唯实的主观主义。在清除主观主义过程中，伴随着延安整风运动的开展，中国共产党最终确立起实事求是思想路线。1978年12月召开的中共十一届三中全会重新确立起实事求是思想路线，同样是反思了新中国成立之后特别是十年“文革”的错误而重新确立的。

可以说，如果没有反思就没有实事求是思想路线的确立。

一个民族、一个政党、一个人都应当具有反思精神。反思是一个民族、一个政党、一个人生存和发展的必然要求。只有反思才能不断总结经验和教训，避免犯错误或少犯错误，更好地生存和前进。反思是一种批判精神，也是一种求索精神。回顾中国共产党历史，正是在不断反思中，错误得以纠正，真理得以坚持，使得中国共产党能够成就伟业、创造辉煌，赢得人民的信任、拥护和爱戴。反思是把握客观事物发展变化规律的需要，是正确认识自己、不断完善自我的需要。只有自觉地把群体反思意识与个体反思意识结合起来，才能体现出一个政党、一个人思想的深度和思维的高度。

五是科学意识。惟创新者进，惟创新者强，惟创新者胜。机会从不眷顾因循守旧、满足现状者，从不等待不思进取、坐享其成者，而是留给善于和勇于创新的人。要打破迷信经验、迷信本本、迷信权威的惯性思维，摒弃不合时宜的旧观念，有敢为天下先的锐气，逢山开路、遇河架桥，百折不挠、勇往直前。所谓底线思维能力，就是客观地设定最低目标、立足最低点、争取最大期望值的一种积极的思维能力。它要求我们居安思危、见微知著、未雨绸缪、心中有数、处变不惊。要善于运用底线思维的方法，凡事从坏处准备，努力争取最好的结果，这样才能有备无患、遇事不慌，牢牢把握主动权。

坚持实事求是，就要崇尚科学、反对迷信，重视养成实事求是的思想方法、领导方法和工作方法，不唯书、不唯上、只唯实。树立科学意识，要求必须注重调查研究，因为调查研究是主观和客观相符合、理论和实际相联系的根本方法。

调查研究是谋事之基、成事之道。没有调查，就没有发言权，更没有决策权。研究问题，制定政策，推进工作，刻舟求剑不行、闭门造车不行、异想天开更不行。只有调查研究，才能真正做到一切从实际出发、理论联系实际、实事求是，才能从根本上保证党的路线方针政策和各项决策的正确制定和贯彻执行，保证在工作中尽可能防止和减少失误，即使发生了失误也能迅速得到纠正而又继续胜利前进。树立科学意识，就要提高战略思维、历史思维、辩证思维、创新思维、底线思维能力。所谓战略思维能力，就是高瞻远瞩、统揽全局，善于把握事物发展总体局势和方向的能力。一是能够从全局的角度、以长远的眼光看问题，观大势、谋大事，紧跟时代前进步伐，透过纷繁复杂的表面现象把握事物的本质和发展的内在规律。二是具有战略定力，在重大原则问题上旗帜鲜明、态度明确，在复杂多变的国际局势中平心静气、静观其变，在制定政策时冷静观察、谨慎从事、谋定而后动。所谓历史思维能力，就是以史为鉴、知古鉴今，善于运用历史眼光认识发展规律、把握前进方向、指导现实工作的能力。

六是担当意识。实事求是与担当意识相辅相成，坚持实事求是需要担当意识，因为客观事物是发展变化的，人对客观事物的认识需要一个不断深化的过程，往往开始的时候真理掌握在少数人手里。这时，坚持实事求是就可能面临极大的风险，就有被批判、被撤职甚至被杀头的危险。因此，敢于啃硬骨头，敢于涉险滩，既勇于冲破思想观念的障碍，又勇于突破利益固化的藩篱，不为任何风险所惧，不为任何干扰所惑，勇于担当，就成为能否坚持实事求是不可或缺的条件之一。从中国共产党历史看，毛泽东如果没有担当意识，就不可能领导开创出农村包围城市、武装夺取政权的中国特色革命道路。这条道路在马克思主义教科书中找不到答案，在国际共产主义运动中也没有先例，为此毛泽东曾三落三起，受到错误的打击与排斥。中国革命胜利的历史已经证明，以毛泽东为代表的中国共产党人开辟的这条革命道路是引领中国革命的成功之道。邓小平如果没有担当意识，就不可能以巨大的政治勇气，领导中国共产党开创出中国特色社会主义道路，冲破对社会主义的固有认识，成功解决在中国发展社会主义市场经济的一系列重大问题。事实证明，坚持实事求是，就要有担当意识；没有担当意识，就难以做到实事求是。

习近平总书记把“敢于担当”作为好干部的标准之一。“敢于担当”就是把责任稳稳扛在“肩”上。领导就是责任，当官必须尽责，权与责从来都是相依相随的。担当大小，体现一个干部的胸怀、勇气和格调，有多大担当才能干多大事业。林则徐的名言是“苟利国家生死以，岂因祸福避趋之”，好的干部，讲真理不讲面子，讲原则不和稀泥，敢于正视问题不回避、承担责任不推诿、直面矛盾不上交，平常时候看得出来、关键时刻站得出来、危急关头豁得出来。那种不求有功、但求无过的“太平官”“老好人”，注定会为老百姓所唾弃。

三、全心全意为人民服务是共产党人成就伟业的力量之源

全心全意为人民服务是延安精神的本质体现，延安精神实质上就是为人民服务的精神。正因为中国共产党是完全彻底地、全心全意地，而不是三心二意地为人民服务，所以中国共产党与广大人民群众建立起水乳交融、血肉相连的党群关系，使得和最广大人民群众密切联系在一起成为中国共产党区别于其他任何政党的显著标志之一。随着中国共产党历史方位的变化，过去密切联系群众是中国共产党的最大优势，而现在脱离群众却成为中国共产党面临的最大危险。因此，从历史中汲取营养，弘扬延安精神，牢固树立为人民服务的根本宗旨，始终保持与人民群众的密切关系，就是中国共产党巩固执政地位，确保长

期执政的一个重大问题。

1.全心全意为人民服务就要牢固树立对待人民群众的科学理念

人民群众是推动社会历史前进的真正动力，是社会物质财富和精神财富的创造者。中国共产党作为彻底的唯物主义者，如何对待群众，是一个根本的立场问题、世界观问题、党性问题。在任何情况下，都要坚持为人民服务的宗旨不能动摇，否则就没有了共产党存在的意义。在新形势下，由于世情、国情、党情发生了极大变化，坚持全心全意为人民服务的宗旨也遇到了许多新情况和新问题，与战争年代相比，服务主体和服务对象方面都出现了重大变化，服务的内容和服务的方式也需要不断调整。这一切，也给中国共产党带来了许多新的挑战，需要认真研究和思考。

一是要牢固树立人民群众是永恒的而共产党只是人民群众在特定的历史时期为实现自己特定的历史任务的一种工具的理念。工具要好好地为主人服务，为主人谋利益。为人民服务是共产党作为人民工具的根本属性。如果主人对自己的工具越来越不满意，主人就可能抛弃这个工具。1945年5月24日，毛泽东在《第七届中央委员会的选举方针》中就曾说明："群众是从实践中来选择他们的领导工具、他们的领导者。被选的人，如果自以为了不得，不是自觉地作工具，而以为'我是何等人物'！那就错了。我们党要使人民胜利，就要当工具，自觉地当工具。各个中央委员，各个领导机关都要有这样的认识。"①

共产党应该做群众什么样的工具呢？1956年邓小平在谈到党的性质时有明确的解释："同资产阶级的政党相反，工人阶级的政党不是把人民群众当作自己的工具，而是自觉地认定自己是人民群众在特定的历史时期为完成特定的历史任务的一种工具……确认这个关于党的观念，就是确认党没有超乎人民群众之上的权力，就是确认党没有向人民群众实行恩赐、包办、强迫命令的权力，就是确认党没有在人民群众头上称王称霸的权力。"②

①《毛泽东文集》第三卷，人民出版社 1996 年版，第 373-374 页。

②《邓小平文选》第一卷，人民出版社 1994 年版以，第 217-218 页。

二是要牢固树立党群关系是共产党人安身立命的根本理念。党最大的政治优势是密切联系群众，党执政后的最大危险是脱离群众。在党群关系上，一定要认识到“水可以没有鱼，但鱼绝对不能没有水”。同人民群众保持密切联系，是由中国共产党的性质、宗旨和使命决定的。习近平总书记在庆祝中国共产党成立95周年大会上强调：“人民立场是中国共产党的根本政治立场，是马克思主义政党区别于其他政党的显著标志。党与人民风雨同舟、生死与共，始终保持血肉联系，是党战胜一切困难和风险的根本保证，正所谓‘得众则得国，失众则失国’。”[①]近百年的历史经验一再证明，牢固树立人民立场、不断深化人民情感、坚持人民利益至上是中国共产党赢得人民支持并不断赢得胜利的关键。

三是要牢固树立“以人民为中心”的理念。党的执政地位不是与生俱来的，人民对执政党并不是一次选择定终身，执政地位也不是一劳永逸的。世界上许多老党、大党由于脱离人民群众而丧失执政地位，马克思主义政党也不例外，苏联解体和东欧剧变就是例证。历史证明，任何马克思主义政党，不论执政时间多长，不论拥有多少党员，也不论创造过多少辉煌业绩，一旦脱离了群众、失去民心，就丧失了执政乃至生存的基础。苏共失败的根本原因，在于未能一以贯之地坚持立党为公、执政为民，所以亡党实际是被人民所抛弃。在苏联解体前，当时的苏联社会科学院曾进行过一次民意调查，被调查者认为苏共仍然能够代表工人的只占4%，认为代表全体人民的只占7%，认为代表全体党员的也只占11%；而认为苏共代表党、代表干部、代表机关工作人员的竟高达85%。苏联共产党不仅脱离了群众也脱离了党员。苏共盛衰兴亡的历史启示之一是“成也人心，败也人心”，决定党的命运的根本在于党赢得了多少人心、赢得了多少人民。

四是要牢固树立“权为民所赋，权为民所用”的理念。马克思主义权力观概括起来是两句话：“权为民所赋，权为民所用。”党执政后组织和坚持人民

① 习近平：《在庆祝中国共产党成立95周年大会上的讲话》，《人民日报》2016年7月2日，第2版。

当家作主的一个主要体现，就是令人信服地实现“权为民所赋，权为民所用”。共产党人的权力观是有权不辱崇高使命、做官不失公仆之心，真正爱民、富民、乐民、安民的权力观。共产党人的利益观是正确看待个人利益、正确看待个人得失、正确把握利益关系，不为私欲所扰、不为名利所累、不为物欲所惑，坚持人民利益高于一切的利益观。共产党人的政绩观是与人民同呼吸共命运的立场不能变，全心全意为人民服务的宗旨不能忘，坚信人民群众是真正的英雄的历史唯物主义观点不能丢，做得人心、暖人心、稳人心、顺民意，经得起实践检验、群众检验和历史检验的实事、好事，实现广大人民群众根本利益的政绩观。要破除权力私有化、商品化、特权化观念，树立权力是人民赋予的、权力的本质是责任、权力必须接受人民监督的观念。

2.全心全意为人民服务就要保持密切联系群众的好作风

作风建设事关党的生死存亡。中国特色社会主义事业取得的巨大成就证明，中国共产党全面执政70多年来，在作风建设上主流是好的。但是，也要看到在作风建设上面临的新挑战和新问题，比如脱离群众的现象大量存在，对此决不可掉以轻心。2013年1月22日，习近平总书记在中共第十八届中央纪律检查委员会第二次全体会议上强调：“如果不坚决纠正不良风气，任其发展下去，就会像一座无形的墙把我们党和人民群众隔开，我们党就会失去根基、失去血脉、失去力量。”[①]

要时刻铭记我们手中的权力是人民赋予的。党的十八大之后，习近平总书记提出“人民对美好生活的向往，就是我们的奋斗目标”[②]，高度凝练地传达了共产党人为人民服务的情感、态度和价值观，真正体现了以人民的意志为指向、以人民的愿望为方向、以人民的期盼为动力、以人民的好恶为标准的为民思想。共产党人所做的一切都是为了人民群众，他们的服务只能是为最广大人民群众的根本利益去服务，而绝不是为别的什么人的其他利益去服务。中国共

①《习近平谈治国理政》第一卷，外文出版社出版2014年版，第387页。

②《习近平著作选读》第一卷，人民出版社2023年版，第60页。

产党根植人民、服务人民、因民而兴、为民而生的根本属性，在本质上决定了共产党人没有自己的特殊利益，服务人民的态度必然不能有所折扣。为人民服务的好与坏，要通过人民群众在实践中进行检验。凡是对人民有利的，就是正确的；凡是对人民有害的，就是错误的。共产党人要为人民的利益坚持对的、改正错的，检验共产党人为人民服务的标尺就是要看人民对共产党人的满意度。

要避免形式主义，以实实在在的政绩取信于民。形式主义是一种片面追求形式而忽视内容的形而上学的观点、方法和作风，不仅背离党的宗旨，而且严重侵蚀着党群关系。虽然任何工作都是通过一定形式表现出来的，但如果只追求形式、缺乏内容、不讲效果，不解决实际问题，就是典型的形式主义，就是一种贪图虚名、不求实效的工作作风。践行党的根本宗旨，密切党群关系，就要坚决反对形式主义。形式主义者心目中没有群众，他们想的和做的不是如何与群众同甘共苦，而是讲排场、比阔气，热衷于名目繁多的达标活动、徒有虚名的检查评比、应付上级的变味汇报。表面上工作热热闹闹，实际上不能给群众带来任何实惠和好处，反而劳民伤财，无端增加群众的负担。更有甚者不顾本地区、本部门的承受能力，搞形象工程、贴金工程，急功近利、寅吃卯粮，从根本上损害了人民群众的利益。形式主义只注意形式上、表面上的轰轰烈烈、堂而皇之，不用做艰苦细致的工作，不必深入调查论证，也不用跟踪检查督导，更不需承担一定风险，毛泽东因而得出了“形式主义害死人”的结论。2012年12月15日，习近平总书记在中央经济工作会议上指出，实干兴邦，空谈误国，这个道理要牢记在心。各级领导干部要坚持为民务实清廉，切实转变工作作风，做到讲实话、干实事，敢作为、勇担当，言必信、行必果。不要换一届领导就兜底翻。总书记强调要有“‘功成不必在我’的精神境界”[①]。如果不坚决清除形式主义，对此麻木不仁、掉以轻心，不仅会直接损害党和政府的

① 习近平：《在庆祝海南建省办经济特区30周年大会上的讲话》，《人民日报》2018年4月14日，第2版。

威信，使广大人民群众对党和政府失去信任，而且最终会失掉民心。

要克服官僚主义，始终与人民群众打成一片。官僚主义的实质，是对人民群众缺乏感情，不能摆正人民群众的主人翁地位，背离“立党为公，执政为民”的价值选择，自私自利、个人主义的权力观、利益观在作怪。清除官僚主义，尊重人民的主体地位，真正做到“立党为公，执政为民”，就要以人的全面发展为价值目标，为实现人的全面发展创造条件，为人民的全面发展不懈努力；就要反映和兼顾不同方面群众的利益，始终代表最广大人民的根本利益，发展面向全体人民群众，做决策、定政策要站在大多数人的一面；就要充分发扬人民民主，“深入了解民情，充分反映民意，广泛集中民智，切实珍惜民力”①，真正发挥人民群众的积极性、主动性，调动人民群众的主人翁热情，体现人民群众当家作主的主体地位；就要不断提高党的执政水平和领导水平，在调查研究、把握规律、掌握局面、科学决策、解决问题等方面提升能力与素质，不断增强为人民服务的本领，赢得群众支持与拥护，巩固和加强党同人民群众的血肉联系；就要在坚持群众路线、为人民服务中做到知行合一，着力增强思想自觉和行动自觉，引导广大党员、干部提高贯彻执行党的群众路线的自觉性和坚定性，做到以知促行、以行促知、知行合一。

要牢记党的宗旨，保证人民共享改革发展成果。改革开放以来，中国社会经济快速发展、民生得到极大改善的同时，民众追求幸福的愿望也更加强烈，民众对公共服务需求的标准也越来越高。为此，不断满足人民群众日益增长的物质文化需要就必须践行群众路线，在各方面注重落实为人民服务的宗旨。党的十九届六中全会审议通过的《中共中央关于党的百年奋斗重大成就和历史经验的决议》指出，让老百姓过上好日子是我们一切工作的出发点和落脚点。检验一切工作的成效，最终要看人民是否真正得到了实惠，人民生活是否真正得到了改善。用人民的态度来检验党的一切决策，用“群众利益无小事。凡是涉及群众的切身利益和实际困难的事，再小也要竭尽全力去办”的要求规范共产

① 《胡锦涛文选》第二卷，人民出版社 2016 年版，第 140 页。

党人为人民服务的思想和行动，这就需要正确认识和处理经济发展与民生改善的关系，实现两者良性循环。通过发展经济、做大“蛋糕”为持续改善民生奠定坚实物质基础，同时又通过改善民生为经济发展提供内生动力，这就需要多做雪中送炭的工作，为群众办实事、办好事。不搞那些脱离实际、脱离群众、劳民伤财、吃力不讨好的形式，这就需要格外关注困难群众，时刻把他们的安危冷暖放在心上，关心他们的疾苦，为他们排忧解难；这就需要抓住人民最关心、最直接、最现实的利益问题，关注和重视解决人民的教育、就业、住房、医疗等问题；这就需要善于协调和解决各种复杂的利益关系，在各种利益关系的纠结和博弈中，心中始终装着大多数人民群众。

要始终坚定不移地推进反腐倡廉建设，做到干部清正、政府清廉、政治清明。腐败是社会的毒瘤，是影响经济社会发展、国家长治久安的致命风险。在延安时期，中国共产党能够由小到大、由弱变强的一个重要原因就是中国共产党推进廉洁政治，赢得了民心。而拥有飞机大炮、貌似强大的国民党则败走台湾，原因固然是多方面的，但其中一个不可忽视的原因就是腐败。当时，美国驻华大使司徒雷登就认为共产党是用他们的廉洁打败了国民党。

腐败问题的存在，严重败坏党的形象、损害群众利益、影响党群关系。虽然腐败是一个历史性课题，更是世界性难题，不可能毕其功于一役，也不可能一劳永逸，但是反腐倡廉必须常抓不懈，拒腐防变必须警钟长鸣。2014年1月14日，习近平总书记在十八届中央纪委三次全会上指出：“全党同志要深刻认识反腐败斗争的长期性、复杂性、艰巨性，以猛药去疴、重典治乱的决心，以刮骨疗毒、壮士断腕的勇气，坚决把党风廉政建设和反腐败斗争进行到底。”[①]党的十八大以来的反腐败斗争，显示了中国共产党为了人民扫除害群之马的决心，也取得了令人称道的反腐成就，得到人民群众的高度关注和一致拥护。只要中国共产党坚定不移地从严管党治党，坚定不移地加强党风廉政建设，坚定不移地深入开展反腐败斗争，就一定能够经受住各种风险考验，立于不败之

①《习近平谈治国理政》第一卷，外文出版社2014年版，第394页。

地。

特别是党的二十大报告指出："腐败是危害党的生命力和战斗力的最大毒瘤，反腐败是最彻底的自我革命。"①反腐败作为党自我革命的重要手段，始终贯穿于党的奋斗历程，事关党长期执政和国家长治久安，事关事业兴旺发达和人民幸福安康。新时代、新起点、新征程，面对新问题、新挑战、新要求，需要我们秉持须臾不松懈的态度，发扬彻底的自我革命精神，一刻不停推进全面从严治党，坚决打赢反腐败斗争攻坚战持久战，把党的伟大自我革命进行到底。

3.全心全意为人民服务就要着力提高做好群众工作的能力与本领

不断提高做好群众工作的能力与艺术，锤炼硬功夫、真本领，把人民群众的智慧和力量凝聚到推进中国特色社会主义事业的伟大实践中，无疑是广大干部特别是各级领导干部的政治责任和时代赋予的基本要求。

一是要不断提高调查研究能力，善于把党的大政方针与人民群众的伟大实践相结合。调查研究是领导干部必须具备的基本素质，是克服主观主义的根本方法和做到理论联系实际的中心环节。对于领导干部而言，调查研究就是通过一定的途径和方法，对领导对象和领导环境进行观察了解，以获取领导所需的各种材料和信息，在此基础上，再对所获取的各种材料和信息进行科学的加工处理，进而揭示蕴含其中的规律性，并以此指导整个领导工作的活动过程。

作为领导干部，一定要树立起没有调查研究就不会有真正好的领导的思想与理念。要看到调查研究是推动党和国家事业发展的必然要求，是关乎领导工作是否具有科学性、实效性的基础和前提。经过改革开放40多年的发展，中国社会发生了深刻的变化，经济成分和经济利益多样化、社会生活方式多样化、社会组织形式多样化、就业岗位和就业方式多样化更加凸显，在社会转型期和改革攻坚期，面对的情况更加复杂。新情况、新问题考验着各级干部的能力与

① 习近平：《高举中国特色社会主义伟大旗帜 为全面建设社会主义现代化国家而团结奋斗——在中国共产党第二十次全国代表大会上的报告》，《求是》2022年，第21期。

本领，如果没有对实际情况进行真正具体地了解，真正好的领导是不会有的。要懂得不能正确地认识世界就无法肩负起改造世界的历史责任，就会陷入主观和客观相分裂、理论与实践相脱离的泥沼，从而遭受挫折与失败。因此，必须高度重视调查研究工作，大兴调查研究之风，把调查研究作为领导干部的政治责任，内化于心、外化于行。

调查研究是转变领导作风和改善工作方法的基础环节。开展调查研究工作，不可能一劳永逸、一蹴而就，而是一个需要不断地、长期地躬身践行的过程。在现实中，一些干部特别是领导干部，在做群众工作时，不是扑下身子，深入基层、深入群众调查研究，不能找准和把握党的路线方针政策与当地实际和人民群众意愿的结合点，工作华而不实、官气十足、浮在表面，引起人民群众不满，严重影响党群干群关系的和谐。因此，作为领导干部一定要把调查研究看作克服主观主义、官僚主义、形式主义、尾巴主义的对症药。那种不做周密细致的调查研究，以会议落实会议、以文件贯彻文件，对上情一知半解，对下情熟视无睹，空话、套话、假话连篇，喜好夸夸其谈，“下车伊始”就这也批评那也指责，不仅是无知的表现，更是共产党员的耻辱。同时，还要锤炼调查研究的硬功夫、真本领，决不能把深入基层、深入群众调查研究变成热热闹闹图形式、轰轰烈烈走过场的作秀闹剧。要把调查研究作为坚持问政于民、问需于民、问计于民的根本方法，作为知民情、解民忧、暖民心的重要保证，把政治智慧的增长、执政本领的增强深深扎根于人民群众的创造性实践之中。

二是要不断提高抓主要矛盾的能力，善于掌握矛盾运动规律，将把握中心与兼顾全局相结合。正确地认识和把握主要矛盾，既是中国共产党制定出正确的路线、方针、政策的科学依据和组织动员群众为实现其历史任务而奋斗的成功经验，也是领导干部通过对事物内部矛盾运动规律的分析、判断、把握，抓住中心、兼顾全局、实施正确领导必须具备的素养。

有重点才有政策，没有重点就没有政策。如果不能依据抓主要矛盾的方法，主次不分，平均使力，就抓不住关键，就会在错综复杂的各种矛盾面前感到茫无头绪，就会在行动中分不清主次、先后、轻重、缓急，就不可能做好领导工作。因此，作为一个领导干部决不能凭主观想象和个人好恶开展工作，而要善于在纷繁复杂的普遍联系的矛盾现象中抓住主要矛盾和矛盾的主要方面，找准工作重点，解决中心问题，以此带动全局工作，决不能“眉毛胡子一把抓”或“捡了芝麻丢了西瓜”。正如毛泽东在《关于领导方法的若干问题》中所强调的：“在任何一个地区内，不能同时有许多中心工作，在一定时间内只能有一个中心工作，辅以别的第二位、第三位的工作。”[①]同时还要看到事物是发展变化的，事物内部的矛盾是相互转化的，事物的发展变化又是复杂的，现象与本质并不一定是一致的。这就要求领导干部一定要用发展变化的观点看问题，必须克服教条主义、经验主义和官僚主义，既要从实际出发，不把已有的认识当作不变的教条，拘泥于传统的思维定式；也要摒弃在实际工作中把已有的经验或局部的经验绝对化，固执己见；还要以强烈的事业心和高度的责任感，深入群众、深入实际探求客观事物发展变化的内在逻辑。决不能受表面现象所迷惑，受细枝末节所缠绕。要善于根据矛盾转化确定新思路，提出新任务，形成新举措，增强工作的主动性和创造性。

由于事物内部矛盾运动的复杂性，还要求领导干部必须统筹兼顾，善于“弹钢琴”。毛泽东指出：“领导人员依照每一具体地区的历史条件和环境条件，统筹全局，正确地决定每一时期的工作重心和工作秩序，并把这种决定坚持地贯彻下去，务必得到一定的结果，这是一种领导艺术。”[②]正确认识中心工作与一般工作的关系，抓住中心、带动一般，是领导干部在做群众工作时需要坚持的基本原则。因为群众工作是一项系统工程，客观上要求领导干部在做群众工作时必须具有全局观念和大局意识，善于统筹兼顾、综合协调，避免把主要矛盾和次要矛盾、矛盾的主要方面和次要方面割裂开来的只及一点不及其余的“单打一”思想和做法。要关注一时一地群众最关心的和最迫切需要解决的问题，抓住关键环节，以“咬定青山不放松”的精神抓住不放、一抓到底，切记

①②《毛泽东选集》第三卷，人民出版社 1991 年版，第 901 页。

“抓而不紧，等于不抓”的道理。同时，也要重视人民群众的长远利益和整体利益，自觉抵制那种把中心和重点工作变成形象工程和政绩工程的行为，克服只顾眼前不管长远、抓了中心丢了一般的片面行为。

三是要不断提高科学决策能力，善于把国家发展战略与民情、民力、民意相结合。决策是领导者在被领导者的参与下对组织未来行动的目标途径所作出的选择和决定。正确的决策来自对客观情况的准确认识与把握，实事求是是作出正确决策的思想基石。在现实中，一些领导干部到一个地方工作或情况不明或急于出政绩就盲目决策、急于求成，满足于上项目、搞大动作，没有实事求是之心，而有哗众取宠之意，造成决策失误。因此，要作出一个正确的决策，首先必须对形势有一个清醒的判断，对客观实际有一个切实的了解，对决策目标有一个明确的定位。要高度重视养成实事求是的思想方法、领导方法和工作方法，有正确的立场，有民主的精神，有批评和自我批评的作风，有坚持真理、修正错误的品质与勇气。

决策必须把人民群众的利益放在第一位，以人民群众的利益为最高标准。“只有我们把群众放在心上，群众才会把我们放在心上；只有我们把群众当亲人，群众才会把我们当亲人。”党的根基在人民、血脉在人民、力量在人民。作为人民群众的勤务员，为人民服务是党员干部存在的核心价值，这在本质上要求各级干部想问题、做决策、办事情必须体现人民群众的意愿，发扬民主，倾听群众的呼声，有宽阔的胸怀、科学的精神，建立健全使人民群众充分行使知情权、参与权、选择权、监督权的工作机制，重视制度、机制、规则、程序的设计。决策还要善于把党和国家的大政方针与本地区、本部门、本单位的具体实际相结合，做好结合这篇文章。既反对只顾局部利益、危害整体利益的地方保护主义，又反对只顾眼前利益、不顾长远利益的短期行为，使决策既符合党和国家的发展战略部署，又反映和体现本地区、本部门、本单位的民情、民力和民意，把党的路线方针政策切实转化为人民群众的具体行动，转化为关注民生、解决民生的具体措施。

特别是作为教育系统、教育事业的党员领导干部，一定要勇于决策、善于决策，既坚持原则的坚定性又具有策略的灵活性，在原则问题上要旗帜鲜明、绝不动摇，但在原则许可范围内则要因时而异、因地制宜，根据客观形势的变化，采取灵活的形式与方法。

四是要不断提高动员群众、凝聚力量的能力，善于把宣传教育群众与组织引领群众相结合。相信和依靠群众，在工作中走群众路线，教育引领群众朝着党和国家的既定目标前进，是领导干部的基本职责，也是中国共产党战胜艰难险阻、领导革命、建设和改革取得成功的根本保证。没有人民群众的广泛动员和力量的凝聚，就不会有和谐、稳定和富有生机与活力的发展局面。

宣传教育群众和组织引领群众首先要尊重人民群众的主体地位和创造精神，向群众学习，拜人民群众为师，坚持从群众中来、到群众中去的工作方法。要把一切为了群众、一切依靠群众作为处理领导与群众关系的根本原则，坚持对上负责和对下负责的一致性。要善于抓事关人民群众利益的大事，也要关心人民群众生活中的小事。“大事”正是由许多小事组成的。离开了一个个群众的具体利益，全体群众的整体利益只能抽象、不可捉摸。要善于集中群众的智慧、激发群众的热情，把一般号召与个别指导相结合。如果没有一般的普遍的号召，就不能动员广大群众行动起来。宣传教育群众和组织引领群众，还要善于把党的创新理论和行动纲领转化为人民群众的生动实践。理论上的成熟是政治上坚实的基础，理论上的与时俱进是行动上锐意进取的前提，思想上的统一是全党步调一致的重要保证。在做群众的思想政治工作时，要适应新情况、新形势、新任务的需要，积极探索思想政治工作的新载体，在内容、形式、方法、手段、机制上创新，不断增强时代感和针对性、实效性、主动性。宣传教育群众和组织引领群众要时刻重视正品性、修官德，注重表率作用的发挥与人格魅力的塑造。领导干部在人民群众中的形象如何，直接关乎党在人民群众中的威信，这就要求领导干部必须从事关党的事业兴衰成败的战略高度重视自己的道德品质修养。“其身正，不令而行；其身不正，虽令不从”“公生明，廉生威”。先做人、后做官、做好人，当好官要自重、自省、自警、自励，讲党性、重品行、作表率，做到立身不忘做人之本、为政不移公仆之心、用权不谋一己之私，牢记领导者“喊破嗓子，不如干出样子”的道理。领导者只有言行一致、表里如一，对党和人民的事业无限忠诚，才能取信于人民，赢得人民群众的拥护、信任和支持。只有以身作则、率先垂范，才会在教育动员群众中产生号召力，在带领群众前进中形成凝聚力，聚集昂扬向上、奋发有为的精气神。

四、坚持自力更生、艰苦奋斗是共产党人成就伟业的不竭动力

历史和现实都表明，战争年代需要艰苦奋斗，和平建设时期更需要艰苦奋斗。我们不需要像延安时期那样吃糠咽菜，也不需要像改革开放前那样“新三年，旧三年，缝缝补补又三年”，但自力更生、艰苦奋斗的政治本色永远不会过时。只有享乐不贪、安逸不图，居安思危、克勤克俭，虚浮不慕、名利不逐，固本保色、奋发有为，勇于担当、善于创造，乐于奉献、永不懈怠，才能经受住各种风险的挑战与考验，创造出无愧于时代、无愧于人民、无愧于党的工作业绩来。

1.牢固树立勤俭办一切事情的思想，反对享乐主义

艰苦奋斗是人们在认识和改造自然、社会过程中，为达到一定目的而体现出的不怕任何艰难险阻、流血牺牲，披荆斩棘、顽强拼搏，吃苦耐劳、艰苦创业，勤俭节约、自强不息的行为意识和精神面貌。在新形势下继承和发扬艰苦奋斗的优良作风，永葆共产党人的政治本色，是时代的需要和人民的呼唤。

由于奢侈浪费、贪图享乐而亡国败家的例子屡见不鲜。1945年7月，民主人士黄炎培在延安与毛泽东的“窑洞对”中，总结中国封建王朝“其兴也勃焉，其亡也忽焉”的历史周期率时，认为其原因主要是环境改变、精神松懈、惰性发作，形成腐败风气、人才竭蹶、控制力下降。明末李自成起义攻陷北京城推翻明王朝，建立了自己的政权，但仅仅40多天就丧失政权导致失败就是例

证。一个政权如果丢掉艰苦奋斗、贪图享乐并形成风气，必将走向灭亡。历史告诉我们，丢掉艰苦奋斗就要出大事，就会人亡政息，这是历史发展的基本规律。

中国共产党作为马克思主义政党，保持艰苦奋斗的政治本色是中国共产党的一贯主张。在中国革命即将胜利的前夜，毛泽东就高屋建瓴地指出："夺取全国胜利，这只是万里长征走完了第一步。如果这一步也值得骄傲，那是比较渺小的，更值得骄傲的还在后头。在过了几十年之后来看中国人民民主革命的胜利，就会使人们感觉那好像只是一出长剧的一个短小的序幕。剧是必须从序幕开始的，但序幕还不是高潮。中国的革命是伟大的，但革命以后的路程更长，工作更伟大，更艰苦。这一点现在就必须向党内讲明白，务必使同志们继续地保持谦虚、谨慎、不骄、不躁的作风，务必使同志们继续地保持艰苦奋斗的作风。"[①]邓小平曾讲："为什么过去很困难的局面我们都能渡过？根本的问题是我们的干部、党员同人民群众一块苦。"[②]江泽民指出："要在全党全社会大力提倡高尚的社会主义思想道德和中华民族的优良传统，以艰苦奋斗、勤俭朴素为荣，以铺张浪费、奢侈挥霍为耻。对于共产党员和各级干部来说，这也是对政治立场、政治观点、政治鉴别力的一种考验。"[③]在纪念改革开放30周年时，胡锦涛强调："艰苦奋斗是我们的传家宝。我们党靠艰苦奋斗起家，我们的事业靠艰苦奋斗发展壮大，我们的幸福生活和美好未来也要靠艰苦奋斗去开创、去实现。全党全国各族人民要长期奋斗、顽强奋斗、不懈奋斗。"[④]2012年12月，习近平总书记在广东考察工作，站在实现中华民族伟大复兴的中国梦的战略高度强调，全面建成小康社会要靠实干，基本实现现代化要靠实干，实现中华民族伟大复兴要靠实干。

---

①《毛泽东选集》第四卷，人民出版社 1991 年版，第 1438-1439 页。

②《邓小平文选》第二卷，人民出版社 1994 年版，第 217 页。

③ 江泽民：《大力发扬艰苦奋斗的精神——在中央纪委第八次全会上讲话的摘要》，《人民日报》1997 年 5 月 16 日，第 1 版。

④《胡锦涛文选》第三卷，人民出版社 2016 年版，第 176 页。

正是中国共产党所具有的艰苦奋斗的政治品格和历史自觉，使得中国共产党能够战胜艰难困苦，渡过一个又一个难关，经过28年不屈不挠的奋斗，赢得革命的胜利；经过70多年的不懈努力，取得中国特色社会主义建设的辉煌成就。

虽然我们的发展成就举世瞩目，但是中国仍然处于并将长期处于社会主义初级阶段的基本国情没有变，中国是世界上最大发展中国家的国际地位没有变。同时也要看到，中国是一个人口大国，是资源相对匮乏的国家，而世界上总有那么一些国家、一些人对中国的发展指手画脚，不希望中国发展与强大。这些都要求我们必须始终保持一种革命精神，逢山开路、遇河架桥，艰苦奋斗、勇往直前。要清醒地看到，道路不可能一帆风顺，蓝图不可能一蹴而就，梦想不可能一夜成真。只有与人民同甘共苦、共克时艰、不懈奋斗，才能有效应对前进道路上的各种风险与挑战，到达中华民族伟大复兴的光辉彼岸。

不可否认，一些地方、一些部门、一些党员干部，忘记了艰苦奋斗的政治本色，存在着享乐主义现象。一些党员干部在思想上安于现状、不思进取、随波逐流、意志消退，在工作上高高在上、热衷应酬、忙于事务、追逐名利、虚浮不实，在生活上大手大脚、贪图奢华、追求享乐、玩物丧志，工作起来则是颐指气使，喜好花拳绣腿，做表面文章，严重脱离群众、脱离实际，不接地气。

人无俭不立，家无俭不旺，党无俭必败，国无俭必亡。新时代的今天，我们要保持自力更生、艰苦奋斗的政治本色，就要牢记中国的基本国情和中国共产党的庄严使命，树立为党和人民长期艰苦奋斗的思想；就要自觉以艰苦奋斗的精神做好各项工作；就要树立勤俭节约的意识，与人民群众同甘共苦、共克时艰，以脚踏实地、奋发有为的工作作风应对前进道路上的困难和挑战。要把艰苦奋斗作为党性锻炼的主要内容，经受住各种风险的考验，写好共产党人报效祖国、服务人民的人生新篇章。

2.保持昂扬向上的工作作风，反对奢靡之风

今天我们取得的巨大成就就是靠艰苦奋斗得来的。艰苦奋斗，重在“奋斗”这两个字。艰苦奋斗反映了“为有牺牲多壮志，敢教日月换新天”的革命情怀，反映了共产党人在困难面前打不倒、压不垮、不低头、不弯腰的革命斗志，体现了共产党人改造世界、劳动创造世界的世界观。艰苦奋斗的本质，是一种精神状态，是一种奋斗精神和创业精神，是共产党群体精神面貌的重要表现，背后实质上是一个理想信念问题。所以，不仅在条件艰苦的情况下要努力奋斗，而且在生活改善的情况下依然需要继续奋斗。

随着改革开放的深入发展、物质文化生活的不断丰富、人民生活水平的不断提高，一些党员干部渐渐地忘记了吃苦在前、享受在后，艰苦奋斗、艰苦创业的优良作风，只求享乐、不思创业，只讲待遇、不讲工作，只求索取、不求奉献。有的对工作极端不负责任，养尊处优，饱食终日，无所作为，不用心；有的对人民群众的冷暖疾苦不闻不问，麻木不仁，漠不关心，不愿深入基层、深入群众；有的不是把心思用在工作上，用在为群众谋利益上，而是日谋夜想着如何拉关系、找门子，谋取个人的升官发财；有的只要组织照顾，不服从组织安排，不愿到艰苦的地方、基层和岗位工作，留恋城市、机关，沉溺于吃喝玩乐、灯红酒绿；有的精神空虚，不读书、不看报，或追求享乐、玩物丧志、不好读书，或热衷应酬、忙于事务、不勤读书，或浅尝辄止、不求甚解、不善读书，或学而不思、知行不一、学用脱节，没有把读书学习当成一种生活态度、一种工作责任、一种精神追求。萎靡之气对个人而言，侵蚀了灵魂，削弱了意志，对党和国家而言，玷污了艰苦奋斗的优良传统，损害了党群、干群关系。1956年11月15日，毛泽东在八届二中全会上曾讲，人是要有一点精神的。中国共产党人正是凭借着不怕苦、不怕死的精神，冲破无数艰难险阻，踏过无数惊涛骇浪，领导中国革命和建设事业取得成功的。无论是革命、建设还是改革，都需要始终保持一种坚忍不拔、奋发有为的良好精神状态。有了精神就有了追求，有了精神就有了动力，有了精神就有了支柱。缺了精神，就会缺了奋斗目标和工作追求，胸无大志、不负责任、毫不用心；就会意志消沉、浑浑噩噩，丧失工作的闯劲与锐气；就会缺乏为人民服务的骨气和志气，丧失工作的信心和信念。因此，反对萎靡之气，就必须坚守共产党人的精神追求，把保持艰苦奋斗的政治本色作为人生的政治情操、价值选择和行为方式，保持共产党人的蓬勃朝气、昂扬锐气和浩然正气。

3.发扬逢山开路、遇水架桥的创造精神，反对饱食终日无所事事的懈怠情绪

在前进的道路上面临着许多困难，特别是在全球化背景下国际竞争日趋激烈，要求我们不但要克服物质上的困难，也要克服精神上的畏难情绪。我们要全面建成小康社会、全面建设社会主义现代化国家、全面深化改革、全面依法治国、全面从严治党，推进发展方式的战略转型、提高自主创新能力、在日趋激烈的国际竞争中掌握主动权等，都要艰苦奋斗，否则我们就难以立于不败之地。

永葆艰苦奋斗的政治本色，就要有“空谈误国，实干兴邦”[①]的政治责任心。习近平总书记指出：“领导干部的一言一行、一举一动，群众都看在眼里、记在心上。干部心系群众、埋头苦干，群众就会赞许你、拥护你、追随你；干部不务实事、骄奢淫逸，群众就会痛恨你、反对你、疏远你。”[②]一步实际行动胜过一摞文件，以会议落实会议，以文件落实文件，嘴上说一套，实际做的是另一套；华而不实，只有虚功而无实招，只能被人民群众所抛弃。因此，一定要在狠抓落实上下功夫，要像总书记要求的那样，一分部署，九分落实，真正把大量的力气花在落实上。唯有实干，才能取信于民；唯有实干，才能自强自立；唯有实干，才能梦想成真。

永葆艰苦奋斗的政治本色，就要有“生于忧患，死于安乐”的忧患意识。天下之事，成于惧而败于忽。麻木不仁，高枕无忧，就会精神委顿失去生机和活力，失去前进的方向和奋斗目标。“居安思危”“居危思进”，才有希望，才有生机，才有活力。成家犹如针挑土，败家好似水淘沙。大手大脚易劳民伤财，肆意挥霍会坐吃山空，这样的教训应常记。勤勉能补拙，自律方自强。

①②《习近平著作选读》第一卷，人民出版社2023年版，第116页、87页。

2014年5月9日，习近平总书记在参加河南省兰考县委常委班子专题民主生活会时指出，当官要当舞台上端端正正的官，当清官，不要当庸官贪官，被人戳脊梁骨。第一步走错了就不行。如果抱着当官谋利的想法，那做的一切事情都不会对。为什么说当官是高危职业？就是说不仅主动以权谋私不行，而且要处处防备社会诱惑。诱惑太多了，处处是陷阱啊！所有自己认为是当官能享受的、产生快感的事情，背后都可能隐藏着罪恶，都可能是陷阱。

要牢记“物必自腐，而后虫生”的道理。心如石坚，不忘一念；身如劲松，不失一足。警钟长鸣，戒尺常挥，就会低而不馁、高而不危、满而不溢。

永葆艰苦奋斗的政治本色，就要有创新意识。兢兢以强，是思想上的一种醒悟、政治上的一种成熟。对个人是成事之道，对国家是强盛之途。有些人懒于进取、怯于开拓、甘于平庸，满足于随大流，少有业绩和贡献，这不单是能力和水平问题，而是内生动力不足、使命感淡化、进取意识消退。艰苦孕育着希望，奋斗孕育着成功，共产党人的哲学就是奋斗的哲学。不论做任何事情，要想取得成功，又不愿付出艰苦的努力，期待天上掉馅饼，那只能是痴人说梦、异想天开。在前进的道路上，存在着能够预知和无法预知的各种风险，遇困难就心灰意冷，遇风险就退避三舍，只会一事无成。

习近平总书记在党的二十大报告中指出：“全党同志务必不忘初心、牢记使命，务必谦虚谨慎、艰苦奋斗，务必敢于斗争、善于斗争，坚定历史自信，增强历史主动，谱写新时代中国特色社会主义更加绚丽的华章。”[①]因此，坚持艰苦奋斗就必须有应对各种风险的气魄和胆识，有敢为天下先的政治勇气和创造精神，以开拓进取、勇于创新的品质，不断有所发现、有所发明、有所创造、有所前进，永不自满、永不停步、永不懈怠，以奋发有为的精神状态始终走在时代前列。

① 习近平：《高举中国特色社会主义伟大旗帜 为全面建设社会主义现代化国家而团结奋斗——在中国共产党第二十次全国代表大会上的报告》，《求是》2022年，第21期。

第五节　教育价值：延安精神是教育事业的无价之宝

党的十八大以来，习近平总书记就什么是延安精神、为什么要弘扬延安精神、怎样弘扬延安精神、怎样传承红色基因等问题，发表了一系列重要论述，为在新时代弘扬延安精神进一步指明了方向。中小学校担负着培养新时期社会主义建设者和接班人的历史重任，如何把握好延安精神的内涵，用延安精神引领学校德育教育，对当代青少年进行思想道德教育具有重要的现实意义和深远的历史意义。

一、延安精神引领学校德育教育，是教育改革的必然要求

延安精神内容丰富、内涵深刻、源远流长。延安精神既是五千多年中华优秀传统文化的继承和发扬，又是红船精神、井冈山精神、长征精神的发展和升华，正如习近平总书记在给中国延安精神研究会召开第五次会员代表大会致信祝贺所说，延安精神是中华民族优良传统的继承和发展，是我们党的性质和宗旨的集中体现。而德育是中小学教育的核心，是学校精神和学校品牌的重要体现，直接影响着学校的发展。《国家中长期教育改革和发展规划纲要（2010—2020年）》对中小学德育工作提出了新的要求，要坚持以人为本、德育为先的育人理念，全面实施素质教育，贯彻落实中小学德育整体建设工程，全面推动中小学德育工作的改进和创新。

将延安精神作为学校德育教育的载体，对于传承红色基因，继承和发扬优秀传统文化，提升学生的思想和精神境界，形成优良的教风、学风和校风，激

发全体师生的创造力，增强凝聚力，弘扬社会主旋律，促进学生健康成长，有着不可替代的积极作用。现阶段，社会的多元化发展，给处于青春期的学生带来各种冲击，也给我们的德育教育带来严峻挑战。为了使共产主义的信仰，勤俭节约、艰苦奋斗的精神在青少年中代代相传，非常有必要在学校继承和弘扬延安精神。因此，我们以延安精神为载体，与学校各项德育工作相结合，通过开展“延安精神进校园、进社区、进家庭”等一系列教育活动，指导学生树立正确的世界观、人生观、价值观，培养社会主义事业合格的建设者和接班人。

二、延安精神引领学校德育教育，是政治正确的方向引领

坚定正确的政治方向是延安精神的首要内容，是延安精神的灵魂。我们要始终坚持以马克思主义为指导思想，始终坚持共产主义的理想信念，始终坚持中国共产党要为最广大人民谋取最大的利益。

在2018年9月10日召开的全国教育大会上，习近平总书记以“国之大计、党之大计”两个大计高度概括了教育在新时代的重要地位，强调坚持中国特色社会主义教育发展道路，培养德智体美劳全面发展的社会主义建设者和接班人，是我们德育教育的主方向。青少年的价值取向决定了未来整个社会的价值取向，但他们的世界观、人生观、价值观尚未形成，理想信念还不是很牢固，需要我们通过德育教育加以正确引导，通过厚植红色基因，帮助他们把自身的梦想融入中国梦的伟大事业中。

延安中学始终将延安精神主旨教育、培植红色基因全面融入学校德育教育。在教师中开展党性、作风和革命传统教育，坚定共产主义信念。在学生中开展理想信念教育、爱国主义教育、“延安精神进校园”现场书法比赛、校园广场红歌会、“传承红色基因，做新时代好少年”“童心向党”文艺演出、“学习新思想，做好接班人”主题班会、“我和我的祖国——青春心向党”诵读活动、“系好人生第一粒纽扣”等主题教育活动，引领全体学生在继承传统文化的同时传承红色基因，用自己的实际行动积极践行社会主义核心价值观，坚定

正确的政治方向。

解放思想、实事求是是延安精神的重要内容，是延安精神的理论基础和思想基础。毛泽东用“实事求是”[①]4个字高度概括了中国共产党思想路线的丰富内涵，并且通过延安整风，在全党确立了实事求是的思想路线，为中国革命的胜利奠定了重要的思想基础。实事求是是一种坚持真理、崇尚理性的科学精神，也是一种实际精神，反对夸夸其谈，主张理论联系实际、有的放矢。

新时期的教育事业，更需要我们弘扬延安精神，坚持实事求是的思想路线。对于延安中学而言，要坚持从实际出发，谋划学校的发展、谋划教育教学工作要符合实际情况、符合客观规律、符合科学精神，不好高骛远、不脱离实际。对教师而言，就是要脚踏实地、真抓实干，敢于担当责任、勇于直面矛盾、善于解决问题，努力创造经得起实践检验的实绩。对学生而言，就是要勤奋刻苦，积极参与各类实践活动，勇于挑战自我，在实践中提升自我。这正是延安精神的科学内涵在新时代教育教学工作中的具体化。

学校从教学实际出发，发挥课堂教学主渠道作用，把延安精神的相关材料整理成专题，编入教师教案，纳入课堂教学计划，使延安精神的学习内容通过课堂主题渠道与学生更全面、更常规化地接触。努力开发校外德育资源，积极开展社会实践活动，让学生走出校园、走向社会、了解社会，学习劳动人民的优秀品质，走与工农相结合、与实践相结合的道路。近几年，学校分批组织师生到延安、井冈山、韶山等地开展学习实践活动，学生的思想情操、道德观念进一步得到了提高。学校还把延安精神学习教育活动和常规德育活动紧密结合起来，建立了多个德育实践基地，通过德育基地使校外德育实践教育活动制度化、经常化。

全心全意为人民服务的根本宗旨是延安精神的本质体现，是延安精神的核心。我们党紧紧依靠人民又一切为了人民，逐步形成了“一切为了群众，一切依靠群众，从群众中来，到群众中去”的群众路线，养成了密切联系群众的优

① 《毛泽东选集》第三卷，人民出版社1991年版，第801页。

良传统和作风，发出了“为人民服务”这一最朴实也最响亮的时代最强音。这种全心全意为人民服务的根本宗旨，凝聚起人民战争势不可当的磅礴伟力，进而熔铸为延安精神的本质体现，深刻揭示出中国革命胜利的根本所在，推动中国共产党由小到大、由弱变强、由幼稚走向成熟。

新时期的德育教育的根本出发点和落脚点同样是全心全意为人民服务，也是我们的教育目标。我们要通过自身的努力，把全体学生培养成为热爱社会主义祖国的具有社会公德、文明行为习惯的遵纪守法的公民。在这个基础上，引导他们逐步树立科学的人生观、价值观，并不断提高社会主义思想觉悟。

学校在德育实践中，启动了“青年教师献爱心家访助教”活动，让教师们在实践中体验延安精神，弘扬延安精神，进一步强化学校、家庭、学生三者之间的关系。通过一系列活动，让学生参加家庭劳动、参与家庭会议、与家长对话，进一步缩小代沟，建立更为民主和谐的家庭氛围。学校积极与社区开展合作，开展“延安精神进社区”活动，组织学生到社区开展延安精神的宣传、参与社区义务劳动、为社区居民义务书写春联，同时还组织学校教职工及家属积极参与社区的文体活动、慰问困难居民等活动，在活动中渗透延安精神全心全意为人民服务的核心思想。

自力更生、艰苦奋斗的创业精神，这是延安精神最核心的内容，是延安精神的最集中体现。艰苦奋斗是一种工作作风、生活作风，更是一种政治品格、精神状态，是一种积极进取、勤俭创业、奋发图强的伟大精神。延安时期，在党员干部队伍中普遍形成了艰苦奋斗的优良传统和作风，保持了积极健康的精神状态，为战胜困难提供了坚强的精神动力。这种埋头苦干、奋发有为、以苦为乐、开拓进取的优良品质和崇高精神，也应该成为我们新时代立德树人的内在要求。学校将自力更生、艰苦奋斗的创业精神融入学校文化，在师生中开展“光盘行动”、劳动最光荣等主题教育活动，力求用延安精神教育干部、引领师生，努力创造良好的校风、学风和班风，为培育“四有”新人创造良好的文化氛围。

三、延安精神引领学校德育教育，是学校建设的不竭动力

在弘扬延安精神的实践中，我们坚持“三个结合”，使学校精神文明和校园文化建设、师德师风建设、学风文风建设取得了显著效果。

学校把延安精神的学习教育活动融入学校的精神文明建设之中，融入学校的育人系统，统一安排和部署，大兴勤政廉洁之风，大兴法治与德治之风，大兴为民服务之风。要求每个干部力争做到“讲学习、讲政治、讲正气、讲奉献、讲团结”，把延安精神的学习与培育和践行社会主义核心价值观统一起来、结合起来，让延安精神的学习更富时代特色。

延安精神具体表现为解放思想、实事求是的精神，紧跟时代、勇于创新的精神，知难而进、一往无前的精神，艰苦奋斗、务实求效的精神，淡泊名利、无私奉献的精神。学校要求每一名教师在延安精神的学习活动中认真实践这五种精神，内强素质、外树形象，努力肩负起培养社会主义现代化建设所需的合格人才的历史重任。

学校严格学习制度、严明学习纪律、加强班级管理、培养良好班风，通过引导学生对延安自力更生、艰苦创业精神的学习，培养学生艰苦奋斗、刻苦钻研的学风；在学生中开展“光盘行动——杜绝舌尖上的浪费”“三爱三节”等主题教育，引领学生养成勤俭节约的生活作风。

延安精神为学校全体师生注入了无穷的精神动力，为学校的精神文明建设和教育教学工作增添了光辉的内容。学校将深入持久地学习宣传延安精神，以延安精神为载体，丰富德育教育内容，积极践行社会主义核心价值观，将其作为宝贵的、不可或缺的精神食粮和精神文明建设不竭的种子更广泛深入地引进校园，让延安精神在校园内绽放更加夺目的光芒。

四、延安精神引领研学活动，是学校思政教育的创新尝试

延安中学是中国共产党创办的第一所中学，中国人民大学是中国共产党

创办的第一所新型正规大学，都有着共同的红色血脉、红色基因、红色精神。2022年4月25日和10月26日，在党的二十大前后，在全党全国各族人民迈上全面建设社会主义现代化国家新征程、向第二个百年奋斗目标进军之际，习近平总书记先后考察这两个“党办的第一所”学校，充分体现了以习近平同志为核心的党中央站在培养什么人、怎样培养人、为谁培养人这个教育根本问题的高度，对传承红色基因、用延安精神教书育人的殷切期望。

2022年11月，中国人民大学与延安中学联合启动大中小学思想政治教育一体化建设项目。其中，红色育人资源平台主要为全国大中小学思政课教师提供包括延安精神在内的中国共产党精神谱系教学资源；实践育人示范基地（陕西省延安市安塞区南沟村）主要围绕新时代乡村振兴战略开展学生学术科研探索；班团集体结对项目由中国人民大学刚刚成立的“习近平新时代中国特色社会主义思想方向班”和习近平总书记在延安中学调研过的高2025届2班发起，通过班团活动、参观交流、结对互助等形式，共同促进学生成长成才，努力造就一大批坚定不移听党话、跟党走的新时代好青年。

为进一步推动两校深入学习贯彻习近平总书记考察中国人民大学和延安中学时的重要讲话精神，深化探索大中小学思想政治教育一体化建设，2023年12月9—14日，中国人民大学邀请习近平总书记在延安中学调研过的高2025届2班师生来京开展为期一周的研学活动，与中国人民大学“习近平新时代中国特色社会主义思想方向班”共同开展学习交流活动。

12月9日下午，在延河讲师团带领下，延中师生重走习近平总书记考察人大之路，走进校史馆、典范展参观，并在总书记来人大考察时的先锋教室开展主题联学活动。

12月10日上午，延安中学师生在中国人民大学学生志愿者的带领下，走进北京大学，切身感受北大浓厚的学习氛围和学术氛围。下午，延中师生走进英模张思德生前所在部队，参观张思德纪念馆，走访张思德中队驻地，聆听“为人民服务”的感人事迹，品尝官兵们亲手制作的糕点，感受强国新时代、强军新征程上的张思德精神。

12月11日，北京迎来今冬首场显著降雪，延安中学来京师生在中国人民大学志愿者的带领下，走进北京中轴线上的孔庙、国子监博物馆和人大老校区，走访了小米科技园、快手总部，在中华优秀传统文化与现代科技的交相辉映下，切身感受中华民族现代文明的独特魅力。

12月12日清晨，校党委书记、校长贺建旗，副校长郭博以及延安中学与中国人民大学师生共同登上观礼台，观看天安门升国旗仪式，瞻仰毛主席纪念堂并敬献花篮。站在祖国的“心房”，延中青年与人大青年庄严承诺：继承优良传统，赓续红色血脉，牢记嘱托向未来！

在人大志愿者的带领下，延中师生开启“沉浸式”游览雪后故宫，亲身感受紫禁城雪景之美。故宫的壮丽建筑、瑰宝文物、优美艺术品给延中师生留下了深刻印象。下午，延中师生继续“精彩大课堂”学习，在人大师生的陪同下，参观中国共产党历史展览馆、中国考古博物馆。

12月13日，“继承优良传统，赓续红色血脉——家风中的延安精神”大中小学主题联学活动在中国人民大学举行，毛泽东、周恩来、刘少奇、朱德老一辈革命家亲属代表分享红色家风故事，徐特立、吴玉章、谢觉哉、董必武、林伯渠等“延安五老”亲属代表受聘首批大中小学思政教育一体化建设“荣誉辅导员”。与此同时，中国人民大学携手北京理工大学、延安大学等从革命圣地延安走出来的红色高校，与陕西延安中学、江苏淮安新安小学、北京育才学校等一批具有红色基因的中小学师生代表共同发起成立全国大中小学思政教育一体化建设红色资源共享联盟。

在全党全国深入开展第二批主题教育之际，我们党创办的第一所大学和中学——中国人民大学和延安中学的师生再次齐聚人大，以“家风中的延安精神”为主题，同上一堂大思政课，生动彰显了两校践行“党办的学校让党放心，人民的学校不负人民”的政治自觉和主动担当。举办这次联学活动是贯彻落实习近平总书记考察调研中国人民大学和延安中学时重要讲话精神，以及关于家庭家教家风建设重要论述的具体行动，也是传承红色基因，赓续红色血脉，凝聚强国建设、民族复兴精神力量的生动实践。延中师生将牢记习近平总书记来校考察调研时的殷殷嘱托，树立共产主义远大理想和中国特色社会主义共同理想，坚定理想信念、厚植爱国情怀，敢于担当作为、增长本领才干，不怕吃苦受累、磨砺品格意志，矢志拼搏奋斗、擦亮青春底色，以实际行动践行“请党放心、强国有我”的铮铮誓言，用青春的能动力和创造力激荡起民族复兴的澎湃春潮。

本章结语

延安精神是一本厚重的历史教科书，是我们党和党员升华思想、锤炼党性、增强素质、提升能力的精神力量，是我们干事创业、逐梦前行的经典法宝，是我们永远取之不尽、用之不竭的精神财富。延安精神体现了中国共产党人的历史自觉和文化自信，是中国共产党科学的群体意识和优良的精神风貌。新时代，只要我们坚持把延安精神存之于心、见之于行，并且同新的时代精神相结合，把个人价值的实现融入报效祖国、服务人民的实践中，我们就一定能够做出无愧于时代、无愧于人民的业绩来。

第二章
奋斗之本——责任教育的根本点

责任教育是我国教育改革的重要一环，旨在培养具有责任心、有社会担当的新时代人才，根本目标是为党育人、为国育才。

延安精神强调培养青年学生成为党和国家的栋梁之材，将其视为革命事业的接班人。毛泽东认为只有培养大批合格的接班人，才能保证中国革命的长远发展。因此，延安精神强调要注重青年学生的培养教育，使他们具备坚定的共产主义信念、丰富的专业知识和高尚的品德修养。

延安精神注重实践锻炼和理论学习相结合。在延安时期，青年学生们积极参加农村包围城市的斗争，通过实践经验来提高自己的实践能力和组织能力。同时，延安精神还高度重视理论学习。毛泽东亲自主持了一系列马克思主义学习班，向青年学生们传授了丰富的马克思主义理论知识。

第一节　延安精神：着眼于为党和国家培养人才

延安精神提倡“为人民服务”的宗旨。毛泽东在抗日战争和世界反法西斯战争胜利前夕提出著名论断：“人民，只有人民，才是创造世界历史的动力。”[①]延安精神要求青年学生们要坚定为人民服务的信念，把人民的利益放在第一位，为人民的幸福和建设事业贡献自己的力量。

延安精神注重培养学生成为全面发展的人才。延安时期，青年学生们不仅接受政治、军事等方面的培训，还注重开展文化教育和艺术培养，提高他们的综合素质和审美修养。延安精神强调要培养具备宏大胸怀、广博知识和高尚情操的全面发展的人才。

延安精神以培养学生成为党和国家的人才为核心主题，通过实践锻炼和理论学习相结合、强调“为人民服务”宗旨和全面发展的要求，培养了一大批优秀的青年学生，为中国革命的胜利作出了重要贡献。延安精神至今仍然具有重要的现实意义，我们应当不断传承和发扬延安精神，培养更多有志于为党和国家服务的优秀人才。

一、为党育人和为国育才是统一的

为党育人、为国育才这是一个统一的主题。作为中国共产党的重要使命，为党育人旨在培养具有理想信念、道德品质、科学精神、人文关怀和创新能力的社会主义建设者和接班人；而为国育才，则是指培养高素质、具有国际竞争

① 《毛泽东选集》第 3 卷，人民出版社 1991 年版，第 1031 页。

力的人才，以推动国家的繁荣和发展。

为党育人和为国育才相互依存、相互促进。

首先，为党育人是为国育才的坚实基础。只有通过加强党性教育，培养党员干部的党性观念和忠诚意识，才能为培养出更多优秀的人才提供有力保障。党员干部作为党的骨干力量，言行举止直接影响培养对象的成长和发展。只有党员干部自身具备良好的政治素质和道德品质，才能对年轻一代起到良好的示范作用，引导他们树立正确的世界观、人生观和价值观。

其次，为国育才是为党育人的具体体现。党的育人任务是为了培养出更多建设有中国特色社会主义事业的英才，使他们成为国家繁荣发展的中坚力量。在现代社会中，一个国家的繁荣与否与人才的培养密不可分。为国育才，就是要培养出一批批有创新精神和实践能力的人才，使他们能够在各个领域中发挥自己的才能，为国家的进步作出贡献。只有培养出更多优秀的人才，国家才能够拥有强大的综合实力，提高国际竞争力。

最后，为党育人和为国育才的目标是一致的。党的育人任务旨在培养中国特色社会主义事业的合格建设者和接班人，而为国育才则旨在培养具有国际竞争力的人才。虽然两者在具体内容上有所差异，但最终的目标都是实现中华民族的伟大复兴。为党育人是为了更好地推动国家的繁荣和发展，而为国育才则是为了实现中华民族的伟大复兴作出贡献，是为党育人的具体体现。培养高素质的人才是国家繁荣和发展的需要。

因此，只有通过加强党的建设，培养党员干部的政治素质和道德品质，才能为国家培养更多的优秀人才。

二、为党育人、为国育才是责任教育的最终目的

党的教育方针是我们教育事业发展的根本指导方针。根据党的教育方针，教育的首要任务就是坚持正确政治方向，培养中国特色社会主义事业的合格建设者和可靠接班人。因此，责任教育的根本目的就是为党育人。通过教育，使

学生树立正确的世界观、人生观和价值观，坚定对党和社会主义事业的信仰，增强对党的忠诚，同时培养爱国主义情怀和社会责任感，让每一个学生都能自觉地为党和国家的繁荣作出贡献。

为国育才则是责任教育的内在要求。作为培养未来社会主义建设者和接班人的教育体系，责任教育应该注重培养学生的国家意识和全球视野。通过开展爱国主义教育和国情教育，让学生深刻认识到自己是祖国的未来，要为祖国的繁荣作出积极贡献。同时，加强国际交流与合作，培养学生的全球竞争力和国际视野，让他们具备在世界舞台上有所作为的能力和胸怀。

责任教育的核心是培养学生的责任心和社会担当。在现代社会，面临着各种各样的问题和挑战，解决这些问题需要每个人都具备责任心和社会担当。责任教育通过开展社会实践、志愿服务等活动，引导学生关注社会问题，培养他们的责任感和奉献精神。同时，还要注重培养学生的创新精神和实践能力，使他们能够在实际工作中发挥作用，为社会的进步和发展作出自己的贡献。

总的来说，责任教育的根本目标是为党育人、为国育才。通过培养学生的政治意识、爱国主义情怀和社会责任感，使他们具备对党和国家的忠诚，同时具备国际视野和全球竞争力，成为能够为党和国家的繁荣作出贡献的新时代人才。

三、责任教育着眼于培养学生成为对党和国家有用的人

责任教育是指通过教育培养和引导学生树立正确的责任观念和价值观，使其具备履行社会责任的意识和能力。在现代社会，责任教育涉及培养学生的品德修养、社会责任感和自我意识。

首先，责任教育注重培养学生的道德品质和社会责任感。道德品质是一个人在行为准则和行为规范方面的表现，而社会责任感是指一个人对社会问题和社会福利的关注和关心程度。责任教育强调学校教育与家庭教育的有机结合，通过课堂教育和实践活动，培养学生的道德观念、道德判断力和道德实践能力，使他们成为有责任感的公民。

其次，责任教育着眼于培养学生的自我意识和自我管理能力。在现代社会中，个人的自我意识和自我管理能力至关重要。责任教育通过提供学生发展的平台和培养他们的自主性，使他们意识到自己的行为对自己和他人的影响，并学会管理自己的时间、资源和情绪。这种自我意识和自我管理能力使学生能够更好地适应社会的变化和挑战。

再次，责任教育还关注培养学生的团队合作精神和社交能力。在现代社会中，团队合作已经成为一项必备的能力。责任教育通过课堂合作、小组讨论和团队项目等活动，培养学生的团队意识、沟通能力和协作能力。这些能力使学生能够与他人有效地合作，解决问题和达成共同目标。

最后，责任教育注重培养学生的创新思维和实践能力。在现代社会中，创新和实践能力是成功的关键。责任教育通过提供多样化的学习环境和实践机会，培养学生的创新思维、问题解决能力和实践动手能力。这些能力使学生在面对复杂的问题和挑战时，能够灵活应对和找到解决方案。

责任教育是教育的根本点，涉及培养学生的道德品质、社会责任感、自我意识和自我管理能力、团队合作精神以及创新思维和实践能力。通过责任教育，我们能够培养出有责任感、有创造力的公民，为社会的发展作出贡献。

第二节　延安中学：传承延安精神，为党育人、为国育才

延安精神是中国共产党在延安时期形成和发展起来的一种理论和实践精神，对中国革命和社会主义建设产生了深远影响。作为延安精神的传承者和践行者，延安中学始终将延安精神作为办学指导思想，致力于为党育人、为国育才。

一、战火淬炼，茁壮成长

延安中学由陕甘宁边区中学沿革而来，先后15次易名，14次搬迁校址。

1.初创时期（1938.8—1939.6）

1938年夏，陕甘宁边区政府决定，蔡子伟为陕甘宁边区中学（今延安中学）第一任校长，暂以延安鲁迅小学（城内城隍庙）一部分为校址，筹设边区中学。11月中旬，因日本飞机轰炸延安，边区中学迁至安塞吊儿沟。

2.边区师范时期（1939.7—1943.2）

1939年6月，边区政府决定将边区中学与鲁迅师范合并，更名为陕甘宁边区师范学校。边区政府明令教育厅厅长周扬兼校长、董纯才为副校长，并决定以安塞边区中学校为边区师范校址。

3.延安师范时期（1943.2—1944.8）

1943年2月，边区教育厅实行教育调整，以1个分区设1所中等学校为原则，将边区师范与富县师范合并，成立延安师范，划归中共延属地委、延安专署直接领导。校址仍在原边师校址阳崖（今张崖）。教育厅任命原绥德师范校长霍

仲年任延安师范校长、刘端芬为副校长。

1943年，边区机构缩编，延安大学撤销，校部迁往桥儿沟，同鲁艺等几所院校合并成立综合性的延安大学，校长周扬。中学部合并到南门外杜甫川自然科学院中学部，院长徐特立。10月，中央决定自然科学院东迁桥儿沟，中学部随之迁至鲁艺后沟半山上，改为延大中学部。

4.延安中学时期（1944.8—1946.8）

1944年6月，边区政府命令延大迁到南门外同行政学院合并，中学部则与延安师范合并为陕甘宁边区延安中学，校址仍在桥儿沟原中学部校址。

5.行知中学时期（1946.9—1948.1）

1946年7月25日，教育家陶行知先生在上海逝世。为了纪念陶行知先生，经边区政府第九次政务会议通过，决定陕甘宁边区延安中学自8月1日起改名为“行知中学”，校址设在3个地方：桥儿沟、罗家坪、吊儿沟。

1947年3月，因胡宗南进犯延安，学校一分为二，一部分师生组建成中国人民解放军西北兵团第四后方医院，在安塞吊儿沟正式成立，院长卢勤良；其余师生仍按学校建制，按照边区政府统一番号，编为第六大队，改名“工学团”，跟随边区政府转战陕北。8月，子长中学并入行知中学；米脂中学、绥德师范、行中部分师生组成延大附中，并入延安大学。

6.延属分区党校时期（1948.2.6）

1948年1月，陕北局势根本好转，行知中学师生从山西白文镇（郝家堡）返回陕北。经临子长县瓦窑堡，学校在此又与分区地干班合并，成立延属分区党校。4月22日，延安守敌弃城南逃，解放军收复延安。延属分区党校奉命从瓦窑堡迁回延安，驻东关清凉山下火柴厂。6月，延属分区党校结束。

7.过渡时期的延安中学（1948.7—1949.8）

1948年4月22日，延安光复。5月初，党校师生从瓦窑堡（子长）返回延安，陕甘宁边区政府命令“恢复老区中等教育，重建行知中学”。6月初，中共延属地委决定，以延属分区党校原行知中学青年班及其教职工为基础，于延安刘万家沟恢复重建行知中学。

8.陕西省立延安中学（1949.9—1950.12）

1949年7月，陕北行署决定行中、延中合并，校名为延安中学，校址在延安王家坪原女大旧址。9月，陕西省教育厅下达通知，定延安中学为省属中学，受省教育厅领导，由陕北行署代管，校名为陕西省立延安中学，简称省立延安中学，校长丁子文。延中、行中两校合并后，校址迁往延安枣园（今延园）。

1950年1月19日，西北军政委员会在西安宣告成立，陕甘宁边区结束。5月，延安中学由枣园迁到延安市北关。

9.陕西省延安中学（1951— ）

1951年年初，延中更名为“陕西省延安中学”。学校由培养提高干部转化为普通中学性质，向高一级学校输送合格新生及普及中学文化科学知识，提高国民素质。从此，延安中学走向正轨。

1951年，学校被确定为陕西省八所重点中学之一，校长马润之。

1957年10月，学校由延安专署交给延安县管理，更名为“延安县第一中学”，副校长路克主持工作。

1957年，李善英任校长兼党总支书记。

1958年11月，延安中学和延安农业机械厂合为一家，工人、学生开始实行半工半读。

1961年11月，学校改名为延安县中学。

1962年1月，根据延安专署中等学校教育工作会议精神，延中被收回延安专署管理并恢复“陕西省延安中学”校名，总支书记王守培，校长薛承良。

1977年1月，学校交延安市管理，更名为延安市延安中学。

1978年7月，延安地委常委会决定，延安中学由地区行署直接领导和管理，更名为陕西延安中学，校长李善英。

1982年，学校实行党委领导下的校长负责制，党委书记李善英，校长李纯华。

1984年，党委书记李纯华，校长高世好。

1993年，张忠义担任校长。

1997年，张忠义续聘为校长，苏富忠为书记。

1998年3月，张忠义调往西安中学任校长，苏富忠主持工作；8月，延安地区教育局任命董延生为延中校长。

2002年，在市委、市政府的支持下，依托延中创办了民办性质的延园中学。

2004年，李思温任校长。

2007年，学校征地200亩，建筑面积8.28万平方米，投资1.4亿元，扩建延园中学。

2008年5月，李芳琴任党委书记。

2010年7月，兰爱平任校长。

2013年1月，姜晓莉任党委书记。

2017年7月，王文涛任校长。

2020年1月，王文涛任党委书记。

2022年3月，贺建旗任党委书记、校长。

2024年3月，郭博任党委副书记、校长。

二、新时代，新局面

1.校园环境

学校有两个校区，占地329亩（校本部98亩、枣园校区231亩），总建筑面积13.45万平方米（校本部3万平方米，枣园校区10.45万平方米）。截至2024年4月底，共有113个教学班，7300余名学生，447名教职工，其中特级教师8名、高级教师176名，具有研究生学历的49名，获省部级以上荣誉称号的15名。

校本部：位于延安市宝塔区北大街，占地98亩，总建筑面积3万平方米。环境优美、交通便利、设施齐全，拥有图书馆、逸夫科学楼、诗书长廊、校史馆、篮球场、塑胶田径场等。

枣园校区：位于延安市宝塔区枣园路，占地231亩，总建筑面积10.45万平方米。环境优美，是一座标准化、现代化的校园。“为人民服务”讲话台临枣园。

旧址：美军驻延安观察组旧址位于延安中学本部校园内，是1944年7月至1947年3月美军驻延安观察组的所在地，延安现存的重要旧址之一。2005年，在中国人民抗日战争胜利和世界反法西斯战争胜利60周年之际，经重新修缮并正式对外开放。

2.学校荣誉

学校先后荣获全国教育系统先进集体、全国校园文化先进单位、改革开放30周年陕西基础教育成就奖、省级示范高中、省级语言文字规范化示范校、省中小学劳动实践示范基地、省廉政文化示范点、省法治示范校、省综合治理先进集体、省“文明校园”、省中小学德育工作先进集体、高中教育教学质量特等奖等荣誉，先后被选定为中国人民解放军国防生、武警国防生、北京理工大学、天津大学、西安交大、哈工大、长安大学、东南大学、中国石油大学、北京化工大学、大连理工大学等全国名校生源基地。

1951年，被确定为陕西省八所重点中学之一。

1978年1月，被教育部确立为全国首批办好的二十所重点中小学之一。

1979年9月，被评为中华人民共和国第四届运动会“体育工作先进集体”。

1980年6月，被评为陕西省“学校体育卫生先进集体”。

1988年12月，被评为“全国实践教育活动先进单位”。

1991年3月，被评为陕西省委“学雷锋先进集体”。

1993年8月，被评为“全国中学贯彻《学校体育工作条例》优秀学校”。

1994年4月，被延安地委、行署命名为“文明单位”。

1995年3月，被陕西省委、省政府命名为“文明单位”，被评为陕西省“爱国主义教育先进单位”。

1998年3月，被评为“陕西省知识分子工作先进单位”。

1999年2月，被评为“陕西省文明校园”。

2000年3月，被评为全国巾帼文明示范岗。

2002年8月，被评为“全国贯彻《体育工作条例》优秀学校”。

2006年1月，获延安市文明校园称号。

2007年3月，获延安市2006年高中教学质量特等奖；9月，被评为全国教育系统先进集体、陕西省中小学德育工作先进集体。

2008年3月，被评为陕西省平安校园，荣获“延安市2007年高中教学质量特等奖”和“延安市基础教育科研先进学校”称号；11月，荣获“2008年全国高中数学联赛陕西赛区优胜学校”。

2009年3月，荣获“延安市2008年高中教学质量特等奖”。

2011年10月，被评为“陕西省法治示范校”；11月，荣获“陕西省校园文化建设优秀成果一等奖”；12月，被评为“陕西省教育科研先进单位”。

2012年4月，被评为“2011年度人口和计划生育工作先进集体”；12月，被评为“2012年度省级依法治校示范校”。

2013年11月，被评为“陕西省中小学劳动实践示范基地”“陕西省中小学校后勤管理先进单位”。

2014年3月，被评为“2013年度工作先进单位”“2013年度普通高中教学质量先进单位”“2013年度普通高中教学质量提升先进单位”。

2014年5月，被评为“陕西省教育督导学会会员单位”。

2015年1月，被评为“陕西省校本研修工作先进集体”；3月，被评为“2014年度普通高中学校教学质量提升先进单位”“2014年度普通高中学校教学质量先进单位”“2014年度工作先进集体”“2014年度工会女职工组织规范化建设先进集体”；4月，被评为“2014年度人口与计划生育先进单位”；5月，被评为“国家安全教育示范基地”。

2016年3月，被评为“2015年度普通高中学校教学质量”“2015年度工作先进单位”“全市关心下一代工作先进集体”。

2017年8月，被评为“延安市创建国家卫生城市先进单位”；11月，《用延安精神办学育人》案例被教育部基础教育司评为“全国中小学德育工作优秀案例”；12月，被评为“全国特色示范基地学校”。

2018年1月，被评为“延安市高中教育教学质量先进单位”“青少年维权岗”先进单位；2月，被评为“延安市基层党建综合示范点”、被教育部评为“全国中小学国防教育示范学校”；3月，被陕西省人事厅、教育厅评为“全省中小学德育工作先进集体”，被评为“2017年度未成年人思想道德建设工作先进集体”；5月，被评为“陕西省中小学德育工作先进集体”。

2019年2月，被评为“延安市高中教育教学质量先进单位”。

2020年9月，被评为“陕西省师德建设示范团队”；12月，被评为“陕西省文明校园”。

2021年5月，被评为“中省市延安精神践行基地”；7月，被评为“陕西省教师教育实践基地”；11月，被评为中国人民大学、延安中学“延河讲师团”共建基地。

2022年3月，被评为“2021年千万学生跳动大课间优秀推广单位”“全国百佳校园大课间优秀单位奖”；12月，被评为“陕西省师德师风建设基地”。

2023年5月，被评为“全国国防教育示范学校”；7月，被评为首批“全省党建示范创建和质量创优工作培育建设单位”；11月，被评为陕西省教育系统“新时代好少年 传承经典 筑梦未来”主题教育读书活动先进集体。

2024年4月，2022年12月26日天安门广场飘扬的国旗被授予延安中学。

延安中学以培养德智体美劳全面发展的社会主义建设者和接班人为己任，通过坚持党的领导、弘扬爱国主义精神、倡导优秀传统文化等方式，积极培养学生的思想道德素养。学校教育着重塑造学生的价值观，注重培养学生的社会责任感和家国情怀，使之具备良好的品德和健全的人格，成为社会主义事业的有志青年。

延安中学致力于为国家培养高素质的人才，通过优秀的教育资源和严格的教学管理，培养出一大批具有创新精神、实践能力和社会责任感的人才，为社会主义现代化建设提供了源源不断的人力支持。

延安中学始终坚持党的领导，深入贯彻教育方针，以传承延安精神为己任，努力为党育人、为国育才。未来，延安中学将继续不懈努力，培养更多的社会主义建设者和接班人，为实现中华民族伟大复兴的中国梦贡献力量。

第三节 红色基因：坚持用延安精神教书育人

创建于1938年8月的延安中学是我们党创办的第一所中学，15次易名，14次搬迁校址，于1978年正式命名为延安中学。扎根革命圣地，传承红色基因，延安中学坚持“用延安精神教书育人”，努力培育堪当民族复兴重任的时代新人。

1938年8月，在国难当头、民族危亡的历史时刻，为了给抗战积蓄力量、给新中国建设储备人才，延安中学的前身——陕甘宁边区中学在战火硝烟中诞生。

一、延安中学坚持“为革命战争服务，为边区建设服务”

延安中学创建之初，就坚持教育为人民服务、为革命战争服务、为边区建设服务。

1946年6月，国民党撕毁停战协定，内战爆发在即。学校实行备战教育，普遍实行军事化编制，加强军事训练，增设了军事常识、救护常识、时事政治和反奸教育。

1947年3月，胡宗南进犯延安，学校一分为二，大部分师生组建为中国人民解放军西北兵团第四后方医院，随军参战，出色完成战地救护任务；其余师生仍保持中学建制，一边工作，一边学习，跟随党中央、边区政府转战陕北。

学校鼓励学生走出课堂，开展冬学教育，为群众扫盲；开展文艺宣传，活跃边区文化生活。每当学员上门补习时，乡亲们都拿出自己平时舍不得吃的食物，端上热腾腾的饭菜让学员吃个饱。

实行教育与革命战争相结合、与生产劳动相结合，延安中学为中等教育积累了丰富的办学经验，为新中国成立后我国教育方针的制定、新中国中等教育的发展提供了借鉴。

二、用延安精神办学育人，红色基因代代相传

80多年来，延安中学为党和国家培养了大批优秀人才，为抗日战争的胜利、解放战争的胜利、新中国的成立和国家经济建设作出了贡献。我国首批21位留苏学生中就有16位是延安中学的学生，我国第一任核潜艇总设计师彭士禄、新中国通信学科第一位博士学位获得者寇卫东、长征五号运载火箭总设计师李东等都毕业于延安中学。

走进今天的延安中学，小小窑洞已变为整洁明亮的现代化校舍，在校学生也从当年的200多人增加到5000多人。

如今，“用延安精神教书育人”的标语醒目地矗立在校园内，《陕甘宁边区中学校歌》仍旧回荡在宝塔山下、延河水旁。延安中学将当年的边区中学校歌沿用为今天的校歌，昭示光荣传统，铭记峥嵘岁月。

近年来，延安中学坚持“用延安精神教书育人”的理念，通过唱响红色歌曲、表演红色剧情、讲述红色故事、朗诵红色诗词等形式，教育学生传承红色基因、坚定理想信念、增强使命担当。

习近平总书记一直高度重视红色基因的传承。2018年5月，习近平总书记在给陕西照金北梁红军小学学生的回信中说：“希望你们多了解中国革命、建设、改革的历史知识，多向英雄模范人物学习，热爱党、热爱祖国、热爱人民，用实际行动把红色基因一代代传下去。”[①]

2022年10月26日，习近平总书记来到延安中学考察，看校史、访餐厅、进课堂，希望延安中学弘扬革命传统、培育时代新人，勉励同学们从小树立远大

① 习近平：《习近平给陕西照金北梁红军小学学生的回信》，《人民日报》2018年6月1日，第1版。

理想，确保红色基因代代相传，表达了对这所历史名校和孩子们的殷切期待。

习近平总书记的谆谆教导，正是延安中学前进的动力。青少年是祖国的未来、民族的希望，延安中学的历史，就是一部坚定贯彻、自觉执行、积极深化延安精神的历史。

第四节　延中故事：在传承延安精神中形成延中精神

1938年8月，在国难当头、民族危亡的历史时刻，延安中学的前身——陕甘宁边区中学在战火硝烟中诞生。校长蔡子伟在开学典礼上说，要把边区中学办成真正国防教育的模范。

1938年7月30日，陕甘宁边区政府机关报《新中华报》载文《边区教育厅筹办边区中学》。

当年的学生中有边区青年、烈士子弟，有经过长征的红小鬼、边区机关青年干部，也有陕北当地的贫困子弟。学校对学生不设门槛，随到随入学，根据文化程度将其编入不同班级，学制从一年到三年不等。

没有教室宿舍，学生动手挖窑洞；没有桌椅，用木板代替；没有课本，学校自己编印。烈日炎炎，孩子们坐在窑洞门前，木板放在膝盖上，这就是课桌；寒冬腊月，北风夹着雪花吹打着窗户，他们哈着气，手握着用废弹壳做成的钢笔记笔记。

边区中学创办初期，老师和学生都露天上课学习。在那段艰苦又充满光明的岁月里，学习只为救国、报国，正如《陕甘宁边区中学校歌》中所唱："我们学习、学习，为了解放半殖民地半封建的祖国！为了建造自由幸福的新世界！"

作为中国共产党创办的第一所中学，80多年来，从最早的陕甘宁边区中学到今天的延安中学，学校先后15次易名、14次搬迁，几经辗转，但办学从未间断，红色基因一脉相承。延安中学的历史是中国共产党领导下我国中等教育发展史的一个缩影。

自建校以来，延安中学在延安精神的滋养下形成了与时俱进的延中精神，始终担当起为党和国家培养干部和人才的重任，为社会培养了一大批优秀的建设者。从延中就走出去了很多党、政、军领导和专家、学者、院士。近年来，学校坚持“用延安精神教书育人”的办学理念，积极培育和弘扬“艰苦奋斗、努力学习、勇于担当、光明在前”的“延中精神”，结合地域特色做了积极探索和实践，学校的德育工作已初见成效。学校先后荣获全国校园文化先进单位、省级文明校园、省法治示范学校、省中小学德育工作先进集体等荣誉，被国家人事部、教育部授予“全国教育系统先进集体”称号。2017年11月，延安中学《用延安精神教书育人》德育工作案例被教育部评为全国中小学德育工作优秀案例。

一、确立自己的精神坐标——延中精神

在延安精神的浸染和熏陶下，历史悠久的延安中学在磨炼和变迁中确立了属于自己的精神坐标，形成了“艰苦奋斗、努力学习、勇于担当、光明在前”的延中精神，并在这一精神的引领下逐步形成了自己的办学理念，确立了办学和育人目标，养成了良好的校风、教风和学风。

1.办学理念

用延安精神教书育人。

2.办学目标

把学校办成现代化、有特色、高质量的品牌名校，跻身全国示范高中行列。

3.育人目标

培养具有奋斗精神、创新意识、实践能力和社会责任感的优秀人才。

4.校训

艰苦奋斗、努力学习、勇于担当、光明在前。

5.校歌

《陕甘宁边区中学校歌》。

6.三风

校风：团结、紧张、艰苦、活泼。

教风：激励、善导、启智、铸魂。

学风：善学、善思、自主、创造。

二、延中精神的具体体现

延安中学全面贯彻党的教育方针，弘扬延安精神，践行立德树人，构建以“用延安精神教书育人”为主体、以“责任教育、创造教育、生活教育、励志教育”为四翼的“一体四翼”素质教育实践体系，坚守“为党育人、为国育才”的初心使命，培育“听党话、跟党走”的社会主义建设者和接班人。这些优秀的延中毕业生用自己的理想信念和具体行动，践行着延安精神，成为一代又一代延中学子学习的典范。以下是部分延中优秀校友代表。

1.李鹏

1928年10月生，祖籍四川成都，生于上海。苏联莫斯科动力学院水力发电系毕业，大学文化，高级工程师。1945年11月加入中国共产党。曾任国务院总理、第九届全国人大常委会委员长。

2.寇卫东

西安电子科技大学通信博士毕业。IBM软件集团（海峡两岸暨香港）大中华区总工程师（总架构师），美国马里兰大学兼职教授，国际电子与电气工程师学会资深会员。1992年当选为纽约科学院院士。2004年荣获中国政府授予国际专家的最高荣誉“国家友谊奖”，获国家领导人接见、颁奖、合影。

3.李星华（李大钊女儿）

1911年11月21日出生于河北省乐亭县大黑坨村。1920年夏，随全家到北京定居，后辍学在家照顾母亲和妹妹。

1927年4月6日，奉系军阀张作霖下令逮捕了李大钊，李星华娘儿仨一同被捕。1931年复学，1937年在中法大学毕业，1940年与妹妹一起赴延安市，1979

年11月27日逝世于协和医院。主要作品有《回忆我的父亲李大钊》《白族民间故事集》《十六年前的回忆》。

4.蔡子伟

陕西蓝田人（1908—1990）。幼时在蓝田县上学，后到西安读书。1927年8月加入中国共产党。先后在陕西蓝田、河南信阳、北平等地从事中共地下工作，历任杨虎城部教导队中共地下支部书记、团委书记，中共京汉特委军委组织部部长巡视员，反帝大同盟宣传部部长等职。

1934年，到陕甘边苏区参加创建陕甘边革命根据地的工作，先后任陕甘边特委组织部部长兼秘书长、陕甘边苏维埃政府秘书长兼文化委员长。1935年秋，在“左”倾教条主义错误指导下与刘志丹等人被逮捕入狱，直至中央红军长征到达陕北才得以重新工作。同年底，任中华苏维埃西北办事处国民经济部秘书长、代理部长。1938年，负责创办陕甘宁边区中学，并任第一任校长。1939年，受诬陷遭到审查，蒙受不白之冤。1946年，任延安大学高中部主任。

1948年后，历任中共中央西北局秘书处处长，西北军政委员会农林部副部长、部长，西北行政委员会农林局局长，西北财经委员会副主任，农业部副部长、常务副部长、党组副书记，并当选为中共八大代表之一，是第三届全国人大代表，第二、三届全国政协委员。“文化大革命”中受到迫害。中共十一届三中全会后历任农业部副部长、顾问，第六届全国政协常委兼农业组长。1980年被选为中国农业经济学会理事长。1990年1月在北京逝世。

5.王一夫

1910年出生，奉天（今辽宁）辽阳人。1931年加入中国共产党，1991年去世。曾任察冀抗日同盟军第十六军师政治部主任，中共中央北方局东北工作特别委员会宣传部部长，中共晋西特委、兴县地委书记，晋绥军区分区政委，中共哈尔滨市委副书记。新中国成立后，历任东北人民大学校长、东北人民政府民政部部长、内务部副部长、中共天津市委副书记、中国法学会第一届副会长。

6.傅绥燕

北京大学教务部部长、地球与空间科学学院教授，博士生导师。中国空间科学学会空间物理专业委员会委员，中国地球物理学会空间天气专业委员会副主任委员，中国地球空间双星探测计划中国工作队成员，FCM合作科学家，欧空局CLUSTER卫星计划RAPID项目合作科学家。曾任亚太地球物理学会（AOGS）磁层组学术秘书职务等，并担任《中国物理快报》等期刊特约编审。

第五节　理论架构：用延安精神教书育人

2013年6月，在充分思考论证、广泛征求师生意见和建议的基础上，延安中学确立了“用延安精神教书育人”的办学理念，创造性地提出学校新形势下德育工作的新思路：坚持德育为先、育人为本，用延安精神管理育人，以延安中学光荣传统为基石，以培育和弘扬延中精神为特色，构建符合学生身心发展规律、切合中学生成长需要、具有延中特色的德育教育模式，努力开创有传统、有文化、有特色、有朝气的德育教育新局面。

“用延安精神教书育人”就是坚持坚定正确的政治方向，努力培养社会主义事业接班人；坚持解放思想、实事求是的思想路线，努力探索办好人民满意教育的新方法和新途径；践行全心全意为人民服务的宗旨，坚持以人为本，努力为学生的终身发展奠基；发扬艰苦奋斗、自力更生的创业精神，努力让奋斗精神成为伴随学生终身的宝贵精神财富。学校致力于开展责任教育、生活教育、创造教育和励志教育为主题的4个主题教育活动，培养具有担当精神、实践能力、创新意识和奋斗精神的优秀人才。

结合教育部立德树人《意见》要求及“用延安精神教书育人”的基本理论，陕西延安中学在挖掘地域文化特色、用延安精神教书育人方面形成独特的“延中模式”。

一、责任教育

一是进行校史教育。把校史教育作为新生入学第一课，让学生了解延中的光辉历史和辉煌的办学成就，树立延中意识和爱校情怀，增强主人翁的责任感。

二是开展感恩和爱心教育。举办18岁成人仪式，召开感恩老师主题班会，每年坚持开展贫困生“手拉手”“爱我延安”“学雷锋、见行动”等社会公益活动130多次，教育学生学会感恩父母、感恩老师、感恩学校、感恩社会，做一个感恩有心、尽孝有能、报国有才的人。

三是推行自我教育。实施学生“塑造自我”行动计划，成立学生自主管理委员会，组建校园卫生监督岗和宿舍管理委员会，让学生自己担负起卫生、纪律、宿舍、跑操等常规管理的检查、评比和通报工作，让学生自己去体验、锻炼、担当，在实践中学会做人、学会合作、学会负责。

二、创造教育

一是利用“自主高效”课堂教学，鼓励学生运用新方法、提出新观点、发现新规律，强化学生创造性思维培养，努力在自主高效课堂中培养学生的科学精神和创造能力。

二是开展研究性的探究学习，通过开放型实验、探究实验、生物实验标本采集、研究性学习等活动，指导、帮助、激励学生从自然、社会和生活中选择和确定专题进行研究，主动获取知识、运用知识、解决问题。

三是举办科技艺术节，让学生自主设计、共同参与，既有大合唱、大秧歌、安塞腰鼓等大型表演方阵，又有文艺会演、科技制作和艺术展板等，激发学生兴趣，培养学生的创造能力。

四是实行学生会、班委会和学生社团组织竞选制，通过竞聘、选举成立学生会，让学生自主决定活动内容和活动形式，从机制上挖掘学生自主创造潜能，强化学生自主创造意识，提高学生自主创造能力。

三、生活教育

一是加强安全教育。通过举办国家安全教育示范基地启动仪式、安全知识讲座，召开“平安校园、平安你我他”主题班会，开展食品安全宣讲和学校安全隐患大排查，组织师生紧急疏散演练等活动，教育学生掌握必要的安全常识，增强学生的安全观念，提高学生自我保护意识和自防自救能力。

二是坚持健康教育。把开展体育艺术教育、青春期健康教育和心理健康教育等活动作为生活教育的重要形式。新生军训、春季田径运动会、科学健身“冠军校园行”志愿服务活动、拔河比赛和球类比赛等阳光体育运动蓬勃开展，红色歌曲大合唱、安塞腰鼓、陕北大秧歌、文化艺术节等富有震撼力的大型文艺活动丰富多彩，学生健康体质检测、疾病预防、高考心理辅导和心理健康讲座等活动经常组织，培养学生良好的生活情趣、积极乐观的生活态度和健康文明的生活方式。

三是注重养成教育。通过推行学生“塑造自我”行动计划，开展“双文明”评比、“双十佳”表彰、学生纪律卫生大整顿，举办“文明我先行、礼仪伴成长”主题教育活动，提高学生自我教育、自我管理和自我约束能力，使学校纪律严明、卫生整洁、文明有序。

四是强化法治教育。通过举办法治知识讲座、服刑人员“现身说法”、邀请延安市中级人民法院来校进行普法宣传，开展“珍爱生命、远离毒品”禁毒控烟等活动，增强学生法治观念，提升学生自我防范意识和遵法守纪的自觉性。

四、励志教育

一是校园文化熏陶。每学期开展两次教室、宿舍文化评比活动，推出“我的大学梦”等一批精品教室、宿舍文化，营造“心远大·梦飞翔”“遥望星空”“润物无声”的励志教育浓厚氛围。

二是育人活动感染。通过开展“走延安路、做延安人、铸延安魂”红色远足活动、国旗下宣誓、优秀新生“走向清华北大”夏令营等励志教育活动，唤醒学生树立远大理想的内动力。

三是成功人士榜样引领。通过中国科学院院士武向平、南方科技大学朱宝亭博士来校做专题报告，邀请知名校友中国通信学科首位博士获得者、美国纽约科学院院士寇卫东，北大教授、博士生导师傅绥燕等来校给学生做励志报告，安排当年考入北大、清华的学生给在校学生讲成长心得等活动，为学生树立榜样，激励学生发愤图强、积极进取、励志成才。

第六节　主题教育：延中素质教育的一大亮点

延安中学80多年的办学历史就是一部用延安精神教书育人的历史。延安中学用延安精神教书育人，开展4个主题教育活动。作为学校精心打造的一项特色德育活动，延安精神主题教育活动开展以来，在培养学生阳光心态、文明习惯、团队意识和奋斗精神等方面取得了显著成效。用延安精神教书育人，已成为延安中学素质教育的一大特点，4个主题教育已经纳入学校的常规德育教育活动当中。

一、坚持坚定正确的政治方向，着力开展责任教育

坚定正确的政治方向是延安精神的灵魂。学校坚持立德树人，把理想理念和社会主义核心价值观融入教育全过程，引导学生树立远大的理想、坚定的信念和正确的世界观、人生观、价值观。

责任教育，就是培养学生对自己、对他人、对家庭、对国家、对社会负责的人格品质，增强学生的历史使命感和社会责任感。

一是开展革命传统教育，构建起“三种模式，三个结合”的革命传统教育新模式，即体验模式、自我教育模式和文化熏陶模式与延安精神教育相结合、与重大节日和重大思政相结合、与精心设计的主题教育相结合。通过参观革命旧址、祭扫烈士陵园、朗诵红色诗词、讲述红色故事、唱响红色歌曲、表演红色剧情、举办纪念活动，激励学生坚定传承红色基因。

二是开发德育课程，开展特色活动。编订《用延安精神教书育人》德育校

本教材，通过每天一次的班会课、每周一次的爱国主义主题教育活动、每月一次的延安精神主题教育活动、每年一次的成人礼等特色活动，激发学生树立政治品德、社会公德、生活美德。

三是进行校史教育。学校建起了1600平方米、珍贵实物和图片达2000余件的延安中学教育史馆，把校史教育作为新生入学第一课，教育学生继承和弘扬延安中学的革命传统。

二、贯彻解放思想、实事求是的思想路线，着力开展创造教育

解放思想、实事求是的思想路线，是延安精神的精髓。学校遵循学生的认知规律和成长规律，让学生真正成为课堂的主人、学习的主人，引导学生养成良好的学习态度、学习习惯、学习品质，勇于创新、勇于创造，成为具有科学精神和创新精神的人。创造教育主要是培养学生的科学精神和创造能力。

一是打造自主高效课堂，促进学生核心素养教育。延安中学自主高效课堂教学改革已被列入人民教育出版社“十三五”课题，新课程标准学科素养培养方案已由陕西人民出版社正式出版。

二是举办科学艺术节，让学生自主设计活动内容和形式，挖掘学生自主创造潜能，启迪学生心智，激发学生兴趣，培养学生的科学精神和创造能力。

三是成立学生社团，培育和发展学生的创新能力和创造意识。目前，学校已经成立机器人社团、航模社团、延中书社、心桥心理社等各类社团30多个组织，管理制度化，开展常态化。其中，机器人社团在陕西省第十六届中小学生电脑制作活动机器人竞赛项目中获得工程创新赛高中组一等奖。

三、践行全心全意为人民服务的宗旨，着力开展生活教育

全心全意为人民服务是延安精神的核心。学校坚持以学生为本、为学生终身发展服务的理念，引导学生形成服务人民、服务社会、奉献自我、忠于国家的集体观念和民族意识，做社会主义合格建设者和可靠接班人。

生活教育就是教育学生、学会与人合作、学会独立思考、学会审美健体、学会做人做事、学会创新实践。

一是深化课堂改革。把课堂作为生活教育的主渠道，着力培养学生学会学习、思考、探究、合作，善于自我分析问题、解决问题的能力。

二是加强安全健康教育。通过创建国家安全教育示范基地，开设心理健康课程，举办服刑人员现身说法活动，拍摄由我校师生和家长主演的专题片《弯道》等培养学生良好的生活情趣、乐观的生活态度和文明的生活方式。

三是开展社会实践。通过学生塑造自我计划和青年志愿者计划，让学生在实践中学会做人、增长才干，树立服务社会、服务人民的宗旨意识。

四、发扬艰苦奋斗、自力更生的创业精神，着力开展励志教育

自力更生、艰苦奋斗的创业精神是延安精神的标志。学校大力培育和弘扬“艰苦奋斗、努力学习、勇于担当、光明在前”的学校精神，引导学生养成行为自律、学习自主、生活自理、精神自强的自立品质和勤俭节约的文明素养，以及攻坚克难、干事创业的顽强意志。

励志教育就是让学生树立远大理想、坚定人生目标，奋发进取、立志成才。

一是文化熏陶。建设延安精神主题教育广场，把校园建成延安精神教育基地，让师生置身于延安精神教育的浓厚氛围中。

二是榜样引领。开设“延中大讲堂”，邀请老革命、著名院士、知名校友来校作报告，激励学生奋发图强、顽强拼搏。

三是活动育人。通过每年一次的“走延安路、做延安人、铸延安魂”研学红色远足等活动，寻访红色足迹，重温红色记忆，体验红色艰辛，培养红色品质，使学生信念坚定、意志坚强，乐于吃苦、勇于奋斗。

用延安精神教书育人，是培养习近平新时代中国特色社会主义建设者和接班人的需要。学校不断探索延安精神教育的新方法、途径，努力办好人民满意的教育。

第七节　探索实践：用延安精神教书育人成绩斐然

进入新时代，延安中学坚持以习近平新时代中国特色社会主义思想、习近平总书记关于教育工作的重要论述、习近平总书记回延来校考察重要指示精神为指导，坚持用延安精神教书育人，全面贯彻党的教育方针，落实立德树人根本任务，培养德智体美劳全面发展的社会主义建设者和接班人。

一、用延安精神锻造队伍，挺起人民教师的“精神脊梁”

全面贯彻《教育部新时代中小学教师职业行为十项准则》《中共中央、国务院关于全面深化新时代教师队伍建设的意见》精神，坚持用延安精神熔铸师魂，认真实施“师德为先、骨干带动、全员提升”强师计划，按照“用精神成长激发专业成长，用专业成长促进精神成长”的思路，健全“精神+专业”的教师队伍建设模式。

1.坚持把精神成长放在首位

学校坚持把师德师风作为评价教师队伍素质的第一标准，把延安精神教育作为师德师风建设的重要载体，坚持用“四有好教师”“四个引路人”和延安精神引领塑造教师。在新聘教师入职教育培训中把延安精神列为必修课，通过推行师德考核制度、开展师德承诺活动、举行宣誓仪式、评选表彰“十大师德标兵”等活动，引导教师把延安精神融入理想信念中、渗透到职业道德中、细化到教学创新中，做到自律严、人格正、胸怀大、师能强，自觉传承中华师道，坚定教育理想，涵养教育情怀，作为学为人的表率。

2.坚持用精神成长激发专业成长

学校把传承延安精神作为新时代教师滋养初心、淬炼灵魂、激发精神成长的行动指南，常态化开展“传承延安精神、践行初心使命”主题教育活动，引领教师当好红色历史的宣传者、红色阵地的守护者和“用延安精神教书育人”的践行者。通过举办习近平总书记关于教育工作重要论述专题讲座、专家报告和学习分享会，提升教师思想政治素养，引导教师在教育实践中形成科学的教育观、教师观和学生观。大力弘扬延安中学80多年的优良传统和边区中学教师彭黔生、余森、刘静宇、王云畴等“一切要从学生出发”的理念，在战火中自编教材、坚持办学、坚信必胜的革命情怀和教育精神，引领教师坚守对教育价值的不懈追求，保持热爱教育的定力，安心从教、热心从教、静心从教。通过精神成长让教师心灵充盈、思想丰富、境界崇高、追求卓越，把提升职业素养、专业素质、教育教学能力与教学科研水平作为毕生追求，传道授业解惑，立德立言立功。

3.坚持用专业成长促进精神成长

学校按照“走出去，请进来，抓培训，树名师”的思路，加大投入力度，落实《教师专业成长规划》，促进教师专业成长。实施全员培训计划，每年选派300多名教师赴人大附中、清华附中、衡水中学、郸城高中等校进行跟岗培训，学习教育管理和课改经验，提升教师专业素质，促进教师教学实践专业化。坚持办好“延中大讲堂”，邀请北京大学教育部部长、博士生导师傅绥燕教授，北京大学中文系副主任漆永祥教授，著名课改专家董安国教授等数十位专家来校讲学，拓宽教师视野，更新教师理念，促进教师理论素养专业化。搭建教师展示交流平台，通过开展骨干教师示范课、天天公开课、月月展示会、观课议课活动、外出学习分享会、业务技能大赛、教师论坛等形式，培养教师核心素养，提高教学胜任力，占领专业制高点，促进教师教学品质专业化。通过专业成长让教师在育人实践中厚植教育情怀、坚守精神追求、提升人文素养，引领教师由经验型教师向学者型教师、专家型教师的目标迈进，争做有大爱、大德、大情怀的人类灵魂工程师。

4.坚持用延安精神引领人才梯队建设

学校坚持传承延安精神、实施教师全员提升、培养优秀教师团队的理念。通过以延安时期徐特立、谢觉哉、吴玉章等革命教育家为楷模，倡导教师发扬老一辈教育家自力更生、艰苦奋斗的风范和奉献精神；实施“名师引领、全员提升”战略，落实“名师工程”，设立学科首席教师、学科教研室主任、名师工作室、学带工作坊和能手工作站；全面落实《骨干教师评选管理办法》，坚持一年一评、动态管理，健全“三级三类”骨干体系，树立一批教学名师、学科带头人和教学能手；建立一套完善的优秀教师团队培养机制，在全校形成自觉提升素养、执着于教书育人、全力干事创业的良好风气，打造一支政治强、理念新、格局大、视野阔、素养好的专业化教师队伍。

二、用延安精神立德树人，树牢青年学生的“精神信仰”

延安中学坚持以《国务院办公厅关于新时代推进普通高中育人方式改革的指导意见》《教育部中小学德育工作指南》等精神为指导，依托延安精神构建以社会主义核心价值观为引领的特色德育体系，即构建以“用延安精神教书育人”为主体、以“责任教育、创造教育、生活教育、励志教育”为四翼的素质教育实践体系，坚守“为党育人、为国育才”的初心，培育“听党话、跟党走”的社会主义建设者和接班人。

1.坚持“坚定正确的政治方向”开展责任教育，汲取信念的力量

学校坚持把坚定正确的政治方向放在第一位，弘扬延安精神，践行立德树人，把社会主义核心价值观融入教育全过程。学校坚持开展一天一次的“延安精神主题教育特色班会课”、一周一次的延安精神讲习社活动、一月一次的“延安精神主题教育活动”及常态化校史教育活动，通过唱响红色歌曲、表演红色剧情、讲述红色故事、朗诵红色诗词等形式，让延安精神成为学生学习生活的主旋律。

系列责任教育让理想信念的种子在校园落地生根、开花结果，让学生在国家、民族和世界的大坐标系中思考自我价值和责任使命，立志为中华民族伟大复兴的中国梦和共产主义崇高理想奋斗终生。

2.坚持贯彻“解放思想、实事求是的思想路线”开展创造教育，汲取真理的力量

学校坚持解放思想、实事求是的思想路线，以开放的思维和格局，遵循学生成长规律和认知规律，培养具有科学素养、创新精神和实践能力的时代新人。以课堂教学为载体，以学生为中心，让学生成为教学活动的参与者和知识的建构者，真正成为课堂的主人、学习的主人，培养学生主动探究构建知识的能力；以“科普讲座”为载体，邀请中国科学院无人机系统总设计师马晓平、长征五号大推力运载火箭总设计师李东等知名校友及中国科学院地质与地球物理研究所研究员徐文耀等科学家作科普讲座，激励学生成才报国动力，培养尊重规律、开拓创新的科学精神；以学生发展中心为载体，开展智能机器人社、创新设计社、航模社、创客社等近70个社团活动，激发学生参与创新实践，促进个性特长发展；以校园科技艺术节为载体，开展千人安塞腰鼓展演、千人秧歌会演、千人大合唱、千件科技作品展示等大型活动，落实“三全”育人，启迪学生心智，提升创新能力。

系列创造教育引导学生把当老实人、讲老实话、做老实事作为人生信条，寻找价值取向多元化背景下自我成长的正确定位，明白自己作为新时代青年应该创造什么样的事业、创造什么样的国家、创造什么样的世界，自觉把个人成长与创建人类命运共同体有机统一起来。

3.坚持践行全心全意为人民服务的根本宗旨开展生活教育，汲取为民的力量

学校坚持践行全心全意为人民服务的根本宗旨，多方面开展生活教育，培养服务人民的新时代青年。以延安精神教育为载体，开展延安精神专题读书会，深入学习《为人民服务》《纪念白求恩》等红色经典著作，教育学生传承张思德精神、白求恩精神，牢记全心全意为人民服务的根本宗旨；以教育服务为载体，坚持以学生为本，一切为学生的终身发展服务，通过教育服务教会学生与人合作、独立思考、审美健体、做人做事、创新实践，培养学生健康的生活情趣、乐观的生活态度，增强学生为人民服务的能力；以社会实践为载体，开展“八一敬老院尊老助老”“红色景区讲解”“为城市净身美容”“为市民出行导航”等实践活动，让学生在实践中筑牢全心全意为人民服务的宗旨意识。

系列生活教育引导学生牢固树立“人民至上”的理念，增强服务人民、服务社会、报效国家、奉献自我的服务意识和行动自觉，达到“我将无我，不负人民”的生活追求和精神境界。

4.坚持发扬自力更生、艰苦奋斗的创业精神开展励志教育，汲取奋斗的力量

学校坚持发扬自力更生、艰苦奋斗的创业精神和“艰苦奋斗、努力学习、勇于担当、光明在前”的延中精神，教育学生汲取奋斗的力量。坚持以活动育人，开展“走延安路、做延安人、铸延安魂”红色远足活动、“走进梁家河，踏寻知青路，砥砺青春志”研学旅行和举办“传承红色基因、培育时代新人”励志报告会，教育学生弘扬愚公移山精神、南泥湾精神、劳模精神、知青精神，艰苦奋斗，努力学习，练就过硬本领；坚持文化育人，充分挖掘延安精神原生态资源和学校历史底蕴，建成延安精神主题教育广场、延安中学教育史馆和延中桃李苑，教育学生弘扬延中精神，培养行为自律、学习自主、生活自理、精神自强的优秀品质和勤俭节约的文明素养，磨炼攻坚克难、干事创业的顽强意志。

系列励志教育让莘莘学子拥有了改变个人和家庭、国家和民族命运的成长动力，不论何时何地始终都会心中有梦、眼里有光，始终相信自己所站立的地方就是自己的祖国，自己怎么样，自己的祖国便怎么样；自己心中有光，自己的祖国便会前途一片光明。

三、用延安精神启智铸魂，坚守教书育人的“精神阵地”

党的十九大提出要“发展素质教育”，发展素质教育的关键是深化课程育人。学校以教育部印发的《普通高中课程方案和课程标准（2020修订）》为指导，努力寻求新课程改革与“用延安精神教书育人”的契合点，积极探索把延安精神教育融入新课程改革的主要路径，建立以特色类课程和基础类课程、拓展类课程、竞技类课程为载体的“用延安精神教书育人”课程体系，构建智慧课堂，健全“五育并举”的素质教育体系，培育核心价值、学科素养、关键能力和必备知识。

1.建立“用延安精神教书育人”课程体系，开发有高度、有温度的课程

坚持用延安精神统领课程体系建设。学校在“用延安精神教书育人”创新实践的基础上，编印了《用延安精神教书育人》《延中灯火映初心》等10多本红色校本教材，采用专题教学、情境教学、体验教学和研学活动“四个结合”的模式，开设延安精神教育微课堂，开展延安精神和革命传统经典案例教学，构建了延安精神特色课程。围绕“促进学生全面而有个性地发展”新课改总目标，建立了以高中教育阶段国家课程为核心的基础类课程，以编辑并正式出版的28本“新课程标准学科素养培养方案（延中版）”系列丛书（包括体育教育、劳动教育、艺术教育、科技教育等）为主要内容的拓展性课程，以学科竞赛、信息技术竞赛、探究实验、编程竞赛等为主要内容的竞技类课程，建立“用延安精神教书育人”课程体系。

2.深化教学改革，创设有思想、有灵魂的课堂

学校坚持解放思想、实事求是的思想路线与时俱进，把握国家新课程改革的总体方向，在新时代“教学资研评”综合变革下，聚焦新课程新教材新高考“三新”内涵要求，深化课堂教学改革，多管齐下促学生核心素养培养，引领高中学科核心素养培育的实践与探索。

一是培育理念创新，提出了以“教学资研评”综合改革为抓手的核心素养

培育理念。

二是课堂教学创新，创设“课前预习→小组讨论→学生展讲→精准点拨→高效训练→思维导图→反思纠错”的七环节教学流程，筑牢核心素养培育的主阵地。

三是学习方法创新，从学生、教师、资源3个维度和自主学习、团队学习、整理归类、复习应用4个环节入手，构建“三维四步”学习指导体系，让学生做核心素养培育的主人。

四是评价体系创新，立足“核心价值金线”“能力素养银线”“情境载体串联线”进行命题和评价，金线银线串联线，线线直通新高考，让学科核心素养真正落地、生根、开花。

3.落实“五育并举”，打造全面多元的新时代育人体系

学校认真落实《国务院办公厅关于新时代推进普通高中育人方式改革的指导意见》精神，举办“用延安精神教书育人”暨普通高中育人方式改革研讨会等活动，探讨新时期育人方式改革实践举措。在认真实施“一体四翼”素质教育实践体系和建立智慧课堂的基础上，学校不断完善体育、美育和劳动教育机制，全面构建“五育并举”育人机制，努力培养德智体美劳全面发展的社会主义建设者和接班人。

一是强化体育锻炼，文明其精神，野蛮其体魄。全面落实《中共中央办公厅、国务院办公厅关于全面加强和改进新时代学校体育工作的意见》精神，发挥以体育智、以体育心的独特功能，建立以体育课程、体育训练、体育社团、体育竞技、体育文化为主体的“五位一体”体育教育推进机制，构建“健康知识+基本运动技能+专项运动技能”的学校体育教学模式，在体育教育中彰显生命教育价值，教育引导学生在体育锻炼中享受乐趣、增强体质、健全人格、锤炼意志，培养学生崇尚运动的良好习惯和文明健康的生活方式。

二是完善美育机制，各美其美，美美与共。认真落实《教育部关于切实加强新时代学校美育工作的意见》精神，坚持以美育人、以美化人、以美培元，大力推进高雅艺术和优秀传统文化进校园活动，开展美育浸润行动计划，开足开齐上好美育课，丰富艺术实践活动，建立艺术课程、艺术社团、艺术文化、艺术展演“四位一体”的艺术教育推进机制，培养学生艺术特长和人文素养，培育学生审美观念、创新意识，引导学生完善人格修养、树立正确的人生价值观。

三是加强劳动教育，凡益之道，与时偕行。认真贯彻《中共中央、国务院关于全面加强新时代大中小学劳动教育的意见》精神，开设劳动教育课程，完善劳动教育内容，构建两门课程与6个融合的“2+6”劳动教育课程体系，建立劳动教育实践基地和评价机制；挖掘学校红色文化底蕴，加强红色劳动文化建设，充分发挥劳动综合育人功能，坚持以劳树德、以劳增智、以劳强体、以劳育美，引导学生养成良好的劳动习惯和积极的劳动态度，培养学生劳动技能、奋斗精神、实践能力和正确的人生价值观。

四、用延安精神铸就特色内涵，全面彰显学校“品牌效应”

在习近平新时代中国特色社会主义思想的引领下，学校坚持用延安精神教书育人，教育质量稳步提高，办学层次全面提升，品牌影响力进一步扩大，实现了从外延发展到科学发展、特色发展和内涵发展的新跨越。

一是用延安精神教书育人改革创新成果走向全国。学校坚持用延安精神教书育人，高扬人民教育的大旗，坚守基础教育改革的主阵地。2018年6月，承办了第四届人民教育出版社课程研究所实验基地交流研讨会；9月，举办了新时代“用延安精神教书育人”研讨会。2019年7月，举办了全国中学德育工作现场会。2020年10月，举办了普通高中育人方式改革研讨会。2017年11月9日，教育部在浙江省杭州市召开全国中小学党建暨德育工作会议，延安中学作为全国唯一一个中学代表参加会议，校长在大会上作了“用延安精神教书育人”经验交流，学校《用延安精神教书育人》德育工作案例被教育部评为全国中小学德育工作优秀案例。2020年11月，《依托延安精神开展思想政治教育》案例荣列教育部公布的首批“一校一案”落实《中小学德育工作指南》典型案例，并向全国推广。2021年2月，在“用延安精神教书育人”创新实践的基础上撰写的《弘扬革命传统，培育时代新人——延安中学关于贯彻〈指南〉精神的一些思考》被教育部选为落实《革命传统进中小学课程教材指南》精神的典型经验在教育部官网发布。2022年12月14日，新华社以“新时代新征程新伟业——延安中学用延安精神教书育人，探索思政‘金课’范本”为题对学校思政课程进行专题报道；12月，《大学中学联学党的二十大精神，用延安精神打造思政“金课”案例》入选2022中国基础教育典型案例。仅2022年，中央电视台、《中国教育报》等20多家媒体先后来校采访报道，学校先后接待100多批、20000多人次的外省市教育考察团来校观摩学习。

二是用延安精神教书育人品牌备受认可。学校坚持用延安精神教书育人，通过坚持坚定正确的政治方向，坚持解放思想、实事求是的思想路线，践行全心全意为人民服务的宗旨，发扬艰苦奋斗、自力更生的创业精神来破解立德树人教育根本任务的实践困境，破解全面深化新时代教育改革的束缚藩篱，破解西部落后地区的优质教育品牌创建难题，赢得了广泛认可。《人民日报》、新华社、中央电视台、《中国教育报》、《德育报》、《教师报》、《陕西教育》等媒介对学校“用延安精神教书育人”办学实践作了多次专题报道，学校办学品牌影响力辐射全国，学校先后被授予“全国教育系统先进集体”“全国中小学国防教育示范学校”“国家安全示范教育基地”“中省市延安精神践行基地”“陕西省示范高中”“陕西省文明校园”“陕西省依法治校示范校”“陕西省中小学劳动实践示范基地”“陕西省中小学德育工作先进集体”“陕西省基础教育科研先进单位”“陕西省基础教育师德建设示范团队”“陕西省师德师风建设基地”等荣誉称号。

……

一项项荣誉、一个个数据、一个个奖牌……无一不证明了延安中学长期坚定用延安精神教书育人的政治正确，无一不证明了延安中学一贯探索用延安精神教书育人的巨大成功。

教育兴则国家兴，教育强则国家强。党的二十大再一次对教育事业作出重大战略部署，强调深入实施科教兴国战略、人才强国战略，办好人民满意的教育。

在陕西这片具有光荣革命传统和深厚红色基因的土地上，延安精神是党的宝贵精神财富，跨越时空、历久弥新，正为我们培育时代新人提供着丰厚滋养。

本章结语

奋进新征程，我们要坚持用延安精神教书育人，引导广大青少年弘扬革命传统、赓续红色血脉，确保红色基因代代相传，培养合格的社会主义建设者和接班人；要不断丰富延安精神的时代特色、实践特色，推动延安精神进教材、进课堂，办好“大思政课”，把延安精神的火种播撒到广大青少年的心中，激励他们树立远大理想，矢志不渝为中华民族伟大复兴而奋斗。

第三章
赤子之心——砥砺教育的出发点

教育到底是什么？教育的出发点是什么？要教学生什么？要培养什么样的学生？要怎么教育学生？这是学校和教师要经常思考的问题，也是学校和教师面临教育之问的必答题。

用延安精神来回答就是，教育的本质是爱，没有爱就没有教育。爱是教育的出发点，也是教育的过程，更是教育的归宿。

延安精神当中全心全意为人民服务的要求，以及我们党的为人民服务的宗旨，都深刻体现了共产党人对人民的爱，是无私无畏的大爱，是生死相依的真情，是心甘情愿的付出。

第一节　爱是一切的答案

“为人民服务”是指热爱人民，一切以人民的利益为出发点。我们以延安精神办学育人，就是要将为人民服务的理念贯彻到教育实践当中；将“热爱人民，一切以人民的利益为出发点”体现在我们具体的教学工作当中，就是要求我们学校和老师要热爱学生，将“一切以学生的利益为出发点”的理念落实到每一间教室、每一节课、每一个学生身上，正如2014年教师节前夕，习近平总书记在同北京师范大学师生代表座谈时说过的那句话，“教育是一门‘仁而爱人’的事业，爱是教育的灵魂，没有爱就没有教育”[①]。

一、爱的教育应贯穿教学全过程

用延安精神教书育人，从本质上要求学校和老师一切以学生的利益为出发点，这就要求我们将爱的教育贯穿于教学全过程，培养学生珍爱生命、爱祖国、爱人民的情感，对学生进行爱劳动、爱科学、爱集体、善良品性和宽容大度的教育。

真正爱学生，就要帮助学生形成正确的世界观、人生观、价值观，崇尚真善美，鞭挞假丑恶；让同学们知道什么是对、什么是错，什么是高尚、什么是卑鄙，该做什么、不该做什么，让同学们崇尚道德、遵守法律，有错就改、知难而进，做一个好学生、好子女，将来做好父母、好公民。

1.教育之爱，首先要帮助学生形成马克思主义的世界观、人生观和价值观

① 习近平：《做党和人民满意的好老师——同北京师范大学师生代表座谈时的讲话》，《人民日报》2014年9月10日，第2版。

热爱祖国，这是一种最纯洁、最敏锐、最高尚、最强烈、最温柔的感情。一个真正热爱祖国的人，在各方面都是一个真正的人。

要在教学中贯穿爱祖国、爱民族、爱人民的教育，让同学们自豪我们有着一个伟大的祖国，有着悠久历史和灿烂文化；自豪中华民族是伟大的民族，中国人民是勤劳勇敢智慧的人民，我们的祖国虽多灾多难，但毅然屹立于世界民族之林；让同学们知道，中华民族虽长期遭受压迫，但依然不懈追求独立和平，虽历经磨难却重新崛起。

2.教育之爱，还要对学生进行爱劳动、爱工作、爱事业的教育

恩格斯说，劳动是人类生活的第一个基本条件，劳动创造了人类本身，没有劳动人类就不会生存。因此，教育培养学生热爱劳动、参加劳动具有深远的意义。

要在教学中让同学们明白，劳动创造了智慧，也发展着智慧。爱劳动是一个人高尚的体现，不管是体力劳动还是脑力劳动。劳动创造世界，劳动创造价值，劳动才有前途。没有生产劳动，任何伟大的发明创造、技术革新、技术革命都无法实现。让同学们真正意识到，没有劳动、没有工作、没有事业，就无法实现中华民族伟大复兴的中国梦。

3.教育之爱，也要对学生进行爱科学、学科学、用科学、发展科学的教育

科学技术是第一生产力。随着科学因素广泛地发展、应用并体现在生活中，改变了人类的生产生活，改变了社会发展进程。特别是互联网时代，科学技术的价值日益凸显。从历史进程和现实实践看，科技创新是现代化进程的发动机，谁站在科技创新前沿和制高点，谁就走在现代化发展前列。

要在教学中让同学们明白，加快实现科学技术现代化，既是建设社会主义现代化强国的应有之义，也是建设社会主义现代化强国的关键。因此，学校和老师要教育学生努力学习科学知识，有创新有发展，用科学的知识、科学的方法、科学的思维指导自己的事业，为党和国家服务，为社会主义现代化服务，创造美好的生活，描绘美好未来。

4.教育之爱，不要忽略了教育学生爱同学、爱老师、爱父母、爱学校

唯有怀着一颗爱心与同学和平相处，才能在学习和生活中相互关爱、相互包容，看到对方优点长处并向其学习。要热爱班集体，与同学努力探讨学习、课内课外交流探讨，刻苦学习、快乐生活，感悟人生与世界。

要在教学中让同学们明白，走向社会要学会忍耐、容忍、宽容。宽容与自己有关或无关的人与事，怀着一颗平静与宽仁的心，去觉察和对待周围的人与事，生活在和谐的氛围里。

教师要培养学生好的品行，撒播善良的种子。正如苏联教育家苏霍姆林斯基所说，应当在青少年的思想意识中播下善良行为的种子，使他们有能力去同冷漠无情、无同情心、利己主义斗争，使大家的思想意识永远处在对抗不道德行为的境地，使每个少年心中的善良能随时反抗邪恶，使邪恶不被容忍。

二、在教学过程中公平地爱学生

延安精神倡导的教育之爱是一种力量，能够温暖人的心灵，激励人成长。在教育中，爱的教育应贯穿教育全过程，为学生提供一个爱和被爱的环境，促进他们全面发展。

1.爱的教育应在学前教育阶段开始

在幼儿园，教师应以爱心和耐心对待孩子们，给予他们关怀和鼓励。幼儿正处于探索和认知世界的阶段，需要鼓励和支持，而不是过分苛求。教师应注重培养幼儿的社交能力和情绪管理能力，帮助他们建立自信心和培养价值观。

2.爱的教育应在基础教育阶段延续

学校是孩子们的第二个家，教师应成为孩子们的亲密伙伴。教师应倾听孩子们的想法和困惑，关注他们的成长和需求。同时，教师还应注重培养学生的品德素养和社会责任感，让他们懂得关心他人、乐于助人，并培养他们积极向上的人生态度。

3.爱的教育应在高等教育阶段强化

大学是年轻人成长的重要阶段，他们面临各种挑战和困惑。大学教师应以关心和理解的态度对待学生，引导他们树立正确的人生观和价值观。同时，大学教育还应注重培养学生的创新能力和实践能力，为他们未来的职业发展打下坚实的基础。

4.爱的教育应贯穿教育全过程

教育者应以爱心和关怀对待学生，给予他们支持和鼓励。只有在一个温暖、包容和充满爱的环境中，学生才能健康成长、发展潜力。因此，我们每个人都应当秉持爱的理念，用爱心去教育和引导下一代，为他们打造一个更加美好的未来。用延安精神教书育人，要求学校和老师以一切学生的利益为出发点，这就要求我们在教学过程中将爱的教育公平地施与所有的学生。

在教学过程中公平地爱学生，需要学校和老师秉持宽容博爱的胸怀，平等对待每一位学生。不管来自城市还是农村，不管是贫穷还是富裕，不管其父母是平民还是干部，不管是男生还是女生，不管是汉族还是少数民族，教师对他们应当一视同仁，不应有爱的差别。

教育之爱，要求教师主动开辟与学生沟通的渠道，做学生的知心人。教师应宽宏博怀，无私、无差别爱每位学生，让学生在爱的阳光里健康茁壮成长。

比如，一些刚刚走上讲台的年轻教师，对学生了解较少，也很少与学生沟通，对学生关心更是不够，很难走进学生的内心，导致课堂上与学生之间的互动难以展开，长此以往一定会影响学生的成绩。

怎样平等地爱学生？延安中学倡导教师们利用课下时间走进学生当中，主动询问他们有没有未掌握的知识点，了解他们的学习方法与学习特点，尽量做到因材施教、分层教学、对症下药，针对不同班级的学习情况制订相应的学习计划。

一是给后进生以偏爱。在教学过程中，留给老师印象最深的，可能并不是学习成绩拔尖的模范生，而是别具特点、与众不同的学生，甚至可能是后进生。

一些老师无视后进生，甚至有时会简单粗暴地批评训斥，这样做就是偏离了教育的本质。对后进生这样一个“与众不同”的学生群体，不应简单粗暴训斥，而应该从“爱”字出发，正确认识他们的特点，从关心入手，体察谅解，将教育之爱施与他们，注入更多的关心，使之产生一种“情感报答”的心理。

我相信，迟开的花蕾只要沐浴足够的阳光雨露，终究会开出灿烂漂亮的花朵。

二是给中等生以厚爱。一个班上最多的群体通常是中等生。他们学习成绩普通，但大多稳重听话、态度端正、各种学习任务都能基本完成。如果粗放地管理教育，他们很难进步。

面对这种情况，老师们应该主动接近他们，与他们交流，课堂上鼓励他们积极发言，让他们更多参与、融入课堂。通过这样的方式，他们的成绩会不知不觉发生变化，取得令人意想不到的进步。

三是给优秀生以严爱。一般来说，学校和老师都会喜欢学习好的优等生。正因为如此，他们的缺点容易被掩盖、被忽视，甚至在出现问题时容易被原谅、被袒护；但小缺点也会造成大隐患，因此学校和老师应该对这类学生以严爱要求，特别是对于优等生的缺点、毛病、错误之处，要及时关注、及时指正，让他们在成长学习的道路上保持优良习惯，不偏不倚，端正前行。

这同时也提醒我们的老师，要以真诚的态度、亲切的话语真正走进学生当中，要满怀爱意对待每一位学生，把爱洒向学生心田。这样才能达到师生之间的相互信任，学生才会把教师当作知心朋友，打开心扉倾心而谈。

同学们的进步，是老师最大的安慰；得到所有同学的认同和所有家长的敬重，是老师最大的成就。

作为教育工作者，我们不应放弃任何一个学生，即使他学习再差、坏习惯再多、惹的麻烦再大，我们也应该想尽一切办法帮助他进步、帮助他成长。

三、把“爱”装进心里，落实在行动上

在当今社会，教育已经不再只是简单地传授知识和技能，而更加注重培养学生的综合素质和人文精神。延安中学在学校教育当中有这样的理念，作为一个全面发展的个体，每个学生都需要被爱所包围，并且学会将这种爱转化为实际行动。

首先，我们要求老师明确“爱”在教育中的意义。爱并不仅仅是一种情感上的表达，更是一种价值观念和行为准则。教育要把“爱”装进心里，就意味着要用心去关怀每一个学生，以真诚的态度去倾听他们的需求和关切。从学生的角度来看，他们希望被尊重、被理解，并且被认可。这些正是“爱”的真正内涵。

其次，将“爱”落实在行动上需要教育者做出具体的努力。教育者应该通过自身的言行去树立榜样，让学生能够感受到他们的真心和关爱。教育者要设身处地地体谅学生的困惑和压力，在解决问题时给予耐心和理解。

最后，教育者还应该建立一个积极、和谐的学习环境，让每个学生都能够在这里感受到他们被关心和重视。

当然，学生也需要学会将“爱”转化为行动。学生要学会尊重他人，包括老师和同学。他们应该学会倾听和理解别人的观点，并且给予真诚的回应。此外，学生还应该学会关心他人，关心自己的家人、朋友和社会的发展。通过参与社会公益活动或是关注一些社会问题，更加深入地理解爱的意义，并将其付诸实际行动。

教育要把“爱”装在心里、落实在行动上，这不仅仅是一种教育理念，更是一种人文精神的体现。只有将爱融入教育的各个方面，我们才能培养出真正具备人文关怀和情感智慧的学生。因此，让我们共同努力，将“爱”作为教育的基石，让每一个学生都能在爱的呵护下茁壮成长。

用延安精神教书育人，要求学校和老师真正以学生的利益为出发点，这就

要求我们将爱的教育理念铭记于心，落实在教学实践过程中。

什么才是好的教育？我想每个教师都有自己的答案。

好的教育首先应该是“育”而不是“教”。育人比教书更重要，成人比成才更重要。

要对学生进行感恩教育，要让同学们学会感恩同学、感恩老师、感恩学校、感恩社会。学会感恩的同学，为了周围爱他们的人，心态越发积极向上，学习越发刻苦认真。

我们要结合一切契机进行思想教育，比如父亲节、母亲节、教师节、清明节、中秋节，还有父母的生日，都要开展一些小范围的活动，或者通过简单的仪式教学生们如何去表达自己的爱、展示自己的爱。这些活动或仪式会让同学们明白父母家人的不容易，也教会他们如何和自己的家人相处。

首先，让学生在爱里成长。想要让学生懂得爱、学会爱，就要给学生真正的爱，让学生感受到来自周围的爱。很多人总以为未成年人不知道爱或不理解爱，但其实从他们来到这个世界的那一刻起，他们就可以感知到爱。因为爱会形成一种氛围，给人以温暖的体验。许多研究表明，感到被爱的学生，有更好的社交能力，学习起来也更有热情，所以老师要主动地对学生表达爱，让学生能够接收到爱的信息。当学生切切实实体会到被关爱时，他就能明白“爱”的价值和意义，也就能更加健康快乐地成长，更加投入学习思考当中。

其次，引导学生学会爱，由爱自己到爱他人。要让学生明白一个道理：爱不是单方面的索取，而是相互的，只有学会爱自己，才会去爱别人，别人也才会将爱回馈给你。人与动物最大的区别就是，动物是依靠本能去生存的，而人类懂得爱。所以，老师要引导学生学会爱就需要从“爱自己”开始，可以从日常生活中慢慢引导，在这个过程中让学生去理解自己所付出的以及获得的爱，再到与其他人交往，让他慢慢学会去爱别人。

最后，用爱的教育为其他方面的教育打下基础。同学们态度端正了，学会了脚踏实地，学会了冷静理智地去明辨是非对错，也懂得了只有付出才有收获的道理，自然没有了浮躁急躁，随之而来的便是学习上的进步了。由“育”带动了“教”，“教”和“育”达到了统一，教学的效果自然不会差。育人和教书是相辅相成的，作为老师，要学会随时随地把握身边的时机去育人，不要认为每天上课还得耽误几分钟做思想工作是浪费时间，学生恰恰就是因为每天的这几分钟突然福至心灵从而彻底脱胎换骨。

爱的教育可以让学生看到世界的美好，让学生心中充满爱，他才会收获别人的爱。学生在学校里所经历的日常点滴，都会成为他们对“爱”的认知。

四、用关爱和温暖陪伴学生成长

关爱和温暖是教育中最重要的元素。当我们用关爱和温暖来陪伴学生成长时，我们就能为他们创造一个安全、支持和鼓励的环境，让他们在这个环境中茁壮成长。

在教育过程中，关爱意味着我们要真正关心学生的需求和感受。我们要尊重他们的个性和思维方式，给予他们足够的自由和空间去发展自己的独特才能。在面对学习困难和挫折时，我们要以理解和耐心的态度帮助他们克服困难，鼓励他们相信自己的能力。我们要倾听他们的声音，给予他们分享自己想法和观点的机会，让他们感到自己的存在和价值。

关爱和温度意味着我们要给予学生善意和鼓励。我们要用亲切的言辞和微笑来表达对学生的善意和关怀，让他们感到被接纳和重视。我们要积极主动地与学生进行沟通和交流，关心他们的生活和兴趣爱好，让他们在这个大家庭中有归属感。我们要与学生建立起信任和友谊的关系，成为他们可以依靠和倾诉心事的人。

关爱和温暖能够激发学生的学习兴趣和动力。当学生感受到教育者的关怀和温暖时，他们会更加愿意投入学习中去，因为他们知道自己不再是一个孤单的个体，而是有人在背后默默地支持着他们。他们会更加有勇气去尝试新的事物和面对新的挑战，因为他们知道无论结果怎样？都有人在身边给予鼓励和安慰。

关爱和温暖能够培养学生的情商和人际交往能力。当学生在一个关爱和温暖的环境中成长，他们会学会关心和尊重他人，学会如何与他人建立起良好的人际关系。他们会学会倾听和理解别人的需求，学会在与他人相处时考虑他人的感受和利益。这些都是他们未来生活中不可或缺的技能和品质。

正因为关爱和温暖是教育中不可或缺的元素，我们在教育实践中要善于通过用关爱和温暖来陪伴学生成长，为他们创造一个安全、支持和鼓励的环境，激发他们的学习兴趣和动力，培养他们的情商和人际交往能力。让我们用关爱和温暖来引导学生，让他们茁壮成长，成为有爱心和温暖的人。

用延安精神教书育人，要求学校和教师要关注学生健康成长。教师作为人类灵魂的工程师，其特殊性主要表现在教育的对象是人，而且是处在发展中的人。因此，教师的责任至关重要，用温暖的心关爱学生，用宽容的心对待学生，用欣赏的目光关注学生，是对延安中学全体教师的基本要求。

延安中学要求教师在教学工作内外都能用关爱和温暖陪伴学生成长。

一是用师德让教师规范施教。教师工作时间长、教学任务重、工作压力大，如果没有发自内心的热爱，很难高质量完成每日的教学工作，更不用说长期坚持在教学岗位上。延安中学定期多频次开展师德师风教育，通过正面引导和反面警示教育，规范教师言行；严格绩效考核，对违反师德师风的行为严厉教育、一票否决。

二是用尊重让学生感受温暖。延安中学要求教师给予学生足够的尊重和爱，要关注并重视学生的内心世界，特别是要结合不同学生的心理特征和个性习惯及时交流沟通，赢得学生的信任和支持，成为学生的坚强后盾。比如，当入校新生进入全新、陌生的环境时，普遍存在紧张不安的焦虑情绪，我们要求教师在实际教学过程中全面分析、及时掌握、认真了解，从而结合学生的身心特征和成长规律，给予更多的关爱。针对学生因生活背景、兴趣爱好、性格等多个方面存在的差异性，学校要求教师充分尊重学生的主体资格，创建师生之间的平等关系，力求每个学生都感受到老师的温暖，尽快接纳同学、接纳老师、爱上学校、爱上学习。当学生出现过失的情况时，不能一味进行批评，不指责埋怨，而是客观分析问题、合理处理事件，帮助学生解决相关问题。

三是教师要为学生树立榜样。学生很容易受到教师行为习惯和言谈举止的影响。延安中学要求教师要以身作则，改正自己不良行为习惯，树立良好的榜样，对学生起到积极的正向引导，让大家感受教书育人的成果和茁壮成长的温暖；要求教师通过不同形式提升工作能力，不断学习和研究教学知识和技巧，获得理想的教学效果；要求教师在日常教学和活动过程中多亲近学生，让学生更加理解老师、喜爱老师；要求教师不断提高自我修养，时刻提醒和监督自己，克制不良情绪，尽可能地面带微笑，保持良好的心情；要求教师在教学实践中要和学生加强沟通，不能出现厌恶的表情和语言，避免对学生的心理健康产生不良影响。

五、要像爱自己的孩子一样爱学生

用延安精神教书育人，意味着爱的教育走向深入、永无止境，这就要求我们的老师要像爱自己的孩子一样去爱学生。

爱是一种强大的情感，能够激发人们最真实的内在潜能。当我们对自己的孩子充满爱时，我们会竭尽所能地提供他们需要的支持和指导。同样，当教育者将同样的爱心投到学生身上，会更加关注学生的需求，并努力帮助他们实现自己的潜力。

父母与孩子之间的爱是一种相互尊重和理解的关系。父母会倾听孩子的需求和感受，并尽力满足他们的要求。同样，教育者也应该尊重学生的个性和想法，理解他们的困惑和挑战，并为他们创造一个开放、包容的学习环境。只有在这样的环境中，学生才能感受到被尊重和被接纳的重要性，从而更加积极地投到学习中去。

爱还意味着关注学生的身心健康。父母会时刻关心孩子的身体状况，尽量让他们保持健康的生活方式。同样，教育者也应该关注学生的身心健康，提供必要的关怀和支持。他们应该倾听学生的困惑和压力，并提供正确的指导和帮助。只有当学生的身心得到充分的关爱和照顾时，他们才能更好地发展自己的潜能。

爱也意味着不离不弃，无论学生在学习上遇到多大的困难和挑战，教育者都应该给予他们持续的支持和鼓励。就像父母永远不会放弃自己的孩子一样，教育者也应该始终相信学生的潜力，并帮助他们克服困难，实现自己的目标。

我相信，几乎所有的教育工作者都秉持着这样的教育观——要像爱自己的孩子一样去爱学生。只有重视对学生的关心、尊重和支持，通过对学生的爱与关怀，教育才能真正激发学生的学习热情和内在潜能，帮助他们成为有责任感、有信心的个体，并为他们的未来做好充分的准备。

“老吾老，以及人之老；幼吾幼，以及人之幼。”教育工作者同时也是人之父母，深爱自己的子女，这是人之常情。教育工作者同时肩负为党育才、为国育人的重任，每一个学生的未来都关乎国家发展，关乎社会进步。只有像爱自己的孩子一样去爱学生，像培养自己的孩子一样去培养学生，才能真正彰显教师之爱的伟大，才能真正培养对国家、对社会有价值的人才。

老师爱学生，就要同父母之爱那样去帮助孩子涤荡心灵、升华精神、憧憬美好、创造未来。教师应树立终身学习观念并付诸实际，做学生的典范。教师要了解熟悉每一个学生，在学习和生活中给学生关爱和帮助。正如陶行知所说：“然则教师与学生，焉可无同情耶？同情谓何？即以学生之乐为乐，以学生之忧为忧，学生之休戚即我之休戚，学生之苦恼即我之苦恼是也。”

老师的爱要全面，既包括爱岗位、爱学生，也包括爱一切美好的事物；教师之爱要公平，要热爱每一个学生，学习好的要爱，学习一般的要爱，学习差的更要爱。对情绪低落的学生，给予精神上的鼓励；对经济上有困难的学生，给予力所能及物质上的帮助；对学习上有问题的学生，给予知识上的辅助；对成绩好的学生，鼓励他们精益求精、勇登高峰；对心理自卑的学生，给予心理上的开导，使他们得到安慰并完善自我；对好骄傲的学生，培养他们谦虚的品性；对有缺点错误的学生，帮助他们克服缺点错误、重塑形象；对意志力薄弱的学生，帮助他们树立自信、磨砺意志，培养克服困难的勇气。

爱的教育可以改良风俗，促进社会进步，增进社会和谐。社会和谐，人间美好，这正是我们教育事业理想中的社会。不管是学生还是老师，不管是校内还是校外，只要人人都献出内心真挚的爱，教育的园地将是爱的海洋，这爱的暖流将会漫延到社会上。教育模式可以各有所长，但爱是永恒的主题。爱心是学生打开知识之门、启迪心智的开始，爱心能够滋润浇开学生美丽的心灵之花。

爱是通往教育成功的桥梁。高尔基也说过："谁爱孩子，孩子就爱谁。只有爱孩子的人，才可以教育孩子。"所以，好老师应该是仁师，没有爱心的人不可能成为好老师。

六、"立德树人"必须有"爱"

用延安精神教书育人，要求学校和老师懂得什么是爱、怎样去爱。这就要求我们为学生树立良好的榜样，以优秀的师德师风感染学生、传播爱心。

教育的过程，就是一盏灯点亮另一盏灯的过程。每一个孩子，都需要被爱；每一个老师，都要懂得去爱。爱是人们普遍的心理需要，每一个人都爱着别的人，也都渴望得到别人的爱。一个人如果得不到爱、不会爱，可能会产生畸形心理，如性格孤僻、情感冷漠、思想消沉等。

离开了"爱"的催化剂，教学活动是很难正常进行下去的。

教师传授知识，并不是简单地讲述就能达到教学效果，而是需要教师深厚的感情作为催化剂。教育教学归根结底在于启迪人脑的思维过程，学生头脑中的智力因子被教师的爱激活、唤醒，才能更好吸收知识，才能分析思考，才能形成智慧。

对学生的爱，就是课堂教学始终落实"立德树人"的根本任务，塑造学生正确的世界观、人生观、价值观，让积极的情感为学生终身健康发展与幸福生活奠定坚实的思想根基。

为此，教师在学生面前要树立良好的道德榜样，通过言传身教告诉学生应该做一个什么样的人。要关爱学生，公平对待每一个学生，不因个别学生某方面的不足而全盘否定学生。更重要的是，爱学生就要尽心尽力、精益求精地上好每一堂课，将自己的知识毫无保留地传授给学生。

人们常说，要想给学生一滴水，自己就要有一桶水。

在科技高速发展的今天，要给学生一滴水，自己不止需要一桶水而是要有一池水。一池水从何而来？这就需要博采众长、学贯中西，这就要求多读、多看、多听、多实践，厚积薄发。教育的秘诀就是积累和感悟。备课阶段，要舍得下功夫，既备教材也备学生，用通俗的语言把深奥的思政理论讲深讲透，入学生之脑、之心、之行。

许多老师数年如一日，心甘情愿地无悔付出、操劳，即使是披星戴月、寝食不安也在所不惜，就是为了设身处地地为学生着想，给予他们无微不至的关爱。

作为一个老师，如果所有的学生都对你依依不舍，爱你如母，敬你如父，当所有的家长都成为你无话不谈的朋友，当数年后家长和学生谈起你时依然心怀钦佩……那么这一切，都是因为教育中有了爱的力量。

“一个共产党员爱的最高境界是爱人民。”这是共产党员孔繁森生前留下的一句话。同样，我们教育工作者特别是人民教师，最高境界是爱学生，就像爱自己的孩子一样爱着每一个学生。

苏联伟大的教育家苏霍姆林斯基也说过：“爱，是一切教育的核心。”没有爱的教育不能称之为教育。爱是一切的答案，爱是一切的根源，正如共产党员全心全意为人民服务一样，老师要全心全意爱自己的学生，就像爱自己的孩子一样。只有将延安精神内化于心、外化于行，怀着赤子之心，怀着爱生之心，才能真正答好教育教学这份考卷。

第二节　万家灯火映初心

也许你也有过类似的感受：夜幕降临，行走在城市的马路上，突然进入一段幽深黑暗的漫漫长路，刺眼的遍地狼藉更显黑夜阴森漫长，再也提不起那响亮的歌喉，再也掩饰不住那愤懑的情绪。除了加快脚步，也只能用怀疑、警惕的眼神瞥一眼那过往的行人。

这时候，你心头会不会泛起一个词：灯光？

又或者猛然想起冰心所写的小橘灯，会不会比街对面的路灯更亮些？

行夜路，需要前路灯光；航行于茫茫大海，需要灯塔导航。人在迷茫乱象中，更需要心灯照亮，给我们这些行走在黑暗的人以指引。灯火，是光明的使者，是黑暗中对摸索的期待，对蹒跚的慰藉，对迷茫的点拨。不论是春夏秋冬，或是暴雨雷鸣，抑或是路前陷阱，有灯，就有回家的路；有灯，梦想就会延续。

所以，每一个人都需要一盏灯火。

一、老师要做学生的指路明灯

每个人，心中都有一盏光亮虽小却带给人的力量与温暖很大的“灯”。它指引着我们前行，照亮人生的路。

灯火，是一个行路人的心灵鸡汤。

而老师，则是学生们的心灵烛火。

夜深了，当万家灯火熄灭时，是谁在昏暗的灯光下聚精会神地备课？当人们都进入甜美的梦乡时，是谁伏在写字台上认真地批改作业？节假日时，又是谁牺牲自己的时间来为我们补课？

是人民教师。

岁月正匆匆而过。窗外的万家灯火，之于我们教育工作者而言意味着什么？

身处学校办公楼四楼的办公室里，无数个深夜，我曾默默站在窗前，望着外面。夜色中远处小区的寥落灯光，校园里四下无人打扰的寂静，还有抬眼可见的皎月与繁星……

万家灯火！我冷静地面对着真实的城市，此时也十分想念那个叫“家”的地方，妻儿也许已经沉睡，而我正奋笔疾书、伏案批阅。

二、很荣幸自己也是人民教师的一员

在学生的成长道路上，有许多老师给予启迪和指引，而校长作为学校中的重要领导者和教育家，更是扮演着为人师表的引领角色。一个优秀的校长应该具备卓越的品质和能力，言行举止都会对学生产生深远的影响，成为他们终身受益的财富。

每个学生在成长的道路上都需要有一个指引和引领自己前行的人，而老师就是这样一个重要的人。老师不仅在教室中传授知识，更重要的是他们在学生心中扮演着指路明灯的角色。

首先，老师通过丰富多样的教学方法和知识，给予学生启迪和指导。他们不仅掌握着专业的知识，还拥有丰富的教学经验。无论是在课堂上还是课下，老师都会利用各种形式的教学手段，让学生充分理解和掌握知识，通过讲解、示范、实践等方式，激发学生的学习兴趣，帮助他们建立正确的学习方法和态度。

其次，老师在学生的成长过程中扮演着心灵导师的角色。学生在面对困惑、烦恼和挫折时，常常会找老师倾诉，寻求帮助和支持。老师会耐心倾听学生的问题和困惑，给予他们鼓励和建议。他们会以自己的经验和智慧，引导学生走出困境，激发他们的自信心和勇气。

再次，老师也是学生人生规划的引路人。在学生即将面临选择职业和未来发展方向时，老师会给予学生专业的指导和建议。他们会根据学生的兴趣、优势和目标，帮助他们了解不同职业的特点和要求，指导他们制订个人发展计划。老师还会与学生进行面对面的交流，了解他们的梦想和愿望，为他们提供适当的指导和支持。

最后，老师还在一些重要时刻扮演着学生人生中的见证者和庇护者的角色。无论是参加学校的比赛、演讲或是重要考试，老师都会给予学生鼓励和支持。他们会在关键时刻给予鼓励和关怀，让学生感受到自己在老师心中的重要性和价值。

“静静的深夜，灯光在闪耀，老师的窗前彻夜明亮。”老师是学生成长道路上的指路明灯，通过教学、引导、建议和支持等多种方式，帮助学生找到正确的方向，充实自己的人生。他们不仅是学生学习的导师，更是学生人生中最重要的伙伴和启迪者。他们默默付出和教诲，是学生成长道路上的指路明灯。

而作为一名校长，更是肩负着超越老师的神圣职责。

为人师表的意义在于具备高尚的道德品质。作为学校的领导者，应该以身作则，成为学生心目中的榜样。要坚守诚实、正直、责任，为学生树立正确的价值观和道德标准。当校长以自己的言行去引导学生时，无形中培养出了一代又一代优秀的公民，他们的人生轨迹因校长的榜样示范而发生正向的改变。

校长为人师表的意义在于要具备卓越的教育能力。校长作为学校教育管理的中坚力量，需要具备深厚的教育知识和丰富的教育经验。要善于发现学生的潜能，引导学生充分发挥自己的优势，培养他们全面发展的能力。通过校长的努力，学校的教育质量得以提升，学生获得了更好的教育资源和机会，他们的人生因此而变得更加丰富多彩。

校长为人师表的意义在于给予了学生无尽的关爱和支持。校长是学生求知路上的指导者和支持者，无论是在学业上还是在生活中都要伸出援手，给予学生及时的帮助和鼓励。这种关爱和支持让学生感受到温暖和安心，使他们在学校里形成了良好的情感和人际关系，这种人际关系将伴随他们一生。

三、延安精神是我的指路明灯

为人师表，通过自己的言行举止、教育能力以及关爱帮助，影响着一代又一代的学生，不仅会让学生在学校取得成就，更重要的是塑造了学生的品格和人生态度。我以此为荣，因为我知道自己为学生带来了改变和成长。

是什么激励我在教育事业的道路上不断前行？也是一盏灯，是我心中的一盏灯——延安精神。延安精神对我而言，就像是一盏明灯，指引着我的教育工作，给我力量、给我希望。延安精神告诉我什么？首先是方向。

延安精神告诉我，作为一名教师，要坚守初心，牢记自己的职责使命。我们不仅是知识的传递者，更是培养学生综合素质和品德修养的引路人。我们要紧跟时代的步伐，积极进取，不断提升自己的专业水平，为培养社会主义建设者和接班人作出应有的贡献。

延安精神还告诉我，作为一名教师，要坚持实事求是的原则。教育工作需要立足于实际，关注学生的成长和发展，注重培养学生的实际能力和创新精神。我们不能只停留在纸上谈兵，而是要勇于探索、敢于创新，不断改进教育教学方法，提高教育质量。

延安精神还告诉我，作为一名教师，要具备艰苦奋斗的精神。教育工作并非一帆风顺，需要我们付出辛勤的努力和汗水。我们要耐得住寂寞、守得住热情，面对困难和挫折时，坚持不懈、勇往直前，只有经过艰苦的努力，才能取得更大的成绩，为学生的成长和社会的发展作出更大的贡献。

延安精神也告诉我，作为一名教师，要坚持自力更生的原则。我们要有独立思考的能力，不依赖他人，更不依赖外部条件的改变。无论是教学资源还是学校环境，都不能成为我们教育教学的借口。我们要善于发掘和利用自身的资源，为学生提供一个良好的学习环境和条件。

延安精神更告诉我，作为一名教师，要百折不挠、坚持到底。教育事业是一项长期而艰巨的事业，需要我们有坚定的信念和毅力。在教育路上，我们会遇到各种困难和挑战，但只要我们坚定信心，保持奋斗的态度，就一定能够克服困难、取得胜利。

总之，延安精神是我作为一名教师的指路明灯。它教导我坚守初心、实事求是、艰苦奋斗、自力更生、百折不挠的原则，为我指引了正确的教育方向。我将始终牢记延安精神，不断提升自己的教育水平，为培养社会主义建设者和接班人而努力奋斗。

延安精神还教会我什么？

延安精神教会我要树立坚定的信仰。延安时期，中国共产党面临着巨大的艰难困苦，但他们始终坚守着信仰，不畏艰险、矢志不渝地追求共产主义事业。作为教师，我们应该告诉学生，只有坚定的信仰才能让他们在前进的道路上永远不迷失方向。

延安精神教会我锻造顽强的毅力。延安时期，中国共产党面对着各种挑战和困难，但始终坚持奋斗，从未放弃。作为教师，我们应该教育学生要有坚忍不拔的毅力，要在面对困难时坚持下去，不怕失败，不轻易放弃。

延安精神激励我积极进取。延安时期，中国共产党领导人积极思考、不断创新，努力为革命事业寻找最佳路径。作为教师，我们应该激发学生的创新精神和积极进取的意识，让他们不满足于现状，勇于追求进步。

延安精神更提醒我要饱含对师生的爱。中国共产党始终把人民利益放在首位，真心实意地为人民服务。作为教师，我们应该培养学生对人民的深厚感情，让他们明白自己的责任和使命，为社会、为人民作出贡献。

千言万语，倾诉不尽。延安精神教会我很多道理，教会我很多办法，破除我很多困惑，坚定我很多思想。

心怀希望而行，我们才能穿越黑夜，我们才能抵达明天。这种精神给了我一种永不言弃的勇气，让我穿越迷茫无措，让我坚守三尺讲台。

作为教师，我应该将这些精神传承下去，引领学生走向正确的人生道路。为人师表，将自己奉献给人民教育事业的伟大工作，这才是我无愧一生的骄傲和自豪。

第三节　化作春泥更护花

一直以来，无数的人民教师自觉贯彻党的教育方针，教书育人，呕心沥血，默默奉献。正是有了广大教师的无私奉献，国家的建设和发展才有了智力支撑和人才保障，中国才能从一个贫穷落后的国家变成世界第二大经济体，写下让各国感叹的“中国故事”，创造出让世界惊叹的“中国奇迹”。

实现中华民族伟大复兴的中国梦，是全体中华儿女共同的梦想。实现中国梦，离不开人才，而人才的培养，根本在教育，关键在教师。习近平总书记说过：“今天的学生就是未来实现中华民族伟大复兴中国梦的主力军，广大教师就是打造这支中华民族‘梦之队’的筑梦人。”[①]

所以，教师是最伟大和神圣的职业，承担着塑造灵魂、塑造人生的重任，历来为人们所尊重，中华民族更具有崇智尚学的优良传统，我们也更需要延安精神贯穿于我们办学育人的全过程。

一、“桃李满天下”是教师的最大成就

在人类社会的进步发展过程中，教育无疑扮演着举足轻重的角色，而教师作为教育事业中最为重要的一环，担负着培养下一代的责任和使命。可以说，成为一名教师，并且桃李满天下，是每位教育工作者一生的幸运。

作为一名教师，我们有机会影响和塑造学生的未来。每个学生都是一个无

① 习近平：《做党和人民满意的好老师——同北京师范大学师生代表座谈时的讲话》，《人民日报》2014年9月10日，第2版。

限可能的宝藏，而教师则是开启这个宝藏的钥匙。通过教师的言传身教，我们能够为学生提供知识、技能和价值观的指导，帮助他们成长为有能力、有担当、有道德的人。这种影响力是无法估量的，因为我们的学生将成为社会的栋梁之材，为国家的发展作出贡献。

成为一名教师，意味着我们能够通过不断学习获得成长。教育事业是一个需要不断更新的领域，新的教育理念、新的教学方法不断涌现。作为教师，我们需要不断学习和掌握这些新知识和技能，以便更好地满足学生的需求。通过教学实践和反思，我们也能够不断提高教学水平和专业素养。这种持续学习的机会是非常宝贵的，让我们与时俱进，始终保持教育的先进性。

身为一名教师，意味着我们必须与学生建立深厚的情感联系。无论是小学生、中学生还是大学生，每个学生都有自己的个性、特点和需求。作为教师，我们需要倾听他们的声音，理解并看到他们的困惑和挑战，并给予他们关怀和支持。经过一段时间的相处，我们会与学生建立起深厚的情感联系，成为他们信任和依赖的人。这种情感联系不仅让教学更加顺利，也让我们的人生更加充实和有意义。

最有成就感的是，肩负教师重任的我们能够见证学生的成长和成功。当学生在学业上取得进步、克服困难、实现自己的梦想时，作为教师的我们会感到无比自豪和满足。这种成就感是其他工作无法比拟的，因为我们直接参与并促进了学生的成长。看着他们从娇嫩的幼苗成长为茁壮的树木，我们的心中充满了喜悦和满足。

桃李满天下是教师一生的幸运。成为一名教师，不仅能够影响和塑造学生的未来，还能够通过不断学习获得成长，与学生建立深厚的情感联系，并见证他们的成长和成功。作为教育工作者，我们应该倍加珍惜这份幸运，以更强的责任感和使命感，为教育事业贡献自己的力量，因为只有教育才能真正改变一个国家的未来，而教师则是这个伟大事业的奠基人和推动者。

一个人，不论成就有多大、地位有多高、对社会的贡献有多显赫，教师都是他追逐人生梦想的引路人。一个人遇到好教师是人生的幸运，一个学校拥有好教师是学校的光荣，一个民族源源不断涌现出一批又一批好教师则是民族的希望。

作为教师，我们肩负着培养下一代的责任和使命。我们要牺牲自己的时间、精力和个人利益，用心去教育和引导学生，让他们茁壮成长。

身为教师，奉献自我是我们的信念。我们愿意将自己的知识、经验和智慧传授给学生，帮助他们获得更好的教育，为他们打开未来的大门。在这个过程中，我们要付出很多努力，不厌其烦地解答学生的问题，耐心地指导他们的学习，积极关注他们的成长与发展。

桃李满园，是每个教师的期望和追求。我们希望看到学生们像桃花一样绽放，像李子一样结果。每一个学生都是我们的希望和骄傲，他们的进步和成就是我们最大的收获。当我们看到他们在学业上取得进步、品德上有所成长，我们会倍感欣慰和满足。

然而，实现桃李满园并不容易。教育工作充满挑战，需要我们付出更多的努力和汗水。我们需要不断学习和提升自己的教育水平，不断更新教育理念和方法，才能更好地适应社会的变革和学生的需求。我们需要投入更多的时间和精力，为学生提供个性化的教学和关爱，帮助他们发现自己的兴趣和潜能，引导他们选择适合自己的发展道路。

随着科学技术日新月异和国际竞争日趋激烈，人才越来越成为推动经济社会发展的战略性资源，教育的基础性、先导性、全局性地位和作用更加凸显，教师培养人才、开发智力资源的使命和责任也越发重大。青少年是祖国的未来、民族的希望，是实现中华民族复兴的“梦之队”，中国梦终将在他们的接力奋斗中变为现实，而广大教师肩负着立德树人、打造中华民族“梦之队”的时代重任。

二、做好教师对学生至关重要

教育是社会发展的重要组成部分，而好的教师则是塑造未来的关键。一名优秀的教师不仅仅是传授知识的人，更是学生成长的引路人。

优秀的教师能够创造出一个积极、鼓舞人心的学习环境。他们激发学生的学习兴趣，提供丰富多样的教学资源，并倡导积极的学习态度。这种良好的教育环境有助于学生充分发挥潜力，提高学习效果。

好的老师不仅仅是知识的传授者，更是指导学生发展技能的引路人。他们能够将抽象的知识转化为生动的实践案例，帮助学生理解和应用所学内容。通过启发式教学和实践操作，教师能够激发学生的创造力和解决问题的能力。

优秀的教师注重培养学生的品德和价值观，使他们成为有道德修养的公民。他们以身作则，为学生树立榜样。通过引导和讨论，老师能够帮助学生形成正确的道德观念，培养正直、勇敢和爱心等积极品质。

每个学生都有自己的特点和困难。好的老师能够耐心倾听学生的需求，提供个性化的辅导和关怀。他们关注每一个学生的学习进展，并及时纠正错误和弱点。这种关怀和个性化的指导，使学生感受到被尊重和被重视，促进了他们的自信心和积极性。

优秀的教师不仅仅是知识的传授者，更重要的是培养学生的自主学习能力。他们教授学习方法和技巧，引导学生学会自我反思和评估。通过培养学生的学习能力，他们帮助学生在未来面对各种挑战时能够自我驱动并不断进步。

一名优秀的教师对学生的成长起着不可替代的作用。他们提供良好的教育环境，传授知识与技能，培养学生的品德和价值观，同时提供个性化的辅导和关怀，培养学生的自主学习能力。这些因素共同促使学生在学业和生活中获得成功，并为他们的未来奠定坚实的基础。因此，我们应该高度重视对学生的培养和支持，为每个学生提供优秀的教育资源。只有这样，我们才能创造一个更美好的未来。

做好老师要有理想信念。正确的理想信念是教书育人、播种未来的指路明灯。有什么样的老师，就有什么样的学生。一个有理想信念的老师，才能在学生心中播下理想的种子。古人云“师者，所以传道授业解惑也”“经师易求，人师难得”。做一个好老师，就是要按照习近平总书记的要求，不能只“授业”“解惑”而不“传道”，而是要把“传道”放在第一位，既要精于“授业”“解惑”，更要以“传道”为责任和使命，做到“经师”和“人师”的统一，努力做一个高尚的人、纯粹的人、脱离了低级趣味的人。

做好老师要有道德情操。“教，上所施，下所效也；育，养子使作善也。”习近平总书记指出：“好老师应该取法乎上、见贤思齐，不断提高道德修养，提升人格品质，并把正确的道德观传授给学生。”[①]作为受教育者，我们都有同样的感受，不论一个人离开学校有多久，老师的人格魅力都会永远铭刻在自己的心中，老师的人格力量都会成为激励我们追逐人生梦想的强大动力。

师者为师亦为范。老师是学生道德修养的镜子。《论语》有言：“其身正，不令而行；其身不正，虽令不从。”学生对老师不仅会听其言，更会观其行。好老师首先应该自觉坚守精神家园和人格底线，带头学习践行延安精神，积极弘扬社会主义道德和中华传统美德，做以德施教、以德立身的楷模，做率先垂范、以身作则的榜样，以高尚的道德情操和人格魅力为学生的健康成长树立人生标杆，引导学生把握好人生方向，明辨是非曲直、区分善恶义利，帮助学生扣好人生的第一粒扣子。

教师是燃烧自己照亮学生的蜡烛。选择做教师，就选择了奉献。真正的好老师，是延安精神的坚定践行者，有崇高的职业理想和坚定的职业信念，把追求理想、塑造心灵、传承文明当作人生事业奋斗的志向，以“捧着一颗心来，不带半根草去”“衣带渐宽终不悔，为伊消得人憔悴”的奉献精神，淡泊名利、甘为人梯，静下心来教书、潜下心来育人，努力在平凡的岗位上做出不平凡的成绩。

做好老师要有扎实学识。打铁还需自身硬。老师是知识的传授者，扎实的知识功底、过硬的教学能力、勤勉的教学态度、科学的教学方法是老师的基本

① 习近平：《做党和人民满意的好老师——同北京师范大学师生代表座谈时的讲话》，《人民日报》2014年9月10日，第2版。

素质，其中知识是基础。古人说："水之积也不厚，则其负大舟也无力。"在信息时代做个好老师，犹如习近平总书记所说，"不仅要有胜任教学的专业知识，还要有广博的通用知识和宽阔的胸怀视野"①，要给学生一碗水，自己要有一潭水。有了这一潭水，教育学生才不会捉襟见肘，才能游刃有余。

教育是一门科学，好的教育则是一门艺术。好老师应该是智慧型的老师，具有学习、处世、生活、育人的智慧，努力探求教育教学规律，坚持知、情、意的统一，坚持全面发展与个性发展的统一，坚持知与行的统一，既授人以鱼，又授人以渔，在各个方面给学生以帮助和指导，努力使自己成为业务精湛、学生喜爱的高素质教师。

三、时刻保持对延安精神的尊崇

作为教师，我们应该时刻保持对延安精神的尊崇，因为这是一种勇往直前、坚定信念和追求真理的精神。延安精神告诉我们，在困难和逆境面前，我们不能退缩或妥协，而是要坚持自己的信仰和目标。发生了什么事情，我们就去想一想这个事情是怎样的性质，有什么利害关系，如何处理，以便正确地解决问题。这种思维方式和态度在我们的教学工作中有着重要的意义。

尊崇延安精神，就要认识到团结合作和集体主义精神的重要性。"一人计短，众人计长"，这句话告诉我们，只有团结一致、共同努力，才能在教学工作中取得更大的成就。在学校里，身为老师要发扬集体主义精神，不仅关心自己学生的学习，还要关心其他老师的学生，互帮互助、共同进步。只有这样，我们才能够建立和谐的学习环境，培养良好的人际关系。

尊崇延安精神，就要树牢为人民服务的宗旨。中国共产党的初衷就是为了人民的利益而奋斗。在延安，党员干部们时刻把人民的冷暖放在心上，为了实现人民的幸福和福祉，日夜奋斗。作为教师，我们也应该将人民的利益放在第

① 习近平：《做党和人民满意的好老师——同北京师范大学师生代表座谈时的讲话》，《人民日报》2014年9月10日，第2版。

一位，用自己的知识和能力为人民服务，这不仅是对延安精神的尊崇，更是对社会的责任和担当。

保持对延安精神的尊崇，不能是口头上说说，重要的是通过实际行动来体现。我们可以通过参加社会实践活动，关心弱势群体，帮助他们解决问题；可以通过努力学习，提升自己的能力，为将来为人民服务做好准备；还可以通过积极参与学校的各项活动，发挥自己的才华和潜力，为学校的发展作出贡献。

现在，我们比历史上任何时期都更接近实现中华民族伟大复兴中国梦的目标，比历史上任何时期都更有信心、更有能力实现这个目标。而作为延安中学，作为教育工作者，比其他任何学校、比其他任何职业都更需要用延安精神来教书育人。

不同于其他工作，教师直接关系到社会的未来和国家的命运。人民教师这个职业是充满荣誉感与使命感的，为人民服务是延安精神的核心要义，身为教师就要为了党和国家的伟大事业、为了人民群众的教育期望、为了学生的实际需求而奉献自我。延安精神告诉我们，作为一名教师，我们要将自己的全部精力投入教育事业中，奉献自己的一切。我们要用心去教育每一个学生，不仅要传授知识，更要培养他们的思想、品德和能力。只有这样，我们才能真正照亮别人。

然而，奉献并不意味着要求回报。延安精神告诉我们，我们应该无私地为人民服务，不图私利。同样，作为一名教师，我们不应该追求功利，而是应该坚守教育事业的初心，用爱心和耐心去教育每一个学生。我们应该在关心学生成绩的同时，更加注重培养他们全面发展。只有当我们以奉献之精神去对待教育事业时，我们才能真正换来桃李满天下。

桃李满天下，并不仅仅是指学生的成绩或者职称的晋升。更重要的是，我们要树立正确的价值观，培养出优秀的人才，为社会作出贡献。当我们的学生能够积极参与，为社会发展作出贡献时，我们才算真正实现了桃李满天下的目标，而这一切，都离不开我们作为教师的奉献和付出。

第四节　为人师表践使命

身为教师，就要立德为范、以德树人。我始终不忘内心信念，忠诚于党的教育事业，团结同事、严于律己，注重政治理论、教育教学理论的学习，精益求精，不断完善自我，提升自身素养，脚踏实地、任劳任怨，一心一意从事教育教学工作，从工作中体悟到教育工作的崇高，从工作中获取人生奋斗的意义，在工作中享受为人师表的乐趣。通过学习与实践，可以将自己磨炼成一名德高为范、素养过硬、理念先进，教育教学技能高超、教育效果显著的学者型教师、专家型教师、管理型教师。

一、热爱教育工作，热爱每个学生

身为教师，就要勤学善思、立德为范。从教10年，我始终坚持“以德树人，诲人不倦”的原则，从严管理，以“五心”育人，收效颇佳。我热爱教育工作，热爱每个学生，凭着一颗爱心，把自己全部的精力和智慧奉献给了教育事业。我认为教育需要爱，爱是教育的根本，爱是教育学生的有效手段。我满怀诚心地对待每一个学生，对学生实实在在地付出，学生也默默地记在心里。曾记得我教过的一个学生一度出现逃学问题，家长得知后，试图与其沟通，可孩子拒绝与家长说话，家长毫无办法。一天，我去家访，经过一番循循善诱的开导后，这孩子终于开口：“我想跟郭老师单独谈一谈。”之后，该生的心结被打开，卸下包袱，从而轻松愉快地投入学习中。

身为教师，就要不急不躁、循循善诱。每当遇到问题学生，我一定会不急不躁、不厌其烦，直至将学生的心结打开，让学生最终真正认识到自己的错误，心服口服地改正错误。只有让学生真正地认识到自己的错误并自觉地改正错误，才是有效的教育。在任班主任期间，一旦确定了班级管理目标，我会咬定目标不放松，直至达到目标。比如，我在教2014届文科火箭班时，在认真分析学情的基础上，确定了本班高考目标。为此，我与学生、家长一起一搏就是两年。两年间，我坚持与学生相伴相守、毫不懈怠，发现有学生成绩下滑就逐一找来谈话，帮助分析试卷，找出问题所在，并协助改进。有的学生数学薄弱，我就牺牲周末时间免费予以辅导。2014年高考，我的学生夺得全省文科状元，两名学生被北大录取，全班同学全部上二本线。

身为教师，就要不忘初心、矢志不渝。我从普通老师逐步到学科带头人、级部主任、校长助理、副校长、校长，不管走到哪一步，都不忘初心，始终提醒自己首先是一名教师，树人增智是教师的初心和本分，所以从未因忙而缺过课。我在教学中主张“让每一个学生都发挥自己的个性，让他们从一个有优点的人转变为一个优秀的人”，坚持“转化一名后进生，等于培养一名高才生”的教育理念，从思想上关心学生、在感情上亲近学生、在生活上关怀学生。

二、激情启智，循循善诱

身为教师，就要富有激情、特色鲜明。我自主探究与实践“激情启智，循循善诱”的授课方法。这一教法突出的特征，就是“3个起来”和“不断提问”。“3个起来”，即上课时要吼起来——保证精神振奋；脑、手都要动起来——保证积极思考和及时训练；感觉乏困时站起来——确保解乏提神，保证听课状态；“不断提问”，即以连珠炮式的提问来循循善诱，引导学生思维，使其快速反应。

身为教师，必须业务精湛、精益求精。做教师最可怕的就是误人子弟。为上好课，我反复研读教材，精心设计教学环节和教法，精选和设计例题、作业；对学生的作业和练习精批细改，甚至面批面改；对数学薄弱的学生，特别注重有针对性地辅导，收效良好。

身为教师，必须注重研究、勇于创新。我通过对《教学大纲》、《考试大纲》、教材和教法、各种课型的观摩和研究，成长为一名善于研究总结的学者型教师：在10多年的教学实践中，我勇于创新，探索出一条既能鼓励学生个性张扬又能自主探究的教学新路，形成了自己独特的教学方法和教学风格；10余年来，有10余篇论文获奖或发表于国家核心期刊，出版专著2部，在各种研讨会作报告、上公开课10多次；曾多次担任全国数学竞赛教练、自主招生导师；2010年，被授予全国高中数学联赛“优秀辅导教师”称号；30余次获校教学质量特等奖，20余次被评为校优秀班主任、先进工作者、优秀共产党员等。

身为教师，必须勇于担当、求真务实。我在10余年工作中探究出一条适合我校发展的特色管理模式，包括教师团队、德育、教学、教研等管理内容。这一模式基于自主学习理论，以“激情启智，精细管理”为驱动，以精细化抓落实，在“艰苦奋斗、努力学习、勇于担当、光明在前”的延中精神鼓舞下，以激情激励人、以热情暖人心、以爱心感化人、以制度管理人，体现了“团结、紧张、艰苦、活泼”的延中校风，其灵魂是“激情与实干”，其目标是“培养具有奋斗精神、创新意识、实践能力和社会责任感的优秀人才”。

三、管理工作：成就了自己，激励着自己

在教师管理中，我以特色模式（以尊重团结人，凝心聚力；以责任感教育人，潜心工作；以科研提高人，精准、高效工作；以实干带动人，促进工作；以竞争促效果，创佳绩）的理念管理教师团队，将“激励、善导、启智、铸魂”的延中教风落到实处。在高三一年，我把工作当事业，以身作则、真抓实干、尊重教师，以真心团结同事、以真情感化同事。因此，全体教师同心同德、风雨同舟，将工作做到了极致，取得了辉煌的战绩。

在德育管理中，我以“聚焦、激情、阳光、陪伴”为理念，要求德育工作要为教学和备考保驾护航。为确保工作有序、有效进行，我精心筹划，营造了

领导、教师、学生、家长全方位的助学、备考氛围。

为确保教学、备考工作有效进行，我提出“严格常规管理，培养良好习惯”“以制度管理人，科学规范管理”“以活动为火种，点燃奋斗激情”“加强阳光教育，注重心理疏导”“坚守阵地，爱心守护”等要求。为实现有效教学的目标，每天上课期间我逐个教室检查学生听课状态四五次，一发现问题当即要求年级组长、班主任整改。为让班级形成良好的班风，我要求各年级组、班主任定期召开以学科问题为核心的班级协作会，对各科学情进行分析、探讨，对临界生、偏科生进行一对一的帮扶，有效地促进了良好班风、学风的形成；为让学生始终处于激情学习、备考状态，我要求年级部定期举办“让生命充满爱”“激情成就梦想”的激情励志报告会、高考百日宣誓活动、每天一句励志性话语、班主任及任课教师寄语、“早宣誓、午唱歌、晚背诵”等活动；有计划开展“每月一主题”活动，营造“快乐高考”的氛围，激发、唤醒学生的内动力。在我的影响下，老师们满腔热情、工作严谨、勇于创新，创造了我校2017年的辉煌。

在教学管理中，我以“协作、精准、扎实、超越”的思想为指导，实施教学与备考，成效显著。学生是学习的主人，学生的学习态度决定着学习效果。我在教学工作中要求必须从解决学生的态度入手，唯有解决好态度问题才能提高学生的学习自主性和学习效率。我鼓励班主任、任课教师和家长做深入细致的思想工作，效果显著。学生对知识如饥似渴的需求促使全年级形成了精诚协作、砥砺奋进的氛围。领导、教师、学生、家长齐心协力、密切配合，形成了众人划桨撑大船的局面，其势令人感慨。学生在学习过程中充分体现了“勤学、善思、自主、创造”的延中学风。

在教学和备考中，我坚持计划周全、目标明确、操作性强：强调在平时教学和一轮复习中面向全体，低起点，重双基，帮助学生构建学科知识体系；二轮复习重在固强补弱、扬长补短，通过整合归纳、提炼方法，突破重难点、冷点，优化解题方法与思维品质，形成综合能力；三轮重在巩固基础知识，提高基本技能、熟练基本方法，进一步完善学科知识体系，通过各种训练提升解题速度与准确度，培养应用能力；四轮属自主复习阶段，狠抓强记与反思，培养应试心态。通过严格的管理、温馨的关怀、及时的提醒、全面查漏补缺，让学生得到自我调整、充满自信。

在固强补弱、强力推进临界生工作中，我要求老师根据学生存在的问题针对学情制订相应的方案，做到精准帮扶、提高成效；在拔尖创优中，要精准对点突破，坚持“选题精、做题准、纠错实”的原则，“一对一”精准辅导，做到科学规划、自习面辅、作业面改、试卷面评、方法面授，突破弱科、弱项。

为培养学生严谨的学习品质和精准的做题能力，我要求老师要对学生“精雕细刻”，也就是抓实学生的纠错和题型归纳工作，针对易错题型进行强化训练，做到专项强化和综合训练相结合；强调解题的规范性、正答率，指导学生合理分配时间及答题策略，掌握应试技巧，加强思维广度、深度的训练，细抓纠错，强力提升自主归纳能力。

在教科研工作方面，我从自身的成长中真切地体会到了教科研工作的重要性，因此尤其重视教科研工作。教育教学的高质量应该建立在科研与实干的基础上，只有依靠科研的高质量才是真正的高质量。我强调教科研工作要贯穿于教育教学工作的始终，教育管理中要求教师要研究教育学、心理学、教学法，研究教育规律，以便在教育教学工作中有的放矢。

此外，我还在教学工作中带领老师研究《教学大纲》《考试说明》和历年高考试题，并将研究成果运用于平时的教学中，让学生明白高考与平时教学的关系、高考题与课本的关系。在复习备考中，我注重研究高考、研究命题、把准脉络，明确命题方向，掌握命题难度，采取相应的应对措施：强调要研究教材、优化资料，挖掘课本知识的内涵与外延，让教材与资料达到有机结合，着力于主干知识的强化和难点知识的突破；强调要研磨课堂、打造模式，重视学法指导，让学生自主梳理知识，体验构建知识网络，探究规律，提炼感悟方法，提高学习效率；要求重视广集信息、研究动态，及时调整方案，不做无用功。

“学高为师，身正为范。”我秉承的爱岗敬业、开拓创新、善于钻研、勇于担当、苦干实干的精神成就了自己、激励了自己，也影响着更多的同事。

本章结语

延安精神要求我们用心去教育每一名学生，照亮他们的人生道路。只有当我们真正奉献自己、照亮别人时，我们才能换来桃李满天下。作为一名教师，我们应该时刻保持对延安精神的忠诚，时刻牢记自己的使命，为教育事业贡献自己的力量。

第四章
未来之星——终极教育的目标点

什么是好的教育？教育的目标是培养什么样的人才？

有人说，是“传道、授业、解惑”；有人说，是培养独立、自律的学习者；有人说，“教育说到底，是自我教育”；教育家苏霍姆林斯基说，“教育的终极目的应该是向人传送生命的气息”……

卢梭有一个著名论点“教育即生长”，杜威进而阐释道：“这意味着生长本身是目的，在生长的前头并没有另外的目的，比如将来适应社会、做出成就之类。”

这个观点精辟地道出了教育的本质。按照这个观点，教育应使每个人的天性和与生俱来的能力得到健康生长。比如，智育是发展好奇心和独立思考的能力，而不是灌输知识；德育是鼓励崇高的精神追求，而不是灌输规范。教育应使受教育者在上学阶段就感受到学习是有意义的，并以此为幸福而有意义的一生创造良好的基础。

一言以蔽之，教育的终极目标就是为国家、为社会、为家庭、为学生本人培养未来之星。培养未来之星其实就是培养终身运动的践行者、民族复兴的担当者、前沿问题的解决者和优雅生活的创造者。也就是说，除了追求学术成绩和职业发展之外，我们应该关注更深层次的教育价值。

首先，培养终身运动的践行者是重要的目标。体育运动不仅有助于身体健康，还可以培养学生的团队合作精神、领导能力和自律性。通过参与各种体育项目，学生们可以学会尊重对手、接受失败并培养坚韧的意志力。终身运动的践行者意味着无论在何时何地都能享受运动的乐趣，并保持积极的生活态度。

其次，培养民族复兴的担当者也是十分重要的。责任是个人品格的核心价值观，学生们需要学会承担自己的行为后果，并为自己的言行负责。通过提供机会让学生参与社会服务和义工活动，学生们可以体验到为他人付出的快乐，并懂得身处社会中的责任。具有责任感的学生将会成为有社会意识且有能力为社会作出贡献的人。

再次，培养前沿问题的解决者在现实生活中也非常重要。面对日益复杂的挑战，我们需要教育学生们具备批判性思维和解决问题的能力。学生们应该被鼓励主动探索、提问和思考，并学会分析、解决问题的方法。通过培养前沿问题的解决者，我们可以为未来社会提供创新和领导力。

最后，培养优雅生活的创造者的重要性也不容忽视。优雅不仅仅是外表的美，更是内在的修养和品质。培养学生们欣赏艺术、音乐和文学，培养他们的想象力和审美情趣，可以让他们更好地理解和欣赏人类文化的多样性。优雅生活的创造者不仅在外在展现出高尚的行为和礼仪，还在内心有着平和、宽容和积极的生活态度。

从教育理念上来看，培养终身运动的践行者、民族复兴的担当者、前沿问题的解决者和优雅生活的创造者，这样的终极教育目标完全符合延安精神强调自力更生、艰苦奋斗、理论联系实际、不断开拓创新的本质。

综上所述，培养未来之星不仅仅是追求学术成就和职业发展，更是关注学生整体素质的全面发展。通过培养终身运动的践行者、民族复兴的担当者、前沿问题的解决者和优雅生活的创造者，我们可以为未来社会培养具有健康、积极、有创造力和有情操的人才。

第一节　终身运动的践行者

终身运动的践行者指的是能够持续参与体育运动并将其融入生活中的人。培养终身运动的践行者意味着要激发其对运动的热爱，并使其乐于坚持不懈地参与运动活动。延安精神的本质要求与培养终身运动的践行者之间存在一定的关联。

首先，延安精神强调坚定的理想信念。共产党员在延安时期经历了艰苦的斗争和严酷的条件，但他们始终坚守自己的信仰，坚信共产主义的正确性，并为之奋斗终身。同样，终身运动的践行者也需要具备这种坚定的理想信念。只有相信运动对身心健康的重要性，并将其视为生活的一部分，人们才能够持之以恒地参与体育活动。

其次，延安精神强调艰苦奋斗的精神品质。延安时期的共产党员在恶劣的环境条件下奋斗，不畏艰险、努力拼搏，为实现中国革命的胜利而奋斗终身。类似的，终身运动的践行者也需要具备艰苦奋斗的精神品质。人们在运动中常常面临困难和挑战，只有具备坚韧不拔的意志和顽强的毅力，才能战胜困难，坚持终身参与运动。

最后，延安精神强调对人民利益的无私奉献精神。共产党员在延安时期为了人民利益而奋斗，牺牲个人利益，始终把人民的利益放在第一位。终身运动的践行者也需要具备这种无私奉献的精神。体育运动的目的不仅是个人的健康和快乐，更重要的是为了社会的进步和人民的福祉。只有将个人的运动爱好与社会责任结合起来，人们才能真正成为终身运动的践行者。

综上所述，延安精神的本质要求与培养终身运动的践行者之间存在着紧密的联系。坚定的理想信念、艰苦奋斗的精神品质以及对人民利益的无私奉献精神都是培养终身运动的践行者所必需的品质。只有将延安精神的核心价值观融入培养终身运动的践行者的过程中，才能够实现人民的健康和快乐，并为社会的进步作出贡献。

一、培养终身运动的践行者要从学生抓起

全国大中小学生约两亿，青少年是目前体育服务的最大群体。少年强，青年强，则中国强。

培养终身运动的践行者不仅是发展青少年体育的一项重要举措，更是健康中国战略实施的重要基础。我们每个人都希望长寿，但我们需要的是健康长寿，健康长寿的人一定是要有运动能力的。要保持终身运动需要从儿童的运动、少年的运动开始，最后养成健康文明的生活方式。近年来，《关于深化教育教学改革全面提高义务教育质量的意见》《关于全面加强和改进新时代学校体育工作的意见》《关于进一步减轻义务教育阶段学生作业负担和校外培训负担的意见》等纲领性文件陆续出台，特别是教育部印发的《义务教育课程方案和课程标准（2022年版）》中要求，“体育与健康”课程占总课时比例10%~11%，仅次于语文（20%~22%）、数学（13%~15%），高于外语（6%~8%），排名第三。这一系列政策实施及课程调整，既体现了国家对青少年群体参与体育健身的重视，也对体育运动从青少年抓起、培养终身运动的践行者提出了明确的目标与要求。

培养终身运动的践行者离不开高质量学校体育的开展，高质量学校体育的根本就是要实现体育、教育的全面融合。正确理解体教融合，包含两个层面的含义。

第一，普通学生文化学习和体育锻炼有机协调发展。要在学生日常体育教育中以项目为载体、以比赛为手段融入体育运动，通过“教会、勤练、常赛”

达到让学生参与体育锻炼的目的。

第二，要把青少年运动员的培养融入学校教育体系当中，把大学的高水平运动队和中小学的代表队有机衔接，把国家队、省队的改革发展和大学高水平运动队有机衔接。要达到这两个融合，就需要把体育部门举办的青少年体育赛事和教育部门举办的学生体育赛事进行融合，统筹设置。

延安中学以“教会、勤练、常赛”为原则，以班级、年级为单位，至少每月举办一次定点投篮、接力跑、拔河、跳绳等全员性体育竞赛活动。通过这些比赛，让学生在体育运动中享受乐趣、增强体质、健全人格、锤炼意志。近年来，学生体质不断提升。同时，学校确立了以篮球项目为特色的学校体育发展方向，并与周边初中及相关高校展开协同合作，形成了无断层的篮球人才培养梯队。

二、解决学生课后运动问题需开阔思路

培养终身运动的践行者离不开社会力量的支持。国家倡导推动公共体育场馆向青少年免费或低收费开放。体育场地开放共享问题已经存在多年，教育、体育等部门出台一系列文件推动场馆开放，但实际情况是执行力度不够好。家长普遍反映，孩子放学后、节假日，身边体育场馆都进不去。导致这个结果的原因是两个责任问题没有解决：一是安全责任，学生到这些场馆运动锻炼，遭受运动伤害谁来负责；二是场地维护责任，场地保养、维修的经费没有列支到管理机构，场馆器材损耗、损坏了谁来负责。

公共体育设施面向青少年免费或低收费开放实施不畅，主要受到三方面限制。

第一，属性不同。公共场地、学校场地的建设性质不一样，服务的对象就不一样。当场地要为另外一类对象提供服务的时候，建设的标准、建设的要求就要调整。

第二，制度限制。场地开放就存在维护成本，在公益性开放和运营的过程

中如何盈利，缺乏有效的支持公共设施和学校场地互相开放的制度。

第三，人力资源配置问题。学校的体育场馆几乎都是体育老师在维护，他们没有人员配置为课后的开放提供进一步的服务。同样，公共体育设施的人员配置以对社会提供商业服务为标准，但是当它要提供免费和低收费的服务的时候，同样也会出现人力的问题。

从青少年体育人才培养的角度统筹规划，中学生体育第一阶段是培养兴趣和普及技能，第二阶段是进一步精进技能和培养体育人才。第一阶段可以在日常学校体育课中开展，第二阶段就会自然流向各个体校或俱乐部发展特长。不管是社会体育设施向学生开放还是学校体育场馆向社会开放，都需要各地政府因地制宜，发挥主观能动性做创造性的工作，否则在实施的过程中就容易形成难点、堵点。

如何培养学生成为终身运动的践行者，延安中学结合国家指导方针，立足学校实际，融合学校、社会和家庭三大阵地，形成了自己的体育教学思路。

2022年，中办、国办印发了《关于构建更高水平的全民健身公共服务体系的意见》(以下简称《意见》)，其中提出培养终身运动的践行者等一系列聚焦青少年体育发展的举措，培养终身运动的践行者不仅是“夯实广泛参与全民健身运动的群众基础”的重要部分，也将进一步推动体教融合、推动高质量学校体育建设。

三、学校、社会和家庭共同参与是培养终身运动的践行者的基础

《意见》提出实施青少年体育活动促进计划，让每个青少年较好掌握 项以上运动技能，培育运动项目人口。国家体育总局联合教育、卫生、团中央等部门开展了青少年体育冬夏令营、“奔跑吧·少年”儿童青少年主题健身活动、“体教融合走基层”和青少年亲子体育活动等，旨在构建“家—校—社”全域式青少年体育参与格局。

在深化体教融合的背景下，延安中学整合学校体育资源，强化体育指导人

员、体育竞赛、体育活动、课后体育服务和体育场馆资源等工作，积极推动优秀教练员、运动员进校园，节假日线上线下体育活动和公共体育场馆与学校合作等改革，破解校内校外、日常和假期参加体育活动的壁垒，为不断提升学生体育知识、运动能力和专业技能等身体素养奠定基础。

四、构建多元化的体育教学体系是培养终身运动的践行者的载体

青少年生性活泼、生活覆盖面广、活动场域多元。《意见》不仅从学校开展体育课、体校和体育俱乐部进学校等方面完善学校、体校和体育俱乐部的服务功能，还通过体卫融合、城乡区域均衡、社会力量参与和社区体育等方面进一步拓展了青少年服务阵地。构建涵盖校内校外、城乡均衡和多元机制的网络型青少年体育组织体系是为青少年提供更高水平体育服务的基础，更是培育体育素养、运动技能和竞赛能力的载体。

延安中学印发《课外体育培训行为规范》，推进体育教育和运动健康有序发展，一方面，进一步规范社会力量参与学校体育公共服务，使社会组织和企业有序参与青少年体育技能培训等服务；另一方面，进一步借助社会力量参与学校体育公共服务，发挥社会力量灵活、便捷、多元的服务机制，使社会力量与学校有机合作。

五、建立常态化体育服务机制是培养终身运动的践行者的关键

通过体育锻炼使青少年实现享受乐趣、增强体质、健全人格、锤炼意志的目标，是一个长期、系统和周期性的过程。《意见》提出支持体校、体育俱乐部进入学校，青少年宫开设公益性课后体育兴趣班，支持学校、青少年宫和社会力量合作创建公益性体育俱乐部等举措，旨在开展与学校体育课程具有差异性、特色化和个性化的体育服务。更为重要的是，从学校延伸至社区、家庭等场域，破解常态化开展青少年体育服务的组织力量、人力资源等不足问题。

2020年，新冠疫情期间，延安中学以线上线下相结合的方式，广泛调动社区、学校、家庭、社会体育组织，利用各类体育场馆、公园和社区空间等公共场地资源，开展面向全校师生的常态化主题健身活动。这项活动得到学生和家长以及社会的高度认可，既动员了一批体育组织参与，也为培育终身运动的践行者提供服务平台。

延安中学以学校、社会和家庭为三大阵地，深化体教融合促进青少年全面发展，通过构建面向全校学生的健康促进体系，增强广大学生体育健身意识，引导广大学生在运动中享受乐趣、增强体质、健全人格、锤炼意志，促进身心健康、全面发展。

第二节 民族复兴的担当者

民族复兴的担当者，是指那些能够承担起自己行动的后果，并勇于面对困难和挑战的人。他们是组织中的中流砥柱，是一支可靠的力量，他们的存在不仅对个人有益，也对整个社会有着深远的影响。

民族复兴的担当者是社会进步的推动者。我们每个人都应该意识到自己的责任，勇于承担起自己的行动后果，并以积极的态度参与到团队和社会事务中来。通过培养出色的领导者，我们可以创造一个更加和谐和繁荣的世界。

民族复兴的担当者首先展现在领导者身上。一个好的领导者必须具备责任感，能够为自己的决策和行动负责。他们不会逃避问题，而是积极寻找解决方案，并对结果负责。正是这种责任感让他们赢得了员工和同事的尊重和信任，使他们的领导地位更加稳固。

民族复兴的担当者也是团队的核心。他们愿意主动承担额外的任务和职责，与团队一起努力实现共同目标。他们不会抱怨，而是积极参与，为团队提供帮助和支持。这种责任心不仅能提高团队的凝聚力和效率，还能激发其他成员的潜力，促进团队的整体发展。

民族复兴的担当者的作用不仅局限于工作环境中，在社会上也发挥着重要的作用。他们意识到自己的行动和决策对他人和环境产生的影响，因此他们更加谨慎地选择和做出决策。他们注重道德和伦理，努力维护公平和正义，并推动社会的进步。他们以身作则，成为他人的榜样，激励更多人参与到社会责任中来。

学校培养学生成为民族复兴的担当者，是延安精神的本质要求之一。责任担当是每个人应该具备的基本素质，而培养民族复兴的担当者则是教育工作中的重点任务之一。学校作为教育的主要场所，应该将培养民族复兴的担当者作为一项重要任务来完成。

首先，培养民族复兴的担当者能够增强学生的社会责任感。延安精神强调了理想信念和社会责任的重要性，而培养民族复兴的担当者正是要从小培养学生们的社会责任感。学校可以通过组织一些社会实践活动，让学生亲身参与其中，感受到自己的力量和责任，从而激发起他们的社会责任感。

其次，培养民族复兴的担当者有助于提高学生的自我管理能力。延安精神要求每个人都要自觉地为革命事业作贡献，这就需要每个人都具备良好的自我管理能力。学校可以通过开展一些自我管理的培训课程或者组织一些自我管理的实践活动，让学生们学会如何合理安排时间，如何有效地管理自己的学习和生活，从而培养他们成为自律和负责任的人。

最后，培养民族复兴的担当者有助于提高学生的团队合作能力。延安精神强调了团结协作的重要性，而团队合作是培养民族复兴的担当者必备的素质之一。学校可以通过组织一些团队合作的活动，让学生们学会如何与他人合作，如何承担自己的责任并且协调其他成员的工作，从而培养他们成为团结协作的人。

学校作为教育的主要场所，应该将培养民族复兴的担当者作为一项重要任务来完成。通过培养民族复兴的担当者，可以提高学生的社会责任感、自我管理能力和团队合作能力，为他们未来的发展打下坚实的基础。同时，培养民族复兴的担当者也有助于传承和弘扬延安精神，让更多的人受益并且为社会作出贡献。

培养学生成为民族复兴的担当者，是培养其责任感、自律性和承诺能力的重要方面，包括以下几方面。

1.以身作则

作为学校老师和家长，要以积极的榜样示范责任担当的行为，让学生从老师和家长身上学到如何承担责任和履行承诺。

2.设立明确的期望和责任

给学生们设立明确的任务和责任，让他们明白自己在家庭、学校和社区中的角色和责任，并为他们提供适当的支持和指导。

3.培养自律性

鼓励学生制定计划和目标，并帮助他们建立自律的习惯，如按时完成作业、遵守规定、保持整洁等，让他们意识到责任与自律的紧密关联。

4.给予适当的自主权

在适当的范围内，让学生自主决策和承担责任，例如让他们管理自己的时间表、完成个人任务等，从而培养他们的责任感和自主性。

5.关注后果和反馈

帮助学生认识到责任和行为之间的关系，让他们明白不履行责任可能产生的后果，并及时给予正面反馈和认可，以增强他们的责任感和动力。

6.培养合作意识

鼓励学生参与团队活动和合作项目，让他们体验到共同承担责任和完成任务的重要性，培养他们的合作意识和责任感。

7.培养解决问题的能力

帮助学生学会面对问题和挑战，培养他们主动寻找解决方案的能力，从而培养他们的责任担当和解决问题的态度。

8.提供反思机会

鼓励学生定期反思自己的行为和决策，让他们意识到责任的重要性，并从错误中学习和成长。

通过以上方法，可以逐步培养学生的责任担当能力。学校和老师关键是要给予学生足够的支持和鼓励，让他们理解责任的价值，并在日常生活中实践责任担当的行为。

那么，在培养民族复兴的担当者的教育过程中，如何更好贯彻延安精神呢？

延安精神强调为人民服务、自我奉献、勇于担当等核心价值观念，这些价值观念可以引导学生树立正确的人生观和价值观，培养学生成为有责任感、有担当的人。

首先，延安精神强调为人民服务。在现代社会，学生应该树立为人民服务的理念，将自己的能力和知识投入社会发展中。作为未来的社会建设者，学生们应该牢记延安精神中“一切为了人民”的原则，努力为人民谋福祉，解决社会问题，推动社会进步。

其次，延安精神鼓励自我奉献。学生们应该学会无私奉献，把个人利益放在社会利益之上，为社会公共事业贡献自己的力量。延安精神告诉我们，只有为他人付出，才能收获更多的快乐与成就感。因此，学生们应该积极参与公益活动，关心弱势群体，用自己的行动践行延安精神。

最后，延安精神要求勇于担当。学生们应该学会承担责任，敢于面对挑战和困难，在困境中坚持不懈、永不放弃。延安精神告诉我们，只有敢于承担责任、勇于担当，才能实现个人的价值和成长。因此，学生们应该积极参与班级、学校的各项事务，发挥自己的才能和智慧，培养自己的领导能力和团队合作精神。

总之，延安精神对于培养学生成为民族复兴的担当者具有重要的指导意义。学生们应该从延安精神中汲取力量，树立正确的人生观和价值观，为人民服务，自我奉献、勇于担当，努力成为对社会有贡献的人，只有这样，我们才能真正实现延安精神的传承和发展。

第三节　前沿问题的解决者

培养前沿问题的解决者，是延安精神的本质要求之一。在延安时期的艰苦环境下，中国共产党面临着无数的挑战和问题。正是在这样艰难困苦的背景下，延安精神迅速兴起并形成，其中一个重要特征就是培养前沿问题的解决者。延安时期的共产党员们以解决实际问题为己任，并通过不懈努力和创新思维，找到了许多突破口和解决方案。培养前沿问题的解决者需要具备以下条件。

首先，需要具备扎实的理论素养和思维能力。延安时期，共产党员们深入研究马克思列宁主义的理论，学习和运用辩证唯物主义和历史唯物主义的方法论，以此来分析和解决问题。在实践中，他们善于从全局的角度去思考问题，善于观察、研究和总结实际情况，从而找到解决问题的方法和路径。

其次，需要具备坚定的信念和强烈的责任感。延安时期，共产党员面临着敌人的围剿和内外压力的巨大挑战，但始终坚定地相信自己的事业是正义的、正确的，因此承担起解决问题的使命。他们以党和人民利益为重，毫不畏惧困难和牺牲，始终保持着对革命事业的热爱和忠诚。

再次，需要具备创新思维和实践能力。延安时期，共产党员在艰苦的条件下进行了大量的实践工作，不断寻求突破和创新，勇于尝试新的方法和手段。通过不断实践和摸索，解决了许多看似无解的难题，为中国革命事业取得了重要胜利。

最后，还需要具备良好的团队合作精神和领导能力。延安时期，共产党员通过密切的团结合作，形成了一支高度组织化和纪律化的队伍。他们相互支持、相互鼓励，共同面对并解决问题。同时，他们也具备领导能力，能够团结和调动全体党员的智慧和力量，形成合力解决问题。

总之，延安精神的本质要求是培养前沿问题的解决者。这种精神要求共产党员具备扎实的理论素养和思维能力、坚定的信念和责任感、创新思维和实践能力，以及团队合作精神和领导力。这些要求不仅在延安时期有着重要意义，在今天的社会中仍然具有深远的影响。只有通过培养前沿问题的解决者的能力，我们才能更好地应对各种困难和挑战，推动社会进步和发展。

一、培养解决问题的能力的本质要求

在这个世界上，每天都存在各种各样的问题，而解决问题就是人存在的价值。在某种程度上，我们就是来这个世上解决问题的——解决生存和繁衍的问题，体验人世间的酸甜苦辣，品味社会的人情冷暖。在面对问题时，有的人选择逃跑，不想承担责任和麻烦；有的人选择视而不见，希望问题会自己消失；还有的人正视问题的存在，把问题视作正面的挑战。

培养学生成为一个更好的前沿问题的解决者，就是不断培养学生对问题的解决能力。在这个培养解决问题的能力的过程中，其实是培养学生解决问题的广度、深度以及高度。

1.解决问题的广度

在实际的生活和工作中，我们要刻意练习解决问题的能力，广泛地接触和解决各种类型的问题，不断在实战中拓展自己广阔的视野、积累足够多的见识，让自己遇到类似的问题能够触类旁通地解决。

更关键的是，在这种实际的工作氛围下，广泛地增长见识和拓宽视野，更能拥有全局意识，更加容易找到解决问题的关键点，从而给予最优的解决方案，高效地解决问题。

2.解决问题的深度

当我们在生活和工作中遇到问题，不能仅仅停留在表面上，要深入问题的本质予以解决。如果仅是解决表面的问题，就会让我们陷入解决问题的怪圈，解决一个问题又会出现一个类似的新问题，永远也不可能解决这个问题。

因此，面对需要解决的问题，我们要从根本出发，挖到问题的根并找到有效的解决策略，从根本上解决问题。当然，在实际的问题中，我们更应该坚持科学的态度，积累可靠的经验，不断提高自己解决问题的能力，才能更加高效地解决问题。

3.解决问题的高度

高手解决问题，从来都是站在一个很高的起点上，正视问题与目标的差距，找到高效解决方法。他们往往进入解决问题的正向循环：解决问题—提高能力—渴望解决更有难度的问题，以向更高水平的目标挑战。

当解决问题的能力不断增强，我们就拥有足够多的能力，不断参与更高水平的竞争，达到可持续的生存高度，识别出重要的问题，找到高效解决方案。

归根结底，问题就是现状与目标之间的差距。我们在实际教学工作中培养学生解决问题的能力，就是帮助学生学会不断缩小差距，这个时候，“问题”就不再是一个负面词语，而是一个重要的提醒，一个来自正面的挑战，挑战越强，解决问题的能力越强，就会进入高效的正向循环，成为一个更好的前沿问题的解决者。

二、如何培养学生成为前沿问题的解决者

1.学校如何培养

学校教育应该从培养学生的思维方式、学习方法和实践经验几方面着手，将学生向前沿问题的解决者的方向培养。

首先，培养学生成为前沿问题的解决者需要引导他们建立正确的思维方式。学生应该具备积极主动的态度，学会主动思考并寻找问题的解决方法。教师可以通过在课堂教学中提出一些挑战性问题，鼓励学生去思考和解决。同

时，教师还可以引导学生运用逻辑思维、创造性思维和批判性思维等方法来解决问题。这种思维方式的培养可以激发学生的想象力和创造力，并培养他们主动探究和解决问题的能力。

其次，学习方法的培养也是培养学生成为前沿问题的解决者的关键。学生需要学会有效的学习方法，如合理规划时间、提高阅读理解能力、熟练运用信息技术等。教师可以通过指导学生制订学习计划，培养学生的自主学习能力。同时，教师还可以引导学生学会如何收集和整理信息，提高他们解决问题的信息获取能力。此外，教师还应该鼓励学生进行实践操作，通过实际动手来解决问题，从而提高他们解决问题的实践经验。

最后，实践经验对于培养学生成为前沿问题的解决者至关重要。学生需要通过实践来提高解决问题的能力。教师可以将课堂知识与实际问题相结合，设计一些实践活动，让学生在实践中学习和解决问题。此外，教师还可以引导学生参加一些实践性的比赛和项目，通过实践锻炼学生的团队合作和解决问题的能力。同时，学生还可以通过参加社会实践活动来增加实践经验，拓宽视野，培养解决问题的能力。

总之，学生应该具备积极主动的态度，学会主动思考并寻找问题的解决方法。同时，学生还需要学会有效的学习方法，提高他们解决问题的信息获取能力。最后，学生通过实践来提高解决问题的能力并积累实践经验。只有这样，学生才能真正成为前沿问题的解决者，并在未来的社会中发挥自己的价值。

2.用延安精神如何培养

延安精神以解决问题为核心，强调实践与理论相结合，注重群众力量的调动和发挥。用延安精神培养学生成为前沿问题的解决者，是一个非常值得探讨的话题。

首先，倡导实践与理论相结合的学习方式。延安精神强调知行合一，即学到的知识能够运用到实践中。学生在学习过程中，应注重实际问题的解决，通过实践锻炼自己解决问题的能力。只有将所学的知识真正应用于实践中，才能培养学生的问题解决能力。

其次，注重培养学生的创新意识。延安精神强调发扬群众创造精神，要求主动思考、勇于创新。学校应该提供创新教育的机会，鼓励学生进行创新实践，培养他们的创新意识和能力。只有具备了创新意识，学生才能在面对问题时主动思考，寻找新的解决方案。

再次，注重培养学生的团队合作精神。延安精神强调群众力量的调动和发挥，认为集体智慧比个人智慧更加强大。学校应该鼓励学生参与团队活动，让他们学会与他人合作，培养他们的团队合作精神和沟通协作能力。只有具备了团队合作精神，学生才能在解决问题时善于借助他人的力量，达到更好的效果。

最后，注重价值观的培养。延安精神以为人民服务为宗旨，强调社会责任感和道德品质的培养。学校应该注重培养学生的社会责任感，引导他们积极参与社会实践，培养他们的公益意识和道德品质。只有具备了正确的价值观，学生才能在解决问题时站在人民的立场上为社会作出贡献。

用延安精神培养学生成为前沿问题的解决者，需要倡导实践与理论相结合的学习方式，注重培养学生的创新意识和团队合作精神，以及注重价值观的培养。只有融入了延安精神的教育理念，才能真正培养出一代又一代的前沿问题的解决者，为国家和社会的发展作出贡献。

第四节　优雅生活的创造者

何谓“优雅生活的创造者”？很多人看到这句话，第一反应就是衣着得体、妆容精致、举止大方、有品位，但是真正的优雅并不浮于表面，而是一个人内在自爱、自愈、诗意、自律的自然而然流露。

优雅生活的创造者是指那些在日常生活中展现出高尚品质和良好礼仪的人。他们追求优美、修养和高尚的生活方式，注重细节和自我提升，以此塑造一种更加有品位和精致的生活。

在这个快节奏和喧嚣的现代社会，我们常常被工作、社交和其他琐事压倒，很难找到平衡和内心的宁静。然而，优雅生活的创造者不仅在外表上与众不同，更重要的是从内心深处散发出一种优雅和自信的气质。

首先，优雅的生活方式始于对自己的关爱和提升。优雅生活的创造者注重个人形象和仪态，不仅外表整洁得体，更注重内在修养和品质。他们懂得如何保持健康的身体和积极的心态，并通过阅读、学习和培养兴趣爱好来丰富自己的内涵。通过不断提升自己的修养和知识水平，能够更加从容地应对挑战和困难。

其次，优雅生活的创造者在社交场合中表现出高尚的礼仪和待人之道。无论是与上级、同事还是朋友、家人交往，他们都能够遵循一定的礼仪规范，表现出真诚、谦逊和尊重。他们懂得如何倾听他人、关心他人，并给予合适的回应和支持。优雅生活的创造者能够与人建立良好的人际关系，这不仅有助于他们在职场上更好地发展，也使他们的生活更加充实和幸福。

再次，优雅生活的创造者注重细节和品位。无论是在衣着打扮上还是日常生活中，他们都追求简约而不失格调的风格。他们懂得如何选择适合自己的服装和配饰，通过合适的造型展现出自己的独特魅力。在日常生活中，他们注重生活环境的整洁和舒适，懂得如何布置家居、烹饪美食，并欣赏艺术和音乐等高雅文化。

最后，优雅生活的创造者具备坚忍的意志和积极向上的心态。他们能够从容应对生活中的挫折和困难，保持乐观和积极的心态。他们懂得如何处理压力和情绪，并寻找到平衡和放松的方法。通过保持良好的心理状态，优雅生活的创造者能够更好地享受生活，与他人分享快乐和幸福。

总之，优雅生活的创造者不仅追求外在的美感和品位，更注重内在的修养和提升。他们通过关注个人形象、发展社交技巧、注重细节和保持积极心态来塑造一种更加优雅和精致的生活。他们的优雅不仅仅是一种外在的表现，更是一种内心深处的态度和追求。只有通过提升自己的品质和修养，我们才能真正成为一个优雅生活的创造者，享受更加美好和丰富的生活。

延安精神强调培养具有高尚品德和优雅生活方式的学生，将这作为学生成为优雅生活的创造者的本质要求之一。

首先，优雅生活的创造者意味着具备良好的道德品质。延安精神强调“为人民服务”的思想，即使在艰难的环境下，共产党人也始终保持着高尚的品德。同样，学生成为优雅生活的创造者应该以延安精神为榜样，追求道德高尚，崇尚公正和诚实。他们应该具备自律、宽容、勇敢和有责任感等品质，能够面对各种困难和诱惑时坚守道义，做出正确的选择。

其次，优雅生活的创造者还应该有良好的生活习惯和行为举止。延安精神强调朴素和简约的生活方式，反对奢华和虚荣。学生成为优雅生活的创造者应该重视节约，遵守社会规范和法律法规，树立正确的消费观念，不盲目追求物质享受。他们应该注重个人卫生和仪容仪表，保持整洁和谦逊的形象。此外，优雅生活的创造者还应该注重社交礼仪和公共行为，尊重他人的权益，待人友善和谦和。

最后，优雅生活的创造者还应该具备文化素养和人文关怀。延安精神强调培养全面发展的人，注重培养学生的理论修养和艺术修养。学生成为优雅生活的创造者应该具备广博的知识和卓越的能力，在学术、艺术和体育等方面有所成就。同时，他们还应该关心社会问题和国家发展，通过积极参与公益活动和社会实践，用自己的力量去改变社会，推动社会进步。

总之，培养学生成为优雅生活的创造者是延安精神的本质要求。优雅生活的创造者应该具备高尚的道德品质、良好的生活习惯和行为举止，以及丰富的文化素养和人文关怀。通过延安精神的引领，学生成为优雅生活的创造者能够在现实生活中展示良好的品质和行为，为社会的发展作出积极的贡献。具体要从以下几方面入手。

一、培养“知人者智，自知者明”的认知

在朋友圈、微信推文、新闻中偶尔看到学生自杀的个案，触目惊心：北大女学生包某因男友精神虐待自杀；大连理工大学某研究生因学业压力自杀；曾被媒体报道的广州青年学霸张某，也以自杀的方式结束了年仅20岁的生命……

他们中也有人生赛道上的赢家，邻居嘴里津津乐道的“好孩子”——学业优异、阳光灿烂、才华横溢、人气爆棚，有着令人羡慕的好家庭、优秀的父母、好朋友，但为何内心如此脆弱？

因《我的滑板鞋》包装炒作而红的庞某曾被爆出一度住进了精神病院。抖音、快手等短视频平台上很多网红，他们的人生经历了一次过山车，原本是资质平庸、平淡无奇的草根，被一群熟谙游戏规则的互联网网红运作公司制造成一个个红人，被个别猎奇审丑的网友凑热闹，然后迅速散去。原本是别人无聊生命中一个短暂的消遣，但是有人却把自己的一生都当作了那一场热闹，没有学会在热闹退去后体面地收拾自己的人生。

仔细研究这些案例会发现，别人眼中如此优秀的他们，内心却有着深深的

自卑和无价值感，这些“好孩子”过度在意别人的感受、别人的评价，却始终未能建立起对自我的认知。

精英和草根，都在同一个坎上迈不过去：缺乏自我认知和建立在此基础上的自尊自爱。优雅地生活，首先意味着要有认识自己、接纳自己、回归自我的能力。

二、培养“千磨万击还坚劲，任尔东西南北风”的坚毅

莫泊桑有一句话说得很好：“人的脆弱和坚强都超乎自己的想象。”

有一个男孩叫程浩，出生8个月时被医院确诊为“脑瘫”，医生断言他活不过5岁。但是他努力让自己和同龄人一样，不能上学就在家里认字看书，没有小伙伴和他玩就自己跟电脑下棋，中间又经历了好几次病危。面对越来越衰弱的身体，面对越来越多的病危通知，他也想过要放弃。15岁那年，他在回忆录中写道：“那一年，我15岁，那是我人生中最黑暗的时光。我必须用别人的伤痛与愤怒，才能证明自己仍然活着，我必须用虚拟世界里的荒唐胜果，才能麻痹现实人生中的残酷失败。”

一般人是很难想象他内心经历的痛苦和黑暗的，但是这样一位从小残疾的孩子，内心却无比坚强。在一个雷雨交加的晚上，他想了很多，最后想通了：“不幸和幸运一样，都需要有人去承担。与其抱怨，不如想尽办法，把一手烂牌打出最好的结果。”

他开始选择做自己喜欢做的事——写作，一直到生命的最后一刻。他的生命定格在20岁。程浩走后，母亲在他的电脑里发现了很多散文、杂文，还有诗歌、小说、读书笔记等，大约有44万字。命运如此不堪，但他却努力活得优雅。

作家杨绛半生坎坷，吃尽了命运的苦头。她是出身于书香门第的大家闺秀，刚结婚时跟着钱锺书去国外做“灶下婢”；上山下乡时，年近50岁的她学习推独轮车、干农活；“文革”时遭批斗、住大杂院，造反派让她打扫厕所羞

辱她；好不容易日子好过一些了，86岁的她还要遭受唯一的女儿和终身爱侣相继离世的打击。身已老心未泯，命运如此不公，她依然笔耕不辍，在年近百岁时写了《我们仨》《写在人生边上》《杨绛文集》等经典传世作品，回馈给这个社会人性最亮的光辉。

杨绛曾说，在这物欲横流的人世间，做人实在够苦。真正的优雅，不是不谙世事的无忧无虑，而是在真实品尝到生活的苦难之后，依然有云淡风轻的洒脱和淡定从容的体面。

优雅地活着，就是要具备自愈的能力。

三、培养“春有百花秋有月，夏有凉风冬有雪”的从容

美国著名的生活艺术家、著名插画作家、凯迪克大奖获得者、女王终身成就奖获得者塔莎·杜朵是一位传奇女性，虽然出身名门，可她也曾经历过离婚和一人独自抚养4个孩子的艰辛。57岁那年，孩子们独立后，独居的她搬到了佛蒙特州，在30万坪的广阔山区土地上，每日种花种菜、喂鸡养羊、织布作画，开始了完全自给自足的19世纪初期的田园生活。

塔莎·杜朵一生致力于儿童插画，即使年过90岁，仍持续照顾着她最喜爱的庭院。她使用早已习惯的古老工具，日常生活的用品也几乎都是她亲手制作的，同时不断作画。

《人生由我》的作者梅耶·马斯克，曾长达9年饱受家庭暴力之苦。她31岁时离异，带着3个孩子谋生。后来，3个孩子都成了亿万富豪，其中一个还是世界首富；她自己67岁登上纽约时装周，72岁时出版畅销书《人生由我》。她自述“每天早上醒来，我都很开心，我总是在想：一定会有好事发生。如果那天平平淡淡地过去也没关系，第二天醒来，我依旧乐观”。

这些人纵然身处跌宕复杂的晦暗环境，也从来没有泯灭诗意天真的心性；她们在人生暮年，依然向我们展现了活着可以达到的精彩高度。

优雅地生活，就是要坚守我们内在的诗情画意，这是最高层次的审美。无

论我们生于何种时代，有何家庭背景，文化教育、长相、物质条件如何，我们都可以在幼儿的心灵植入这颗诗意的种子，让他们的举手投足优雅。

首先，我们可以营造一些充满美感的生活环境。如果有条件，教室和家居环境可以做一些充满美感的装饰设计；如果没有条件，在保持环境干净整洁的基础上，还可以悬挂世界名画或中国山水画，让孩子从小受到高雅作品的熏陶。

其次，尽可能带孩子多接触大自然。从中国流传至今的古诗词或中国画中都可以看到大自然的影子，没有一位诗人或画家不是从自然中获得灵感和素材的。

虽然社会发生了很大变革，但是今日的中国，青山依旧在，古人吟咏的春花秋月冬雪夏荷都从不曾远去，不妨带孩子去户外踏青、写生、旅行、登山、徒步、戏水，惊叹于“一览众山小”的雄奇，沉醉于“春风花草香”的馥郁，欣赏着“自在娇莺恰恰啼”的悦耳，品味着“几度夕阳红”的凄美。

最后，拓宽孩子表达诗意的渠道。诗意的表达有很多出口，除了大家熟悉的写作之外，舞蹈、绘画、运动、音乐、戏剧、冥想、手工创作、养花种草、穿着搭配、家居装饰，甚至说话都可以展现一个人内在的诗意。教师和家长能做的很简单：创造条件和及时反馈。

创造一个“我允许”的条件，在不伤害自己、不伤害他人和环境的规则下，孩子有权利用自己的方式表达自己的感受；教师和家长对孩子的行为予以尊重，并且尝试站在孩子的视角去体会、去欣赏，对孩子的创意发出由衷的赞美。

四、培养“非淡泊无以明志，非宁静无以致远”的自律

松浦弥太郎，生活美学大师，被称为“全日本最懂生活的男人”。松浦奉行一种修行般的规律和克制，一周买一次花，两周剪一次头发；每天下午五点半结束工作，7点和家人用餐，晚10点准时睡觉；周日5点起床晨跑，洗车、冲澡、吃早餐，8点熨烫下一星期的衬衣、手帕。经年如此，自然而然。如他所说，严于律己的人才有资格享受生活。

自古以来，在各国的贵族阶层里，奉行的都是“节制”的教养风格，比如每日早起，吃饭只吃一点点，正襟危坐，说话的声音、语调、遣词用句都有讲究，遵守严苛的礼仪和繁文缛节，即使周围没有人也要“锦衣夜行”等。礼仪成了他们内在生命的一部分，如呼吸般自然，而这些礼仪的核心就是“自我控制”，这就是真正的教养。

反观今日的社会，有多少外表光鲜亮丽、妆容精致、貌似优雅的人，出口成“脏”、嚣张跋扈，餐馆里胡吃海喝、家里沙发上随意一躺，人前人后判若两人。

自律是指个体在遵守规则、规章制度和安排以及控制自己的行为和情绪时所表现出的能力。在教育领域中，培养学生的自律能力被视为一项重要的任务。自律能力对于学生的发展和成功至关重要，因此，教育者们需要采取一些措施来帮助学生培养更加自律的品质。

首先，学生的自律能力可以通过设定目标和制订计划来培养。教育者可以与学生一起讨论他们的目标和愿望，并引导他们制订具体、可行的计划。这样的做法有助于学生建立起责任心和自我管理的能力，以实现他们的目标。例如，教育者可以鼓励学生每天制订一个学习计划，包括分配时间给不同科目的学习和复习，并将其记录下来，以帮助学生培养良好的时间管理和自我控制的能力。

其次，教育者可以通过鼓励学生参与课外活动来培养他们的自律。参与课外活动可以帮助学生充实自己的业余时间，培养个人兴趣和爱好，并展示自己的才能。这些活动需要学生自行安排时间和管理任务，从而培养他们的自我组织和自我约束能力。例如，学生可以选择加入学校的音乐社团、体育俱乐部或志愿者团队，这些活动需要他们遵守一定的规则和时间表，以保持良好的纪律和自律。

再次，教育者还可以通过提供适当的支持和指导来帮助学生培养自律。教育者可以与学生建立积极的关系，并为学生提供必要的资源和支持。例如，在学习方面，教育者可以为学生提供学习技巧和方法的指导，帮助他们更好地掌握学习内容和提高学习效率。此外，教育者还可以为学生提供情绪管理技巧和解决问题的策略，以帮助他们应对挫折和困难，从而增强他们的自律能力。

最后，教育者可以通过给予学生适当的奖励和认可来激励他们发展自律。当学生取得一定的成绩或完成一项特定任务时，教育者可以给予他们肯定和奖励，以激励他们保持良好的自律习惯。例如，教育者可以在班级中设立一个“自律之星”奖项，每个月评选出最自律的学生，并给予他奖励和表彰。这样的做法可以鼓励学生保持积极的行为和自我约束，从而更好地培养他们的自律能力。

本章结语

教育的终极目标是培养未来之星，培养终身运动的践行者、民族复兴的担当者、前沿问题的解决者和优雅生活的创造者，包括为学生提供全面发展的机会，培养学生的创新精神和实践能力，培养学生的道德素养和社会责任感，并注重教师的角色和素质。这样的终极目标，与我们传承和弘扬的延安精神具有本质上的一致性。

第五章
创新之路——引领教育的突破点

理论联系实际、不断开拓创新是延安精神的重要组成部分。坚持用延安精神教书育人，就要求我们教育教学工作不断创新，在科学化管理当中探索出引领教育教学工作的突破点。

为什么这么说？理论联系实际，就是要把马克思主义的基本原理同中国革命的具体实践相结合，不断探索适合中国国情的革命道路。当前，我国正处于全面建设社会主义现代化国家的关键时期，教育教学工作也面临着许多机遇和挑战。在这个时期，我们需要不断地创新延安精神的内涵和外延，我们坚持用延安精神教书育人，就要深刻领会、深入贯彻延安精神的内涵，在教育教学工作中不断创新和发展，以更好地适应时代发展的需要，更好地服务于中国特色社会主义教育事业。

在教育教学中，管理是至关重要的一环。有效的管理能够协调师生之间的关系，提高教学质量，实现教育目标。新时代，延安中学在坚持用延安精神教书育人的过程中，不断地寻求更加有效、更加合理的管理方法，逐渐认识并总结出精细化管理、人性化管理、主体化管理、模块化管理、动态化管理五大管理方法，以确保教育教学工作的顺利进行。这五大管理方法，在教育教学实践中已逐渐显示出其科学性、优越性和必要性。

精细化管理是一种以具体、明确的管理目标为导向，以制度化、流程化为特点的管理方式。在教育教学中，精细化管理要求我们对每一个教学环节都有明确的设定和预期目标，如课程设计、课堂教学、课后评估等。通过将教学流程细化，我们可以更好地关注每个学生的学习状态，及时调整教学方法，从而提高教学质量。

人性化管理是以人的情感需求为核心，注重师生间的沟通和互动。在教育教学中，人性化管理要求我们不仅关注学生的学习情况，也要关心学生的情感状态。我们要倾听学生的声音，理解他们的需求，创造一个支持性的学习环境，使学生在学习中感到被尊重和被理解。

主体化管理是一种以学生为中心的管理模式，强调学生的主体性和独立性。在教育教学中，主体化管理要求我们尊重学生的个性差异，鼓励他们主动参与学习，发挥他们的潜能。通过引导学生进行自我管理，我们可以帮助学生培养自我认知和自我发展的能力。

模块化管理是一种将教育教学过程分解成若干个模块，进行有针对性的组织和实施的管理方式。在教育教学中，模块化管理可以根据不同的教学目标和要求，将整个教学过程分解为具体的模块，使教学更加有针对性。同时，模块化管理也便于对教学效果进行评估和改进。

动态化管理是一种根据学生的学习情况和反馈，随时调整管理策略和管理方式的管理方式。这种管理方式可以及时发现和解决问题，使管理更加科学和有效。

第一节　精细化管理：以人为本

精细化管理是现代管理中的一种先进理念和科学方法，强调以精确、细致、深入的管理方式来提高管理效率和效益。延安中学将延安精神和精细化管理相结合，更好地发挥出两者的优势，推动教育教学的创新发展。

在教育教学中实行精细化管理，延安中学首先树立以人为本的管理理念。延安精神的核心是以人民为中心，把人民的利益放在第一位，这与精细化管理中的人本思想不谋而合。其次是建立科学规范的管理制度。延安精神强调纪律严明、作风严谨，这为精细化管理提供了有力保障。最后强调加强实践创新。延安精神是不断发展的，只有在实践中不断探索、创新，才能更好地适应时代发展的需要。

延安精神和精细化管理在教育教学中都具有重要的价值和意义。在实践中，延安中学一直在深入挖掘延安精神的内涵，结合实际情况，灵活运用精细化管理理念和方法，推动学校教育教学的创新发展。

一、精细化管理，“精细”二字是关键

学校管理的精细化则是以最经济的教学投入获取最大的教学效益，以师生可持续发展为目的的教学管理方式。它要求教学管理的每一个步骤都要精心，每一个环节都要精细，每一项工作都是精品。

管理更重要的是以提高运营绩效为目的，实现这一目的的手段就是要向科学管理要效益、要能力。要全面、协调和可持续发展，必然要求有强大的执行

能力和运作水平，所有这些都依赖于精细化管理的强大支撑。精细化管理的意义在于，是一种对战略和目标分解细化和落实的过程，让战略规划能有效贯彻到每个环节并发挥作用，同时也是提升整体执行能力的一个重要途径。

简单地说，精细化管理就是以合理有效利用资源，最大限度地降低管理成本，实现理想工作成效为目标的管理方式。其实施过程可分3个层次：第一层次是规范化，第二层次是精细化，第三层次是个性化。

那么，什么是精细化教育管理？

精细化教育管理是指针对学生和教育系统中的各项细节和实际操作进行管理，以实现教育目标并提高教育质量。这种管理是从教育的结构层面到教育细节层面的系统控制与管理，包括课程设置、教材构建、教学评估等多个方面。

首先，实施精细化教育管理需要优化教育结构。合理的课程设置、合适的教材选择和适宜的学科组合是优化教育结构的重要手段。在课程设置方面，通过参照其他国家和地区的课程标准、结合本地区特色和需求设置适合学生综合发展的课程，科学地确定必修课和选修课。在教材构建方面，教材内容应该符合当前国际水平，注重突出鲜明的生活化和时代性，更注重学生学习过程的参与性与合作性。在学科组合方面，开设多样化的学科和专业，使得不同的学科和专业都能实现优异的教学质量和学生的全面素质发展。

其次，实施精细化教育管理需要优化教学实践。提高课堂教学的质量是优化教学实践的重点。在课程教学方面，配备专业化、高质量的师资队伍，拓展多元化的教育模式和技术手段，注重教学资源整合与共享等，全面推进教学改革。在教学评价方面，以学生评价和自我评价为主体，采用多元化的评价方式，如平时成绩、课程作业考核、项目评估、即时反馈等，以便更快地收集数据，及时产生相应的教学反馈。

最后，实施精细化教育管理需要优化学校管理。学校管理质量对学生的学业成绩和学生的综合素质发展有着直接的影响。结合学校的实际情况，制定出合理、适其规模的管理体系，建设标准化、规范化的教学管理模式，建立严密的质量控制体系。通过建设翔实、科学化的教学管理制度，提高了教师的管理效率，也提升了学校的教学质量。

总的来说，实施精细化教育管理，对于提升教育质量具有十分重要的意义。但是，在实践中也会面临诸多挑战和困难。如何将精细化教育管理落实到实际教育中来，需要我们持续关注教育教学的实际情况，做好教育管理需要的各项准备和管理工作。

二、树立精细化管理的正确理念

精细化管理不是喊喊口号、唱唱高调、凑凑热闹，是要扎扎实实搞研究、实实在在干事业、兢兢业业抓管理。精细化管理要求校长要真诚待人、踏实办事、心系学校、情注师生、淡泊名利、公而忘私、民主治校，秉持“精心是态度，精细是过程，精品是结果”的管理思维治校。“小事做细，细事做精”“细节决定成败”。在学校的办学思想、发展目标、队伍建设、环境建设、学生培养诸方面渗透这种思想，才能让精细化管理的理念内化为师生的理性实践。

教育教学过程中需要把握精细化管理的几个要素。

一是大事做细、细事做精。精细化管理就要从大处着眼、小处入手，细化目标，实行目标管理责任制；健全组织，实行岗位管理责任制；细化制度，夯实精细化管理的基础；注重问题，把握精细化管理的细节，使管理做到“精、细、实、严”。

二是分块管理、分层负责。学校精细化管理，是一个分层、分块的管理，精细分层、分块管理，才能提高效率。校长必须授权于中层管理者，激发每一个管理者、每一位教师参与管理的积极性，让每一名成员都成为管理的一部分，都能找到属于自己的管理坐标，发挥每个成员的主人翁意识。

三是明确职责、责任到人。落实精细化管理需要实行“谁分管，谁负责”“谁的岗位谁负责”“谁的班级谁负责”“谁的课堂谁负责”“谁的宿舍谁负责”的岗位责任制，一方面可激发其主人翁意识和工作责任感，提高教师自我成就感，增强工作效率；另一方面由于教职工参与学校管理增加了管理的透明度与可信度，增强了认同感，使学校与教职工形成一个整体，使全体教职工树立“学校靠我发展，我靠学校生存”的理念，明确自己的成长、发展与学校事业发展的密切关系，提高教职工的自豪感、责任心和使命感。

教育教学的精细化管理离不开精细化的制度支撑，教育教学过程中事事有章可循，人人照章行事，层层严格考核。

1.精细“立法”，事事有章可循

精细化制度建设是精细化管理的前提。延安中学以教育法律、法规为依据，结合实际，制定了各项岗位职责和规章制度，涵盖学校各项工作的方方面面，细化到师生行为的点点滴滴，并不断修改、充实、完善。这些制度突出“细”“实”的特点，做到时时有规可依、事事有章可循，建立了学校“无缝”管理的格局。

2.精细“执法”，人人照章行事

制度建设是前提，严格执行是关键，没有严格的过程管理就没有良好的效果，而制度的落实关键是领导带头。在执法方面，延安中学实行领导表率，确立“一位行政，一面旗帜，带动一片”的思想、“以务实的作风带动人，以民主的管理调动人，以真挚的感情温暖人，以严明的纪律规范人”的管理理念，自觉做到自己工作到位，相互工作补位，时时严格自律，处处以身作则，提升制度的执行力。

3.精细“督法”，逐级检查考核

精细督法必须做到“精细意识化”，形成督导工作的精细精神、精细品质、精细作风、精细习惯、精细行为。在监督方面，延安中学实行领导带班督查制度，设立“执法”组，每天坚持“十查”：查早操、查早读、查预习、查上课、查课间、查活动、查自习、查午休、查就餐、查就寝。检查结果日汇总公布，周通报评比。学生学习行为管理方面设立楼层值班室，中层领导定位在楼层，行管人员深入班级，以规为据，纠差矫正，规范学生养成良好的行为习惯。

三、通过精细化管理提高教学质量

精细化管理一旦有了制度性支撑，就意味着精细化管理需要把握几个原则性问题。①程序化原则。程序化管理是把工作事项或任务沿纵向细分为若干个前后相连的工作单元，将工作过程细化为工作流程，然后进行分析、简化、改进、整合和优化。②数据化原则。强调用数据说话、用数据分析、用数据要求、用数据检验。③操作性原则。就是使制定的规则具有可操作性，而且对实施过程有措施并进行监控。④标准化原则。就是要学习各类管理活动的标准，这是做到规范化的核心内容和基本保证，也是实现操作性的前提条件。

教育质量是办学的根本要求，是学校与教师生存与发展的生命线。要提高教育质量，就要通过精细化管理，把全体教师的思想统一到提高教育质量上。延安中学在教育教学中推行教学工作“十字”方针，并把这“十字”方针作为强化教学中心意识，开发教师潜能，提高教育教学质量，进而形成规范化教学管理的重大举措，并且在教学活动的各个环节予以体现。

备课要“深”：深入学习课标，深入挖掘教材，深入了解学生，深入探讨教法。

上课要“实”：上课前充分准备，不搞花架子，做到因材施教。

作业要“精”：布置作业要有针对性、有代表性、有目的性。

教学要“活”：不局限于教材，不局限于现成的模式，不死用教案，做到教有特色、教有风格。

手段要“新”：在创设情境方面，在教学方式方面，在训练设计方面，都要推陈出新。

反馈要“勤”：及时了解掌握学生的学习情况，通过考试摸清学生掌握知识的程度。

考核要“严”：严格执行教学管理制度，严把考核关，严把考勤关。

辅导要“细”：所有学科作业或笔记都要详细批改，要建立后进生辅导记录，有针对性地进行辅导。

评价要“公”：学校要公平公正地考核评价教师的教学行为及教学效果。

负担要“轻”：最大限度地减轻教师的工作负担，多创造愉快宽松的教学氛围。

延安中学要求分管领导以预约、推门等形式深入一线听课、评课、导课，实行每周例会制，及时总结本周课堂教学情况及教学秩序情况。同时，大兴学习之风、研究之风、探讨之风，不断提高业务领导自身素质，从而带动全体教师形成研究氛围、学习氛围，牢固树立向课堂要质量意识，严格执行课程教学计划，把课堂教学作为提高教育教学质量的主渠道。此外，延安中学通过阶段检查总结、测试、反馈等方式，科学地管理、规范教学工作。具体督促检查办法有：开展抽查课活动，通过课后评价，及时反馈、及时纠正教学工作中存在的问题，总结发扬教学中的创新经验，使备课、上课、听课成为有机整体；定期检查教师教案，指导教师写出既规范又实用的教案；定期检查教师听课、批改作业情况，做到有记录、勤反馈、多总结。

延安中学在实施新课程的过程中，重点抓好教师的学生观、课程观、教学观的转变与更新，进而全面提高教师的业务素质。教导处围绕新课程改革，通过集体学习，教师自学、讨论、交流、写心得体会、外出培训学习做专题汇报，骨干教师作教学经验介绍等形式，使全体教师在研讨中吸收、消化新的教改信息和教育理论，逐步确立新的教育理念，指导自己的教学实践。

为了进一步提高课堂教学质量，提高教师的教学水平，延安中学以年级组、学科组为单位，开展教研活动及专题研讨活动。教师集体备课主要采取以下措施。

一是改善教师集体备课环境，规定时间、场所及负责人。业务领导分年组、分学科参与督促检查指导，重在教法和教学过程的研究；同组教师要提出相应的改进和补充意见，最后由中心发言人形成完整教案，同年组（学科组）教师在备课时再根据自己的教学特色及学生实际进行完善，课后认真写出教学后记或教学反思。教导处检查时重点检查教师的完善过程和教学反思完成情况。

二是业务领导参与备课过程中着重加以指导。指导过程充分体现创设愉快教学情境、教法灵活突出新型学习方式和教学方式，师生活动设计要科学合理，习题配置合理突出创新思维能力的训练，内容分布科学、合理、适量。

三是继续开展组内教研活动，形成比“教”、比“学”的风气。组内研究形成同组集体备课的成果，教师先说课、后讲课、再评课，相互取长补短、共同提高。

四是教师在集体备课基础上，制订自己本学期一节精品课计划。精品课教案要写成详案，并且写明每一环节的教学设计意图，突出重点，突出传授一种怎样的学习策略，培养怎样的学习习惯。最佳课汇报每位任课教师一学期一节。学期初上报方案后，教导处统计编排制表；教师随机听课、集中评课，互通有无。

实践证明，在延安中学教育教学中实行精细化管理，带来多方面的积极影响。首先，精细化管理提升了教育教学质量。通过精细化管理加强了学校对教育教学各个环节的管控，提高了教育教学的效率和质量。其次，精细化管理增强了学生的综合素质。通过精细化管理，引导学生形成良好的行为习惯、提高自我管理能力，从而更好地适应未来成长需要。更重要的是，精细化管理有效推动了延安中学的创新发展。通过精细化管理，促进学校在管理、课程、师资等方面的创新发展，提升了延安中学的综合竞争力。

第二节　人性化管理：尊重人性

延安精神的核心是以人为本，在办学育人过程中，实行人性化管理是贯彻落实延安精神的重要举措。延安中学在教育教学管理工作中非常注重人性化。

首先，人性化管理是贯彻落实延安精神的重要保障。延安精神强调以人为本、服务人民，这要求我们在管理工作中必须尊重人、关心人、理解人、激励人，充分发挥人的主观能动性，使他们能够积极参与到工作中来，发挥自己的潜力，为实现延安精神的目标而努力奋斗。

其次，人性化管理是提高教学育人效果的重要手段。延安精神的教学育人工作涉及广大干部和群众，他们的思想状况、文化水平、兴趣爱好等各不相同。因此，只有通过人性化管理，充分考虑每个人的具体情况，制订出适合他们发展的教育培养计划，才能达到预期的教学育人效果。

最后，人性化管理是培养延安精神所需要的人才的重要方式。延安精神强调艰苦奋斗、求真务实，这对人才培养提出了很高的要求。通过人性化管理，可以引导广大师生树立正确的价值观念，以艰苦奋斗、求真务实的精神投身到教学和学习中，成为具有延安精神的人才。

用延安精神教学育人过程中，实行人性化管理是对延安中学的必然要求。只有通过人性化管理，才能保障延安精神的贯彻落实、提高教学育人效果、培养具有延安精神品质的人才。因此，延安中学高度重视人性化管理的重要地位和作用，不断探索创新，使延安精神的教学育人工作更加富有成效。

一、人性化管理的核心是尊重人性

“人性化管理”是一种已为现代社会所普遍认同的管理理念，其核心就是依从人性的特点、按照人的需求来实施管理。许多学校在推行人性化管理的过程中并非一帆风顺，可谓困惑多多。那么，延安中学在教育管理中如何实施人性化管理呢？

（一）教师需要人性化管理

1.校长要严于律己、以身作则

作为学校的决策者，校长要坚持严于律己、以身作则，凡是要求教师做到的自己首先要做到，凡是禁止教师做的自己坚决不做，以实实在在的行动为教师树立榜样。即使看见地上的一片纸屑，决策者也要当着师生的面捡起，以此来带动影响全校师生。决策者要坚持公正无私，不带偏见地、平等地对待每一位教师。特别是在分配工作、考核评优、评模选优等教师关注的敏感问题上，校长要一视同仁，不厚此薄彼。其身正，不令而行。实践证明，只有具有高尚人格的校长，才能使教职工内心信服而自愿接受影响，才能确立起稳固的权威，有效地领导、管理好学校。

2.注重与教师的情感交流

管理者要善于与教师进行情感交流，让教师知道管理层想做什么、做了什么。例如，有时管理层为教职工做了许多事情，像改善工作条件、增加生活福利等，但依然有人不满，视领导的一切工作努力为理所当然，只见不足、不见成绩，这很大程度上缘于领导与职工间缺乏情感的交流。另外，教师之间的交流也很重要，让教师相互了解彼此的工作性质、特点、成绩、困难等，有利于消除教师间因工作性质不同而产生的误解和隔膜。所以，管理者要努力营造一个学校关心教师、教师热爱学生、学生尊敬教师、教师支持领导的融洽环境。

（二）学生需要人性化管理

延安中学怎么对学生进行人性化管理呢？

1.让学生自主选择发展的方向

学校要求教师要从思想上认识到，学生来到学校是为了自身的发展，是为了学习生存和发展的技能和知识，而不是教育工作者体现自身价值的工具。教师要看学生需要什么、爱好什么，让学生去选择自己发展的方向再加以适当的引导，而不能用以前的方法，固定好方式和方向，强迫学生按照教育工作者的意愿去发展。

2.要注重学生个性的发展

每个孩子来到世上都是不同的，都有自己的特点。因此，延安中学一直要求教师要因材施教、因人施教，绝不能用流水线的方法，把广大学生变成一模一样的产品，而是关注学生的个性发展，使每个学生都得到成长。

3.要相信每个学生都是优秀的

学校一直对教师强调，应当相信每个学生都是优秀的，他们只是展现的方式或呈现的方面有所不同。有的学生的优秀表现在学习方面，每次考试都能取得好的成绩；有的学生的优秀表现在体育方面，在运动会上锋芒毕露；有的学生的优秀表现在劳动技能方面，许多人干不了的活儿他就能做得很好；而有的学生在为人处世方面能展现出特长，对人彬彬有礼，善于交际……这不都是需要我们夸奖的优秀面吗？既然如此，我们又怎么能把单一方面作为评价学生的标准呢？

4.选择正确的管理方法

国有国法，家有家规，学校也有学校的管理方法。在延安中学的管理中，实现多种方法并存，既有严格的要求，也会宽以待人；既有批评教育，也有赞美赏识。比如，我在家里教育自己孩子的时候，经常运用“赏识教育”。当然，日常的教育当中离不开严格的要求和批评斥责，但更多的是对孩子的赏识和赞美，即使孩子只是取得一点儿成绩或者一点儿进步。正是在这样的赞美中，孩子备受鼓舞，不断追求进步，学习成绩始终在学校名列前茅。

5.正确认识管理中出现的问题

根据我多年的工作经验，在对学生进行人性化的管理中免不了会出现这样或那样的问题。对于这些问题，学校要求老师除了用正常的方法引导解决外，更主要的是正确认识这些问题。比如，有的学生上课爱说话，有的学生常和人打架，有的学生上课爱走神……作为学校和老师首先要认识到，学生处于尚未完全成人的阶段，违反学校纪律，做一些大人看起来出格的事都在情理之中。老师要针对具体问题，合理引导，科学矫正。

6.正确认识管理的效果

教育是一个系统工程，它不像有些事情，做了以后，就能收到立竿见影的效果。学生学了知识，并不能立刻就把它转化为经济效益或社会效益，而是要经过长期的消化、转化、升华等作用逐步显现出来。作为学校和老师，就是要引导学生养成一种良好的生活习惯、一种做人的修养、一种生存的信心和能力。

（三）管理者的“人格力量”润物细无声

学高为师，身正为范，管理者自身高尚的道德、超人的才情、浓厚的学养积淀所形成的人格感召力就显得特别重要。如果没有和教师一样的知识结构和层次，学校管理者在管理中就难以对学生的学习生活情况和思想状态做出正确的评价，对学生出现的问题也难以及时发现，对学生需要什么样的服务不能准确地把握。在这种情况下，学校管理者就算“心有余”也是“力不足”。因此，延安中学要求学校所有的管理层主动提升学养和修为，不断加强学习、提高素质、陶冶情操，从知识水平到为人处世等方面进行改进，以人格的力量管理学生，于潜移默化中影响学生的人格、志趣甚至人生选择。

二、人性化管理对学生思想教育尤为重要

思想教育本质上是对人的教育、对人性的培养。近年来，由于国际形势的不断变化，思想教育工作也面临多方面的挑战，外界不良因素的传播形式也变得更加多元化，让人防不胜防。所以，加强思想教育建设，提高学生的思想道德素质，就要重视人性化教育管理对学生思想教育的重要性。人性化教育管理模式不仅可以使思想教育工作变得更加具有针对性，也可以增强思想教育工作

的教学效果。

何为人性化？人性化就是在实际的行动中表现出的符合人类要求的性质或状态，简单地说就是：以人为中心，而人性化教育管理也是坚持着“以人为本”的基本思想来实行的。思想教育的重心在于引导学生朝着高道德、高品质的方向发展，其核心思想正是对人性的培养。所以，人性化教育管理对学生思想教育有着重要的意义。人性化教育主要表现在以下两方面。

首先，在对学生的思想教育中使用人性化教育管理，可以将人性更好地渗透到思想教育当中，使思想教育和人性化教育融为一体。积极调动学生的主观能动性，在促进青少年学生全面发展的同时，逐渐完善了青少年在人格方面的建设，充分发挥了青少年学生的主体作用，帮助青少年在未来的学习和生活中更好地实现人生的价值。

其次，在对学生的思想教育中使用人性化教育管理，可以改变思想教育本身给人带来的严肃感和心理压力。许多青少年学生对提高思想教育的认识，最先给出的反应就是自己犯了错误，只有犯了错误才会接受思想教育，对思想教育存在着畏惧心。然而，在思想教育中融入了人性化的教育理念，就可以打破传统的思想教育模式中存在的弊端，使学生可以清楚地明白自己的优势与劣势，对自己的未来进行明确的定位，摆脱对思想教育的畏惧之心。

同时，在打破传统思想教育模式的同时，主张创造人性化的学习环境，为培养学生的创新能力提供了空间，也使教育目的落到实处。学校发展的最终落脚点是学生，必须打造一支高素质的教师队伍。

高素质的教师队伍必将促进学生的全面、全体、主动、个性、终身发展，培育出高质量的学生。在学校发展过程中，无论是学校管理者还是教师，都应该更多地走进学生心理世界，理解学生的个性特征，体验学生的生活状态，规范学生的道德行为，培养学生良好的学习习惯，在课堂教学中激发学生的创造热情和主观能动性，使课程更能贴近学生的实际需求，这既是质量立校的根本，也是学校内涵发展的要求。

延安中学在实行人性化管理方面，善于调动教职工的积极性，发挥他们的创造性。实践证明，只有实施人性化的管理，教职工才能心情舒畅地全力投入育人工作；也只有在整个学校管理过程中，充分尊重师生的人格、价值和合理利益，提供师生展示个性的机会，才能促使他们实现自我的价值，让教育这项严肃的工作充满人情，用人情激发教师的热情，从而推动学校发展。

总的来说，教育的本质就是对人性的培养。要想管理好一所学校，学校管理者必须结合教育发展的实际，结合本校的具体情况，因时、因地、因情、因人制定相应的管理措施。

延安中学高2021届7班魏欣悦家长在《我家的延中故事》中写道：

“初上高三，孩子的压力大，我们心急如焚。老师知道后，安慰我们不要着急，慢慢来，抽出时间和孩子聊天，了解孩子的状况。时常关注孩子学习的各位老师也多次找孩子谈话，给她加油鼓劲儿。慢慢地，我们也摆正了心态，心平气和地和孩子交流。渐渐地，她也在不断往好的方向改变。教育的终极目标，就是享受一切幸福和美好。所有的经历，赞扬与批评，荣誉与挫折，都是孩子和家长最宝贵的精神财富。因为有它们，一个人才能不断成长。对于延中，我没有多少华丽的语言来赞美她，也不会用重彩浓墨来描绘她，我只会用心感受她的温度。孩子刚跨进延中大门时，我们是兴奋的。100多天后，孩子毕业的那天，坚信我们依然是满怀希望和梦想离开，继续讲好延中故事……”

目前看来，中学教育还是以提高成绩为主，但是从长远的角度来看，只有提高学生各方面的素质，才能使学生在今后的工作和生活中最大限度地实现人生的价值。所以，延安中学在对学生的教育教学中，主动融入人性化的教育管理模式，在对学生进行培养的同时，充分发挥学生的主观能动性，使思想教育的人文精神气息更加浓厚，以便于培养出更多对社会主义建设有益的优秀人才。

第三节　主体化管理：突出学生

用延安精神教书育人，必须实行学生主体化管理模式。实行学生主体化管理是现代教育的发展趋势，在这种管理模式中，学生是学习的主体，教师扮演引导者和帮助者的角色。这种管理模式能够充分调动学生的积极性和主动性，让他们在学习过程中发挥更大的作用，同时也有助于培养学生的自我管理能力、创新能力和团队合作精神。

从延安精神角度来说，学生主体化管理是必然要求。

1.有利于建立平等和谐的师生关系

延安精神当中蕴含着官兵平等、团结和谐的同志关系。教师需要尊重学生的个性和差异，与学生建立平等、信任的关系，让他们感受到被尊重和信任，从而激发他们的学习热情和创造力。

2.有助于培养学生的自我管理能力

延安精神是我们党在自我加压、自我管理当中逐渐培育出来的精神图腾。教师需要引导学生自主制订学习计划、安排学习时间、组织学习活动等，让他们在学习过程中发挥更大的作用。

3.能够培养学生的创新能力和团队合作精神

延安精神鼓励创新，更注重团队协作。教师需要鼓励学生独立思考、勇于创新，同时也要引导他们学会与他人合作，培养团队合作精神。

一、班级管理要以学生为主体

在以往的高中班级管理过程中，班主任教师在传统教育教学管理理念的影响下，无法正确认识学生的心理状态，一直采取命令、强迫等刚性化的管理手段进行管理，严重影响了良好师生关系的构建和班级管理效率的提升。

但是在新课程改革的背景下，课堂教学及班级管理的理念都发生了很大的变化。学生不仅在课堂学习的过程中占据学习主体的地位，在班级管理工作中也同样应具有自主管理的意识，发挥自主管理的主体地位。

在延安中学的班级管理工作中，我们要求班主任及时地进行自身教学管理理念的更新，并通过培养学生自主管理意识、进行班干部队伍建设及班级管理制度制定等形式，实施“以学生为主体”的管理理念，来有效增强学生的主人翁意识、激发学生对班级管理活动的参与积极性，使“以学生为主体”的理念在高中班级管理工作中得以贯彻。

1.注重教师管理理念的更新与学生主体意识的培养

班主任与学生作为班级管理的主要参与者，分别发挥着各自不同的作用。因此，这就需要教师在新课程改革的背景下，及时地进行班级管理理念的更新与转变，在充分发挥自身组织、引导功能的同时，注重培养学生的管理主体意识。首先，班主任应对班级自主管理进行正确的认知。一方面，班主任应对高中生心理发展特征进行充分的了解，并在此基础上充分认识到班级自主管理实施的必要性和重要性。另一方面，还应通过自身管理素质的提升，来有效地发挥自身在班级自主管理中的引导、组织作用。其次，班主任还应有意识地培养学生进行班级管理的自主意识，使学生在班主任老师的引导下，对班级管理工作积极参与，并在此过程中逐渐形成主人翁意识、集体责任感和荣誉感，从而更加积极、更加主动地进行班级事务的管理。

2.注重班级管理队伍的建设，使学生充分发挥管理主体地位

在延安中学班级管理工作中，班干部发挥着非常重要的作用，不仅是班主任老师的管理助手，更能有效反映学生的管理意志。因此，需要班主任在高中阶段班级自主管理的过程中充分发挥班干部的带头作用。一是班主任应指导学生积极地参与到班干部的组织工作之中，让学生以民主选举的形式进行班干部的任命及班干部队伍的建设，使学生能够以自己的意志构建值得信赖的班级管理队伍。同时，班主任还可以倡导学生自荐，为学生能力的发挥提供展示的平台。二是班主任还应对班干部进行相应的培训。在班干部队伍组成以后，班主任还应针对每个人的性格特点进行相应的管理分工，并根据每个班干部的分工进行相应的管理培训，使其在自主管理能力得到提升的基础上更加有效地参与到班级事务的管理工作之中。

3.注重班级管理制度的制定，从制度上保证学生的管理主体地位

在新课程改革的背景下，倡导采取人性化的班级管理模式，但是这并不代表班级管理就应处于一种无原则、无制度的状态。因此，这就需要班主任通过班级管理制度的制定来约束学生的行为，提高班级管理的效率和质量。在制定班级管理制度的过程中，班主任应在“以学生为主体”理念的指导下，引导学生集思广益、建言献策，自主进行班级管理制度的制定。这样不仅充分发挥了学生的自主管理地位，更有效地增强了学生对班级管理制度的自觉性遵守。同时，在班级管理制度制定的过程中，教师还可以适当增加保障学生管理主体地位的新制度。例如，在延安中学实行班干部轮流制度、多岗位多人制度等，使每个学生都有机会通过担任不同岗位的班干部来进行班级事务的管理，从而有效地保障了学生自主管理主体能力的发挥，同时也能有效地完善学生的自我意识、提高每位学生的自主管理能力，为学生今后的良好个人发展奠定基础。

二、课堂上也要以学生为主体

主体性即学生的主观能动性，不是被动接受教师传授的知识，成为知识的接收器，不敢积极参与课堂教学活动，养成被动接受和依赖教师的习惯与惰性，而是在教师的引导下自主、自由地参与课堂教学活动，积极回答问题，形成师生之间、同学之间良好的互动关系，养成积极主动的参与习惯，为今后终身学习、不断认识客观世界奠定扎实的学习基础，同时形成相对稳定的素养和品质。那么，延安中学如何在课堂教学中真正实现这一原则呢?

1.转变教育观念，确立主体意识和主体思维

在课堂教学中，谁获取知识谁就是主体。现代教学不再是以往老师单纯地传授知识，而应该是老师教给学生主动学习的能力和主动进取的意识。只有这样，培养出的人才能适应社会的发展。

因此，延安中学要求老师在教学中坚持以学生为主，把学习的主动权还给学生，让学生自主地进行尝试、操作、观察、想象、讨论、质疑等探究活动，从而亲自发现问题，而不是教学时只要把结果告诉学生，让学生记住或者做反复的练习就行了，这样的教学扼杀了学生诸多方面的发展。让学生不仅“知其然”，还能“知其所以然”，学生学到的知识才更巩固，也便于灵活运用。学生在这样的教学过程中，不仅掌握了新知识，而且掌握了探索研究问题的方法，有利于培养探索和创新的精神。只有转变教育观念，才能为学生主体性的发展和全面提高教育质量奠定思想基础。

2.创设情境，激发学生主动性

学生学习是一种积极有意义的行动，需要激励、推动他们学习的内部动力，从而达到学习目的，而这种内部动力产生于学习需要。只有当学生有了学习的需要和愿望，才会出现一种激励、推动自己去学习的心理力量，积极主动地参与学习活动。

为了满足这种需要和愿望，延安中学要求老师在教学过程中，应从学生的身心发展特点考虑，结合学生已有的知识和生活经验，设计富有情趣的教学活动，使学生有更多的机会从周围熟悉的事物中学习、理解。在教学中联系学生的生活实际设计问题情境，造成学生的认知冲突，内心处于一种不平衡状态，产生不足感和探求心，力求实现心理平衡，从而使学生主动参与到“不平衡—探究发现—解决问题—平衡”的学习过程中。这样的课堂在引入新课阶段创设问题情境，营造了“情境问题”的氛围，架起了实现生活与教学学习之间、具体问题与抽象概念之间联系的桥梁，使学生积极地参与、体验，并在已有知识经验的支持下自主能动地探索。在教学各个环节中，都应精心创设充满美感和智慧的学习氛围，使学生对客观情境获得具体的感受，激起学习兴趣，全身心地投入学习中，使他们的潜在能力得到充分发展。

3.渗透方法，促进主动发展

思想方法隐含在知识里，体现在知识的发生、发展和运用过程中。在教学过程中要重视方法的渗透，培养学生主动获取知识的学习能力。掌握了这种能力的学生就会主动参与到课堂学习活动中来，从而促进了学生的主体性，也发展了学生的主体性。掌握基本的思想和方法，更易于理解和记忆，是学会学习、发展创新的前提。

延安中学要求教师在课堂教学中引导学生积极主动地参与到学习过程中，除了要设计一些情境外，还要把科学的思维方法纳入学生的认知结构中，使学生产生更广泛的迁移，多方位、多角度培养学生的创新思维，培养学生主动参与学习的能力。学生一旦具有了这种能力，就能不断获得学习成功，增强自信和动力，更好地参与学习活动。

4.学生参与，构建多元评价体系

评价应做到有弹性，答案不能限制太死，只要合理就应肯定。所以，延安中学不仅要评价活动结果，而且要评价活动过程，尤其是对活动中学生的积极参与、发挥的主观能动性及表现出的良好个性品质给予评价、鼓励，这样更能发挥评价的教育与激励作用。变学生评价的客体为评价的主体，对课堂上学生的活动情况及结果不仅仅是教师去评，还可以让学生自评或互评。

在课堂教学中落实主体性教育是教育的发展方向，也是当前教育观念的重大转变。在课堂教学中，我们要求延安中学每一位教师必须解放思想、更新观念，时时刻刻注意给学生提供参与的机会，体现学生的主体地位，充分发挥学生的主观能动性，从而唤起学生的主体意识，培养学生的主动精神，促进学生生动活泼地成长，为学生创造自信自强、朝气蓬勃的人生奠定良好的基础，形成学生的精神力量。

“以学生为主体”是在新课程改革的背景下延安中学尝试的一种新型的教育管理理念，通过在班级管理中贯彻与实施，发挥出不可忽视的重要意义。“以学生为主体”的班级管理，不仅使学生能够以平等的地位参与到班级管理的工作中，实现自身主人翁意识、集体荣誉感、自主管理能力的提高和健全人格的塑造，为其今后的学习、生活、发展奠定良好的基础，更在班主任进行管理理念更新、学生自主管理理念树立的过程中实现了班主任与学生位置关系的正确调整，有效地推动了教育教学管理改革的进程。

在高中阶段的班级管理工作中，贯彻并实施“以学生为主体”的管理理念，是对学生心理发展特征的尊重，是对教育新时代发展需求的满足。因此，班主任应在自身指导、组织功能发挥的同时，以具有创新性的管理策略，实现学生自主管理能力的发挥。只有将延安精神与学生主体化管理相结合，才能真正培养出具有扎实基础知识、创新能力、团队合作精神和优秀品德的学生。

第四节　模块化管理：分解细化

模块化管理就是把问题细化，分级别管理，各负其责，管理模式呈金字塔状，其主要特点是将大型系统分解为一组小块，且为紧密耦合的模块，每一个模块负责处理一个业务任务。传统的教育形式要求老师在同一个组织体系中完成所有任务，而模块化管理方式则把同项教学任务分成不同的模块，将其分割开来，进行独立的处理，使各个模块共同组成一个完整的教育体系。

模块化管理有助于提升教育教学效率，相比于传统方式，它能更快地完成教学任务，最大限度地提高工作效率，减少时间浪费。此外，在模块化管理的过程中，由于任务的明确，可以做到对教育任务的精确计量，帮助学校实施更有效的负责式管理，减少未尽工作或任务的产生，以及解决职责分配的问题，进一步提高教育工作的质量。

模块化管理不仅能改善现有的业务流程，更可以提高管理的灵活性。整体功能模块之间连接，能获得更好的动态反应能力和适应性，在变化的教育环境中，可以更容易改变管理方式，使管理变得更为科学客观、可控可用。

此外，模块化管理还有助于提升学校的组织应变能力，由于模块化管理把庞大的教学任务分割成细小单元，当出现紧急事件或重大变故时，能更快地做出反应，把变化运用到总体教学系统中，从而使学校管理方面更加灵活，能够高效地应对教育背景变化，从而实现长期稳定可持续发展。

一、延安中学在模块化教学管理中实践

作为一所历史悠久、教育理念先进的中学，延安中学一直以来都致力于为学生提供优质的教育资源。在教书育人的过程中，模块化管理的实施成了延安中学提高教学质量、培养学生全面发展的重要手段。

模块化管理是一种将课程、教学方法、评价机制等进行重新组合和优化管理的教育管理模式。它具有针对性强、灵活性高、系统性强等特点，能够有效地提高教学质量，促进师生互动，培养学生的学习能力。

模块化教学是延安中学将模块化管理在教育领域的应用，是在深入分析每个职业和技能的基础上，严格按照工作标准和要求，将教学大纲和教材开发成不同的教学模块，形成类似积木组合式的教学方式。它的基本特点是将一门综合性的专业知识分解为若干个教学模块，每个教学模块自成体系，相对独立且内容完整。在实际教学过程中，可以根据需要选取相应模块进行组合，或者进行部分内容的增加或减少。

在延安中学的实践中，模块化管理得到了广泛应用，并取得了显著成效。

首先，延安中学在课程设置上采用了模块化管理模式。学校根据不同学科的特点和需求，将课程分为不同的模块，如语文、数学、英语等基础学科模块，物理、化学、生物等自然科学模块，以及历史、地理等人文社会科学模块。这样的课程设置使得教学内容更加集中、有针对性，有利于学生形成完整的知识体系。

其次，延安中学在教学方法上也采用了模块化管理模式。针对不同学科的特点和教学目标，学校采用了多种教学方法，如讲授、讨论、实验、调研等。通过将这些方法进行模块化组合，学校根据学生的实际情况和需求，灵活运用各种教学方法，提高学生的学习积极性和效果。

最后，延安中学还在评价机制上采用了模块化管理模式。学校将学生的评价分为多个模块，如平时作业、课堂表现、阶段性测试、期末考试等。这样的

评价机制不仅关注学生的知识掌握情况，还关注学习态度、合作精神等方面，有助于全面了解学生的学习情况和发展需求。

（一）模块化教学实施中学生管理方面通常会出现的问题

1.学生选择的盲目性和从众性

模块化教学的一大亮点是学生自己选择模块，学习自主性强，但是由于对专业不熟悉，在选择模块时，往往出现盲目性和从众性。另外，部分学生对训练技能时所需要付出的体力与辛苦思想准备不足。当开始学习后，有些学生发现模块内容跟自己想象得不一样或训练比较辛苦时，会出现厌学的情绪，影响学习效果。

2.学习兴趣的激发难度大

模块化教学时，学生大量的时间都用在单一学习内容的操作练习上，如何激发学生的学习兴趣成为一大难题。比如，长时间单一类型题目训练使学生感到乏味无趣。

3.考核不清晰，学生认识不够

模块化教学的考核也是模块化教学的重要一环。在实践中，模块考核以实践考核+理论考核的形式进行。学生比较适应传统的考核形式，即用纸质试卷考试的形式，对于实操考试认识不足。另外，技能考核的标准制定也成为考核工作的重点。

4.班级意识淡薄，学生纪律性差

模块化教学将一个班级的学生分成了若干模块，给原来班级制管理带来了新的挑战。原来同一上课时间被分配到不同的实验课，对学生的纪律、出勤率的考核只能由任课教师来完成。学生纪律观念不强、自制力差，脱离了班级制管理后容易造成“没人管”的错觉，如果没有相应的管理机制及时跟进，纪律会慢慢松散。

（二）延安中学模块化管理方式

根据实践中学生管理出现的问题，延安中学在长期实践过程中逐渐摸索出一套属于自己的模块化管理方式。

1.积极引导学生正确认识学科

经过调查，大部分学生认同学习任务，但有时心理准备不足，学习的兴趣不高。因此，有必要对学生进行适当的思想教育。学生乐于接受新事物，在进行专业认识指导时应明确学习目标和方法。引导学生认识自我的优势、劣势，从课内课堂教学和实验实操两方面进行辅导，引导学生树立良好的学习观念。

2.重视学生干部的作用

模块划分后，学生干部是沟通班主任、任课教师和学生的一座桥梁。如果能够发挥好学生干部的积极性，将对整个班级管理起到积极的作用。在原有班干部的基础上，选择有责任心、进取心的学生担任模块负责人，可以增强学生对学习本模块的积极性，也可以在学生管理、班级事务、实验实操课中起到带头作用。

3.完善考核方案

模块化教学模式应采用多元化考核评价体系。在教学过程中，进行过程性考核，即过程性、阶段性、终结性评价相结合的方式。考核将学生的课前预习情况、到课听课情况、任务作业完成情况和阶段测试、期末综合测试情况等结合在一起，更重要的是加大实操在整个考核中的比例。为保证考核的公正性、客观性、实用性，对考核标准也要结合学生学习情况、学习任务难易程度制定，真正做到教学、考核“接地气”。

4.加强教师指导作用

划分模块后，对模块教师的各方面要求也在提高，包括教师的专业技能水平、职业素养水平、学生管理水平等。通过模块化教学，教师对学生进行有针对性的技能辅导、专业辅导、就业辅导等，可以更好地管理组织学生进行学习实践。

二、模块化教学的分解步骤

作为目前国际上流行的一种教学模式，模块化教学在欧美等一些发达国家中已实行多年。模块化教学打破了传统的课程体系，实现了理论教学与实习教学的一体化。这种教学模式的最大特点就在于突出了技能训练的主导地位，充分利用教学资源，减轻学习负担，提高学习效率。模块化教学的具体方式可分为以下几个步骤。

1.划分小组

小组人数以3~6人为宜，推选组长。组与组之间大体上要平衡，控制小组成员的变量很多，如学习者的学习成绩、知识结构、认知能力、认知方式等。教师必须对学生做深入细致的调查研究，如学生的思想表现、各科的入学成绩、家庭背景、性格爱好乃至交朋友等都应心中有数，一般采用互补方式，如成绩好的学生与成绩差的学生搭配，既有利于后进生的转化，又有利于促进优等生的灵活变通，即所谓“教学相长”。不同知识结构的学生搭配，可以取长补短、相互借鉴；不同认知方式的学生相搭配，在各自发挥其优势的情况下相互学习，使认知风格“相互强化”。

2.确定内容

一节课的教学目标、教学内容需要通过完成一项或几项具体的任务融合到教学过程中，从任务中引出教学目标，使学生产生学习知识的兴趣。一项好的任务是完成教学目的的关键，要把知识与技能、过程与方法、情感态度与价值观几个维度的目标融入任务中，使任务有利于学生人性的发展。教师要认真研究“新课标”，分析教材确定教学的目标、内容、重点、难点、疑点，找准教学的切入点，要考虑学生的心理特征和兴趣爱好，以便确定相应的任务。

3.布置任务

确定要完成的任务后，教师要向学生具体详细地讲清任务，充分调动学生学习的积极性。学生认清了自己要完成的任务后，如果觉得对此力所能及，便自然愿意去完成。

4.学生实施

向学生讲明要做什么后，教师不能采取“放鸭式”不管。教学组织者、实施者是教师，教学的指挥、调度仍掌握在教师手中，还要让学生知道怎么做，指导学生想办法、找出路，特别是对有困难的学生要给予必要的指导，使每个学生都能顺利完成任务。这一阶段，教师是“指导者”，学习伙伴“导航者”的身份较为明显，学生在亲切友好、和谐平等的气氛中进行知识、技能的意义构建。

5.评价结果

学生完成任务之后，教师要展示其作品，进行讨论、总结、评比，使教材内容得到进一步的强化。各小组学生代表要依次对完成的任务发表见解，其他小组提问或发表自己的看法，由老师或小组负责人进行总结，最后由老师评价，包括学生对知识的掌握程度、运用知识解决新问题的能力以及学生在活动中的表现等，注意多褒奖、少贬低，以激发学生进行下一轮学习的兴趣。

从模块的创建过程中可以看出，模块化教学有如下特征。

一是变化快，适应性强。由于模块是根据人才的知识结构与能力要求而设置，因此可以根据需要随时修改模块内容，可以增加或删除某些模块，可以更新模块。比如，计算机绘图模块，随着绘图应用软件不断地变化与发展，可以方便地更新。

二是便于组织教学。因为模块中，知识点是同类的，它有很好的共性，有助于应用现代教学手段提高教学质量。

三是知识结构与能力训练的整合性。应用模块化教学，打破了过去教学中的“条块”分割，使知识与能力训练科目得到合理的整合。

由此可见，模块化教学能使教学更具有针对性，同时便于教学管理与教学组织。由于模块化教学打破了传统的以教材为核心的教学内容。在应对不确定性问题方面，教学模块可以灵活地分解、修改、更新或删除。可谓“船小好掉头”。所以，模块化教学更具有适应性。

在模块化管理的实践过程中，我们也遇到了一些问题。例如，教学资源分配不均、教学效率低下等。针对这些问题，学校采取了一系列措施进行优化和改进。首先，加强了对教学资源的统筹规划和管理，确保资源得到合理分配。其次，引入了现代化的教学技术和工具，提高了教学效率。此外，学校还重视对教师的培训和提高，引导教师采用科学的教学方法，提高教学质量。

通过在延安中学教书育人中实行模块化管理，取得了显著成效，学校不仅提高了教学质量，还培养了学生的综合素质。这一成功经验不仅为其他学校提供了有益的参考和借鉴，也为整个教育界提供了宝贵的经验和启示。在未来的教育工作中，我们应该进一步探索和完善模块化管理模式，为培养更多优秀人才、推动教育事业的发展作出更大的贡献。

第五节　动态化管理：因势利导

动态化教育管理是为适应社会发展不稳定性和教学任务的变化，随时改进、修订教育内容，使教育教学管理保持一定弹性的模式。

动态化教育管理的特点包括以学生为主体。人具有高度的不确定性，需要随时注意对学生的分析使其适应教学任务的变化。学校领导应全面掌握达到既定教学目标所需的各种教育职能，不能把职能片面化：根据具体情况采取相应的管理措施，管理程序、方法、制度不能一刀切；实行弹性组织，加强人际关系及公共关系工作，以适应外部教育环境的变化。

一、动态化管理离不开坚定理念

动态化教育管理应注意的事项：教学任务、教学内容结构要合理；重视发展与创新，提升学生竞争能力。构建计划、组织、领导、控制等机制，采取灵活的应变对策。也就是说，要根据学校内外、教育环境内外的变化及时调整教育管理思路，使学校快速适应社会环境的不断变化。

动态化管理是现代学校管理必不可少的管理理念。延安精神强调以人为本，强调实事求是。我们要始终随时随地关注学生发展，关注学生的综合素质培养。在教书育人过程中，我们要始终以学生的需求为出发点和落脚点，随时加强课程设置、教学安排、教材建设等方面的工作，为学生全面发展提供有力的支撑。

首先，学校教育教学动态化管理离不开延安精神的指导。延安精神强调坚定信仰、艰苦奋斗、实事求是、独立自主、团结协作，这些精神品质与动态化教育管理的基本理念不谋而合。动态化教学管理离不开理想信念的坚定。在动态化管理中，必须坚持以人为本、科学管理的原则，尊重师生的主体地位，注重师生个体的差异性和多样性，通过科学的方法和手段，调动师生的积极性和创造性，实现学校管理的最佳效果。

其次，动态化管理是延安精神教书育人的重要实践途径。延安精神是中国共产党在长期革命斗争中所形成的宝贵精神财富，但是它的价值不仅仅在于理论探索，更在于指导实践。在动态化管理中，必须注重教学实践，通过具体的措施和手段，将延安精神贯彻到学校管理的方方面面。我们要通过实践育人的方式，让学生深入基层、深入实际；通过亲身体验、调查研究、实践锻炼等方式，更好地掌握实际情况，发现并解决问题、提升自身实践能力和创新能力。例如，在课程设置、教学方法、学生管理等方面，要注重学生的主体地位，注重培养学生的创新精神和实践能力，同时也要注重教师的专业发展和职业尊严。

有动态化管理，也要有坚定性理念。在延安中学的动态化管理中，我们始终坚持延安精神的指导思想，注重实践，将理论与实践相结合。同时，我们注重学校管理的科学性和规范性，通过科学的方法和手段，提高学校管理的效率和质量。总之，延安精神与动态化管理是相辅相成、相互促进的关系，只有将二者有机结合，才能实现更好的教育管理效果。

二、班级动态管理，提高教学水平

班级是学校教育教学的最主要单元和载体，班级管理的效果直接关系到学校教育教学质量的提高及学生思想、道德等各种素质的养成。班级作为一个群体，具有共同性（其成员在感情上比较亲近、在心理上容易沟通，而且有着共同的奋斗目标），但同时又具有差异性（也就是说，群体中的每一个成员由于诸多因素的影响个性差异很大），基于此，我们在班级管理上摸索出了动态管理模式，克服了以往的弊端，取得了显著成效。

1.班级动态管理要形成制度

班级动态管理就是将班级管理总目标分解细化到每个月，根据班级每月的工作目标、任务的完成情况，进行定性、定量考核，及时作出现时评价，并与效益挂钩的一种班级管理制度。班级工作内容除常规工作外每月都有新的调整变化，体现了班级工作的持续性、动态性和时效性，改变了过去的期末或年终一次性考核模糊笼统的弊端，体现了班级管理工作的客观规律和人的动态成长规律，调动了班主任及班级全体学生的积极性。

2.班级动态管理要动态考核

自从延安中学开始实施班级动态管理以来，通过多年的探索和实践，基本形成延中特色的动态化管理模式。具体操作上，首先，把班主任作为班级管理的责任人列入动态考核，制定班主任考核标准、内容及管理体系，并确定每一内容的考核分值，建立监督、检查、考核机制。每个月底，对班主任各项工作进行考核，并根据考核结果确定班主任工作等级，发给相应绩效津贴。其次，对班级进行全方位管理，开展创“文明班级”“文明寝室”“文明学生”活动。每月按统一标准，对班主任、学生以及班级、寝室等进行定性、定量检查考核，评出每月的文明班级、文明寝室、文明学生，并根据班级的各项考核成绩，确定班主任绩效津贴的等次。这样，就把对班主任的评价拓展到对学生个体以及学生生活的小集体（寝室）和大集体（班级）的整体评价，使动态管理形成一个相互联动的统一整体，学生成了班级管理的中心和主体，调动了自主管理的积极性，班级凝聚力大大增强。

3.班级动态管理提高师生积极性

延安中学实行班级动态管理以来，成效显著，班主任管理水平迅速提高，班级管理更加科学高效。

班主任工作积极性极大提高。实行班级动态管理后，班主任考核由过去的学期或年度考核评价改为每月的过程考核评价，管理考核的时效性明显增强，班主任工作优劣能够得到迅速反馈，极大地调动了工作积极性；这个月得不到较好的评价，下个月通过努力可以改变，消除了过去因一件事做不好以致一学期或全年得不到好评价的弊端；班级动态管理的成效与班主任津贴挂钩，成就感明显增强。

学生自主管理积极性极大提高。集体主义思想深入人心，班集体观念、主人翁意识明显增强，班级合力形成。过去跳一跳可摘的“桃子”只有一个，怕争第一，甘居中游，不要挨批评就行；实现动态管理后，每个班级只要做好工作、达到一定要求可以同时获得这个“桃子”，出现了班主任、班级全体同学齐心协力摘“桃子”的新局面。一旦班级被扣分，全班认真总结经验、寻求对策，争取下个月获奖。实行班级动态管理以来，接近半数的班级被评为文明班级，越来越多的学生宿舍被评为文明寝室，超过一半的学生竞相争当文明学生。

班级动态管理增强了班级凝聚力，使学风、班风、校风日新月异，调动了班主任及班级全体同学的积极性，促进了班级管理整体水平的提高，而班级管理整体水平的提高又促使学校职能部门管理水平的提高。通过班级动态管理，学生的学风、班级的班风、学校的校风都有了大的向善并向好发展，进而促进了教育教学质量显著提升。

三、延安中学班级动态化管理分析

班级动态管理从根本上说是一种动态激励管理。激励即激发鼓励之意，指的是激发人的动机、诱导人的行为，使其发挥内在潜力，为实现所追求目标而努力的过程，也就是人们所说的调动和发挥人的积极性的过程。

心理学研究表明，人的动机是由主体所体验的某种未满足的需要或未达到的目标所引起的，这种努力的结果又作为新的刺激反馈回来，调整人的需要结构，指导人的下一个新的行为，这就是所谓的激励过程。班级动态管理，就是从需要出发，不断引发动机，动机指导人的行为，行为促使目标实现，目标实现又引发了新的需要和动机的不断循环反复，从而把班级管理推向纵深发展，实现班级管理目标。

在延安中学实行班级动态管理后，一是改变了过去一个年级一年只评一个先进班级的传统做法，现在每个班级只要完成任务好，达到一定的标准，都可以成为先进班级，为每个班创造了存在预期目标的可能性，激发了班主任及班级每个成员的积极性；二是由过去的年终终端考核改为现在的每月过程考核，即每月考核评选一次，可引发需要和争取目标之间的循环，每个月做了工作之后能及时得到评价，时效性明显增强，推动班级管理任务的完成。

强化目标管理原则。目标是刺激行动的最好动机，设置合适的目标会使人产生达到该目标的心理需要，因而具有强烈的激励作用。延安中学在实行班级动态管理中，在每个月初召开会议，布置教学工作，提出具体要求、确定教学目标，分步执行实施、分步评价考核，使每个班级每个人都有达标的机会，每个班级每个月都有达标的可能，调动了积极性，促进了学校总目标的实现。

延安中学在实施班级动态管理中，一是设置目标科学可行，根据客观条件设置通过努力能够达到较高水平的目标；二是形成目标体系，根据学校的管理目标，各班都制定每月的班级目标，使学校总目标层层分解，落实到各班级及其成员身上；三是制定必要措施，使各班级及每一成员为达到个人执行目标、班级目标及学校目标而自觉努力工作；四是在目标实施过程中及时反馈调节，建立可调控体系，同时对实施目标过程中遇到的困难、问题及时予以帮助解决；五是做好目标的终结考核工作，为下一个阶段的更高目标的实现奠定良好基础。

本章结语

精细化管理、人性化管理、主体化管理、模块化管理和动态化管理是我们在教育教学中需要积极探索和实践的重要管理方式。这五种管理方式并不是独立的，而是相互关联、相互促进的，只有将它们有机地结合起来，才能实现更好的管理效果。通过合理运用这些管理方法，我们可以提高教学质量，帮助学生更好地发展自我、实现潜能。同时，我们也需要不断地更新和改进这些管理方法，以适应不断变化的教育教学环境和学生需求。只有这样，我们才能真正实现教育的目标，为学生的全面发展奠定坚实的基础。未来，我们还需要不断地探索和创新，找到更适合现代教育的管理方式，为教育事业的发展作出更大的贡献。

第六章
必要之识——廓清教育的边界点

延安精神的内涵包括坚定正确的政治方向，解放思想、实事求是的思想路线，全心全意为人民服务的根本宗旨和自力更生、艰苦奋斗的创业精神等。这些对于教育教学工作，同样具有深刻的指导意义。我们从事教育教学工作，需要廓清教育教学工作的边界问题，而这些应当成为我们教育工作者的必要之识。

第一，教育工作者应该厘清边界范围。教育是培养人的活动，必须遵循教育规律和学生身心发展规律，不能违背教育方针和法律法规。同时，教育工作者也应该注重培养学生的综合素质，不能仅仅关注学生的考试成绩。

第二，教育工作者应该具备灰度意识。在教育工作中，应该采取多种教育方式相结合的方式，避免单一的教育方式导致学生产生厌倦和抵触情绪。同时，教育工作者也应该注重自身的言传身教，做到以身作则、率先垂范。

第三，学校和老师具备关怀意识。在教育工作中，应该尊重学生的个性和差异，关注学生的情感和需要，与学生建立良好的师生关系。同时，教育工作者也应该注重学生的全面发展，不能仅仅关注学生的考试成绩。

第四，注重培养学生的个体意识。在教育工作中，应该注重学生的个体差异和需要，关注学生的个体发展和成长。同时，教育工作者也应该注重培养学生的自主性和创造力，鼓励学生积极探索未知领域。

第五，注重培养学生的使命意识。在教育工作中，应该注重培养学生的社会责任感和使命感，鼓励学生积极参与社会实践和公益活动。同时，教育工作者也应该注重自身的职业素养和道德修养，做到以德立身、以德立学、以德施教。

第六，着重培养学生的全球意识。在教育工作中，应该注重培养学生的全球意识和战略思维，鼓励学生积极关心世界。同时，把全球意识的培养与爱国主义教育结合起来，为国家和社会培养面向全球化的人才。

第一节　边界意识：守好教育“界河”

曾经看到这样的新闻，某某学校在招收新生时要求家长提供学历证书和身份职务，为此引起许多家长的不满。类似的事情屡见不鲜，一度引起媒体的广泛关注和社会上的热烈讨论。

在学校的办学行为中，很多事情并不是这样做好不好的问题，而是有没有权限这样做的问题，比如学校在招收新生时要家长提供学历证书和身份职务。我们要厘清一个问题，那就是学校到底有没有权限查看家长的学历证书或身份职务，是谁赋予了学校这个权限，是哪部法律规定学校招生要核查家长学历和身份?

这其实涉及学校管理的边界意识问题。学校的工作其实是有边界的，不是想做什么就能做什么、想怎么做就能怎么做的。但近些年来，在不少地方的学校，都或多或少存在类似这种缺乏边界意识的现象，如有的学校给家长安排到教室里跟班、在学校门口值勤等安全管理任务；有的学校违反劳动法、教育法以及规章制度，随意延长教学时间，剥夺教师和学生的法定假日和活动时间；等等。

学校在安排自身工作的时候要有边界意识，同时，政府和教育主管部门管理学校工作时也要有边界意识，不能随意给学校安排法定教育教学职责以外的工作，领导也不能凭个人喜好随意干预学校的教育工作。这方面反面例子很多，如有的地方为了防溺水要求学校教师巡视河湖池塘；有的地方安排教师进农户干农活以完成扶贫任务，或者让教师进农户去登记户籍信息、财产状况、就业状况等；有的地方政府领导走进学校课堂，看到自习课上没老师，看到教师教案上有草字，就武断地对相关教师做出处罚决定；等等。

与此同时，社会上一些学校和老师也往往法治意识淡薄，缺失对权限和边界的认识，随意做出一些违反国家法律政策和部门规章制度、超越自己工作权限的事情。

面对这种状况，在学校工作的管理中，应该加强法治学习和教育，不管是管理学校的工作，还是学校的管理和教育教学工作，都必须增强边界意识和权限意识，做到法无授权不可为，因为许多教育问题是由于教育边界的僭越和失守造成的。以“界”为限，维护“教育边界”，需要在边界清晰的前提下展开交往合作，同时需要充分认识教育立法和制度建设在维护教育边界中的现实意义。

一、理想的教育需要有“边界”意识

教育活动当中的学生、教师、家长……每类人都有自己的责任和权利边界，而今天教育上的种种矛盾多是由边界不清或不尊重他人边界造成的。

比如，教学工作是教师正常应有的专业性和一个职业人可能负担的正常责任，这个边界应该得到尊重。良好教育生态需要人人都有边界意识，做好自己的角色，尊重他人的角色。

社会和家长对学校和教师的要求越来越高，认为孩子的品行出现了问题必然是老师失职造成的，孩子成绩下降是教师教得不好，孩子在学校有了意外肯定是学校未尽到安全责任。

再比如，许多老师都和学生添加了微信好友，一方面方便和学生联系，另一方面也可以关注学生的朋友圈动向，从中捕捉学生的信息。但如果老师过分关注学生的朋友圈，弄得学生很是焦虑，这是不可取的。曾有一名高三学生向我反映，他的班主任要求所有同学的微信朋友圈都要向其开放，还要定期查看谁又恢复了屏蔽功能，搞得大家都不敢发朋友圈了。前几天，我悄悄地把她屏蔽了，她就打来电话很含蓄地问：“领导，这段时间在干啥，朋友圈怎么看不到你的动态了呢？”

教育是有边界的，老师应该把握好权力边界，把握好教育边界。就好比学生发朋友圈，有的是为了分享，有的只是为了表达某种情绪。老师对于学生的朋友圈没有必要过分关注，学生发什么是自由的，最好的做法是看在眼中、不要插手。如果学生犯了什么错误，或者做了影响学习的事，需要老师管的时候老师才去管，而且要讲究管理的办法，不能想当然地乱管，更不能采取简单粗暴的方式管，否则看似出发点是为了学生好，但如果方式方法不对，效果就会适得其反。

老师要做老师该做的事，发生在学校里的事，发生在课堂上的事，老师觉得需要对学生进行教育的才需要去管，不需要老师做的不要什么都管，也不是管得越多效果越好。更重要的是，学生有着独立的人格，他们也有自己的生活空间，他们的事情自己会处理，连朋友圈发什么都要管，没有谁会喜欢这样的老师。

教育的事从来都不是简单化能够解决的，是需要技巧和艺术的。老师要注重培养学生的优秀品质，注重培养学生的自律意识，让他们学会自我管理。比如手机，一些学校用砸的方式管理，结果肯定是管不好的，即便是中学管好了，到了大学，没有养成自律意识，学生仍可能沉迷于手机。总之，教育要有边界意识，这是对教育的尊重，对学生的尊重，也是取得良好教育效果的关键。

教师工作是应该有自己的边界的，这个边界就是教师正常应有的专业性和应该负担的正常责任，这个边界是必须得到尊重的：教师按照专业要求和规范做了符合教育规律的惩戒行为，就是在做分内的事；家长必须尊重教师的专业教育行为，可以及时沟通，可以提出异议，但不能无端指责、谩骂和动用暴力。另外，教师充分发挥了自己的专业水平，尽到了自己做教师的职责，这时孩子依旧成绩不佳，那很可能还有其他原因，家长不能不问青红皂白都让教师担责。几年前，学校一位高三班主任尽到了监督、劝告的责任，但依旧有学生不听话，在老师注意不到的时候故意弄伤自己，这就已经超出了老师的责任边界，因为老师不可能每分每秒都盯着每个孩子。

总结一下，到底什么是教育的边界？边界是我们社会生活中的一种普遍性存在的界限，界定了不同的场景，并确定了不同场景交流规则的适用范围，即适用“限度”。边界可以是一个地理概念，也可以是一个文化心理概念；可以是物理空间的实存界限，也可以是社会心理的虚构界限。

二、教育边界经常被“模糊化”

教育中的“边界”是多维度和多层次的，一方面反映出“边界”在教育场域中存在的复杂性、多样性和普遍性，另一方面也造成对教育边界分类的困难，因为无论从哪一维度进行区分都很难涵盖所有，而且不同维度也无法回避交叉或重叠。

首先，是教育的外部边界，包括教育系统和政府、社会组织、家庭的边界。

其次，是教育系统内部的各种边界，有行政—教育边界、科研—教学边界、学科—学科边界、教师—教师边界、教师—学生边界等。

最后，是教师的边界。教师的自我或者个人边界，是从具体教师的个人立场来分析其面临的边界类型。一般来说，把“教师”作为一种社会职业来考虑，是比较常用的一种认识视角，绝大多数人认为教师的边界意识往往依赖本人的教育自觉。但是，作为一个社会个体的教师，既是教育环境中的老师，也是社会环境中的人，还是家庭环境中的一员。因此，从教师的个人生活和职业实践来分析，会发现几乎所有教育中的边界现象和边界问题，最终都能直接或间接地落在教师身上。

教育很多时候相应的边界意识并不十分清晰，一种情况是缺少“边界意识”，意识不到“你我”的界限；另一种情况是知道“你我”边界的存在，却不认为这一边界需要被尊重，也就是缺少“边界尊重意识”。二者虽然认识层次上有差异，但最终的结果都会造成实践中边界模糊。边界的“僭越”和边界的“失守”是同一问题的两方面，现实中有很多教育问题都与此相关。当然，僭越者和失守者的角色并不绝对，在不同的时空条件下是可以“互换”的。

其实，学校教育只是学生一生中所受教育的一部分，特别是某一阶段的教育。比如高中教育，如果学生在高中时期各方面的行为习惯比较差，很有可能是初中和小学教育、家庭教育出了问题，高中阶段只能使学生有所提高，而不能做到根本上的改变。一个学生受到的影响来自很多方面，其中家庭教育是最重要的一部分。如果学生的家庭教育出了问题，比如父母的教育观念、育儿观念有偏差，或者对社会的看法、三观出了问题，来自这样家庭的学生，估计行为习惯也不会有多好。

教育是有边界的，任何把教育看成万能的人，都是不负责任的人。我们经常听到家长对老师和学校说得最多的一句话：“老师，这个孩子在家里我管不住，希望学校和老师帮我们好好教育教育。”这样的家庭其实是把教育的主要责任转移到学校，这也是极其不负责任的表现。

我常常跟老师讲，要把主要精力放在自己教育教学的影响圈层，也就是在自己能够产生影响、能够发挥作用的领域范围里使劲，超过了这个边界，就不是教师的职责所在。不只工作，为人处世、待人接物也应如此。我们的人生目标也应该是追求自己能左右、凭借自己的能力能实现的，而不是追求那些别人给你却又能轻易夺走的东西，要把追求幸福的主动权抓在自己手里。教学工作有了边界意识，我们才能明白哪些学生能改变、哪些学生不能有太大改变，学生的哪些行为能改变、哪些行为是改变不了的，这样我们就在能改变的学生和学生能改变的行为上下功夫，从而提高教学工作的针对性和有效性。

当我们发现学生身上的某些缺点和不足的时候，首先不能急，冰冻三尺非一日之寒，只要学生有所进步就是好的。也只有有了边界意识，我们才能在工作中不急不躁，一步一步慢慢来，沉下心来研究问题，而不是一门心思抱怨问题。

三、延安中学从4个角度强化教师边界意识

对教师行业来讲，边界是非常细微的一道线，它的位置常常不易把握；对教师而言，很多时候跨出一厘米可能就会越线，结果就会出现很大差异。比如，有些家长甚至会把老师与孩子正常的谈心当成故意伤害孩子自尊心。到底是正常的谈心，还是真的有意伤害孩子的自尊心，这很难说清，但教师一定要根据孩子自身的特点，谨慎地选择交流方式，在达到教育目的的同时还不能伤到孩子的自尊心。这条边界线其实就是对孩子的尊重。

延安中学一贯要求管理人员和老师从以下几方面来提高教育边界意识。

1.自我边界

学校要求教师需要有清晰的自我边界，明白自己的职责和角色。要求教师保持专业精神，不断提升自己的专业知识和技能，以确保教学品质和学生的学习效果。

2.学科边界

学校一向强调教师需要明确不同学科之间的边界，避免将不同学科的内容混淆或相互替代。教师需要以本学科的知识体系和教学方法为主，并在此基础上拓展学生的视野和思维。

3.师生关系

学校要求教师必须与学生建立良好的师生关系，但同时也需要与学生保持一定的距离。教师需要尊重学生的个性和差异，也要避免过度干涉学生的私人生活和个人隐私。

把握好教育边界意识需要学校管理者和教师具备专业精神、学科知识和技能。在具体实践中，延安中学要求教师注重个体差异，结合具体教学情境和教学内容，综合应用多种教育理论，把握好边界意识。

需要强调的是，一方面，作为校长、学校领导，一定要有责任担当，保护教师的边界不受“侵犯”。教师在自己边界内的正常行为，校长、领导一定要

给予保护，只有这样，教师才敢继续在自己的职责范围内大胆做事；另一方面，对教师责任边界最好的保护还是法律，凡事要站在法治的层面去思考、去决策，坚持把“家校矛盾”纳入法律体系中。这是对学校、教师职责边界最好的保护，学校、教师如果完全尽了责任，一定要学会用法律来保护自己。

和谐的社会需要人人都有边界意识，需要人人都自觉尊重他人的边界；理想的教育生态也需要人人都有边界意识，做好自己的角色、尊重他人的角色，做自己应该做的事、不干预他人的领域。

第二节　灰度意识：教育不是非黑即白

父母在教育孩子的过程中，常常会陷入非对即错、黑白分明的教育认知误区之中。事实上，对于生活经验不足、事物认知存在偏差的孩子而言，犯错是成长中的必然。如果父母过分较真对错却忽视孩子自身实际情况的话，那么很有可能会存在矫枉过正的教育误区。

很多时候，一些老师和家长习惯拿成人的道德标准来衡量学生的行为，认为非黑即白的教育原则才能够帮助孩子认识错误、规范行为。其实，教育更应该懂得灵活变通，适当的灰度思维更能帮助孩子实现行为纠正。

灰度意识，就是在坚持原则性的同时还要讲究适度变通，避免走入另一个教条的误区。

我们用延安精神教书育人，就是在坚持正确的政治方向和育人导向的同时不仅要注重培养学生的创新思维和实践能力，鼓励学生敢于质疑、敢于创新、敢于试错，也要注重引导学生关注社会现实，积极参与社会实践，增强社会责任感和担当精神。

什么是“灰度思维”理念？

华为创始人任正非曾在一篇文章中提到，作为企业的领导者，所需要的重要的素质是方向的把握、节奏的调整以及合适的灰度。适当的灰度思维可以让严苛的规则多上几分人情味，合理的灰度空间可以避免非黑即白的极端化。

管理需要灰度，教育更需要灰度。因为，教育和管理其实很像，人既是最重要对象，也是最主要因素。教育和管理一样，没有标准答案，只有因地制宜。教育和管理一样，不是静态的、封闭的，而是开放的、进取的。只要涉及人，就需要科学，同时也需要艺术。

当这种灰度思维理念应用在教育中时，很多老师和家长就会发现，曾经让自己纠结不已的教育难题有了迎刃而解的新角度。我们在给孩子讲道理的时候无法理解孩子的世界，自己作为成人的认知可能早早会预料后果，而这与孩子的天性截然不同。

时下中学生所接收到的网络信息更加多元，他们的想法也随之变得更为早熟。这时候，如果我们习惯以成人的标准来贯彻亲子教育，那么很有可能会站在学生们的对立面。

灰度思维让老师和学生之间都有了一定的话语权和选择权，也让家长有了更多的机会去探知孩子内心世界的真实想法，这在一定程度上就避免了亲子误解的发生。同时，在孩子眼中，懂得灰度思维教育的父母更容易成为他们的知心朋友。

学校和老师如何在教育中运用灰度思维？灰度思维的存在其实是在提醒学校和老师们不要过于固定、呆板地对待教育问题，随机应变的教育方式才更能得到同学们的正向反馈。

第一，教育方法应该灵活变通。一些老师总认为，自己说一不二才能有效地建立起教育权威，但事实上，老师本身看待问题的角度很有可能是存在片面和局限的，如果不能及时调整教育方法的话，那么很有可能会导致教育引导方式的死板。相对而言，灵活变通的方式才更能保证教育引导的可行性。

第二，引导学生客观理性地看待问题。在教育教学中，有一些老师在处理学生问题时会存在一定的情绪化。情绪不稳定的老师很难教会学生客观理性地看待问题，那么学生也很有可能成为老师情绪发泄的对象。与此同时，在教育方式的把握上，我们一直要求老师有必要在约束自身的同时也试着去引导学生从客观理性的角度去看待问题。

第三，保持开放的教育心态。教育本身就是一件非常需要智慧的事，如果学校和老师能够保持开放的心态会起到事半功倍的效果。其实教育本就是一个动态的过程，只有学校和老师不断地探索和学习新的教育引导方法，才能跟上学生们成长的脚步。

一、反对完美主义，讲究因人而异

一些教师对完美的过度追求，会造成个人心理的焦虑、师生关系的紧张，造成教学拖延，造成不作为。在同学们的成长过程中，不宜用完美来要求他，而要鼓励他先行动起来，在行动中逐渐完善。

如果过于强调完美，同学们可能会放弃努力，因为什么都不做一定比做的风险小。如果一个同学犯的错很少，说明他尝试的一定太少了。很多同学被学校和老师剥夺了试错的机会，只愿意做自己擅长的事情，而没有勇气去尝试自己不会的事情。

我们常说，失败是成功之母。若是一个人不曾有过失败的记录，就不会勇于尝试各种应该把握的机会。人的成长过程也是如此，在青少年时期都不试错，那何时再去试错?

那么，究竟如何准确地把握好“灰度意识”呢？这里有3个建议分享给各位教育工作者。

第一，学会妥协。合理地掌握合适的灰度“妥协”是“灰色教育”的一个特点，但是，多数教师并不具备“妥协”的特点。在中式教育中，教师通常将自己置于比孩子更高等级的地位，也就是说，教师与孩子是不平等的，这样一来，教师又如何能够学会“妥协”呢?

教师应该把孩子与自身置于同一水平，这样有助于帮助教师形成“妥协”。学会“妥协”之后就会发现，孩子与自己之间的矛盾减少了许多，并且还亲近了更多。

第二，采取开放包容的态度，而不是无条件礼让。虽然建议教师学会“妥协”，但是教师也不能无条件礼让孩子。若是孩子犯了严重的错误，或者提出了一些不切实际的问题，教师应该坚定自己的立场，以纠正孩子、教育孩子为最终目的。

此外，教师还应该采取开放包容的态度，不仅要吸收各种优秀的教育方式，也要包容孩子一些新奇的想法和行为。只要孩子的行为没有太大的问题，都应该尊重孩子的决定。因为，教师总是站在一个成年人的角度去思考，偶尔也会忽视孩子的感受和想法。这时，包容心态可以解决一些问题。

第三，吸纳“中庸之道”，在稳定中前进。当前阶段，教师与孩子之间最大的矛盾来源是学习成绩。大多数情况下，教师对孩子的期待要远远地高于孩子的实际能力，这样会给孩子造成过大的压力，教师也会失望。

教师不能急于未来，应该以培养孩子的学习习惯、塑造孩子的三观为先、为主，而不是过分追求未来，想着一劳永逸。教师还应该吸纳“中庸之道”，不要过于勇猛，而是让孩子脚踏实地，在稳定中前进。

任正非的“灰色思维”能够给我们带来许多启发，教育形成“灰度意识”，才会变得更有弹性，学生也才会成长得越来越好。

二、家庭教育也需要灰度思维

同样，灰度意识完全适用于家庭教育。

父母是孩子的领路人，除了要给孩子关爱，也要有方向和节奏。坚定不移的正确方向，来自灰度、妥协和宽容。做父母的，有时就不太懂灰度、妥协和宽容。比如说过于纠结并非原则性的问题：坚决不给孩子吃冰激凌，坚决不让孩子玩游戏，坚决让孩子看大人觉得有用的书，坚决要孩子练乐器、学艺术……太急迫，太僵化，这样看上去似乎有了效率，其实有效果全失的危险。

掌握好节奏，有时候，慢一点儿反而会更快，迂回前进反而离目的地更近。

对孩子要有一定的宽容度，想想自己是孩子的时候，是不是也喜欢偷偷懒，喜欢玩儿而不是做作业？对人性要有一定的理解，必要时也要松一松、放一放，而不是一味地收紧，不然很容易绷断。

很多孩子就是这样，越不让他做什么他就越想做什么，越让他做什么他就越不想做。这样，家长在育儿的道路上就会遇上更大的阻力。

我们对未来其实是茫然的，经常也会试试这个、试试那个，内因和外因发生变化，方向也要随之调整。

坚持是好的，但也要看情况，也要讲和、妥协，而不是定下来一个方向就一定要死扛。

正确地应用灰度意识能够给亲子教育带来以下三方面的影响。

一是形成灵活可变的亲子关系，营造和谐的家庭氛围。从表面上来看，父母与孩子之间仅仅有生养关系，实际上，父母与孩子之间应该还有许多其他的关系，如朋友、师生关系。能够拥有多重身份的亲子关系，才算是有弹性的，具备灰度意识的父母就能够根据实际情况灵活地转化这些身份：当孩子出现问题、存在错误的观念时，父母应该像老师一样教育孩子；当孩子开心喜悦或者是伤心难过时，父母就应该化身朋友陪伴在孩子的身边，分享孩子的喜怒哀乐。

二是学会变通，减少意气用事。总是意气用事的父母容易受情绪的影响，并且被情绪带着走。父母就像是孩子的镜子，父母怎么表现的，孩子就有样学样。渐渐地，孩子也变成一个意气用事的人。

灰度意识的特点是灵活、变通，这样的父母往往能够根据实际情况解决问题，而不是一味地被情绪带偏。所以，面对孩子的问题，父母往往能够一针见血；孩子也会学习父母的思维，遇到事情懂得变通。

三是塑造务实思维，形成兼容并蓄的三观。有些父母过于担忧孩子的未来，焦虑地为孩子报各种补习班，给孩子过多压力。父母的这种状态，只是脑袋在努力，但是行动却没有努力。

过分焦虑和着急只会让父母变得更加迷茫，不仅会把亲子关系变得僵硬，还会出现行动跟不上思想的现象，而拥有灰度意识的父母是不会出现这样的现象的。比起一味地担忧孩子的未来，父母将注意力放在孩子的当前状态，更有助于塑造孩子的务实思维，形成兼容并蓄的三观。

延安中学高2021届3班李思阳家长在孩子毕业的家长会上说：

“每当家长指出孩子的错误时，孩子总会找出很多个理由来证明自己的清白，我们一般都会气愤地称他们的这种行为为‘狡辩’。其实，这是孩子对教育的一种反馈。在延安中学，教育是双向的，老师不仅要教学生，还愿意接受学生的反馈，这样的教育能达到完美的理想效果——每当学生对教育做出反馈时，就会真心交流。可以想象，如果一味地指责学生，并对学生的反馈进行压制，长久如此，学生就再也不会对教育进行积极反馈了。没有学生的配合，势必没有办法对学生进行教育。我们总认为‘犯错不好’，但对于成长来说，错误和成功一样不可避免，一样有意义。犯错误的过程，就是不断尝试、不断创新、不断成长的过程。学生因为害怕犯错，什么也不敢尝试，小心翼翼、胆战心惊地成长，那才是最大的失败。错误也是一种美丽，也是一种成功。记得有一次，孩子考试没考好，回到家里，准备接受我们的批评。我自然也是怒气冲冲，训得孩子灰头土脸。开完家长会后，我却学会了平静对待。因为老师说过，学生犯错误，我们可以当它是一件好事，当它是学生进步、成长的一次机会，切勿大惊小怪、横加指责，更不能因害怕学生犯错而不给学生尝试与实践的机会。”

显而易见，灰度意识能够降低家长与孩子、老师与学生之间的误解，减少家长和老师们在教学过程中的自以为是。把握好教育的尺度，适当地划分出灰度边界，我们的教育教学成效会更为明显。

第三节　关怀意识：有关怀才有成长

很多老师都有这样的体会，自己昔日教过的学生或许记不住当年你曾教给他的知识，但你对他的关怀和爱却让他刻骨铭心。

从人的心理发展角度看，人的一生会受到四类人的重要影响：幼年时期的父母、童年时期的老师、少年时期的同学和朋友、青年时期的恋人。人们在回忆起自己老师的时候，基本上不太记得他们所教的文化知识，反而让他们难忘的是老师对他们关怀的小细节。

学校作为关怀伦理实践的特殊领域，是师生开展教育活动的生命场，让学生学会关怀是学校教育的真谛所在。因此，学校的首要任务是培养能够接受关怀和付出关怀的人，让关怀在教育活动中、在学校关系中、在课程中表现出来。

用延安精神教书育人，必须有关怀意识，这正是教育工作者应该具备的基本素质。

延安精神是一种以人民为中心、为人民服务的精神，强调要关心人民、尊重人民、依靠人民，把人民的利益放在第一位。在教育领域，学校和老师也应该牢固树立以人民为中心的工作思想，关心学生的成长和发展，尊重学生的个性和差异，依靠学生来推动教育的发展。

具有关怀意识的学校和教师，能够更好地了解学生的需求和特点，更好地帮助学生解决学习和生活中的问题，更好地引导学生成长和发展。同时，具有关怀意识的教师也能够更好地与学生建立良好的师生关系，更好地与学生进行沟通和交流，更好地推动教育的发展。

一、教育的对象需要被关怀

在传统的教育理念之下，学生往往承载着许多像升学、就业等原本不应该承载的压力。同时，在这种情况之下，教育成了单一、教条、笼统、墨守成规的知识传输工具。在传统的教育实践中也更多地采用“填鸭式”的教育方式。在这种灌输式教育模式下，老师单一地将书本的知识和思想灌输给了学生，毫无创造性可言，这就不难解释在传统教育理念指导之下的课堂上，我们会发现，很多成绩优秀的学生，往往很少参加课余活动，正所谓“两耳不闻窗外事，一心只读圣贤书”。很多学生甚至上讲台发表极为简单的演讲，都会两腿发抖，不知所云。

教育问题的根本症结，除了教育制度层面的问题以外，还与全社会的教育观念有着千丝万缕的联系。社会层面往往缺少对人文关怀精神的重视，更多把教育仅仅当成了考试升学的战场，而不是人文教育的课堂，没有真正把学生作为一个健全的人来培养，作为有个性、有情感、有尊严、有情怀的人来关怀。

那么，究竟什么是教育中的关怀精神呢？在教育过程中以人的全面发展为本，尊重人的个性发展，培养学生的自主品格与公民意识，养成学生的健全人格，开发学生的智力能力，涵养学生的情商，与学生平等交流，营造健康、快乐、轻松的学习环境，让教育符合人性发展与现代文明的潮流就是教育中应有的人文关怀精神。

因此，学校和教师在教书育人的过程中十分有必要与时俱进，更新教育理念，平等施教，真正视学生为朋友，尊重学生的人格尊严，体现教育应有的人文关怀精神。教育是系统而复杂的工程，是关乎祖国未来的工程，整个社会都应行动起来，形成学校、家庭、社会的联动体系，形成人人关心教育的新风尚。

特别值得强调的是，家长是孩子的启蒙老师，同时对孩子的终身教育负有不可推卸的责任。家长应该认识到教育好孩子既是父母的权利更是父母的义务，切不可找出种种理由将教育的责任都归咎于社会、学校和教师。

加强教育中的人文关怀，首先要倡导尊重学生的教育观，提倡平等交流。目前，国内的学生在学校基本被管理、被排名，在家里被呵护、被宠爱，在学习中缺乏主动性，缺乏独立人格，传统理念之下的教育往往扼杀了学生的天性，好动的学生或者喜欢钻牛角尖的学生变成了被打击对象，学生的一言一行被禁锢在教师的思维模式之中。受到教师的引导，如果学生有另外的想法，可能会被认为是缺乏教养。其实，每一个学生都具有其独特的天性，我们的教育并不应该去抹杀他们的天性，而是要尊重并且保护他们的天性，从而最大限度激发出其积极性。教育的人文关怀就是要保护学生的天性，还学生尊严，培养其独立的人格意识，变“要我学”为“我要学”，将压力变成学生个人成长的动力。

加强教育中的人文关怀，还要倡导学生智商与情商兼修并重的教育理念。目前的教育普遍过于功利，唯分是从，一切以成绩为评价标准，分数高、成绩好的就是好学生，就是人才；分数低、成绩差的就被划为后进生，就会受到学校、家长和社会的“另眼”看待。这种有失偏颇甚至错误的人才价值观，成了当前应试教育的社会背景和观念基础，从而导致我们的教育普遍缺少人文理想、社会抱负和道德信仰，缺少对家庭和朋友的关爱，缺少对社会责任的培养，我们的教育也因此培养出很多“有知识，却没文化”的“人才”。

所以说，我们的社会并不缺少有知识的人，真正缺少的是一批既有知识又有思想和人文情怀的现代知识分子和管理者。

二、老师需要具备关怀素养

我们常说，教育应该围绕关怀这一主题来开展，而不是传统的各类学科，所有学生都应该受到普遍性的教育，这种教育指导学生去关心自己、关心亲人、关心其他人、关心环境、关心世界。

在延安中学，我们要求所有的管理人员和教职工都要自觉具备关怀意识，所以学校的教师普遍具备较高的关怀素养。关怀素养是指教师具有关怀责任与信念，能够觉察学生需要和情感，善于与学生对话和沟通，以适当的方式积极主动关怀学生的素质与修养。关怀责任与信念是教师素养的基础，关怀能力是教师素养的根本，积极主动的关怀实践是教师素养的关键。教育是一种充满关怀与责任的活动，教师的关怀素养直接影响教育目标达成，影响师生关系品质，影响教育能否有效开展，并成为一种充满温情的富有人性魅力的活动的关键。

在延安中学，教师人人是关怀者，学生个个受关怀。学校和老师在思想、学业、心理和生活几方面对学生进行指导，以便更好地多方面了解学生，在理解学生的基础上给予更多的个性化的关怀。老师密切关注学生的日常表现、学习情况和行为习惯，观察学生的课堂和课间表现，每周要与学生进行多次日常对话，每月都会详细向家长反馈所负责学生当月的全面表现情况，包括学业表现和品德表现，包含一些关乎学生成长发展的关键事件的反馈。

由于人生的各个时期都需要被接纳、尊重和认同，因此关怀他人和被他人关怀就是我们的基本需要。每个人内心深处都是乐于关怀他人的，那么延安中学是如何让学生体会到教育关怀的呢？

1.老师首先要树立榜样

从关怀的角度看，学生学习的榜样必须是能有效给予关怀的楷模。当我们去树立榜样的时候，我们必须把它对关怀的重要性展示出来。我们教学生去关心大自然，免不了会教学生怎样亲近大自然，但我们的着眼点是学生，而且我们在意的还有学生是否通过老师的教导真正认识到关心大自然的意义。因此，我们希望学生成为一个怎样的人，那我们就必须是学生见到过的这样的人。

2.师生之间要进行对话

对话每一天都会发生，但是有些老师和学生之间的交流不叫对话，反而像指示。真正的对话应该是开放式的，双方都在倾听，而不是命令和服从。在对话中，关怀者必须关注被关怀者，而被关怀者则要接纳关怀者给予的关怀，这种接纳也是一种关怀。

对话会增进相互了解，巩固彼此之间的关系，促使深入思考与反思，而且有助于提高参与者的交流能力。有些家长会有这样一种心理，孩子不听我说的话，这冒犯了我的权威。其实这是不对的，这样会让两者的关系失去平衡。孩子在有效的对话中能了解到更多的东西，比如事实的真相、礼貌谈话的规则、言行举止、信任与信心、倾听的方法、怎样使自己的回答不伤害到他人等。对话不是辩论，目的不是一决高低、分出胜负，而是理解与你对话的另一方。

3.让学生亲身实践关怀

老师需要提供机会让学生去实践关怀，比如带学生积极参与各类给予关怀的活动，鼓励他们团结合作、互相帮助，努力培养人和人之间相互关怀的能力。

每个人都要持家，持家知识和经验是获得幸福的基础。学校鼓励同学们做家务，培养他们的关怀力。比如，学做饭的时候，同学们会考虑爷爷奶奶、爸爸妈妈喜欢吃什么。通过做家务，孩子能理解父母的不易，还能学到很多经验，为以后独立生活和成家打好基础。

鼓励学生参加志愿者服务，在服务活动中找到志同道合的伙伴，并与服务对象建立起一种温暖的关系，从而获得幸福感。志愿者往往是那种能感受到其他人的需要并对其发出回应的人，志愿者常常能意识到他们的工作在延续社会精神。从关怀出发，理解对方，加上善意的表达，是解决问题的最佳途径之一。同样，我们在家庭、在学校也应该这样。

4.给予学生足够的认可

如果老师能将学生的表现与真实情况相匹配，体谅他们的苦衷，这也是关怀学生的过程。通过认可，我们使被关怀的学生将注意力转向怎样让自己做得更好。比如，遇到第一次考试作弊的学生，如果你了解他并不是个无药可救的学生，就可以说“我知道你这样做是为了让爸爸妈妈开心，但是你本可以选择另一种更好的方式”，然后鼓励他说“你可以是一个更好的孩子”。他下次想要作弊时，就会想到你曾经所说的。

延安中学高2021届3班李思阳家长在孩子毕业的家长会上说：

“在当今社会上，一些独生子很自私，常常是别人围着他们转，他们却很少考虑他人，更不懂欣赏别人，自然也就谈不上合作，给人际关系带来麻烦，对未来的事业不利。延安中学教育学生学会欣赏别人，这样才会正确看待自己，才能与别人合作。学校经常请外校学生和本校学生一起活动，引导学生欣赏别人。孩子所在的年级有一些优秀的学生，要么学习优秀，要么品德高尚，要么多才多艺。孩子每次和老师交流时，老师都会告诉他：‘××同学是多么优秀啊，我们是不是也应该学习他的优点呢？’后来，他和许多优秀的学生成了好朋友。因为这样的教育和感染，我的孩子也逐渐优秀起来。”

关怀的能力以及关怀的范围并不是天生的，需要教育的引导和经验的积累才能发展起来，学校的教育有义务满足学生被关怀的需要。

教育工作的关怀意识可以归结成这样一段话：给学生足够的关怀和爱，相信学生可以成为一个充满关怀和爱的人；老师对待学生的行为方式是友善的，学生也会成为友善的人；学生期待得到关怀，也同样会去关怀别人。

第四节　个体意识：与众不同的存在

个体意识和群体意识的主要区别是：个体知道自身以及他和群体的关系。个体意识指的是个体的思想和认识，每个人独立存在，具有自己独特的思考方式和认识体系。个体意识体现了人的主观能动性和独立性，也是人类文明进步发展的基础。在资本主义社会中，个体意识被充分激发和发挥，人们通过劳动获得收入、积累财富，从而实现个人的自由发展。

素质教育是以人为本的教育，要把人的因素放在第一位置上来考虑，要把着力点放在挖掘人的潜力、发挥人的主体性和发展人的能力上，要努力使学校教育满足学生的发展需要。新课程倡导的自主、合作、探究的学习方式给学生个性化的培养提供了自由发展的空间，如果教师能有意识地培育合作共荣的班级集体，将给学生个性化的发展提供良机。

一、延安精神重视培养独立性

用延安精神教书育人，需要培养学生的个体意识，这并不是一个简单的口号或概念。在教育过程中，我们需要关注学生的个体差异和需求，尊重他们的个性和独立性，鼓励他们独立思考、创新和实践。同时，我们也需要引导学生认识到延安精神的核心价值和意义，在学习和生活中践行这种精神，以此提高自身的思想觉悟和道德水平。

首先，我们应该注重培养学生的独立思考能力。在延安时期，许多教育家和革命家都非常重视启发式教学，认为这种教学方法能够让学生在学习过程中独立思考，不盲目相信所谓权威，能够有效地培养创新意识和创新精神。在现代教育中，我们也可以借鉴这种教育理念，引导学生发现问题、分析问题和解决问题，让他们在学习过程中自主探索、自主发现和自主创新。

其次，我们应该注重培养学生的实践能力。延安时期，许多教育家和革命家都非常注重实践教育，他们认为只有通过实践才能让学生真正理解知识和掌握技能。在现代教育中，我们也可以借鉴这种教育理念，让学生通过实践操作、社会实践、志愿服务等方式，将理论知识转化为实践能力，提高自身的综合素质和竞争力。

最后，我们应该注重培养学生的爱国情怀和革命精神。延安时期是中国革命的重要时期，许多教育家和革命家都非常注重培养学生的爱国情怀和革命精神。在现代教育中，我们也可以引导学生了解延安时期的历史和文化，让他们深刻认识到延安精神对于中国革命和建设的重要意义，以此培养他们的爱国主义精神和革命精神。

二、还学生以真实的自我

每个学生都有一个独一无二的世界，每个学生都是与众不同的，都有自己的特点和长处。在教育教学中就要给予学生展示自己独特个性魅力和特长的空间，尤其是那些学习成绩平平、在集体中毫不起眼的学生，更需要为他们提供一个施展身手、显露才华的舞台。

陶行知先生对中国封建社会抑制人的自由发展的教育深恶痛绝，认为这样的教育会大规模地消灭民族创造力。因此，我们教育工作者应当解放思想，面对差异因材施教，促进学生的个性发展，培养学生的创造能力。

在教学实践中，我经常倡导学生敢于向书本、向老师、向学生质疑。我常对学生说：面对别人的陈述，发现问题是一个人的水平，提出问题是一个人的能力，指出问题是一个人的胆识，解决问题是一个人的贡献。在课堂交流活动中，在智慧的碰撞中，那些个性化的思维和解决问题的策略，在群体的推敲论辩中，或被认同或被推翻，培养了每个学生实事求是的态度和独立思考的风格。一位诗人说得好，人在任何方面充分地发展，就能成为世界的巨人。没有赏识就没有教育，赏识是学生成才的催化剂，可以使学生以积极的态度面对人生，使学生对未来充满信心。发展学生的个性品质，就是培养学生的独立性思维、独立人格，鼓励和培养学生的创新精神。

在延安中学，我们经常鼓励教师在教学活动中巧妙地设计问题，开发学生的智力，鼓励创新思维，允许学生“想入非非，异想天开”，培养学生的兴趣与爱好，让学生个性特长得以充分张扬；允许学生提出不同的看法，鼓励学生勇敢地讲出自己的观点和见解，给学生自我发展的机会。

三、给学生独立学习的机会

教师在教育教学活动中必须放手，给学生机会和时间，让学生放下拐杖，学会独立学习。我们在开始的摸索过程中也出现了这样的情况，学生时间得到了保障，晚自习、周六、周日都还给了学生，学生可以自主学习了，但实际看来，有一大批学生也包括一些好学生都有些茫然，拿着课本不知如何下手。

在素质教育的改革大潮中，要求教师着手培养学生的自主学习能力。现在我们的课堂上，教师已由原来的主导者和控制者转变为学生学习的合作者、引领者，学生由原来的被动学习转变为现在的主动学习，课堂教学模式由原来的满堂灌转变为精讲精练。

在延安中学，我们鼓励教师把课堂的主动权还给学生，但不能让学生放任自流。这就要求教师要提高自身素质，通过不断学习获得专业知识、广博的学科知识和系统的心理学知识，更好地“驾驭”课堂。当教师不再满堂灌，必定收获更多师生互动；如果教师解答不了学生的问题，师生可以讨论。

正因为延安中学规范了课时、规范了作息、规范了课堂，教师讲课的时间少了，但教学质量也得保证。因此，教师只有自我加压，努力提升自己，认真学习，精心备课，制定“导学案”，精讲精练，提高课堂质量。

所谓“导学案”，就是引导学生学习的预备提案。它的作用不可小觑，能引领学生把握知识的重难点，理清学习的思路，找到自身知识的不足，因此教师一定要认真制定“导学案”，发挥好它的作用。

学生自主学习的培养需要一个过程，需要慢慢培养。在这个过程中，需要教师的引领和学生的历练。比如实验课堂上，没有了教师讲实验的影子，都是学生利用实验桌上的药品，自己试验得出结论；讨论课上，学生各抒己见，全身心投入“争鸣”中；自修课上，学生随时可以就疑问找老师答疑……欲速则不达，只要老师不断追求，给学生创造锻炼的机会，给学生成长的舞台，学生一定会成长得更好。

四、创造宽松环境，客观公正评价

没有个性特长的学生不是好学生，不能培养学生个性特长的老师不是好老师。学校和老师要想方设法创设氛围，开辟途径，在教学中注意培养学生的个性，以促进学生良好个性品质的形成。

当今中国的现代化发展进程越来越快，对人才创新能力的要求也越来越高，而让孩子学会创新就必须先让孩子学会独立，这一点对于我们现在还相对封闭的传统教育来说尤为重要。在一些发达国家，无论是老师还是家长，在教孩子学习一样新知识时，总是给孩子充分的时间、空间和资料，让孩子自主独立地学习，然后根据孩子发现的问题进行引导。凡是孩子自己能想的就让孩子自己想，凡是孩子自己能说的就让孩子自己说，凡是孩子自己能做的就让孩子自己做。正是在这样潜移默化的影响下，孩子养成了独立的意识和自主学习的习惯。

因此，我们应当注意以征询式、开放式的语言和孩子交流，鼓励孩子自由表达、自主决定。教师在平时教学中应关爱学生、信任学生、尊重学生，师生间形成平等的人际关系，在学生处于消极情绪、思想顾虑、精神负担和学习困难时要给予耐心指导、帮助，使学生身心愉悦，有安全感，从而形成积极向上的精神状态和健康的心理。只有不断创设这种宽松、和谐的学习环境，学生的思维才会不受束缚，他们才会自主学习，才可能去探索、去创造。

我们有这样的感觉：成功的人似乎永远在成功，而失败的人似乎永远在失败。究其原因，是“习惯”两个字在起作用。一个人习惯于懒惰，就会无事可做地四处瞎遛；一个人习惯于勤奋，就会努力尝试克服一切困难。在人的一生中，一个行动决定一个习惯，一个习惯决定一个个性，而一个个性决定人的一生。

所以，对学生个性的培养，我们应从细微处，从一个行动、一个习惯去关注培养。

创设宽松良好环境的同时，也要意识到公平公正的评价的重要。

我们都知道，学生在乎教师的评价，在意教师能否公平公正、实事求是、一视同仁。为此，我们强调教师必须正确看待和理性评价学生，尊重学生的个性差异，力争做到换位思考。

要设身处地地从学生所处的位置、角度、环境去看待、理解和处理事情，领悟学生的所思、所感、所为，给予学生同等的关注、欣赏和信任，用欣赏的眼光理性评价、看待学生的每一个想法、每一次进步，发现他们的可爱之处和闪光点，尽量给予鼓励和期待。要不吝惜爱心的投入，以情动人，建立平等的师生关系，变学生被动接受管理为主动自我管理，用真诚和鼓励唤起学生的自信，让学生在活动中体验成长、感受进步、走出自卑的阴影，放手让他们树立自信，发挥个性特长，体会自身价值得以实现的愉悦和幸福。

延安中学高2018届30班郭子尧家长在回忆儿子高中学习经历时说：

“上高中后，孩子的变化是从独立开始的：生活独立，思想独立，情感独立。孩子入学不久，军训期间的一个下午，我去看他。从小到大，他一直生活在父母身边，从未离开家独立生活过，我和妻子都很担心。可当在校园的小树林里看到他时，我完全放心了：孩子的目光充满着喜悦，充满着自信，充满着阳光。孩子长大了，独立了，学会照顾自己了。军训之后，他回到家里主动整理自己的床铺、衣物、打扫收拾房间，同时也会主动帮助父母干些力所能及的家务，最大的变化就是特别注意自己的仪容仪表，主动洗澡、洗脸，主动换洗衣服，在镜子前不断地创新自己的发型，似乎要找到最美的自己，喜欢‘瞎臭美’。在生活独立的同时，我惊喜地发现他也开始独立思考一些问题。儿子上高中后，好多事情我都让他独立分析做出判断和选择，有意识地培养他独立的抉择能力……至于孩子的情感独立，那是不经意间的事——也不知道从什么时候开始，回家后不再喋喋不休了，成长的酸甜苦辣、生活的喜怒哀乐、同学间的情感起伏、老师的批评表扬都不再说了。在他那充满阳光的脸上，很少看见其他负面情绪。”

十年树木，百年树人。培养一个人格完善、富于个体意识的人比培养一个高才生更重要。我们不只教学生怎样去面对或者适应这个社会，而且要从更加深远的意义上去把握整个社会的需求，从而引导学生建立一种既适应现实生活需要又能积极把握未来的价值观念，使他们在学校教育阶段得到全面发展。

第五节 使命意识：与国家前途紧密相连

使命感是指个体对于自己所要完成的事业和目标所产生的积极情感指导，涉及的方面很多，如婚姻、家庭、事业等。拥有使命感的人，有明确的目标和方向，并且为之奋斗和努力，具有强大的自我驱动力。

使命感是人的精神动力之一，这种精神动力直接影响着人的行为和社会活动的效果。没有使命感的学生，就缺乏自身发展的原动力，就没有成才的紧迫感、责任感和危机感，也找不到人生的走向，终其一生只能碌碌无为。

学生是国家宝贵的人才资源，是民族的希望，是祖国的未来。全社会要加强思想政治教育工作，大力提高他们的思想政治素质，才能确保党和人民的事业代代相传、长治久安。加强和改进学生思想政治教育，要“坚持以人为本、贴近实际、贴近生活、贴近学生”，努力提高针对性、实效性和吸引力、感染力。

国家对学生寄予了很高的期望，给予了重大的历史任务。一种使命感，一个明确的任务，能让一个沉沦的人重新树立起生活的勇气，能让一个自信的人重拾自信，能让一个不乐观的人变得积极起来，能给成长带来强大的精神动力。

一、培养使命感是延安精神的内在要求

当代青年肩负着建设中国特色社会主义、实现中华民族伟大复兴的重大历史使命，要在这种使命的推动下实现自己的人生价值。有相当一部分学生缺乏使命感，不知道自己的使命是什么，没有把个人的奋斗目标和国家的前途命运联系起来，没有让使命感在自身成才道路上发挥出相应的积极作用。

用延安精神教书育人，必须培养学生的使命意识，这是延安精神天然的内在要求。

延安精神包括坚定正确的政治方向，解放思想、实事求是的思想路线，全心全意为人民服务的根本宗旨，自力更生、艰苦奋斗的创业精神等。这些精神体现了中国共产党人的社会核心价值观和优良传统，对于推动中国革命、建设和改革事业的发展具有重要意义。

在教育领域，培养学生的使命意识也是非常重要的。使命意识是指学生对自己和社会发展的责任感和使命感，包括热爱祖国、热爱人民、热爱社会主义等。培养学生的使命意识，可以帮助学生更好地理解延安精神的核心价值和意义，从而更好地传承和发扬延安精神。

用延安精神教书育人，必须培养学生的使命意识，这有助于学生更好地理解延安精神，并积极参与到社会主义事业的建设中。

二、使命感让学生的成长更有意义

政治课注重加强对学生使命感的引导和培养，这尤为重要，延安中学善于利用高中政治课对全体学生进行全面深入的使命意识教育。

1.使命感是成才的目标

使命的重大意义在于，作为我们人生行动的目标和坚守不渝的指南，指导着我们的行动。使命的一大特点是任务的明确性，有这种明确的任务的意识和认同就能有明确的目标，而明确的目标是成才的首要条件。个人的成长没有明确的奋斗目标，就像航海的船只没有明确的彼岸，只能在海中随风飘摇。由使命感所激发的人生明确的目标，能为学生提供人生前进的不竭动力。在高中政治教学中，要向学生明确每一次的学习目标并及时达成，对学生进行社会理想、人生理想的培养，引导学生为之奋斗。

2.使命感能激发成才积极性

一个社会的美好前景能激发社会个体的使命感，而这种使命感能激发社会个体投入为美好社会的建设和创造当中。当代学生是未来美好社会的主要建设者和接班人，使命感自然激发了学生成才的积极性和主动性，为未来社会的建设和发展储备知识和才能；这种使命感也能激发学生的自豪感，让每个人都积极地为未来的社会投入而准备着。只有有伟大的使命感，个人才能从奋斗中得到更多的满足感，由此也就具有更高的主动性和积极性。

3.有使命感才有紧迫感

当代学生的生活无忧无虑，很容易造成没有紧迫感。没有平时成才强烈的紧迫感，就很难找到持久的发展和奋斗的动力。使命，就是要在一定时间内完成的重大任务。时间上的规定性，让使命感总是与紧迫感和责任感联系在一起。政治教师在教学中应通过一些具体的事例以及对当今国际、国内形势的分析，增强学生成才的紧迫感。

归纳起来看，使命感强的学生会有这些特点。

一是拥有使命感的学生通常会有更明确的目标。对自己未来的规划和发展方向有了清晰的认识，他们会更加努力地学习和成长，更积极地去追求自己的理想和目标。

二是拥有使命感的孩子会更自信。在完成任务的过程中，他们会积累更多的经验，从而更加自信地面对新的挑战和困难，因认识到自己的责任和义务从而更加有信心地与他人沟通和交往。

三是拥有使命感的孩子通常更加坚毅。他们能够更好地面对困难和挫折，并坚持不懈地追求自己的目标。同时，他们能更好地克服自己的惰性，积极主动地去完成自己的任务。

四是拥有使命感的孩子通常会更充实。他们会更加主动地参与各种活动，不断地学习和探索，从而积累更多的经验和技能。同时，他们也能更好地享受成就和充实感。这样的孩子绝不会得空心病，更不会抑郁、自杀。

五是拥有使命感的孩子通常更幸福。他们能够更好地理解自己的价值和使命，并在实现自己的目标和价值的过程中获得更多的满足感和幸福感；他们也能更好地与家人、朋友和社会保持良好的关系，从而获得更多的支持和关爱。

相反，如果缺乏使命感和责任感，可能会表现出消极、被动、无决断力等一系列行为。没有使命感的孩子会在学校和社交生活中受到冷落，影响他们形成正面的社会关系。缺乏使命感会经历一些挫折和失败，包括导致无法达到自己的目标或者影响与他人的关系等问题。

三、使命感培养需要持续不断

使命感和责任感看起来很虚幻，但对于学生的成长来说却是至关重要的。它们可以激发学生对自己和周围世界的责任，让他们成为具有责任心和目标意识的人。现代社会那么多学生出现空心病、抑郁症等问题，其根源就是因为没有使命感和责任感，没有明确的人生目标，在面对人生的挑战时缺乏勇气和力量。

因此，引导学生培养使命感和责任感是每个家长的责任和义务，也是学校和老师的责任和义务。在学生成长的过程中，延安中学善于从教育方式、家庭氛围、社会参与等多方面入手，帮助孩子树立正确的人生观和价值观，发掘他们的特长和潜能，让他们成长为具有责任感和使命感的人，为社会的发展作出贡献。

一是加强爱国主义教育。培育学生的使命感，首先应该对学生进行爱国教育，只有了解祖国、明白祖国现阶段发展的任务，才能培养学生的爱国情操和学生的使命感。对于当代中学生来说，现阶段的主要任务就是好好学习，在政治教学中培养学生对于民族的自豪感，也能更多地了解中华民族的传统文化，这也是加强爱国主义教育的一种途径。让学生去了解传统文化，了解中华文明对于世界文明的伟大贡献，有利于开阔学生的视野，增强学生对于中华民族的自豪感，然后让学生结合社会现实，引导学生明确当今时代对社会赋予的任务。现阶段的中学生学习的伟大任务是建设美丽中国、振兴中华。政治教师应在政治课堂教学中渗透使命感的教学，让学生认识国家的历史使命和自身的个人使命感，让学生发愤图强、立志成才，为建设社会主义新中国贡献一份自己的力量。

二是循序渐进地培养。高中生的人生观、价值观和世界观在市场经济发展下受到了很大的影响。许多学生认为责任感和使命感离自己很遥远，对于教师课堂上的教育并不认真对待，把教师对于自己的教育只当成一种口号而不去用实际行动来学习。在这种情况下，教师如果一直采用灌输式教育，只会让学生产生厌恶情绪而不是主动去学习。在高中政治课程的教学中，教师应该给学生讲一些当代政治现象和国家发生的大事，让学生切实地体会到使命感，知道对于中学生来说使命感是非常重要的，并用自己的实际行动来体现出自身使命感的存在。所以，在有关使命感的教学中，教师必须从实际生活出发，从生活中的小事做起，不能一蹴而就，要用潜移默化的方式去影响学生。

在政治教学中，延安中学要求教师采取多种有效的教学方式，创设情境，理论联系实践，激发学生成才的积极性和主动性，对学生的每一次成绩哪怕是小小的进步都要给予及时的表扬。这样，学生在为使命奋斗的过程中，更容易产生成长过程中的成就感，带来更高的成才、奋斗的积极性和主动性。

对于学生的使命感培养是一个系统工程，也是一个长期复杂的工程，尤其是在高中政治课程的教学方面。在政治教学中，使命感的培养不仅是为了学习政治学科的知识，也对学生的爱国情操和学生责任感的培养起了积极作用。对使命感的培养也可以促进学生积极学习，增强学生在学习中的积极性和主动性。其中，政治教师在使命感的培养中起到了引导和教育作用，其他学科教师也要起到带头和引领示范作用，通过各种途径来培养学生的使命感。

第六节　全球意识：培养世界眼光和战略思维

全球意识，是具有全球视野，具有洞察、分析全球事物、问题及其之间关系的能力。全球意识是站在世界的高度了解世界历史和当今国际形势，从而形成的以人类共同利益意识为核心的对外开放意识和国际合作意识。

具有这种能力的人不但通晓多个语种和多种文化，而且具有与世界各地人士、其他文化背景人士合作的能力。全球意识的能力是人的学习和生命发展的重要组成部分，随着国际交流日益频繁，具备全球意识的人将具有更多的机会和优势。

一、延安精神蕴含全球视野和国际思维

用延安精神教书育人必须培养全球意识，这是因为延安时期中国共产党就具有世界眼光和战略思维。

中国的发展离不开世界，世界的发展也离不开中国。随着经济全球化的深入发展，各国之间的经济联系和合作越来越紧密，中国在国际事务中的影响力也越来越大。因此，用延安精神教书育人必须培养全球意识，才能更好地适应时代发展的需要，为国家的发展作出更大的贡献。培养全球意识，也有助于教育学生用国际化的视野来看待问题，增强他们的国际交流和合作能力，为未来参与全球事务打下坚实的基础。

延安中学用延安精神教书育人，注重培养学生全球意识，这种意识包括国际视野、全球思维、跨文化交流能力等，从以下几方面入手。

1.多语言学习

在学校和家庭中，为学生提供学习多种语言的机会。老师和家长可以掌握一些简单的外语，并与学生分享这些语言的基本知识和文化要素。

2.培养社交能力

为孩子提供更广泛、更多元化的社交环境，鼓励学生参与不同文化或语言的交流活动，如国际学校或文化课程。

3.拓展阅读内容

学校为学生准备跨越不同文化的读物，让他们尝试理解来自不同文化的故事和风俗习惯。

除此之外，有条件的学校可以为学生提供出国留学或国际旅游的机会，在不同的文化和环境中学习和体验。引导学生关注和解释全球性问题，如气候变化、人口增长、国际互通、全球化商业等，在合适的年龄段向学生解释问题的前因后果、影响和解决方法，激发他们的兴趣和思考能力。教育学生要尊重不同的文化差异，拥有全球意识，要从包容和尊重开始。引导学生探索异质文化背景下的优点和特长，鼓励他们接纳其他人的观点和价值观，学会接纳和尊重多元价值观。

二、世界各国都重视全球意识培养

在全球化浪潮兴起、全球性问题层出不穷的今天，世界各国的教育部门都在研究如何对本国学生进行国际意识教育，以使他们更好地适应新形势的变化，在当今复杂多变的世界中占据先机。

我们党和政府非常重视对学生全球意识的培养。“全球意识”一词多次出现在我国中小学教育相关文件中。2016年，教育部委托有关专业组织研制发布了中国学生发展核心素养体系，对国际理解教育要求做了细化，提出以下几个重点：具有全球意识和开放的心态，了解人类文明进程和世界发展动态；能尊重世界多元文化的多样性和差异性，积极参与跨文化交流；关注人类面临的全球挑战，理解人类命运共同体的内涵与价值等。在国家政策指导下，各地各校也对基础教育阶段的国际理解教育提出了一些具体要求，旨在培养学生的全球意识、对多元文化的理解力，积极推动跨文化交流，推动构建人类命运共同体。

当前，我国已开启全面建设社会主义现代化国家新征程，面对新技术革命与产业变革的时代特征以及国际政治、经济关系更加复杂的现实局势，我们要更加重视以尊重、包容、和平、公正、合作等为价值理念的国际理解教育，培养出一大批有能力参与国际治理的人才。

首先，树立文化自信，为理解多元文化奠定基础。只有对本国文化有认同感和敬意，才能平等地看待本国文化和他国文化，更好地比较文化异同。外语课程要加强以主体性为关键词的国际理解教育，帮助学生树立坚定的文化自信。

其次，培养国际视野，寻求各国共性，追求和平之愿景。在理解各国文化特殊性的同时寻求共通的接点，是对话顺利进行的基础。为此，外语课程要向学生强调人类命运共同体中“人”之共性，弘扬全人类共同价值，培养学生对异文化的同情与理解，引导学生追寻平等、和谐的对话空间。

再次，培养客观、理性的对话态度，寻找务实有效的对话方法。遵守国际规则是参与国际对话的前提，只有按照国际常识和规则做事，才能更有效地促进各国的合作，同时作出对国家、民族更有益的决断。我国一直鼓励学校培养具有国际视野、通晓国际规则、能够参与国际事务和国际竞争的国际化人才。外语课程除了重视学生语言能力的培养外，还要增强学生对国际事务的洞察力和深度思考能力，如此才能引导学生在理性辨析中外文化、立场差异的同时，寻找到既符合中国立场又符合国际规则的对话方法。

最后，强调中国立场，把握底线思维。外语课程要坚决贯彻党的教育方针，解决好“培养什么人、怎样培养人、为谁培养人”的问题，引领学生成为有理想、有本领、有担当的时代新人。外语课程在文化意识方面的目标，既包括尊重多元文化差异性、理解人类命运共同体和全人类共同价值，还包括领悟中外优秀文化的内涵，形成正确的价值观、健康的审美情趣和良好的品格。教师要告知学生，理解他国文化、寻求共性，决不能放弃中国立场。唯有知道“他们”是如何的，才能有效地建立起相对清晰的自我认知，我们的目的就是在“有底线，无边界”的对话中做对国家和民族更有益的事情。

三、用好历史课堂，培养全球意识

加强全球意识教育是当代世界各国基础教育课程改革的共同趋势。美国、英国、日本、韩国、新加坡等国都加大了基础教育课程改革的力度，相继研制了新的基础教育课程标准或教学大纲。纵观各国基础教育课程改革，特别是中学历史课程改革，都有一个共同趋势和特点：重视历史学科对于培养学生人文素质、完善人格方面的特殊意义，强调培养学生的全球意识。

加强全球意识教育是全球化发展对基础教育课程改革的现实呼唤。全球化对于中国来说，既是一次难得的历史机遇，更是一次严峻的挑战。课程目标是课程的灵魂，是对基础教育阶段一门课程学习的总体要求，反映了国家和社会对一门课程的教育宗旨，体现着对学生素质的基本要求和期待。

1.在课堂教学中培养学生的全球史观

在教学中，无论是世界历史还是中国历史，都要放在世界发展的大背景中来分析，也就是要用全球史观来进行教学。

2.在课堂教学中培养学生的开放意识

当前，全球一体化的进程有了进一步加速的趋势，进入了更高的发展阶段，我们生活的这个地球几乎已到了谁也离不开谁的地步。在这种背景下，若不注意学习世界先进的东西，不积极参加国际的交流与合作，夜郎自大，那么不用多久就会被世界淘汰出局。世界大势，浩浩荡荡，顺之者昌，逆之者亡。中国自1978年以来积极融入国际社会，几十年的变迁与成就有目共睹。因此，培养全球意识，对我们来说具有特殊的意义。

3.在课堂教学中培养学生的世界多元化意识

美国一直向全世界输出“美国化”，这成为许多国家无法回避的一种全球现象。作为全球唯一的超级大国，美国在政治、经济和军事上具有任何其他国家所无法比拟的实力。全球“美国化”似有愈演愈烈的趋势。

但全球文化并不是同质的，而是以多元为基础的。在培养学生的世界意识尤其是在全球史观的培养中，强调文化的多元化，强调各民族各国家的平等，也是世界意识培养的一个不可或缺的方面。文化全球化是建立在多元文化基础上的异质文化间的融合与发展，这种文化既非“西方中心”也非“东方中心”，而是东西文化共存共荣，世界文化间的平等对话。多元文化的并存是全球化时代的一个显著特征。

4.在课堂教学中培养学生的合作意识

全球意识中有一个很重要的方面就是合作意识的培养。在这方面，历史课堂上可依据很多的实例。在科技发展的同时，温室效应、海洋污染、酸雨和沙漠化等，所有这些非传统威胁是对整个人类的威胁。在这一问题上，人类更需要一种团结合作的精神，共同应对，才能保全地球这个人类的共同家园。全球问题是决定人类共同命运而又只有通过全人类的共同努力才能解决的问题。

以延安中学为例，在认识合作重要性的同时，在教学中可以通过一些正面的实例来加以说明。比如，欧共体的建立与法、德两国的和解就是典型。二战后欧洲一体化的兴起固然是经济发展的必然要求，但从另一角度讲，也是欧洲人对战争的忧虑以及对和平的渴望的结果，这才有了法、德这两个国家共同发起将煤和钢铁两样最重要的战争资源纳入共同管理的“欧洲煤钢共同体”的诞生。此后，在法、德和解与合作的基础上，欧共体不断发展壮大，法、德从世仇变为合作伙伴的一个很重要的原因是找到了一个对付潜在危险与不稳定因素的最佳方案，即将对手纳入一个既能对其实行有效控制又能得到共同发展的机构中去。二战后，欧洲几十年的和平，不能说与此无关，这就是双赢甚至是多赢。

总的来说，我们培养学生的全球意识，就要教育学生了解世界各地的文化、历史和社会背景，理解不同国家之间的差异和共同点，从而更好地与不同国家的人进行交流和合作。培养学生具备全球思维，能够从全球角度思考问题，考虑各种因素对问题的影响，从而提出更加全面和有建设性的解决方案。此外，还应培养学生具备跨文化交流能力，能够与不同文化背景的人进行有效的沟通和交流，从而更好地理解不同文化的差异和共同点，促进不同文化之间的交流和融合。

当然，我们还应该认识到，在培养学生全球意识的过程中，不能把全球意识的培养与爱国主义教育对立起来，全球意识的培养不能抛开中国历史的内容，站在世界的角度看中国历史，培养全球意识显得更有意义。

本章结语

延安精神在教育领域中同样具有深刻的指导意义。教育工作者应该注重培养学生的综合素质，尊重学生的个性和差异，关注学生的情感和需要，注重培养学生的自主性和创造力，从边界意识、灰度意识、关怀意识、个体意识、使命意识、全球意识等角度，多维度发力，鼓励学生积极探索未知领域，积极参与社会实践和公益活动，全方位成长，为实现中华民族伟大复兴贡献自己的力量。

第七章
灵魂之问——找准教育的落脚点

教育决定着国家和民族的今天，也决定着国家和民族的未来。我们的教育事业就是要通过教育不断培养社会需要的人才，通过教育来传授已知、更新旧知、开掘新知、探索未知，从而使学生能够更好认识世界和改造世界，更好创造人类的美好未来。

教育面对的是一个个互不相同的个体，在顺应个体不同本性天赋的基础上，使学生成为更好更优秀的人，更加切合个体实际和社会现实。找准教育的落脚点，我们可以从赋数字以活性、推家校之共育、载人民以期望、慰生命以温度、给人格以滋养、促灵魂以觉醒、绘民族之蓝图7个层面考虑。

第一节 赋数字以活性：绕不开的数字化转型

延安精神不但完美地演绎了自力更生、艰苦奋斗的中华优秀传统，响亮地提出了“为人民服务”的口号，而且发展出了理论联系实际、开拓创新的精神，概括了实事求是的思想路线。

在实现中华民族伟大复兴的伟大征程中，如果不去开拓创新，经济将会停步不前甚至倒退；如果不去开拓创新，某些核心技术方面受制于人而毫无话语权；如果不去开拓创新，就难以拥有积极向上的精神风貌，全社会就不会呈现出发展的蓬勃生机……同样，我们的教育教学工作更离不开技术创新。

2020年新冠疫情发生，全国各地的课堂教学工作断断续续，不少中小学校都积极开展线上教学。延安中学依托学校的数字化教育平台，积极开展“停课不停学，教学不延期”工作。为开展好网上教学工作，学校各学科教研组周密安排、积极探索、勇于创新，发挥了学科指导作用，彰显了教学中坚力量。在网课教学中，延安中学的智慧化教学系统发挥了至关重要的作用。

一、各国纷纷加码教育数字化

当前，信息技术迎来前所未有的新一轮爆发，互联网、云计算、大数据、人工智能等现代技术正在深刻改变着人类的思维、生产、生活和学习方式，并展示了世界发展的前景，推动整个社会走向数字化。

发展数字教育，已成为未来教育发展的主要方向。各国纷纷将数字化作为创新教育、提升综合国力的重要途径，积极谋划教育数字化战略方案，如欧盟发布了《数字教育行动计划（2021—2027年）》、德国出台《数字教育倡议》、法国出台“教育数字领地”项目等，不断推动数字教育资源完善、教育设施改进、师生素养提升、教育理念升级。

顺应信息技术的发展，中国亦不断加码推进教育变革创新，并将教育数字化视为开辟教育发展新赛道、塑造教育发展新优势的重要突破口。

党的二十大报告首次把教育、科技、人才进行“三位一体”统筹安排、一体部署，首次将“推进教育数字化”写入报告。可以说，实施教育数字化，能够满足终身学习需求，实现开放灵活、可持续发展的学习型社会新格局。

数字化为教育的高质量发展提供了现实可能性，推动了教育创新和转型。通过数字化教育，可以形成新的教育场景、形式和模式，激发学生的创新思维和实践能力。同时，数字化教育可以为构建学习型社会、学习型大国提供重要支撑，培养适应未来社会的时代新人。

2022年是国家教育数字化战略行动的开局之年，2023年将是纵深推进教育数字化转型的一年。

我国更是在“十四五”规划中明确了“加快数字化发展，建设数字中国”的新目标。国务院印发的《“十四五”数字经济发展规划》提出，要深入推进智慧教育，推进教育新型基础设施建设，构建高质量教育支撑体系，推动“互联网+教育”持续健康发展。2023年年初，中共中央、国务院印发的《数字中国建设整体布局规划》提出，大力实施国家教育数字化战略行动。得益于政策的不断加码引导，教育数字化转型正快步疾行，迈进新阶段。

中国在教育数字化方面的投入越来越多，数字技术可以让教育资源质量、可及性和公平性得到逐步提升。新技术让教育更有趣，让学生体验、享受到自我学习成长的快乐。新技术既是新教育生态的重要内容，又为新教育生态的生成与推进提供了条件和加速度。但新技术这个绚丽多彩、快捷有趣的“术”一定要与宁静致远、立德树人的“道”相结合，要紧紧围绕这个“道”赋能提质，这需要科技团队、专家学者和教育实践者一起努力。

二、教育数字化是为了实现智慧化教学

教育数字化就是要将数字技术整合到教育领域的各个层面，利用数字化、网络化、智能化等技术手段推动教育的系统性变革，通过教育理念革新、教育流程再造、教育内容重构、教育结构重组，创新办学模式、教学方式、管理方式等，构建以学生为中心、德育为先、能力为重、知识为基，连接、开放、共享、个性化、智能化的教育新格局。

教育数字化可以利用新的技术手段，快速高效地聚合优质教育资源，并打破时空边界进行传播共享，不断扩大优质教育资源的覆盖面，构建方式更加灵活、资源更加丰富、学习更加便捷的终身学习体系，消除教育发展不平衡、不充分的数字鸿沟，有利于实现更公平的教育。

教育数字化可以基于大数据的学情诊断分析，采用差异化、个性化手段进行精准干预，发掘学生潜能、促进全面发展，并逐步形成个性化的教育知识图谱，真正实现规模化教育与个性化培养的有机统一，有利于实现更高质量的教育。

产生在数字经济背景下的教育数字化，则旨在通过新一代信息技术构建更加智慧的学习环境，变革传统的教学方式，促进教育过程中的数据挖掘、分析和利用，从而加快教育的高质量发展步伐。

作为一个以人为主体的复杂系统，教育数字化与其他行业的数字化转型相比，有着更加纯粹的导向，即成果最终体现在教书育人和人才发展上。因此，整个过程不但需要通过数字技术推动教学范式、组织架构、教学过程、评价方式等全方位的创新与变革，更需要帮助区域、学校管理者突破教育数据汇聚流转、治理方式变革的难点，从而将技术应用于教学质量及效率的提高和学生科学素养的提升，赋能教学实践的痛点问题。

如今，越来越多的学校开始重视学科交叉、科教融合、校企合作、协同育人的教育理念，同时关注AI、信息通信、电子控制、软件设计等新技术与传统工业技术的紧密结合，并通过构建符合时代发展与产业升级要求的人才建设体

系，培养懂理论、强实践、能创新的高素质复合型人才。

随着科技发展，越来越多的企业提供了最新智慧教育产品，展示着“智慧+教育”的最新成果，如智能作业系统、VR虚拟课堂、智慧校园等参展，将AI技术深度融入教育教学环节。以智慧校园为例，智能解决方案可以将教育教学全场景数据相互贯通；智慧教育还可以提供沉浸式教育，将教育数字化在校园管理、校园主阵地、学生成长等场景进行广泛深入应用；当学生遇到不会的单词或生字，创新手表可拆卸下来扫描后获取释义。坐在书桌前，一个简单的语音口令，即可实现语音百科问答、定时提醒。甚至当前已经出现的沉浸式教学方案里，学生可坐在球幕前使用摇杆进行互动模拟，改变了传统投影的单一性与低互动性，为学生带来身临其境般的课堂体验……可以说，在教育数字化不断发展的当下，校园数字化、智能化将会是十分庞大的市场。

三、教育数字化可以将师生解放出来

教育数字化的痛点在于如何将理论和实践相结合，尤其对人工智能教学来说更是如此。只有将教育教学中的课程组织管理和案例实训相结合，打包成平台或者解决方案赋能给学校，才有助于学校把更多精力投入知识点本身的传授之上，以快速适应高校的人才培养目标以及本身的特色优势，而这个过程恰恰释放了科学技术力量。例如，通过提高实验室算力，可以有效帮助师生解决创新活动，增强软件和硬件的业务能力，帮助学校培养有效人才。

我们要敏锐洞察到教育领域信息化建设方面的需求，思考通过“硬件+应用”的融合创新，将硬件应用到学校不同的场景之中，提高学校信息化建设水平。

随着教育数字化的稳步推进，学校的教学任务对终端性能和云端算力的需求越来越高，同时还需对包含算力在内的各项数字资源进行灵活分配，从而满足师生在不同场景下的应用开发、实景训练以及异构融合等方面的任务需求。这些都需要更高性能和算力的加持，从而攻克数据收集、算法优化和场景应用等方面的难题，进而逐步提升学生的学习能力和实践水平。

比如，对于拥有多个校区的延安中学来说，在智慧化平台的助力之下，学校的IT管理员就能在远程关机的情况下，对远在其他校区的设备进行维护和远程升级。不但如此，还能对教育平台里的防火墙进行有线或者无线连接，从而大大节省教学过程中可能遇到的各种IT设备相关的问题，使教师能够解放出来，将更多精力投入教学工作当中。

教育数字化的最终目的是服务于教学育人。人工智能本身是一个深度融合的技术，通过技术，可以帮助教师摆脱技术的束缚。新冠疫情以来备受重视的远程连线方式，事实上也在教育领域得到了广泛的应用，双师课堂和虚拟仿真的场景都得以实现。而技术作为沟通真实世界和教学课堂的桥梁，在未来也一定有更多的发挥空间，这个过程离不开企业和高校的深度交流与探索。

百年大计，教育为本。以更优秀的方式培养人才，是全社会对于未来教育的殷切希望，面向未来，终身学习一定是不可避免的趋势，教育数字化转型无法避免。学校要积极通过技术创新为学生提供优质的学习平台，为学生成长打下坚实基础。推进教育数字化升级，还要抓住教师环节，教师队伍的数字化水平影响着教育数字化战略行动的实施。同时，要产学研用并列起来、融合起来，从而推动智慧教育的发展。

当然，需要注意的是，现代科学技术的运用在教育教学中要适度，先进的技术要赋能教育、服务就业，真正地让技术服务于教育教学和人才培养。机器人、人工智能似乎什么都可以替代，但人与人之间心灵的交流很难被机器人和人工智能替代，而这部分就是教师育人部分。无论将来学校的样态如何改变，教师都难以被机器替代。

第二节　推家校之共育：架起学校和家庭的桥梁

一个学生的成长过程离不开学校教育，但学校教育没有家长的支持也难以成功，因此家校共育才是最好的。家长是孩子的第一任老师，而老师同样也肩负着教书育人的重任，老师和家长是同一出发点上的队友，每句话、一颗心都是为了孩子能够健康成长、学业有成。

一、家校共育缺一不可

延安精神包括全心全意为人民服务的根本宗旨，这就要求我们在办学育人方面始终坚持为人民服务的宗旨，以人民为中心，为家庭提供更好的教育服务。因此，家庭教育和学校教育相结合的重要性不言而喻。

首先，家校合作是良好的家庭教育与优质的学校教育共同的目标。“各美其美”既要扬长避短，也要扬长补短。家长应成为一名喜欢而且经常与孩子接近，乐于和孩子一起解决困难，善于和孩子交流、沟通思想感情的好家长。教师和家长应该示范孩子学会做人、学会学习、学会探究、学会合作、学会生活。

其次，家校合作要关注孩了的性格培养、学习方法、习惯养成、课外拓展等方面，并重视对孩子的人格教育、道德教育、价值观教育、情商教育、幸福教育和良好的行为习惯教育。最完美的教育也应该是两者的有机结合，才能使教育更加完美、如虎添翼。

最后，家庭教育是所有教育的基础，没有良好的家庭教育做基础，孩子接受学校教育会遇到很多坎。要知道，一旦孩子进入学校以后，学校都要以它特有的模式，按既定目标，去进行有计划的、统一的再造性培养，这时家庭教育给予孩子在习惯、兴趣、爱好、品格等方面的素养，就能够显现出特有的功能。

同时，学校教育很难顾及每个孩子在思想水平、道德素质、身心特点等方面的差异。家长不仅熟悉自己子女的行为习惯、思想品德状况，也熟悉自己子女的兴趣爱好和性格特征。也只有将学校教育和家庭教育二者紧密地有机结合起来，才能有效地对孩子的成长与成才进行成功的教育。

所以说，仅仅靠学校教育是不可能单独把孩子教育成材的，因为孩子的活动场所不仅仅在学校里，还在社会上、家庭生活中。学校、社会、家庭都要给予他们以影响，特别是家庭的教育和影响，不管是正确的，还是不正确的，它的教育和影响作用绝不会因为有了学校教育而丧失。

二、搭建家校沟通桥梁，促进家校互动

延安中学在校长的领导下，成立了由学校工会、教导处和年级组长组成的家庭教育工作领导小组，日常工作由教导处负责开展。在家长自荐和年级组推荐的基础上推选产生家长委员会委员、正副会长。学校不断修订完善《家长家委会工作章程》《家长学校管理制度》《学校与家长密切联系制度》，进一步完善了家委会工作机制，每年根据家长学校工作章程和家长委员会工作章程以及学校教育工作、家庭教育的新形势和新任务制订年度家庭教育工作计划、家长学校工作计划和家长委员会工作计划，有力推进，认真总结，不断使学校家庭教育工作上新水平。

1.设立家长接待日，促进家长与学校的联系

延安中学每月设定固定日为家长接待日，由校长和校务会成员以及各班班主任负责接待家长来访和咨询，解答和探讨家长提出的问题。通过咨询活动，使学校及时听到家长的呼声，了解家长对学校教育、教学工作的意见、建议和要求，也使家长及时掌握教育子女的有效方法，密切家庭与学校联系。

2.积极搭建家校互动平台，及时向家长反馈

为了更好地进行家校沟通，延安中学把学生在学校的表现及时反馈给家长，尝试采用信息化技术，建立班级管理平台，录入学校班级信息，进行班级建设、班级管理、家校沟通、同步课堂学习等。网络交流加强了学校与家长的及时紧密联系，在线学习也提高了学生的学习兴趣，帮助家长了解孩子学习、思想状况，以便进行针对性教育。

3.定期召开家长会，让家长全面了解学生表现

学校教育对学生成长起主导作用，是最正规、最有序的教育方式，但只有家长与学校合拍，同步主动配合学校，参与学校各项活动，才能产生家长教育的动力，使教育有成效。家长会是家校结合得很好途径。延安中学每年都会召开至少两次全校性的学生家长会，要求学生家长全面参加，通过面对面交谈，使家长更全面地了解学生的在校表现，使学校及时听到家长的呼声，了解家长对学校教育、教学工作的意见、建议和要求，也为家长及时提供了教育子女的有效方法，密切了家庭与学校的联系。

此外，延安中学还结合学校实际和需要，邀请家长委员走进学校，深入课堂，促进家长与学校的联系；定期组织家委会成员座谈会，了解家长对学校教育的要求、社会对学校和老师的反映，协助调解校、班、家长之间的各种问题。学校通过家委会向社会传递信息，促进社会逐步形成尊师重教的良好风气。

三、举办专题家长培训，普及家庭教育知识

在深入进行调查研究的基础上，根据不同的学生、不同类型的家长，有针对性地举办各种类型的家长学校，以提高家长学校实效。

1.新生家长培训

每年一年级新生入学，延安中学都会举办新生家长培训班，传授教育学、心理学基本知识，让家长明确怎样帮助孩子做好入学的工作，知道怎样帮助孩

子逐步养成良好的学习习惯。

2.毕业生家长培训

根据毕业班的特点，延安中学会专门举办毕业生家长学校。结合学生实际特点，通过专家讲座、名师引领、与家长互动讨论等方式，共同探讨孩子的青春期教育问题，真正实现家校互动。

3.家长心理培训

目前，绝大多数孩子是独生子女，很多家长都“望子成龙”，但不懂得如何运用科学方法来教育：有的溺爱娇惯，视为掌上明珠；有的拔苗助长，拼命施压；有的恨铁不成钢，施以棍棒。“家长培训”是对家长的心理指导和教会家长对孩子进行心理指导的阵地，是抓两代人的心理素质教育。延安中学特地请教育专家来校做讲座，提高家长的心理品质，以家长健康的心理和人格去影响孩子心理健康发展，帮助家长了解孩子心理发展规律，掌握科学方法有效管教孩子。

4.利用各种宣传阵地，普及家教知识

延安中学在校报开设家校园地栏目，介绍家长成功家教经验，每月一期，通过家长典型的现身说法，更好地指导家庭教育，把从家长学校学来的理论知识与家庭教育的实际有机地结合起来。在学校网站设立“家校之桥”“教子有方”栏目，宣传国内外在家庭教育方面的先进做法和各种家教问题的应对措施。利用家长会播放家教视频，帮助家长端正教育子女思想，提高教育质量，有效促进子女的成长、进步。

四、家庭教育主题实践活动丰富多彩

延安中学结合学校实际和需要，家长委员会认真组织，有计划地开展了多种家教主题实践活动，满足了家长的愿望，促进了家校关系。

1.教师家访活动

寒暑假期间、工作之余，我校教师在学校具体安排下，有计划地走进每一个学生的家中，了解了每一个学生的家庭情况、学习情况，与家长面对面交流，帮他们解疑。这种面对面的交流，感动了很多家长。近年来，学校每年都收到家长送来的锦旗和感谢信。

2.教学开放日，邀请家长进校园

为了更好搭建家校互动平台，协助学校做好向家长开放教育教学活动的工作，延安中学通过“教学开放日”每学期为家长提供一次听课机会，让家长走进课堂，与各位任课教师面对面，与孩子一起上下课，全方位了解孩子在校学习生活情况。学校还多次邀请家长参加运动会、读书节等专项活动，邀请家委会成员作为嘉宾为在各项比赛中获奖的学生颁奖，促进了家校关系进一步融洽。

3.举办家长课堂，接受家庭心理咨询

延安中学每年都举办家长课堂暨现场咨询活动，邀请心理学专家、家庭教育专家与到场的家长一起探讨教育观念和体制的变革、孩子的叛逆与家庭亲子冲突、培养称职的父母以及如何赢得孩子的尊重。活动现场，家长们踊跃发言，提出平时在家庭教育中遇到的困惑和问题。不少家长还将在课堂上听到、学到的理论运用于实践当中，尽量努力地加深与孩子的交流与沟通，为孩子建立一个良好的家庭氛围。

4.参加拓展训练，体验心连心成长

学校每年组织毕业班师生以及家长精心设计课外拓展训练，安排一系列的活动，让参与者体验感恩、分享，最后，老师、学生、家长共同完成了一项活动或一件作品，把一天的感受、美好的愿景、对孩子的期望等所思所想用心地记录下来。每一个参与者都全情投入，在体验中学习如何与人进行良好的沟通，互相信任、相互欣赏，从而拉近了家长与孩子、老师和学生之间的距离。

5.开展感恩教育，增进家庭情感

延安中学每年都组织开展一次生动的感恩教育课。演讲极具感染力，通过身边事例感动着每一位学生和家长，润泽着每个人的心田，这是家长、学生、老师之间心与心的沟通、心灵与心灵的碰撞，让每一个人感受到了感恩的真谛、感恩的伟大。当同学们大声喊出“爸爸妈妈，我爱你们”“老师，你们辛苦了”时，家长和孩子们相拥而泣，家长、老师、学生流下了感动之泪。感恩教育唤醒了学生的良知，净化了学生的心灵，给学生上了一堂生动的感恩教育励志课，让学生心怀感恩，心中有爱，励志成才。

6.倡导亲子共读，争当书香家庭

延安中学积极开展创建“书香校园”活动，整体创设校园书香氛围，构建教师、学生、家庭3个读书活动体系。为把读书活动由学校向家庭拓延，让书香飘进千家万户，向每位家长发出倡议，倡议书宣传了孩子从小养成阅读习惯的重要性，普及了亲子共读的基本方法。

7.评选出“书香家庭”并隆重表彰，促进学习型家庭建设

作为给予孩子生命的父母和给予孩子慧命的教师均肩负重任，家长已经强烈意识到在孩子人生的现场直播中他们应该成为知识的传播者、心灵的引领者、心声的倾听者。通过近几年学校的家庭教育指导工作的深入开展，家长们和老师们为了孩子们的人生更加幸福美满能够达成一致，即携手共进开创家庭教育的美好明天。

需要指出的是，家校共育的核心是有效沟通。沟通是非常重要的，学生愿意与家长分享自己的快乐和困难，家长也耐心地倾听一切，及时地给予帮助。同样，沟通也使家长与老师的沟通更加顺畅。只要家长尊重、信任孩子，有与孩子共同成长的意识，有提高家庭教育的认识，优化与孩子之间的相处，与孩子共同成长，那就一定能为孩子的成长保驾护航。

延安中学高2021届7班魏欣悦家长在《我家的延中故事》中写道：

“2000年，第一次熟悉延中，是因为我弟弟考上了这所百年名校，班主任吴雪红老师曾给予无尽的关怀和帮助。2003年，弟弟高考，我和爸爸陪考。那一年，我女儿出生了。弟弟高中毕业后，考入西安电子科技大学信号与信息系统专业本硕连读；2010年毕业后，工作于中国航天科技集团有限公司第五研究院西安分院，先后参与了我国的嫦娥三号、嫦娥四号、嫦娥五号探测器的研制工作，承担了我国首次火星探测任务的测距测速敏感器和测控数传分系统的研制，是西安分院火星探测任务的技术负责人。延中3年，为他之后伟大而自豪的航天梦想和事业奠定了坚实的基础。因此，延安中学成了我们全家人梦寐以求的中学。

“非常幸运的是，20年后，我的女儿也踏进了延安中学的校门。2020年7月，我和多少延中老师、学生、家长一样，激动于延安中学取得辉煌高考成绩的时刻，弟弟从海南文昌发射场发回了中国首次火星探测任务天问一号发射圆满成功的视频和照片。那一刻，真是感慨万千，我为我们家有这样为国贡献的栋梁而骄傲，也多么希望我的女儿能踏着她舅舅埋头苦读的校园小路，努力奋斗，不断进步。看到我的微信朋友圈，王老师发来信息：‘咱们好好培养魏欣悦，她也一定能取得好成绩。’”

今后的工作中，延安中学将继续贯彻上级部门的工作精神，一如既往地积极协调学校、社会与家庭的关系，及时了解广大学生的家庭教育情况，并做出相应的帮助措施，认真履行家委会职责，开办好家长学校，为教育事业作出应有的贡献。

第三节　载人民之期望：办好人民满意的教育

教育是国之大计、党之大计。我们党始终坚持教育发展的人民立场，历来强调发展教育为了人民。新中国成立以来，我国教育事业用70多年时间走过西方发达国家几百年的历程，基本实现了中华民族千百年来学有所教、有教无类的教育理想，开辟了中国特色社会主义教育发展道路。

一、用延安精神办学，就是要办好人民满意的教育

党的二十大报告从“实施科教兴国战略，强化现代化建设人才支撑”的高度，对“办好人民满意的教育”作出专门部署，凸显了教育的基础性、先导性、全局性地位，彰显了以人民为中心发展教育的价值追求，为推动教育改革发展指明了方向。

延安精神承载着人民的期望，用延安精神教书育人就是要办好人民满意的教育，这代表着中国共产党人的精神风貌和价值追求，是实现中华民族伟大复兴中国梦的力量源泉。

载人民以期望，就要坚持为人民服务的宗旨。延安时期，中国共产党人始终把人民放在心中最高位置，坚持为人民谋利益、为人民办实事。作为一所学校，我们也应该始终把学生的利益放在首位，关注他们的成长和发展，为他们提供优质的教育资源和教学服务。

载人民以期望，就要注重实事求是的工作作风。延安时期，中国共产党人始终坚持从实际出发，实事求是地制定政策和措施，不断推动革命事业向前发

展。作为一所学校，我们也应该注重实践，注重学生的实际操作能力，让他们在实践中学习、在实践中成长。

载人民以期望，就要发扬艰苦奋斗的革命精神。延安时期，中国共产党人始终保持艰苦奋斗的革命精神，不畏艰难险阻，勇往直前，不断开创革命事业的新局面。作为一所学校，我们也应该注重培养学生的艰苦奋斗精神，让他们在未来的工作和生活中始终保持奋斗精神。

所以，以延安精神为办学指导，承载人民的期望，是实现中华民族伟大复兴中国梦的必由之路。

二、办好人民满意教育，就是要实现教育高质量发展

办好人民满意教育，就是要实现教育高质量发展，这既是国家高质量发展的重要组成部分，又是其重要基础和持久动力。加快建设高质量教育体系对充分发挥教育、科技、人才在全面建设社会主义现代化国家过程中的基础性、战略性支撑作用具有重大意义。

加快建设高质量教育体系是建设教育强国和办好人民满意教育的必然要求。现代社会发展越来越快速，教育系统是最复杂的社会系统之一，牵一发而动全身。要把国家发展对人才的需要、人民群众对教育的期望、教育发展和人才成长规律有机统一起来，必须从体系建设入手。

加快建设高质量教育体系是对我国教育发展新阶段的时代要求。在党的领导和全国人民的共同努力下，我们建成世界上规模最大的教育体系，全面普及九年义务教育，巩固率达到95.4%，高等教育毛入学率达到57.8%，高等教育从大众化进入普及化阶段，“学有所教”成为现实。要实现从教育大国向教育强国不断迈进，办好人民满意的教育，势必要求实现从数量增长、规模扩张的发展模式向质量提高、内涵发展的模式转变。

加快建设高质量教育体系是促进我国教育水平整体迈上新台阶的现实需要。改革开放以来，教育取得了历史性成就，发生了历史性变革，走出了一条

发展中大国教育优先发展的成功道路。要更好地体现人口规模巨大、全体人民共同富裕、物质文明和精神文明相协调、人与自然和谐共生、走和平发展道路的中国式现代化，就必须树立整体谋划、全局统筹、协调发展的理念，进行教育领域综合改革创新。

《中华人民共和国国民经济和社会发展第十四个五年规划和2035年远景目标纲要》把“建设高质量教育体系”作为“十四五”时期我国教育发展的目标任务，党的二十大报告提出要“加快”建设高质量教育体系，更凸显了这一任务的紧迫性。

高质量教育体系应当是一个更加高效、灵活、开放、协调的教育体系。要促进教育公平，推进基本公共教育服务均等化，巩固义务教育基本均衡成果，加快义务教育优质均衡发展，鼓励高中阶段学校多样化发展；增强职业技术教育适应性，突出职业技术（技工）教育类型特色；提高高等教育质量，推进高等教育分类管理和高等学校综合改革，构建更加多元的高等教育体系，加快建设世界一流大学和一流学科；建设高素质专业化教师队伍，建立高水平现代教师教育体系。

具体而言，建设高质量教育体系应从以下几方面着手。一是建设高质量育人体系，发展素质教育，着力培养担当民族复兴大任的时代新人，造就德智体美劳全面发展的社会主义建设者和接班人。二是建设高质量科研体系，转变评价方式，坚决破“五唯”，围绕国家战略需要、经济主战场、“卡脖子”问题和国际话语权，注重贡献导向、目标导向、实效导向，为建成科技强国奠定坚实基础。三是建设高质量教育管理体系，以促进人的发展、激发每个人的积极性和创造性为宗旨，深化教育领域的“放管服”改革，促进教育数字化转型，不断提高教育的现代化治理水平和治理能力。

三、办好人民满意教育，延安中学在行动

党的二十大报告对办好人民满意的教育作出新的重大部署，延安中学结合

学校实际情况，从教育培养学生的角度出发，积极采取更加有力的举措，把各项任务落到实处，努力发展有中国特色的社会主义现代化教育。

1.加强党对教育工作的领导

党的领导是办好教育的根本保证，要以党的政治建设为统领。延安中学坚持和完善党委领导下的校长负责制，改革创新学校思想政治理论课，把学校建设成为坚持党的领导的坚强阵地。深入推进依法治教、依法治校，完善教育治理体系、提高教育治理能力，赋予学校更多办学自主权，激发学校发展活力。

2.加快建设高质量课程体系

教育要适应人民期盼和发展需求，巩固提升普及水平，就要更加注重高质量课程。延安中学坚持高中阶段学校多样化发展，立足延安中学历史传统和现实情况，加强学校学科建设，促进内涵式发展，全面提高学生培养质量，走出一条富有延安中学特色的中学教育道路。

3.深化教学综合改革

教育关乎公平与效率，涉及思想观念、利益调整。延安中学发挥教学改革的作用，带动育人方式、办学模式、管理体制、保障机制等综合改革。学校的职责归根结底是教书育人，要推动办学治校坚守育人的本源，坚决破除唯分数、唯升学、唯文凭、唯论文、唯帽子，完善学校管理和教育评价体系。延安中学发挥学校育人主阵地作用，持续优化教育教学秩序和综合育人环境，巩固拓展“双减”成果，防止反弹。同时，进一步加强与他校的教育交流合作，拓展全方位、多层次、宽领域的教育对外开放格局，不断增强竞争力。

4.加强教师队伍建设

没有高水平的教师，就谈不上高质量的教育。延安中学实行基础教育强师计划，加强师德师风建设，培养高素质教师队伍。学校推动政策、资源、投入进一步向教师倾斜，保证教师队伍有充足的师资来源，加快补充思想政治、音体美等学科教师。深入推进学校教师管理改革，提高教龄津贴标准，吸引和激励更多优秀人才长期从教、终身从教。

教育是提高人民综合素质、促进人的全面发展的重要途径，是民族振兴、社会进步的重要基石，是对中华民族伟大复兴具有决定性意义的事业。强国必先强教，中国式现代化需要教育现代化的支撑。在新的起点上，我们要深入贯彻习近平总书记关于教育的重要论述，全面落实党的教育方针，坚持为党育人、为国育才，遵循教育规律和人才成长规律，顺应社会主要矛盾的变化，以高质量发展为主线，以深化教育改革为动力，以凝聚人心、完善人格、开发人力、培育人才、造福人民为目标，健全学校、家庭、社会育人机制，培养德智体美劳全面发展的社会主义建设者和接班人，加快建设教育强国、办好人民满意的教育。

第四节　慰生命以温度：教育是温暖的事业

教育应该是有温度的，教育的温度来自教育者内心的温度。只有教育者自身内心温暖，才能给被教育者以温暖。而教育者内心的温暖必然来自对教育的热爱，对学生的热爱，这是一种教育情怀。

近年来，随着教育改革的不断推进，延安中学在坚持用延安精神教书育人的过程中，提炼出一个教育主题——教育要有温度。

首先，教育要有温度是指教育应该关注学生的情感和心理需求，注重培养学生的综合素质和全面发展。在延安时期，中国共产党非常重视教育的作用，提出了“教育为革命服务”的思想，强调教育应该关注人民群众的利益和需要。这种思想在现代教育中仍然具有重要的意义。

其次，教育要有温度，也要求教育工作者应该注重与学生之间的互动和交流，建立良好的师生关系，营造和谐的学习氛围。在延安时期，中国共产党注重与人民群众的联系，强调与人民群众的鱼水关系，这种思想在现代教育中仍然具有重要的启示。

最后，教育要有温度，还要求教育应该注重培养学生的创新能力和实践能力。在延安时期，中国共产党注重培养干部的创新能力，强调干部应该具备创新思维和实践能力。这种思想在现代教育中仍然具有重要的指导意义。

教育要有温度是一个非常人性化的教育话题，强调了教育应该关注学生的情感和心理需求，注重培养学生的综合素质和全面发展。在教育改革中，我们应该积极探索如何将延安精神与现代教育相结合，培养出更多符合时代要求的人才。

一、做一个有温度的老师

回望自己学生时代的读书生涯，发现一个有趣的事实：自己喜欢某位老师，这门课就能学得好一些。如果内心对某位老师有意见，他教的这门课我可能就会学得差点儿。本来以为这是我个人过于情绪化的缘故，后来和一些朋友说起，大家或多或少都存在类似的情况。

学生往往具备质朴得毫无道理可讲的直觉，直到我成长为老师，我才明白并且坚信：教育是有温度的事业。

在自己的课堂，在自己的办公室，面对的大抵是朋友、同学的孩子，而且每个班都有人数控制，沟通和交流是没有问题的。在学校，在数量庞大、陌生的学生面前，如何让自己的教学保有温度？我一直在思考、观察、实践，逐渐地意识到，有温度的教学首先是形象的塑造。一个严肃的或者和蔼的或者诙谐的形象都可以，但一定要真诚。孩子们的直觉很对，老师真诚的善意大家都能感受到。在进入班级前，你可以是个无精打采的人，一个心事重重的人，一个愤怒的人，但是当你踏入课堂的瞬间，你就是一个传播知识的人，一个对孩子们充满兴趣和爱心的人。

做一个负责任的老师。教育工作是辛苦的，教师每一天都进行着平凡琐碎的工作，日复一日，年复一年，备课、上课、批改作业、管理班级……重复性的劳动单调而缺乏新鲜感，可是我们应当立足现今、着眼未来、以苦为乐、勤勤恳恳、甘做人梯，肩负起教师这个光荣而艰巨的任务，为后代着想，为家长负责，为学生奠基，为祖国千秋大业作贡献。因此，每一个教师都要有敬业精神，这样才能让教育更具有生命力，才能让教育更有温度。

1.有温度地关爱学生

教师应该具有热爱学生、诲人不倦的情感。亲其师，信其道。教师不仅要关心学生的知识构建情况，还要关注学生的学习情感以及心理状态，即教师要有温度地关心学生、热爱学生，必须对全体学生一视同仁，不能偏爱一部分学生而冷淡或歧视另一部分学生。每一个学生都渴望得到教师的爱，尤其是那些家庭有过特殊变故的学生，容易形成异常的性格，这就要求我们教师在做思想工作的时候应真诚相待、热情鼓励、耐心帮助，用师爱的温情来融化他们心中的坚冰，让他们在愉快的情感体验中理解师爱是一种巨大的教育力量，使学生感觉到教师的温暖。

2.严谨工作，认真负责

教师要有严谨的工作态度，知识的呈现与引导方面马虎不得，因此教师自身一定要做好充分的课前准备，认真研究教材，并结合具体的教学内容以及班级学生的年龄特点和认知规律做好问题的预设，然后才能在课堂上及时解答学生提出的任何疑问，并及时纠正学生的错误思维。教师对待学生也要严慈相济，尤其是在学习习惯方面更是要加强督促引导。

3.加强学习，不断提升素养

终身学习本就是教师职业道德的重要内涵，因此教师要积极参与各种教研活动，因为每一次的交流与分享都能让我们在工作中更加得心应手。学会不断超越自己，做有温度的教育，当有情怀的老师，成为践行师德的模范，才能在教书育人的道路上花香四溢、硕果累累。

二、延安中学的温度

在延安中学温馨和谐的教室里充满着欢声笑语，师生之间亲密无间、心灵默契、情感交融。在公平优质教育的阳光下，延安中学践行“做有温度的教育”的办学理念。课堂上，“温度”浸润师生；下课铃声响起，“温度”从课堂流淌到课外。课堂内外、校园内外，无不蕴含着师生间的温暖。

教育的温度是春风化雨、润物无声的。延安中学的老师脸上总是洋溢着微笑。对老师来说，学生是花瓣上颤动的露珠，需要小心呵护、细心照料。教育是红烛上摇曳的火光，虽然微弱，却给人以光明、方向和温暖。也许老师一个不经意的微笑，就能像阳光一样照亮学生的心灵。

教育应该有超出职业之上的更高使命。对生命的尊重，就是让生命调适至它最适宜的温度。好的教育，永远是人性光辉的散发；真的教育，永远是生命温度的呈现。

让教育充满生命的温度，其意义在于，每片叶子在春夏秋冬不同时节会有不同变化，教育应根据学生的生理特征、个性特征等有不同生命阶段的演绎。

涵养生命之温度、矢志智能之生成、遵循教育之本真的教育原点回归，可以让教育人随时聆听生命拔节的声音。

教育应是让人温暖、令人愉悦的事业，学校应是教师热爱、学生留恋的地方。

教育的温度，来自关注。每一个人都很重要，学校心系师生，教师心系学生。多一些关注，就多一分热爱，多一分希望。

教育的温度，来自尊重。尊重教育规律，遵循成长规律，是教育的智慧；发现、理解、包容、尊重每一个不同的人，是教育的真谛。

教育的温度，来自发展。教职工走向专业成熟，学生获得进步满足，学校赢得尊严和尊重。校园里，每个人都拥有成就感和幸福感。

在延安中学，教师一直是温暖的典范，是学生的朋友和知己，告诉他们怎样走可以更好，做他们心中那个有温度的老师——对学生展现我们的温情，对教学展现我们的热情。

做一个温暖人心的教育者，才是最幸福的。教育是用人格塑造人格，用个性濡化个性，用情操陶冶情操。正如雅斯贝尔斯所言，教育是一棵树摇动另一棵树，一朵云去推动另一朵云，一个灵魂唤醒另一个灵魂。做有温度的教育，就是说有温度的话、上有温度的课、写有温度的字、做有温度的人，像孔夫子一样做温暖人心的教育，不急躁、不极端、不尖锐。

三、学生家长的心里话

延安中学高2020届3班付博阳家长在写给班主任的一封信里说：

“在我儿子踏进延安中学3班的时候，我第一次接触到了您——李润弟老师，也就是3班班主任。那时虽然没与您太多地交流，但我从您身上，感受到一种真诚、一种温暖，也感受到了一个好老师应有的气度，我坚信您就是能帮助我儿子走向成功的好老师。果不其然，经过您3年的培养，我儿子以理科585分的好成绩完成高考——他进校成绩很一般，名次全年级800名左右。在此特别感谢您和您班的所有任课老师，我诚恳地说一声‘谢谢’！对家长来说，孩子可能是唯一的；但对您来说，学生可不是唯一的。您有许多学生，只要不离开这个岗位，每年或每几年就有一批新学生来到您身边，所以这就产生了一个不等式，也是如我这类家长所担心的——生怕在对孩子人格和习惯培养过程中与你们不同步，甚至是逆向的，那后果就不言而喻了。正是由于您的起早贪黑、严格管理，时刻不离不弃，关注和爱护着每一个孩子，孩子们才能健康地、快乐地成长。当然，孩子们也非常理解您、体贴您、想着您。记得有次我问儿子学校、班级管理的情况时，他说学校管理很严格，但看到班主任李老师身体不太好还时刻坚守在自己的工作岗位，有时候很心疼。当我听到这句话的时候，心里有种说不出的感慨——孩子在您辛勤培育下长大了！我作为家长由衷感谢您：‘李老师，您辛苦了！’

“孩子人格的塑造离不开家长和老师，在校期间全依靠班主任和老师来管理，我们家长苦口婆心教育还不及您的一句引导。幸运的是，在这3年中您很好地保持了与我们家长的沟通，同时在生活中关心和照顾着每位同学，在思想上净化他们，在学习中时刻鼓励他们，才让他们健康、快乐地成长。

“知子莫若父，对自己儿子的言行举止，当父亲的最清楚。我了解他内心的坚强，也明白他心中的软弱，当然也最清楚孩子的优点与缺点，因为我们是他的父母，我们会最大限度包容他的缺点，给予他最无私的帮助，但作为与学生没有血缘关系的您，能包容学生不合时宜的个性，容忍他们不合逻辑的错误，在当下的教育体制下，实属不易。高中三年中，孩子们无论是月考、期中考、期末考还是高三模考，只要成绩出来，您都会结合学生具体情况进行精准分析。对进步的孩子，您给予表扬和鼓励；对成绩有下降的孩子，您从不训斥，而是耐心分析其中的原因，如书写不规范、语言表达不准确、审题不清等存在的问题，最后给予鼓励。孩子听了您的分析后感触很深，心情好了，学习效率也就高了，这离不开您的辛勤工作和努力。从孩子高中三年的信息反馈来看，您与您的团队做到了无微不至。我由衷地感谢你们，也由衷地为我儿子遇到像您这样的班主任老师感到幸运。你们既教给了他们知识，又激发了他们的思维；你们既给了他们分数，又给了他们做人的品行。2020届理科3班高考成绩优秀，绝大部分孩子都考出了令人满意的成绩，发挥正常，家长们也很感激，这离不开您考前的动员和耐心的思想教育。”

教育绝不仅仅是老师有温度的事业，更应该是家长有温度的事业。太多的家长既不关心孩子的接受能力，也不关心他们的疲乏程度，把儿童教育的责任完全寄托于老师，寄托于毫无间隙的学习活动。其实自己带着孩子，走过地上的路，看看天上的云，锻炼身体、谈天说地才是关乎孩子身心成长的大事。在这方面，忙忙碌碌的家长们有着相当的缺失，这样的缺失在未来无法弥补。

第五节　给人格以滋养：木受绳则直

重视学生的人格教育，让学生学会关心他人，已成为当前素质教育亟待解决的问题。我国独生子女较多，学生素质发展中较为普遍地存在着以自我为中心、不关心他人、任性、胆小、怕苦、缺乏责任心等问题，与当今社会对人才的素质要求格格不入。

传统的教育模式、教育观念使我们的家长过多地重视知识技能的传授，看轻生活能力、行为习惯、情感态度和人格心理素质的培养。现在家长忙于送孩子学音乐、舞蹈、美术、武术、象棋，五花八门，跑了这家到那家，上了这班上那班，跟赶趟似的，但对孩子以后为人处世品质的培养却有所忽视。

一、用延安精神滋养学生人格

用延安精神教书育人，可以给学生以深刻的人格滋养。

延安精神可以培养学生的坚定信仰。只有具有坚定的信仰，才能经受住各种风险和挑战的考验，始终保持革命的斗志和热情。通过学习延安精神，学生可以深刻理解革命先烈们为了信仰而奋斗的决心和勇气，从而树立正确的世界观、人生观和价值观。

延安精神可以培养学生艰苦奋斗的精神。在革命时期，中国共产党人面临着极其艰苦的生存环境和工作条件，但他们始终保持着艰苦奋斗的精神，努力克服困难，不断取得胜利。通过学习延安精神，学生可以认识到艰苦奋斗是一种可贵的品质，能够激发自身的潜能，克服困难，取得成功。

延安精神可以培养学生实事求是的精神。在革命时期，中国共产党人始终坚持实事求是的原则，从实际出发，不断探索和总结革命的经验和教训，从而不断推进革命事业的发展。通过学习延安精神，学生可以深刻理解实事求是的重要性，自觉遵循客观规律，不断追求真理。

而且，延安精神可以培养学生勇于创新的精神。在革命时期，中国共产党人不断探索新的斗争方式和方法，不断开创革命事业的新局面。通过学习延安精神，学生可以领悟到勇于创新是推动革命事业发展的重要动力，能够激发自身的创新意识和创造力，不断开创事业的新局面。

二、培养学生人格在于细节

延安中学在培养学生良好的人格方面，主要从以下几方面着手。

1.从细处入手，使学生学会尊重、关心他人

让学生学会关心他人是一个具体实践活动，是以认知、体验、调节和改善自我直至形成良好的人格品质为目的的活动，通过教师、学生、家长的共同努力，让学生从身边的一件件小事做起，从学会尊重、关心最爱的父母长辈开始，逐渐学会关心他人、关心社会，并将“关心他人”的实践活动内化为自觉行为，形成一种良好的品质，从而促进学生身心素质得到主动的发展。千万不要纵容孩子的无理和不尊重长辈的行为，认为是孩子不懂事、闹着玩，一定要抓住机会进行引导和教育。教他们有礼貌地向他人打招呼，早晨说一声“早上好”，入睡前则道声“晚安”，并养成习惯。在赞扬声中，他们就会感受到“尊重别人就是尊重自己”的快乐。

2.让学生学会独立自主地成长

当今中国的现代化进程越来越快，对人才创新能力的要求也越来越高，而让孩子学会创新就必须先让孩子学会独立，这一点对于我们现在还相对封闭的传统教育来说尤为重要。许多教师和家长在要求孩子做事时总是不自觉地说“你该这样做，不该那样做”的话，这种干涉孩子自主活动的行为，会造成孩子失去探索、主动学习的机会，成为“指挥棒”下的小“木偶”。

在一些发达国家，无论是老师还是家长，在教孩子学习新知识时，总是给孩子充分的时间、空间和材料让他们自主、独立地学习，然后根据孩子自己发现的问题进行引导。这种独立的意识和自主的习惯也使孩子更加乐意主动地去学习，去进一步创新。而非独立性教育则使孩子经常处于等待、顺从、依附的状态，形成消极被动的心理，这对于创新能力的培养是十分不利的。凡是孩子自己能想的让孩子自己想，凡是孩子自己能做的让孩子自己做。我们应当注意以征询式、开放式的语言和孩子交流，鼓励孩子自由表达、自主决定。

3.注重培养学生自信心

一个没有自信心的人不能克服困难、勇往直前。所以，良好的自信心对一个人成就事业十分必要。延安中学注重培养学生的自信心。学校实行轮流班委制，让每个学生都有当“管理者”的机会。传统的固定班委制，使大多数学生认为自己当不上班干部也干不好班干部，从而产生自卑心理。实行轮流班委制，使每个学生都可当上班干部，参加管理班级事务。实践证明，只要给每个学生提供舞台，他们都可以成为出色的班干部。

4.培养学生建立良好的人际关系

良好的人际关系在一定程度上能促进一个人更好地发展自身素质。学校帮助学生建立良好的人际关系就能进一步强化他们的学习和生活，反之，则受影响。延安中学在课堂教育中鼓励老师尝试优差搭配、让优带差。实践证明，活动层面越多，效果越好。知识在与别人交流、分享过程中，不但不减少，反而可得到验证、补充、强化，良好的人际关系也在交流和分享中逐步形成。

5.心理健康教育渗透于教学的全过程

延安中学将心理健康教育的内容融入学科教学之中，通过二者的有机结合，使学生在掌握学科知识的过程中接受心理健康教育。一是在学科教学中进行心理健康教育，要注意挖掘学科教材中的心理教育内容。在教学中注意挖掘和组织好对学生心理产生重要影响的学习内容，使其在教学过程中潜移默化地影响学生的心灵，这就会使学科教学过程收到事半功倍的心理教育效果。二是构建良好的课堂心理教育环境。教师应放下架子，和谐平等地对待每一位学生，尊重学生的人格，把他们看成自己的朋友，使学生真正从心理上接受你，教师才有资格做学生学习过程的指导者。

三、让学生学会保持良好的情绪

情绪是指有机体在自然需要是否获得满足的情况下所产生的主观体验。我们的需要得到满足时便会产生满意、欣喜、愉快的情绪体验，否则，就会产生气愤、憎恨、厌恶的情绪。一个人情绪的好坏，对他的学习、工作及心理健康有着极大的影响。同时，情绪对一个人的身心健康也会产生直接或间接的影响。保持良好的情绪，不但能提高人体的各种活力，调动积极性，充分发挥潜能，还可以保持身体内分泌的平衡，以利于潜能的发挥。所以，我们要告知学生注意避免不良情绪，学会保持积极良好的心理状态。

1.培养宽广的心胸

延安中学常常教育学生学会包容。人生百态，世事难料，不如意的事时有发生。假若没有宽广的心胸，势必使自己产生烦恼，作茧自缚，导致不良情绪的产生，影响心理健康及潜能的调动、发挥。所以，我们常常以一些生动的例子作为对比，逐步培养学生宽广的心胸，使其学会包容一切可以包容的事物。

2.做个乐观向上的人

乐观是快乐的源泉，是人生的挚友。拥有乐观的生活态度和幽默不凡的谈吐，不但会给自己和他人带来快乐，同时也体现着一个人的学识和风度。乐观的学生在遇到挫折时会下决心更加努力并想到各种补救方法，而悲观的学生只会抱怨、放弃，从此一蹶不振。

3.培养和提高情商

情商即情感智商，情商的高低也就是指一个人对自己的情感、情绪等方面的自我调节能力的大小。生活不可能事事如意、一帆风顺，挫折和失败在所难免。若不能很好地认识对待，势必会影响自己的情绪，产生不良后果，这样不仅会给我们的学习、工作、人际关系及生活带来不利影响，还会造成心理压力，从而危害身心健康。生活中难免有遭遇挫折失去信心从而产生自卑的时候，对于这样的学生，我们首要的任务就是使其学会自我调节，恢复自信心，朝着预定的目标继续努力，也就是培养和提高他们的情商。

4.培养学习兴趣，充分调动潜能

兴趣是学习、探究某种事物或进行某项活动的一种带有情绪色彩的心理倾向。人的兴趣并不是天生就有的，它是在后天的实践活动和学习中培养激发的，有了兴趣就能调动我们高度认真、乐而忘忧、废寝忘食地做事。

四、培养学生坚强的意志

生活中，每个人都有自己的理想和人生奋斗目标，都期望能去实现它。可是，通往成功的大道并非平坦无阻、一帆风顺，幸运之神只跟那些不畏艰险、勇于追求进取的人有缘。无数事例也证明影响个人成功的关键不仅与智力有关，更取决于是否具有坚强的意志和完善的人格。能否取得成功，能否具有充实的人生，主要是看他的心理素质如何，是否具有坚强的意志和坚定的人生奋斗目标。培养坚强的意志，首先要学会正确地面对挫折和困难。

青少年学生如果不能正确面对挫折与困难，不会冷静处理，就会引起不良后果，如动辄离家出走，甚至绝望自杀或攻击报复等恶性反应，当今社会，这样的事例已发生过。在人的一生中挫折是不可避免的，若能采取积极的方式，适量的挫折是很有必要的。对现代青少年来说，大部分家庭条件都比较好，只有遭受适度的挫折，才可以使其从中受到锻炼。

因此，我们教育学生要明白，挫折是人生的附属物，有竞争、奋斗，就会有挫折。另外，要培养学生的毅力。为了培养青少年学生的毅力，应该让他们树立崇高的目标，激发强烈持久的动机，增强战胜困难的勇气、信心、耐心和恒心，建立适度的期望值，从小事做起，学会控制自己的情绪，约束自己的言行，使自己的智力和精力始终指向既定的奋斗目标。

从当前的教育发展形势看，学生人格教育已势在必行、刻不容缓。因此，用延安精神教书育人，可以给学生以深刻的人格滋养，帮助他们树立正确的世界观、人生观和价值观，培养他们坚定信仰、艰苦奋斗、实事求是、依靠群众、勇于创新等品质，使他们成为具有中国特色的社会主义事业的建设者和接班人。

第六节　促灵魂之觉醒：让鸡蛋从内破壳

教育的目的和意义是什么？是灌输某种知识和技能，还是从心灵深处唤醒孩子的自我意识、生命意识，激发孩子的生命创造力？

卢梭在《爱弥儿》中说道："什么是最好的教育？最好的教育就是无所作为的教育：学生看不到教育的发生，却实实在在地影响着他们的心灵，帮助他们发挥了潜能，这才是天底下最好的教育。"

著名教育家张伯岑也曾经说过："作为一个教育者，我们不仅要教会学生知识，教会学生锻炼身体，更重要的是要教会学生如何做人。"也就是说要让学生灵魂觉醒，成长为一个具有积极人生观的人，具有健康状态面貌的人，会学习、有智慧的人，会合作、宽以待人的人，会生存、能独立的人。

长期以来的教育误区，把教育仅仅看作在严肃的教室中的苦行僧的生活，而忽视了对孩子来说更有意义的唤醒教育和自我教育。从某种意识上讲教育的所有意义与价值就在于：唤醒人类心灵中的真、善、美。

一、每一个灵魂都是宝藏

每一个心灵都是自然宇宙与人类智慧的结晶，每一个孩子都有丰富的心灵与巨大的潜能，教育只需要将其内在的良知、良能唤醒。

孩子的内心世界，就像一个藏满宝藏的盒子，在这个盒子里，有智慧、有理性、有意志、有品格、有美感、有直觉等生命的能量。

如果我们不能揭开人类心灵的神秘面纱，我们就无法真正理解教育的真谛；如果我们不能潜入人类灵魂的最深处去感悟生命的神奇，我们就永远找不到教育的力量。

那么，灵魂是什么？

作为无神论者，我们所说的灵魂是指生命的精神、思想、情感等，是指人格、良心，是指能够引起认同的价值观念，是积极向上的精神、思想和情感。灵魂是被社会认可的价值观，灵魂是健全的人格、社会所公认的正能量和良心，等等。

苏格拉底的父亲是一位著名的石雕师傅。在苏格拉底小时候，有一次，看到父亲正在雕刻一只石狮子，他观察了好一阵子，突然问父亲："怎样才能成为一个好的雕刻师呢？"

"看！以这只石狮子来说吧，我并不是在雕刻这只石狮子，我是在唤醒它！"

"唤醒？"

"狮子本来就沉睡在石块中，我只是将它从石头监牢里解救出来而已。"

"唤醒"，多么富有启发意义的教育箴言！

苏格拉底本人不也是一个伟大的心灵雕刻师吗？他经常说："我没有智慧，我只是智慧的接生婆。"

他利用接生术将那个时代的人们的心灵一次又一次从蒙昧状态中唤醒。

所以，我也经常对老师说，我们老师并没有智慧，只是借古圣先贤的智慧唤醒无数家长的智慧，引导家长找到唤醒孩子智慧的钥匙。

我们的孩子，特别是我们认为成绩不好的孩子就是石块里面沉睡的狮子，我们应该唤醒孩子心灵深处的天赋潜能和内在力量，让孩子从蒙昧中醒来，而不是一味地强迫孩子学习，无限度地增加孩子的学习负担。

孩子在被动状态下的学习只是应付差事，对孩子的智力启发是毫无意义可言的。我们要做心灵的唤醒师，要做高超的雕刻家，而不做孩子学习的催促者与强行灌输者。

教育的目的不在于传授和灌输某种外在的、具体的知识与技能，而是要从心灵深处唤醒孩子沉睡的自我意识、生命意识，促使孩子价值观、生命感、创造力的觉醒，以实现自我生命意义的自由、自觉的建构。

教育的过程也不仅是要从外部解放孩子，而且要唤醒孩子内在的心灵能量与人格理想，解放孩子的智慧，发展孩子的潜能，激发孩子的生命创造力。

教育是一个灵魂唤醒另一个灵魂，是一颗心灵感召另一颗心灵，是一个生命点燃另一个生命的力量。

二、教育要唤醒，而不是灌输

保护好孩子的自尊，呵护好孩子明净的心灵，让他们见微知著、触类旁通、自觉自悟，在成长中收获自尊、自信，树立生命价值意识，当有一天孩子惊喜地感受到一种跃动的活力、一种难以遏制的生命激情与力量的时候，教育也就触及了其真正的本质——唤醒，这也正是教育的精髓与智慧之所在！

唤醒不只是依靠外界的一种力量，更重要的是一种自我觉知与自我唤醒的觉悟与力量。

教育要做唤醒的功夫，而不是强行地灌输知识。当孩子的求知欲望与生命的力量被唤醒之后，孩子就会自觉主动地去探索未知的世界，而这个探索的过程也就是孩子自我唤醒心灵智慧的过程。

教育的目的是不教育，即引导孩子进行自我教育。

当孩子能够进行自我教育的时候，就会全身心地投入学习与生命成长的体验，这种亲身的体验以及知识的得来是经过他自己验证的。这样也就将孩子独立思考的能力培养了起来，孩子有了自我思考的能力，也就有了明辨是非的能力，明辨是非的能力就是智慧。孟子说，是非之心，智之端也。

智慧并非知识，却离不开知识。智慧可以说是适用的知识，是知识与价值观的具体结合，来自对生命、自我与世界的深刻体验与反思，并形成了动态的判断力。因此，它是一种德行，也是一种明觉，在生活中实现真善美与和谐、无执、超越等价值形态。

我认为，让孩子早一点儿了解和学习事物，让孩子多接触自然界的万事万物，让孩子多读经典作品等，都是唤醒孩子心智的重要方法。孩子的心智唤醒了，就会留心周围的世界，探究其中的道理，并思考怎样与世界发生联系，在这个探索的过程中孩子自然会得到成长力量，并能找到生命的意义与方向。

三、刻骨铭心的教育才是心灵的唤醒

促进学生灵魂觉醒要避免“过分追求形式”。有的时候，我们的德育内容和德育方式往往存在着不共振的状况，如灌输式较多，体验式较少，这就让学生感到有隔阂、很遥远。学生就会无动于衷，其结果是德育效果甚微，还容易引起学生的逆反心理，起到消极的作用。

唤醒学生的灵魂要“寻找学生身上的闪光点”，学生作为受教育的个体，差异性大。因此，延安中学本着“不让一个学生落下”的育人原则对待每一个学生。特别是对待叛逆的学生，如果我们触动学生的灵魂深处，他们就会发生蜕变。

我以前做班主任的时候，曾接手了一个成绩较差的班，发现班里“刺头”比较多。刚开始的时候，我对他们严格要求却没有什么效果，后来尝试着找出这些“刺头”身上的闪光点，学生就变得听话多了。其中有一个学生个子比较小，但在学校运动会1000米比赛中尝试着超过第一名，并领跑了一段时间，最后由于体力不支得了第二名。在总结的时候，我严肃认真地表扬了这位学生敢于超越的勇气以及不服输的精神，鼓励他不断努力将来必有出息。可能是说到他的心里去了，这个学生后来就变得不那么逆反了，行为表现和学习作业也有了很大的进步。

有一次老师上完音乐课之后，我到教室后发现，大多数学生将自己的音乐书随便扔在讲台上面。我看到乱糟糟的样子当时非常生气，但还是耐着性子观察是否有学生表现不同。果然有一位女同学不仅端正地上交自己的书，而且顺便把其他同学的书也收好，整齐地放在讲台上面。此时，我抓住机会表扬了这位学生，说她不仅乐于助人，而且在维护班级整洁方面带了一个好头，值得大家学习。说完之后，学生报以热烈的掌声。重要的是，大家相互仿效学习，课堂纪律和课堂整洁一下子就上来了。

后来，我在读到“教育的本质就是唤醒灵魂”这一名言时，最深切的感受是：刻骨铭心的教育才是心灵的呼唤。它能唤醒学生心灵深处美好的情愫，它能唤醒学生对社会的敬畏、热爱和感恩，它能奠基学生未来的健康成长。

四、融入延安精神，唤醒学生灵魂

需要意识到的是，唤醒学生的灵魂是一个长期不懈的过程。那么，在实际教育教学实践中如何唤醒学生的灵魂，是一个值得深思的课题。延安中学在教育教学中，通过融入延安精神，有效促进学生灵魂的觉醒，让他们更好地适应社会的发展和变化。

首先，延安精神是中华民族精神的重要组成部分，其内涵包括了坚定信仰、实事求是、依靠群众、独立自主等方面。这些精神要素与当今社会的发展需求有很多共通之处，如信仰坚定可以帮助学生树立正确的人生观和价值观，实事求是能够帮助学生更好地适应社会需求，依靠群众可以培养学生的团队合作和奉献精神，等等。

其次，用延安精神教书育人可以更好地塑造学生的品德和人格。在当今社会，学生的品德和人格塑造比任何时候都更重要。通过融入延安精神，可以让学生更好地理解中华民族的传统美德，如诚信、勤劳、友善等，同时也可以培养学生的爱国主义、集体主义和奉献精神。

最后，用延安精神教书育人可以更好地培养学生的创新能力和实践能力。在当今社会，创新和实践能力是人才竞争的核心要素之一。通过延安精神的融入，可以引导学生进行批判性思考和尝试，激发他们的创新意识，提高他们的创新能力和实践能力。

延安中学高2021届7班魏欣悦家长在《我家的延中故事》中写道：

“我们对老师大部分的了解来自女儿的滔滔不绝：‘妈妈，我们数学老师何老师可厉害了，当年他的高考数学满分。他给我们讲题，只扫一眼，两手一摊，就绘声绘色开始了。’从她那眉飞色舞的神情，可以看出是有多崇拜！还记得她遇到难题的那次，回家告诉我说：‘妈妈，曹老师说我一定能行。’‘嗯，你肯定能行！’我也这么对她说，但我知道，老师的那句鼓励才是她最想听到的，也是最有力量的。她还说，强老师是她的好朋友，她们经常无话不谈……有声无声的话语，不断激励着孩子，我们看在眼里、听在耳里，更是记在心里，正如书上所说，‘老师是这个世界上唯一一个与你没有血缘关系，却会因你进步而高兴、落后而着急，满怀希望，愿你成才而无怨无悔的人’。孩子一次意外受伤住院，当我们赶到医院时，德育处杨主任、王老师还有宿管阿姨早已带孩子做完了全部检查，幸亏没什么大碍，住院牵引几天就可以了。全部安顿好了，他们才放心离开。第二天，王老师和何老师又专门到医院看望之后，一直电话、微信联系，了解孩子的恢复情况。他们工作那么忙，还时刻牵挂着我的孩子，那种感激和感动，无以言表。第三天，李校长带着高三年级领导来到病房看望孩子，宽慰我们安心养伤，耽误的课程老师们想办法补上……我强忍住了泪水。我的孩子是延中5000多名学生中普普通通的一个，却牵动了这么多领导和老师的心，我怎能不感动、不落泪？孩子还有什么理由不努力学习呢？”

“鸡蛋，在外打破是食物，从内打破是生命。”教育要做的事情，就是要唤醒孩子内在的心灵能量与人格理想。希望每个教育工作者都能恪守初心，用自己的灵魂唤醒另一个灵魂，用自己的生命点燃另一个生命。

第七节　绘民族之蓝图：教育强则国强

教育，一头是国家发展的支撑、民族振兴的基石，一头是千家万户的幸福、无数孩子的未来。中国的教育事业能够取得如此大的成就，充分体现了我们社会主义制度的优越性。我们办学育人，就是要秉承为党育人的初心、为国育才的立场，为国家培养可堪重任的栋梁之材，为民族擘画宏伟蓝图。

一、以延安精神为国家和民族培养人才

教育是引导国家未来发展的基石，是培养人才的摇篮和基地。把握新发展阶段、贯彻新发展理念、构建新发展格局，需要高质量教育体系发挥作用，打造竞争新优势。

教育关乎民族未来。习近平总书记指出："教育兴则国家兴，教育强则国家强。"[①]教育是国之大计、党之大计。培养什么人，是教育的首要问题。我国是中国共产党领导的社会主义国家，这就决定了我们的教育必须把培养社会主义建设者和接班人作为根本任务，培养一代又一代拥护中国共产党领导和我国社会主义制度、立志为中国特色社会主义奋斗终身的有用人才。这是教育工作的根本任务，也是教育现代化的方向目标。

2019年3月18日，习近平总书记主持召开学校思想政治理论课教师座谈会，强调"贯彻党的教育方针，要坚持马克思主义指导地位"[②]，"落实立德树人的

① 习近平：《扎实推动教育强国建设》，《求是》2023年，第18期。

② 《习近平谈治国理政》第三卷，外文出版社2020年版，第328页。

根本任务”[①]，“培养德智体美劳全面发展的社会主义建设者和接班人”[②]。今天的学生就是未来实现中华民族伟大复兴中国梦的主力军，必须培养有理想、有本领、有担当的青少年。青少年阶段是人生的“拔节孕穗期”，最需要精心引导和栽培。

延安中学一贯坚持以延安精神办学育人，牢牢抓住全面提高人才培养能力这个核心点，并把这个核心点体现到教育教学、社会服务、文化传承等各个方面，落实立德树人根本任务，塑造有理想、有本领、有担当的青少年。

考察当今中国高等教育，要看党的领导强不强，也要看校风学风好不好。校风学风是学校精神、学校文化的集中体现，是办学精神和办学水平的重要体现。要看到良好校风学风对学生全面发展和学校办学成果的决定性影响。优良学风既是学生立德修身、追求卓越的内在要求，也是学校继承优良传统、形成优良校风的重要保障。建设良好校风学风，关键要在“严”字上下功夫。

延安中学一贯坚持以延安精神办学育人，始终严抓教风，让教师严格遵循教育教学规律，以良好的教风引领学风；严抓考风，通过严格公正的考试风气树立良好风气；同时严抓干部作风，让干部在思想、工作、学习上发挥表率作用。

二、办学育人，传承中华民族文化自信

文化是一个国家的根基，根基不可动摇；孩子是一个国家的未来，国家的未来我们每个人都有义务去守护好。中华民族历史悠久，文化绵延五千年，我们拥有足够的文化底蕴和文化自信，我们的基础教育有义务也有能力给我们的孩子树立这样的文化自信。

一路走来，国家的发展突飞猛进，其间数不尽的有志之士为此付出了生命的代价，今天的太平来之不易，我们要好好珍惜。新中国成立初期，很多知识分子漂洋过海回国，为国家的国防建设深耕细作，隐姓埋名戈壁沙漠几十载，

①②《习近平谈治国理政》第三卷，外文出版社 2020 年版，第 328 页。

只为了国家能够立足于世界民族之林，从此不受帝国主义欺凌。

他们为什么能够这样大仁大义？因为他们身上有一个共同点，那就是他们热爱这个伟大的国家，他们认同这个伟大国家的文化，他们身上拥有强大的文化自信。

帝国主义亡我之心不死，他们企图从各个方向侵蚀我们的肌体，阻碍我们的发展。经济战、贸易战、文化战层出不穷，这些没有硝烟的战场同样“危机四伏、狼烟四起”，我们要时刻保持警惕，以防邪恶势力乘虚而入。

作为一个中国人，尤其是那些设计、编辑、审核基础教育教材的中国人，要给自己的下一代树立优秀的榜样，设计出富有灵魂、积极阳光、充满正能量、弘扬中华民族文化自信的优秀作品，开启孩子们文化自信的认知，激发孩子们文化自信的情怀。

百年大计，教育为本。这不只是一句口号，必须付诸行动，教育主管部门应该加大基础教育的审核、监督、检查力度，最大限度保证孩子们的教材内容积极阳光、充满正能量，弘扬中华民族优秀文化，符合大众审美习惯，让孩子们身心健康发展。

十年树木，百年树人。百年大计，教育为本。一棵树要想成长为参天大树，需要数十年的积淀；一个人要想成为国家栋梁之材，则需要近百年的积淀。树木的根基在于土壤、阳光和水分，树人的根基则在于基础教育要固若金汤。

根正苗红、思想品德过硬、浑身上下充满正能量、内心深处拥有家国情怀的本能、认知水平正确、专业基础能力出众、内心强大、阳光积极、热爱自己的国家、认同自己国家的文化，这些都需要从小学开始培养。

教育是一个国家和民族的未来，好的教育能够为国家培养各行各业优秀的人才，使其长大后成为行业精英，成为社会的中坚力量，积极投身祖国的建设和发展。只有这样，我们的国家才能持续繁荣富强。

如果一个国家的基础教育出了问题，培养出来的孩子崇洋媚外，认知存在很大的偏差和错误，不认可自己的民族文化，缺乏文化自信，那么这个国家的未来就令人担忧。

教育是提高人的综合素质、促进人的全面发展的重要途径，是民族振兴、社会进步的重要基石，是对中华民族伟大复兴具有决定性意义的事业，抓好教育才能从根本上改变人们的命运，促进社会发展。进入新时代，我们要优先发展教育事业，优化教育资源配置，推进教育改革创新，为建设教育强国努力奋斗。

本章结语

赋数字以活性，就是要用技术开展数字化转型，以智能化教学开启数字化时代之锁；推家校之共育，就是要积极搭建家校沟通桥梁，有效促进家校互动；载人民以期望，就是要站在人民群众的角度考虑问题，办好人民满意的教育；慰生命以温度，就是要关注学生生命成长，做有温度的教育事业；给人格以滋养，就是要培养学生良好的心理素质和健全的人格，树立正确的价值观；促灵魂以觉醒，就是要唤醒孩子内在的心灵能量与人格理想，激发灵魂的巨大潜力；绘民族之蓝图，就是要铸牢学生中华民族共同体意识，为实现中华民族伟大复兴而努力奋斗。这些都与延安精神的要求一脉相承，有的是延安精神明确的要求，有的是延安精神蕴含的深意，有的与延安精神的宗旨相契合。我们坚持用延安精神教书育人，就是要在传承弘扬延安精神的过程中找准教育的落脚点。

第八章
百世之师——掌舵教育的切入点

课堂是学校教育教学工作的主阵地，是师生之间进行知识传授和思想交流的重要场所。学校要把提高课堂教学质量作为核心任务，所以学校各项工作必须确保开足、开齐、开好国家规定课程，鼓励支持教师优化教学方式，切实提高学生课堂学习效率。同时，要求新学期要实现课后服务全覆盖，可适当引入社会资源参与课后服务。课后服务也可以聘请退休教师、具有资质的社会专业人士或者志愿者参与，并充分利用好少年宫、青少年活动中心等社会资源。要合理控制考试难度，严禁超课标教学进度命题；要合理运用考试结果，学校期中考试实行等级评价；要处理好考试、作业、日常评价、质量监测等方面的关系，注重学生素质、学习习惯与学习表现、学习能力与创新精神等方面的综合评价。

教育的基本职能不仅是传授知识，还应教会学生做人，也就是要加强道德教育和人格教育，培养学生适应社会的能力。随着素质教育的推进，培养具有创新精神的人才，便成了一项复杂而艰巨的系统工程。因此，必须利用课堂，以已有的知识为基础，用旧知获取新知，培养学生独立思考、大胆探索、细心论证、标新立异，在求异思维中内化知识，敢于提出自己的新思想、新观点、新主张、新思路、新设计、新方法。

根据教育部的要求，延安中学严格执行均衡编班的规定，不以任何名义设置重点班，切实做到均衡配置师资。在课堂教育方面，延安中学立足实际，不断解放思想，开拓创新，打造高效课堂、精神课堂、智慧课堂、健康课堂、科学课堂、个性课堂、体验课堂、自主课堂等，创设出让老师乐于教、学生乐于学的课堂教学模式。

“8个课堂”让学生得到全方位的学习和全身心的体验，同时严格执行教学计划，不随意增减课时、改变难度、调整进度，不利用课后服务时间讲新课。严格执行考试管理规定，不得违规组织考试，不按考试结果给学生调整分班、排座位、“贴标签”。

第一节　高效课堂：最小的教学投入，最大的学习效益

高效课堂，顾名思义是指教育教学效率或效果能够有相当高的目标达成的课堂，具体而言是指在有效课堂的基础上，完成教学任务和达成教学目标的效率较高、效果较好并且取得教育教学的较高影响力和社会效益的课堂。

高效课堂是以最小的教学和学习投入获得最大学习效益的课堂，也就是以尽可能少的时间、精力和物力投入，取得尽可能好的教育教学效果。尽可能好的教学效果，一是效率的最大化，也就是在单节课时间内学生的受益量；二是效益的最优化，也就是学生受教育教学影响的积极程度，主要在兴趣培养、习惯养成、学习能力、思维能力与品质等诸多方面。效率的最大化和效益的最优化的和谐统一，才是真正意义上的高效课堂。

一、专业化推进高效课堂

不断提升课堂教学的效果、效率与效益，是创建高质量课堂的根本路径。课堂效能的增强靠什么？靠的是教学设计的优化、教学方式的优选、教学过程的专业化推进，这是促进一堂课持续走向高效的必由之路。

从教学设计上看，高效课堂强调的是内涵设计而非形式设计，重视的是关联设计而非分步设计。内涵设计的主要意蕴为，高效课堂的教学设计是对教学知识点及其学习过程的科学设计，是按照知识间的内在逻辑与学习者消化知识的自然进程来进行的教学设计，是一种“立足学习、服务学习、为了学习”的教学设计。教学的根本内涵就是为帮助学生顺利消化知识搭建一座桥梁。

从教学方式上看，高效课堂强调的是方法的优选与灵活组合。客观地讲，方式由方法组成，教学方法是教学方式的元素，教学方式是教学方法构成的母体，用“优选”出来的方法组合成为“优秀”的教学方式是创建课堂的主要思路。

从推进方式上看，高效课堂必须立足于专业化的思路来推进。专业化的教师是最优秀的教师，专业化的课堂改革讲究的是关注教师的教学艺术，关注教学活动的作业品质，关注课堂教学结构的专业内涵。在高效课堂创建中，教师只有树立精益求精、崇尚原创的专业精神，才会实现课堂教学真正的高效。

1.课前准备必须紧锣密鼓

在延安中学每个学期开学之初，各班老师就对全班学生按性别、成绩、能力等因素进行均衡组合，分成若干个小组（每组为8~10人），并由每个小组推选出一名学生任组长。

任课老师将备课过程中准备好的预习提纲提前一至两天提供给学生，便于学生预习准备。老师根据内容的多少，可灵活采用课代表在黑板上抄写、教师出示小黑板、打印张贴于班级、印发给小组长乃至全体学生等多种方式提供预习提纲。

此外，根据内容的难易，老师可灵活采用课外预习、课堂前半部分预习或者整体课预习等方法进行预习提纲的学习。与此同时，各小组要进行组内预习交流，归纳出小组集中的疑点或新发现的问题，便于上课时进行组间交流。课前周密认真的预习准备为课堂上师生互动、学生自主学习、小组探究等提供了有力的保证。

2.课堂互动要热火朝天

在一节课的前10分钟，教师引导小组之间进行交流。每组派一名代表（每节课轮流），提出本小组预习过程中出现的疑点或新发现的问题。教师对各小组表现情况进行鼓励性评价，在调动各小组充分发言的同时，又要保证整个过程时间控制在10分钟以内。

课堂中段30分钟，教师针对各小组提出的问题迅速进行组织整理并结合已准备好的新授课的教学设计，对学生提出的疑点和相关的新发现问题进行点拨、引导、分析、讲解。尽可能地让学生回答，教师尽量减少完全不涉及教材内容的陈述，并及时对各小组的表现进行评价，充分利用组与组之间的竞争，最大限度地调动每位同学主动参与的积极性，让课堂因互动而精彩。

课堂后段5分钟，老师要求学生迅速整理本节课的知识结构及知识要点，并举手代表本小组提出一个与本节内容有关的最想提出的问题。老师根据问题的难易度酌情解答，或请学生回答。老师还要评出优胜组和最佳答题手。整个课堂学生的积极性都保持高涨状态，大大提高了课堂效率。

3.课后复习做到温故知新

成果测评是课堂效果的关键环节。延安中学课堂模式的成果测评，可以是学习小组成员间的相互测评，可以是教师事先设计问卷，也可以是学生在自主协作学习过程中发现问题并向老师提出，由老师就各组共性的问题结合教学目的来归纳提升。

在此基础上，各小组成员进一步复习整理本节课的知识结构、未弄懂的问题以及新发现的问题，并进行组内交流汇总，由组员轮流抄写在小组专用本子上，交授课老师批阅或进行小组间交流、评价。

由于许多简单的知识在预习和新授课时已经解决，为进一步巩固课堂所学知识，老师只需要针对本节课的重点难点知识选择习题，少而精地布置一些强化训练作业，让学生以书面作业的形式按时上交，老师逐一批改。不管是课后对知识的梳理还是做强化训练作业，学生都很主动，这也从侧面反映了学生在高效率的课堂上收获很大，学习的积极性和自觉性被充分调动了起来。

二、实现有效课堂向高效课堂的转变

延安中学坚持从教学时间、教学任务、教学效果的规划角度出发，改变传统低效和负效的课堂，实现了有效课堂向高效课堂的转变。高效课堂让学生摆脱了“只求分数，没有乐趣”的束缚，真正享受到开心愉悦的学习体验。

1.课堂上鼓励学生独立自主学习

在延安中学的课堂上，老师总会给学生一定的时间去自主学习，同学们根据老师下发的导学案，独立思考，深入钻研，或读课文、看注释、圈点批注，或做例题、整理要点、完成导学要求。在对本节课的内容有个大致的了解后，学生们带着问题进入课堂，上起课来更有针对性。延安中学鼓励学生自主学习，让主动学习发生在学生身上，让学生成为课堂教与学的主角。教师的主要任务，除了提示标注、确定方向，就是组织同学们在学习中试错、出错、诊错、纠错、补充、修正。

2.课堂上要求学生小组合作探究

在延安中学，每个班都会将学生分成若干学习小组，组内成员分工明确，根据各自的学科强项来承担相应的职责。由小组长组织成员开展有效的合作、探究，同学们取长补短、求同存异、达成共识，解决学习上遇到的部分困难。小组合作探究可以充分发挥学生合作学习的意识，最大限度地训练学生的思维能力、表达能力和理解能力。

3.课堂上指派学生当“小老师”

在延安中学的课堂上，有这样一个现象：学生化身为老师，上台讲解知识；教师则充当助手在一边引导观察，查看学生们的学习情况。这就是“小老师”制度。这样的方式不仅调动了同学们的学习积极性，也有利于强化同学们对于知识的巩固，受益的不仅仅是被教的学生，主教的“小老师”也会在教中加深理解、巩固知识，收获更多成就感。

4.课堂上精讲，拓展深化

课堂离不开讲授，所以延安中学强调精讲要出彩，坚持学生会的不讲，学生通过合作学习可以掌握的不讲。学校要求老师针对学生的共同疑难点或本节课的重点难点、易错易混易漏点进行点拨精讲，而且语言表达简洁准确，系统性帮助学生理解。老师在注重传授知识、答疑解惑的同时也要激发出学生的学习热情。

5.学生当堂训练、当堂过关

今日事，今日毕；当堂训练，当堂过关。这是延安中学的教学与学习的优良传统。延安中学几乎每一节课都设置了5~10分钟的“堂清”环节，用来检测学生对本节课的知识掌握情况，及时了解学生学习目标达成情况。老师根据学生的反馈，发现问题，及时解决问题，能在课上解决的问题尽可能在课上解决。

6.学生敢于质疑、善于提问

“学患无疑，疑则有进，小疑则小进，大疑则大进。”在延安中学课堂上，老师鼓励每个学生勇敢地提出疑问，善于提问，敢于表达自己的观点。要知道，学生质疑和提问的背后，其实就是思考和梳理的过程。

7.课堂上给予学生充分鼓励和辅导

在学生遇到困难时，老师以“鼓励者”的身份出现，帮助学生增强学习的自信心，激发学习的兴趣，获得学习的“成就感”，增强学习的“快乐感”，从而促进学生的可持续发展。

教育的真谛在于激励、鼓舞和唤醒，如果我们将老师“教书”为主的“教室”变为学生“学习”为主的“学堂”，变老师“讲授”为主的“讲台”为学生“展示”为主的“舞台”，那么这样的课堂必定是富有感情的课堂，必定是高效高质的课堂。

高效课堂增效的秘诀就是在教学设计上关注学习，在教学方式上追求灵活，在教学推进上注重专业品质。在设计、方式、进程“三管齐下”思路的指导下，高效课堂改革就一定能够走上一条健康、持续、生态的新路径，也才能实质性地推进课堂教学的效能和内涵。

需要警惕的是，在当代高效课堂改革中，人们比较推崇的是教学模式，是种种成熟教学方式的凝固化组合形式。它很有可能弱化了高效课堂的生命力与创造力，最终在教学模式中偏离教学改革的初衷，把课堂改革引向歧途，致使整场改革屡屡受挫。

第二节　精神课堂：重塑德育课的魅力

精神课堂，是指对学生的各方面思想、观点产生影响，帮助其形成一定世界观、人生观的教学课堂，是学校德育的组成部分。习近平新时代中国特色社会主义思想教育的任务是以辩证唯物主义、历史唯物主义为指导思想，以对整个自然界和人类社会发展规律的认识为基础，逐步引导学生确立科学的人生观、世界观，培养他们勇于实践的精神、实事求是的态度和科学的思想方法等。

精神课堂是学校德育工作的主渠道，是学校实施素质教育的重要内容，其教学任务是引导学生逐步树立正确的世界观、人生观和价值观，帮助学生树立正确的择业观、创业观，培养良好的思想政治素质和职业道德素质。

然而，目前中学精神课堂教学存在不少问题。比如，重理论讲述，让学生反感；学生缺乏学习兴趣，尤其是对学科性较强的德育课程不感兴趣；精神课堂教学过程缺乏互动，学生被视为被动接受知识的容器，主动权仍然掌握在教师手中；教师教学方法单一，多媒体等教学手段的优势没有充分发挥。这些问题的存在，让德育课堂失去了应有的魅力。

一、精神课堂也应该富有魅力

延安中学在精神课堂教学方面做了一些尝试，要吸引学生不妨从以下几方面入手。

1.要树立以生为本的教学观

在教学过程中老师要扮演引导者的角色，努力给学生创造更多参与课堂的机会，要注意树立学生的主体意识。学生在学习过程中的主体地位一定要得到充分的体现。事实上，德育课堂缺乏吸引力，其中一个重要因素就是教师没有处理好课堂上“教师教”和“学生学”的关系，导致学生学习积极性没有被调动起来。大多情况下，老师应该把学习的主动权交给学生，而不是自己在课堂上自说自话。课堂大部分的时间由学生来讲或讨论，整个课堂气氛就被调动起来了，给学生营造出宽松良好的学习氛围，教学效果就好。

2.要打造迷人的人格魅力

德育课教师自身的人格魅力直接投射到课程的教学上，进而影响到学生对该课程的学习积极性。教师应从多方面提高自身素质和能力。一是要有组织课堂教学的能力和较强的教学基本功。教师的普通话要标准，板书要规范，语言应简明准确、有条理、逻辑性强。善于分析处理教材内容，设计课型，熟练使用各种教学手段。二是观念要与时俱进，要注重知识更新，关注时事，并在教学过程中灵活运用各种教学方法，巧妙运用并渗透给学生，这是德育老师必备的专业素质。在德育课教学过程中，教师应根据学生的特点及社会发展变化，对教学内容作适当补充和延伸，收集学生关注的热点事件和典型事例，与学生共同分析讨论，激发积极性，提高参与度，使课堂活起来。

3.要树立全新的教学理念

德育教材理论性强、概念抽象，难免有些枯燥乏味，这就要求教师要积极创新、努力改造传统教学方法，针对学生实际，采取灵活多样的教学方法，调动学生的学习兴趣。本人总结了几种有效的德育课教学方法。

一是情境教学法，指在教学过程中有目的地引入或创设与教学内容相适应的、具有一定情绪色彩的、以形象为主体的、生动具体的场景或氛围，以引起学生一定的态度体验，从而帮助学生理解和获取知识或技能，并使学生心理机能得到发展的方法。德育课教师要根据课程内容创设一些情境活动，让学生去体验，善于挖掘教育主题中的情感因素，激活学生的参与热情。

二是案例教学法，就是根据教学目标和教学内容设置具体案例，将已经发生或可能发生的问题作为个案形式，引导学生参与分析、讨论的活动，让学生从特定的体验中分析、决策、锻炼，从而培养他们独特的、综合的工作能力及团队精神，以培养学生综合能力的一种教学方法。在德育课教学中，教师要注意把教材与社会生活联系起来，结合学生周围发生的事，把典型的事例引入课堂，用好教材案例，引导学生去分析、研究问题，让他们发表自己的看法，调动学生的积极性。在教学中，我经常用本校学生身边事例来说明课本中的观点，通俗易懂，容易打动学生。

三是讨论式教学法。德育课教师要根据课程的内容，科学设计问题，分组进行讨论，在讨论中引导学生学会分析、归纳，得出正确结论，使学生体会到作为课堂教学主人翁地位的乐趣，从而激发参与课堂的热情。

四是多媒体教学法。多媒体教学比传统的口讲、手写教学具有更多的优势，其中最突出的就是能把课本知识生动形象地呈现出来，信息量大，能更好地吸引学生的注意力，调动学生学习的积极性，提高学生在单位时间内获得的信息量。这样就大大提高了课堂教学的效率，增强了德育课教学的吸引力。

总之，在精神课堂教学过程中，老师应充分发挥学生的主体地位，引导学生参与课堂，提高学习积极性，并针对学生实际采取切实有效的教学方法，活化课堂，从而塑造德育课的魅力，真正促使学生由“要我学”变为“我要学”。

二、用延安精神抓好精神教育

延安中学一贯坚持用延安精神教书育人，做好学生精神教育，主要从以下几方面入手。

一是坚持爱国主义教育。要引导学生热爱祖国、热爱人民、热爱中华民族，树立正确的世界观、人生观和价值观。

二是坚持革命传统教育。要让学生了解革命历史和革命传统，了解中国共产党在革命斗争中的艰辛历程，增强学生的历史责任感和使命感。

三是坚持思想道德教育。要让学生遵守道德规范，树立良好的道德风尚，培养高尚的道德情操。

四是坚持艰苦奋斗教育。要让学生认识到艰苦奋斗是中华民族的传统美德，是革命时期的精神动力，也是现代社会发展的需要。

用延安精神教书育人，要做好学生精神教育，让学生在学习知识的同时也受到良好的精神教育，成为具有高尚道德情操和强烈社会责任感的人才。

新课程背景下，如何实施高效的精神课堂教学策略，设计个性化的教学，创造独特的教学风格，是高中思想政治教学要着重考虑的问题。

1.更新思想是高中思想政治高效教学的前提

对政治教师而言，固有的、传统的教学行为习惯依然存在，“满堂灌”“填鸭式”的教学模式仍然很有市场，这与素质教育的要求以及新课程改革的深入推进是背道而驰的，必须摒弃这些制约因素。教学方式要灵活多变，提倡学生讨论，多采用互动式教学，甚至可以让学生去讲课，真正做到让学生成为学习的主人。

2.精心备课是高中思想政治高效教学的基础

教学的理念最终要落实到课堂上，所以教师要引导学生参与到教学过程中来，摒弃对政治课或隐或显的情感及精神上的漠然，使教学活动成为师生互动的过程。

老师要按课程标准备好教材，研究政治教学的新课标，从整体上了解教材的特点、把握书本的体系结构，分析新课标。通过钻研新课程标准，掌握教材基本内容和教学要求，统观全局，抓住主线。研究教材还必须确定教学目标，知道教学的重点和难点。同时，要按课程标准，熟悉时政热点。教学内容是基础而丰富的，呈现形式却是开放的。因此，在备课时要广泛阅读有关新闻、报纸杂志、时政热点，找出哪些是需要增加的知识点和教学中需要的新素材、新资源。

3.活跃的课堂状态是政治课高效教学的关键

教师要时刻牢记学生才是课堂教学的中心，要精心设计能调动学生课堂学习主动性的方法。课堂教学的效果，最终要体现在学生身上。只有学生通过亲身实践和领悟去获得知识，才是最佳学习途径。因此，在教学过程中，教师要由“演讲者”转变为“编剧”和“导演”，要像导演给演员说戏那样创设丰富的教学情境，重视学生的课堂需求，促使其自觉、积极地学习知识和思考问题。在课堂中以幽默风趣、富有感染力的语言及事例激发学生学习的兴趣，培养他们学习的信心，促进三维目标的全面达成。

精神课堂教学应像河流一样，有序性和波动性相结合，百折不挠奔向大海。有序使教学结构段落明确，但一种活动如果缺乏起落，给予学生的刺激便会减少。教学应避免平铺直叙，在教学过程中有矛盾冲突，有思维碰撞，有智慧启迪。教师讲述有行有止、有续有断，高低起伏、抑扬顿挫，富有感染力。学生学习有听有进、有学有练，有张有弛、有商有量。整个教学过程犹如一台好戏，师生共同配合，有序与波动相结合，教师与学生共成长。

第三节 智慧课堂：需要把握临场教学机遇

什么样的课堂是智慧课堂？真正的智慧课堂是怎样的呢？

智慧课堂有两层意思。第一层，是信息化课堂教学服务平台。这是基于动态学习数据分析和“云、网、端”应用的新型信息化课堂模式，也就是利用“互联网+”的思维方式和大数据、云计算等新一代信息技术打造富有智慧的课堂教学环境，在教学决策、评价反馈、交流互动、资源推送等方面实现了数据化、智能化，促进传统课堂教学内容与方式的全面变革，为智慧的教与学提供先进的技术支撑。第二层，是具备智慧之美的课堂。真正具备智慧之美的课堂，应该是充分给学生解脱学习负担的课堂。就课堂教学而言，智慧课堂不仅仅是对学生的召唤和吸引，更应是一种解放与激发，使学生自由地驰骋于思维的无限世界里。

我们主要说的就是第二层意思的“智慧课堂”。硬件设备的“智慧化”可以通过投资实现，但意识层面上的智慧化则完全是教师自身教学悟性和教学机遇的把握力。遗憾的是，在传统的、经典的教学体系中，对课堂这方面的研究明显不足。

一、智慧课堂需要临场发挥

课堂上智慧化地开展教学，其实是在做临场的智慧性的教学，使学生获得最佳发展的可能。这一点上，老师要处理好以下几方面的关系。

1.教会与学会

教与学在传统的经典教学体系中，更多地处于对立的地位。课堂教学智慧就是把“教”细微无痕地融入“学”的活动中去，能“还学于生”的教学，才是智慧教学。

2.有法与无法

教学方法的重要性无须赘述，但在智慧课堂里，各种教学方法的高度综合运用应当达到“用法而不见法”“无法生有法”的境地。显然，这才是智慧的教学。

3.机遇与机智

智慧课堂的主要标志之一，是教师具有高水平的“教学机智”。然而，教学机智的运用应是教师善于抓住稍纵即逝的“教学机遇”，这就要求教师必须高度关注学生的学习状态，方能以敏锐的感受、准确的判断和灵活应变的行为，去把握教学机遇，赢得最佳教学效益，构建真正的智慧课堂。高水平的老师能够机智地把握教学机遇，赢得最佳教学效应。

4.敏感与钝感

在智慧课堂里，教师的教学敏感当然十分重要，但有时也需要“钝感”。钝感是敏感的反面概念。教师的“钝感”并非“不敏感”，而是与“难得糊涂”有着异曲同工之妙，即装糊涂是为了把发现问题、提升能力的机会有意地让给学生。教师留一半清醒留一半醉，是为了充分展现学生的聪明。

5.示强与示弱

教师在课堂教学中的传统角色，无疑是一个强者，总是会有意无意地处在“主宰”地位。然而，在智慧课堂里，教师有时必须学会“示弱”，这是教学的反向思维，无论是真的“示弱”还是假意“示弱”，都具有让学生逞强的教学价值。

6.有效与有爱

智慧课堂应追求教学的有效性和优质化，这是毋庸置疑的，但实现有效教学的基础和前提是“有爱”，老师对学生的大爱。教师的教学智慧与其说是一种知识和能力，还不如说是一种基于爱的信念，如刻意地去追求语文课堂的高度与深度、高度与亮度，可更重要的还是温度，一种教师之爱的温度。

正像新课程的基本理念所概述的那样，学生是学习和发展的主体。课程教学中必须根据学生身心发展和学习的特点，关注个体差异和不同的学习需求，爱护学生的好奇心和求知欲，充分激发学生的主动意识和进取精神，倡导自主、合作、探究的学习方式。

二、怎样创建智慧课堂

首先，创建智慧课堂需要认真研读新课程标准。

“研读”，更重要的是研究性地去理解。在看到每一个理念的时候，我们都要反复琢磨，认真解读此理念的广义和狭义所包含的内容，然后每个理念、每句话都尽量联系教学实际去琢磨。我们要把理论转化为实际教学行为，那就得学习每一个内容，与实际教学联系起来，思考怎样做能真正实现这个目标。同样，我们在备课时，也要逆向推理审视教学设计，无论是整体设计还是某一方面的能力训练，做法是否落实了课标的理念，如果不是，那该怎么设计。只有理论联系实际、实际联系理论，反复地研究运用，才能逐步内化理念。

教师要善于用教材做诱饵，去最有效地“钓”学生的思考，“钓”学生的发展。教师立足教材而又超越教材，这本身就充满了心灵的感召与精神的创生。在课文和原文的比较中确定教学思路，无疑这是一种创造，开拓了阅读教学的另一个审美视野和思维空间。智慧的课堂就应该是这样创造性的课堂。

其次，创建智慧课堂还要善于从终点思考。

我们在备课时，特别是上课前，首先想到的是自己如何发挥，面临参赛课还要想评委如何看，很少静心去想这样的教学设计，学生上完课会学到什么，哪些方面的能力会有提升。所以，备课的智慧就在于善于从“终点”思考。

对于课堂教学，简约是一种智慧，放弃也是一种智慧。我们在研读教材时，常常感觉这是作者可以着笔的精心刻画，那是寓意深刻的深情表达。动哪儿哪儿疼，处处欲舍又难抛，结果是眉毛胡子一把抓，领着学生到处走马观花。忙乎了半天，老师头昏脑涨，学生两手空空。所以，我们一定要回过头来看看自己是否捕捉到了课文的关键所在，择取重中之重，敏锐地引领学生发现此文本区别于其他文本最大的结构特色和语言特色，敏锐地发现挖掘隐藏在文本中的语言增值点。

比如，《语文课程标准》倡导要“培养学生探究性阅读和创造性阅读的能力，提倡多角度、有创意地阅读。利用阅读期待、阅读反思和批判等环节，拓展学生的思维空间，提高阅读质量”。那么，怎样才能做到有探究有创造、多角度有创意、有反思有批判、有拓展有提高，这就需要智慧化地去实现了。

课堂教学具有多样性、复杂性、选择性和开放性等特点，特别需要教师有智慧地现场生成，这就决定了课堂是教师无法第二次跨入的“同一条河流”——即使是面对同一批学生，第二遍教同一篇课文，也无法重复“上节课的故事”。

第四节　健康课堂：追求快乐和谐的教与学

课堂教学蕴含着巨大的生命活力，只有师生的生命活力在课堂教学中得到有效发挥才能真正有助于学生的培养和教师的成长。新课程背景下，我们应高扬健康课堂的旗帜，通过设计富有活力的学习活动，采取独立思考与合作交流的学习形式，创设自信和相互尊重的学习氛围，营造自由的发展空间，激发学生的生命渴望，点燃学生的情感火花，让课堂生机盎然。

所谓健康课堂，并不是生理健康课程教学，而是强调以学生为本、追求生态和谐的教育。课堂是学生获取知识、培养能力的主渠道，但学生过重的课业负担折射着课堂的低效和污染。

当前，不健康的课堂主要表现在六个方面和两个误区。

1.六个方面

一是设计随意。学生的注意力无法集中，严重的表现为一节课出现多次秩序混乱。

二是目标模糊。重教学内容、轻教学目标，课堂目标被“作业目标”取代。

三是问题肤浅。问题多而随意，课堂一问到底，造成教学表面上“面面俱到”，实际上“面面不到”，文本学习变成了“问题串答”。

四是目中无“人”。重程序、重环节、重内容、轻学生，学生在课堂上得不到关爱，气氛沉闷，一潭死水，师生难以产生共鸣。

五是资源乱用。特别是多媒体运用泛滥，录音录像狂轰滥炸，缺乏对文本本身深入有效的“静读”“沉思”。有的把简单问题复杂化，浪费了学生的时间。

六是训练虚假。课堂上缺乏实践与思考，更缺乏当堂检测，造成课堂知识目标无法测量，学生分层指导无法落实。

2.两个误区

误区一，穿新鞋走老路，满堂灌的教学体系使学生失去了思考能力，高耗低效，老师辛苦，学生痛苦。

误区二，穿新鞋乱走路，与新课程理念“形似而神非”，在“满堂问、满堂论、满堂动、满堂赞”的热闹背后，透露出浮躁、盲从和形式化。

责任与任务都要求我们教师要认真对待每一节课、认真上好每一节课，让学生在健康课堂里沐浴生命阳光。那么，什么样的课堂是健康课堂呢?

一、健康课堂是快乐微笑的课堂

情感心理学实验证明，当一个人处于快乐——兴奋状态时，最能发挥其智能。健康课堂就是要创设轻松、愉悦的学习氛围，让师生的微笑充满课堂。教师在课堂上要调适好心态，带着阳光和灿烂的心情走进教室，让学生敢笑。教学是生命与生命的相互碰撞与交流，教师必须调适好自己的心态，用发自内心的微笑去关爱学生、赏识学生，从而创造温馨、和谐和充满生命力利于学生成长的课堂环境。教师要微笑着进课堂，用平等的口吻和学生谈话，始终以微笑的姿态面对每一位学生。犯错的学生往往有自责和抵触的矛盾心理，教师可以本着理解、尊重、爱护的原则，以幽默的语言让学生进行反思、改正。

二、健康课堂是民主和谐的课堂

民主和谐，一方面是师生的和谐。苏霍姆林斯基说过，老师要像春风一样对待学生。所谓“春风化雨，润物无声”就是以平等、真诚之心对待学生，以民主、尊重的方式接纳学生。有人说，教师的眼睛是会说话的眼睛，会“左顾右盼”“眉目传情”；有人说，教师的眼睛是最亮的眼睛，炯炯有神，能照亮教室每个角落；更有人说，教师的眼睛是一根无形的彩带，拉近了师生的距离，联结了师生的心。如若像雄鹰入林，教师的出现使百鸟鸣春的教室迅速沉寂，如君临天下、不可侵犯，学生自然望而生畏、敬而远之，如此学生如何敢敞开心扉，老师又怎能走进学生的精神世界？于是，和谐的师生关系荡然无存。老师要用真挚深厚的爱去换取学生心灵的钥匙，才会让你在学生心中魅力无限、永葆青春。另一方面是氛围的和谐。教学活动是在知识和情感的相互作用下完成的。宽松和谐的课堂有困惑异见没有讽刺挖苦，有幻想期待没有包办替代，活跃而恬静、热烈而持重、严谨而民主，人人地位平等、人人善于发问、人人勇于创新。和谐的课堂跳动着生命的音符，我们的老师应该给课堂谱写美好的乐章。

三、健康课堂是智慧共生的课堂

课堂是师生生命活动的场所。叶澜教授呼唤“把课堂还给学生，让课堂焕发生命的气息”，就是要求老师与学生要教学相长、智慧共生。首先，要激发学习兴趣，吸引学生参与。现在强调“你不愿意学习，我来吸引、鼓励你学习”，这里的“吸引”与“鼓励”就是使学生乐于学习，主动参加到师生共同的教学活动中。课堂教学中，教师通过恰当、适时的多媒体演示、实物展示、游戏表演、小组合作等喜闻乐见的形式组织教学，激发学生的学习兴趣，提高学生的学习积极性。其次，尊重心理需要，帮助学生体验成功。成功的欢乐是一种巨大的情绪力量，可以促进学生产生学习的愿望。在课堂教学时，教师细心挖掘学生的闪光点，让学生在自我肯定中树立自尊和自信，形成良好的自我观念，从而以积极的姿态投入学习中。最后，善于启发思考，教会学生学习。教师在课堂上对学生做到“四个鼓励”，即鼓励质疑问难、鼓励独立思考、鼓励讨论争辩、鼓励标新立异。通过鼓励，促进学生质疑与反思能力的提升，帮助学生真正地学会学习。

四、健康课堂是焕发活力的课堂

课堂教学是动态生成的，是充满师生的智慧和激情的。课堂应是向未知方向挺进的旅程，随时都有可能发现意外的通道和美丽的图景，而不是一切都必须遵循固定线路而没有激情的行程，这就要求教师在课堂教学中关注学生在课堂中的富有创造性和差异性的真实发展历程，立足学生现场思路，灵动组织教学进程，教学与生活沟通、教学与情感相连、教学与创造同步。在这样的课堂上，思想与思想碰撞，迸发出创造的光芒；智慧与智慧交锋，充盈着谋略的深邃；心灵与心灵交融，共振出激情的音韵。要使教育过程成为真正的师生共同参与的过程，成为真正合作的相互主体。健康的课堂要求教师体现“尊重”“启迪”“激励”的引导作用，在教学过程中激发学生主动参与和自主探究，让学生学会学习，在主动参与中自主发展。

五、健康课堂是张扬个性的课堂

苏霍姆林斯基说，每个孩子都是一个完全特殊的、独一无二的世界。健康的课堂充分张扬师生的个性，创造出有鲜明的人性色彩的充满生机活力的课堂氛围，鼓励学生表达不同的观点，让每一个学生的个性充分发展，培养出丰富多彩的鲜活人格。在健康的课堂上，每个人都是平等的，这里没有权威，没有话语权的垄断，每个学生的观点都能得以表达，每个学生的个性都能得以张扬。健康的课堂也鼓励教师的个性张扬，勇于实践、不断反思，形成教师自己独特的教学风格，向研究型教师、专家型教师和教育家型教师昂首迈进。

六、健康课堂是低负高效的课堂

对于当前课堂的评价，我们要坚持“有效教学”的理念，提出3个层次的课堂。第一是反对无效。无效或低效的课堂往往是被“污染”的课堂，无效的教学手段、低效的机械性重复，课堂的语言、环节浪费，甚至在课堂上挖苦、侮辱学生，都是追求健康课堂所反对的。第二是信导有效。确立有效的教学目标、采取有效的教学策略、实施有效的教学评价，成为教师课堂教学的核心追求。第三是追求高效。让课堂教学的时间发挥最大的效益，特别是对于学校的骨干教师，要发挥骨干引领的作用，让课堂达到高效低耗的要求。也只有高效的课堂，才是我们所追求的健康课堂。

健康课堂就似一片绿叶，是清洁的、无污染的、绿色生态的、快乐和谐的，代表着积极向上的课堂；是厚积薄发的，代表着茁壮成长的课堂；是光泽照人的，代表着生机勃勃的课堂；是滋润的，代表着充满灵气的课堂。

第五节　科学课堂：孵化学生科学精神

2023年5月，教育部等十八部门联合印发《关于加强新时代中小学科学教育工作的意见》，要求系统部署在教育“双减”中做好科学教育加法，支撑服务一体化推进教育、科技、人才高质量发展。

因此，新课程理念下的高效课堂不再是简单地让学生在短短的45分钟内掌握更多的基础知识、应对各种考试，更重要的是要让学生在掌握基础知识的基础上，能力水平和素质水平等都能获得大幅度提高。因此，教师要想实现高效的科学课堂，首先要明确现今科学教学中存在的问题，并让学生认识到科学学科的价值，以改变以往低效率的局限，从而使科学课堂效率获得大幅度提高。

一、确保科学课堂开足、开齐、上好

在以往的科学教学中，我们基本上是采用“填鸭式”的教学模式，因为教材中的彩图可以展示得非常清楚，所以不少教师认为按照教材上的基础知识进行讲解，然后让学生观察彩图就完全可以讲完一节课。久而久之，学生的学习积极性就会下降，学习效率也会严重受到阻碍。再者，随着新课程改革的逐渐深入，一些新的教学方法和教学理念已经被灌入课堂当中，但一些教学形式过于看重形式，没有实际效率。因此，只有学生明白科学课堂中存在的问题，才能对症下药，才能真正为高效课堂的实现打下坚实的基础。

在新课程理念下，教师要采用多样化的教学模式，提高学生的课堂参与度，以促使学生在恰当的教学模式中找到学习探究科学现象的乐趣。

中小学阶段是培养学生科学精神、创新素质的决定性阶段，科学课堂则是实施科学教育的基础。因此，稳住中小学科学教育基本盘，必须开足、开齐、上好科学课。

在教育功利化、短视化及“唯分数”“唯考试”观念的裹挟下，中小学科学教育被边缘化，科学课成了可有可无的副课，被挤占挪用现象普遍存在。只有从原点出发，优化若干资源要素，才能确保科学课堂开足、开齐、上好。

1.落实开足、开齐

地方政府及教育行政部门要优化师资配置，通过精准补充、转岗专任、交流轮岗等方式，为中小学配备较为充足的科学教师，不断提高中小学科学教师专任率。中小学要走出“唯分数”“唯考试”办学误区，强化“双减”落地落实，做好科学教师培养加减法，努力组建专业能力过硬又有一定外联能力的科学教育教师队伍。要规范科学课课时管理，告别阴阳课表，防止科学课时跑冒滴漏。

2.强化常规管理

常规管理是上好课的基本抓手。中小学要结束包括科学在内的非考试“小”学科常规管理聊胜于无的状况，建立并实施与语数外并行的常规管理工作机制。学校教学管理部门要根据学科特点，对科学课的备课、上课、作业、辅导、实验、活动、竞赛及跨学科主题学习等实行全方位管理与服务。要用好常规管理的“短评”“终评”机制，以随时提醒、每周小结、月度通报、学期（学年）终评等呈现常规管理结果，规范科学教师教学行为，督促指导教师上好科学课。

3.纳入课后服务

课后服务是课堂教学的必要延伸，是中小学生放飞科学梦想的重要载体。在课后服务已经实现“5+2”全覆盖的背景下，中小学要进一步落实“双减”政策，做好课后服务加减法，留足科学活动时间。可在对接科学课的基础上，将科学教育纳入课后服务范畴，通过开展科普讲座、科学实验、科技创作、创客活动、观测研究等方式，探索实施更为开放的科学教育。同时，要加强学生科技社团和兴趣小组指导与管理，引导支持有兴趣的学生深入、系统地开展科学探究与实验。

4.实施有效评价

教学评价是学科教学的指挥棒和风向标。中小学要以《新时代教育评价总体方案》为根本遵循，依据《义务教育科学课程标准》，参考“学业质量内涵”“学业质量描述”“评价建议”，制定并实施“去分数化”科学学科教学质量评价方案、细则。要按照《义务教育质量评价指南》的要求，依据科学课教学质量评价结果，对师德师风、科学情怀、专业发展、教学质量等几个板块进行绩效考核，考核结果与评优评先、晋职晋级、绩效工资挂钩。要注意科学学科与其他学科教师质量评价与教师绩效考核的平衡兼顾，做到既体现学科均衡又有一定的区分度。评价后要给出中肯的意见、建议，指导教师更新教学理念，改善教学行为，提高教学质量。

二、完善教学设施+创设教学情境

针对科学课堂教学现状中存在的各种问题，需要从不同角度激发学生对科学问题的探究能力。

1.完善科学教学配套设施

科学课堂的教学过程需要设立特定的“硬环境”和“软环境”。硬环境指的是教学活动中所需的配套教学设施，主要指硬件设备和多媒体设备。软环境指的是教学活动中所需的情境、教学方式、教学目标、人文环境等教学必要因素。完善科学的教学配套设施，需要根据教学内容和大纲来决定，但是和其他学科有所不同的是，需要科学教师对不同年级学生所需要的教学设施类型进行精细化分类。由于中学生具有很强的模仿能力，只要对课程教师建立信任之后，就可以在课堂中充分配合教师的教学活动与实验设计实践内容。但是如果不能完善科学课程的配套教学设施，学生在课堂中只能看到教师做实验，自己不能动手做实验，学习兴趣也会逐渐递减。科学课堂通过充分利用教学工具，能够激发和提高学生的科学探究思维能力。

2.创设生活化科学教学情境

创设生活化的科学教学情境，是有效激发学生的科学学习兴趣的重要方法。通过创设生活化的科学教学情境，教师可以及时发现学生在科学探究过程中容易出现的逻辑思维模式问题，协助其进一步完善科学思维素养。很多学生只能通过有限的课堂活动认知与理解生活中的科学现象与原理，但是并不能从多个角度开展科学探究活动。以电路为主题，学生小组可以设计实现不同小灯泡组合，但是在出现故障时，需要大多数学生都能掌握故障排除方法，并在小组总结的过程中大胆说出自己的想法。科学教师需要从生活化教学情境中逐步引导学生正确看待生活中的科学现象的理性思维，在学生遇到难题时给予正向激励，充分尊重学生在课堂中的教学主体性地位。此外，在生活化的教学情境中，需要科学教师额外注意学生的心理动态，不能用命令以及强制性的口吻要求学生，需要循序渐进地指导学生。

随着互联网技术的不断创新发展，科学课堂逐渐走向“互联网+”教育模式。在科学课堂教学中，需要结合学生的认知能力水平，有针对性地开展教学活动。针对不同科学思维层次的学生，需要充分利用信息技术手段，有效提高学生对科学探究的学习兴趣，激励学生动手实验和课外实践。

第六节　个性课堂：满足学生的个性化学习需求

人性化教育思潮涌现于二战后。20世纪末，个性化教育涌入中国，虽然还处于初步摸索发展阶段，却也引发了大批教育改革思潮，如情境教育、愉快教育、主体性教育、创新教育、整体化教育，等等。口号虽然五花八门，但目标却一致——个性化教育。

个性化教育将个性与人的独特性、主体性、创造性以及社会性做对比，认为学生各有其长、各有天赋、各有兴趣爱好。因此，个性课堂倡导老师正视学生的个性，“相信每一个”“尊重每一个”“发展每一个”，通过教学唤起学生的求知欲和对个人全面发展的追求，满足学生的个性化要求和在不损害群体利益前提下的个性张扬。

延安精神的内涵包括坚持解放思想、实事求是的思想路线，这就要求我们用延安精神办学要针对学生个体化差异做好个性化教学。也就是说，在办学过程中，应该充分尊重学生的个性和特点，采取多样化的教育方式因材施教，使每个学生的潜力得到充分发挥。

具体来说，首先要建立多元化的评价标准。在评价学生时，不仅关注学生的考试成绩，还应该关注学生的综合素质、实践能力、创新精神等方面。其次要开展多样化的教育方式。在教育过程中，采取小组讨论、探究式学习、实践操作等，让学生在学习过程中充分发挥自己的个性和特点。最后要注重学生的个性化发展。在办学过程中，鼓励学生发展兴趣爱好，培养学生的特长和优势。

一、个性课堂关注学生个性差异

适应学生的教育是最好的教育。个性化教育要求教学内容的组织选择和个性方法使用都必须考虑到学生的独特性和差异性，需要有丰富的教材、多样化的教学模式、个别化的教学方式与之匹配，教育活动中注重因势利导、因材施教，注重学生人性差异，使其个性天赋得到充分张扬，使其兴趣爱好得到人性化发展，最大限度发挥个性潜能，随其天性、张扬个性。老师不急于发表自己的导向性意见，不强求学生接受教学观点，不对学生予以一锤定音的裁决，不对学生个性完全否决或赞赏，等等，引导学生往正确的方向发展。

个性化教育不仅要求教师自身拥有独特的个性，以开放的心态对待自己、对待人生，还要做广博知识的传授者，人性化的主持人、演讲者、指导者，能为学生营造一个开放的、令人愉快的学习氛围；敢于突破老框框而独辟蹊径，标新立异，不遵循循规蹈矩的思维模式，教学思路灵活开放，具有创新意识和能力；勇于出新，敢于怀疑，敢于发表独到的见解和可能会引起争议的观点，敢于形成与众不同的教学风格和特色；具有较高的心理成熟度和较高的自我期望值，不怕挫折，善于调节心理。

二、做好4个环节打造个性课堂

个性课堂的教学体现在4个环节，即课前预习、课堂学习、课后作业、个性评价。如何通过这4个环节使学生的个性得到展示、得到发展呢？我认为，课前预习要尊重个性，课堂学习要展示个性，课后作业要发展个性，个性评价要张扬个性。

1.课前预习，尊重个性

延安中学要求授课老师要根据学生的学习条件、学习基础和学习能力，分层次地布置课前预习。只有让学生根据自身的情况选择预习作业，尊重学生的个性，才能让课前预习达到最佳效果。就拿语文教学来说，对于家里有电脑、有相当多书籍、自身学习能力又强的学生，在布置他们的课前预习课文时，除读准、读通课文外，还要在文中作批注、质疑。有些质疑学生可以通过查工具书、上网查资料的方式自行解决，实在解决不了的，也可以把质疑带到课堂上，经过师生共同讨论来解决。对于家里学习条件差、自身学习能力又不强的学生，布置的预习就应降低要求，只要他们读准字音、读通课文、在文中作批注、找出疑难问题即可。

2.课堂学习，展示个性

在学生各自做了课前预习的基础上，课堂上的学习为学生提供了一个展示个性的舞台。为了让这个舞台精彩纷呈，延安中学要求老师在课堂教学中经常采用“总分总”的展示学习方式，先让学生总体了解课文大意，就课文、课题质疑；接下来，以四人一小组的合作，以探究的学习方式，让学生把课前预习中学懂的地方在小组中交流，不懂的提出来在小组中讨论；最后归总，派代表把组内解决了的主要疑问与大家分享，还没能理解的地方提出来，师生共同探究解决。再如，作文教学是语文教学中的难点，为降低习作的难度，依据习作来源于生活的原则，让学生写出有个性的作文。写作前，我先布置学生或观察或搜集整理素材或先实践感受，再到课堂上说，最后写。如写一种喜爱的小动物、写一件家务事、写一处景点等，我都让学生先观察、体验，充分尊重学生的个性体验，倡导他们写出具有独特个性的作文。

3.课后作业，发展个性

传统的课后作业，单纯单调地机械重复，带来了学生思维的僵化和学习兴趣的丧失，束缚了学生个性化阅读、人性化思维。在新课程理念的引领下，我们清醒地认识到，要提高学生的语文素养，培养学生的自主创新能力，就要在作业上进行改革，因为学生个体都是有差异的，所以作业的设计和布置必须有差异。

针对学生的实际情况，我们的老师将作业分为三种：第一类作业常以复习巩固类为主，适用基础较差的、学习有困难的学生；第二类作业是提高类，作业相对较难，适于中等生做；第三类作业是偏重于综合能力的运用，是创新型的，旨在培养学生的创新能力和探究精神，适合学习游刃有余且富有探究能力的同学。这样的作业能满足不同层次、不同水平学生的需求，让每一个学生都能在各自层面上得到最优的发展。

为激发学生做作业的兴趣，让作业体现学生个性，我们有的老师会让学生自己设计和布置作业。结果虽然是五花八门，但实践证明，这种自主性的人性化作业充分激发了学生的潜能，发展了学生的个性。

4.个性评价，张扬个性

学校要求老师在评价学生时，要充分尊重差异，认可每一个学生在不同起点获得的发展，做出相对于学生自身情况而言的纵向评价，而非生生间的横向比较，真正信任每一个学生。比如，有书写漂亮的学生，老师评他们为“小书法家”；有朗读正确又有感情的，可以评为“朗读王”；有写作能力强的，被评为“小作家”……这样下来，几乎每一个学生都能找到自己的特长和闪光点，也都能在各自闪光的领域找到学习的自信心，从而激励自己继续学习、继续突破，同时带动自己在其他学科逐渐取得进步。

用延安精神办学，本质上要求做好个性化教学，就是要充分尊重学生的个性和特点，采取多样化的教育方式，因材施教，使每个学生的潜力得到充分发挥。除了上述环节，还应注意课堂教学的后续性和可持续性，要把课堂教学无限延伸，培养单纯的知识技能不如更多培养学生的学习习惯和人文素养，其内涵往往影响为人处世、言谈举止乃至人的一生。

第七节　体验课堂：沉浸式体验的创新教学

体验课堂，也就是沉浸式课堂。作为一种创新教学方法，体验课堂是指在教学过程中为了达到既定的教学目的，从教学需要出发，引入、创造或创设与教学内容相适应的具体场景或氛围，以引起学生的情感体验，帮助学生迅速而正确地理解教学内容，促进他们的心理机能全面和谐发展的一种教学方法。

一、让学生全身心沉浸在学习当中

体验课堂通过营造真实、实践性的学习环境，让学生全身心地沉浸在学习中。这种教学方式旨在激发学生的兴趣和潜能，提供更好的学习体验，帮助学生更深入地理解和应用所学知识。沉浸式教学已经在许多领域取得成功，如语言学习、科学探索、历史研究，等等。

体验课堂创建的是一种互动的交往形式，强调重视师生的双边情感体验。教学过程中既是师生信息的交流过程，同时也是师生情感的交流过程。教师“爱学生”，尊重每个学生的人格，重视学生、欣赏学生、倾听学生的意见，接纳感受，包容缺点，分享喜悦，让学生体验到亲切、温暖的情感，从而产生积极的情绪和良好的心境，在积极向上的精神状态下愉快地学习，并能主动克服困难、奋发进取。

体验课堂就是要在教学过程中引起学生积极的、健康的情感体验，提高学生对学习的积极性，使学习活动成为学生主动进行的、快乐的事情。情感对认知活动的增力效能，给我们解决中学生中普遍存在的学习动力不足的问题以新的启示。情感的调节功能是指情感对认知活动的组织或瓦解作用，即中等强度的、愉快的情绪有利于智力操作的组织和进行，而情绪过强过弱或情绪不佳则可能导致思维的混乱和记忆的困难。

体验课堂要求创设的情境要使学生感到轻松愉快、心平气和、耳目一新，促进学生心理活动的展开和深入进行。课堂教学实践证明，欢快活泼的课堂气氛是取得优良教学效果的重要条件，学生情感高涨和欢欣鼓舞之时往往是知识内化和深化之时。

体验课堂能够陶冶人的情感，净化人的心灵。关于体验式教学的陶冶功能，早在春秋时期孔子就把它总结为“无言以教”“里仁为美”。体验式教学的陶冶功能就像一个过滤器，使人的情感得到净化和升华。它剔除情感中的消极因素，保留积极成分，这种净化后的情感体验具有更有效的调节性、动力性、感染性、强化性、定向性、适应性、信号性等方面的辅助认知功能。

体验式教学可以为学生提供良好的暗示或启迪，有利于锻炼学生的创造性思维，培养学生的适应能力。体验式教学是在对社会和生活进一步提炼和加工后才影响学生的。诸如榜样作用、生动形象的语言描绘、课内游戏、角色扮演、诗歌朗诵、绘画、体操、音乐欣赏、旅游观光等，都是寓教学内容于具体形象的情境之中，其中也就必然存在着潜移默化的暗示作用。换言之，体验式教学中的特定情境，提供了调动人的原有认知结构的某些线索，经过思维的内部整合作用，人就会顿悟或产生新的认知结构。情境所提供的线索起到一种唤醒或启迪智慧的作用，比如正处于某种问题情境中的人，会因为某句话的提醒或碰到某些事物而受到启发，从而顺利地解决问题。

二、体验课堂强调学生自主性

在体验课堂的沉浸式教学中，学生不再是被动的听众，而是参与者和创造者。他们通过亲身实践、模拟情景、小组合作等方式，深入探究学科知识，提高解决问题的能力。沉浸式教学强调学生的自主性和合作性，让他们在学习中扮演不同的角色，从而培养他们的综合素养和批判性思维。

体验课堂教学的关键是创造出真实而多样化的学习环境，这可以通过实地考察、实验室实践、角色扮演、虚拟现实等方式实现。例如，在学习科学知识时，学生可以参观实验室，亲自操作设备进行实际实验，体验科学研究的过程。而在历史研究中，学生可以扮演历史人物，通过模拟情景重新演绎历史事件，更深入地理解历史背景和人物之间的关系。

体验课堂的教学不仅仅关注学科知识的传授，还注重培养学生的技能和能力。例如，在语言学习中，学生可以通过与母语人士实时交流的方式提高语言表达能力；在艺术领域，学生可以参与到实际的创作过程中，培养自己的审美能力和创造力。沉浸式教学强调学生的实际操作和实践能力，让他们在学习中不断探索和发现，培养自己的学习兴趣和能力。

体验课堂的教学还可以促进跨学科的整合和应用。在现实生活中，知识不是孤立存在的，而是相互关联和综合运用的。沉浸式教学通过创造跨学科的学习情境，让学生在解决问题的过程中将不同的学科知识进行整合。例如，在解决环境问题时，学生可以涉及科学、地理、社会学等多个学科的知识，通过综合应用找到最佳解决方案。

体验课堂的优势在于提供了一个灵活、多样化的学习方式。学生可以根据自己的兴趣和能力选择适合自己的学习路径，并在教师的指导下进行深入学习。这种个性化的学习方式可以激发学生的主动性和创造力，提高学习效果。

三、延安中学体验课堂

结合延安中学体验课堂的教学经验，我们认为沉浸式教学可以从以下3个环节切入。

1.创设情境，激发兴趣

兴趣是学生主动探究的向导。它能促使学生积极地探索事物，积极思考问题，动手操作。延安中学在体验课堂中通过电教媒体、实物、挂图、现实的问题、趣味资料、游戏、音乐、生动的语言等手段，创设和谐、愉悦的学习氛围，架起学生已知经验、情感与课文学习之间的桥梁，激发学生的学习情感，唤起学生参与的欲望。

2.自主学习，合作探究

在现代教学当中，教师的职责现在已越来越少地传递知识，而越来越多地激励思考，将越来越多地成为顾问，成为交换意见的参考者、帮助发现矛盾论点而不是拿出现成真理的人。因此，课堂应该是学生的，学生是学习的主人，教师的一切都是为了学生。在延安中学的体验课堂上，探究的问题是学生自己提出来的，解答疑问的方式是师生共同商量的，问题的答案是学生在已知经验的触碰下共同合作探讨出来的。老师不强加给学生任何结论，也不用正确或错误来区分他们不同的知识概念，只是让学生在交互质疑辩证的过程中澄清所产生的疑虑，逐渐完成知识的建构，形成正式的科学知识。

3.实践创新，提升能力

学生对学习内容的模仿不是在强化的基础上发生的，而是在正常的环境中才习得的，所以教学中应多创设实践活动。人的活动过程是不断解决问题的过程，也是不断建构的过程，建构过程又是不断发现和创新的过程。当我们充分利用学生的好奇心、表现欲望和创新潜能，让学生自主参与实践活动时。学生就会根据自己的需要和意愿进行不同形式和不同方面的体验、领悟与创新性学习，就能获得直接经验与成功感，学生的主体性和个性就能获得充分的发展。

总的来说，体验课堂是一种创新的教学方法，通过创造真实、实践性的学习环境，让学生全身心地投入学习中。它培养学生的自主性、合作性和实践能力，促进跨学科的整合和创新应用。沉浸式教学让学生在学习中不断发现和探索，提高自己的学习兴趣和能力。随着对沉浸式教学的深入研究和实践，它必将在未来的教育中起到更加重要的作用。

第八节　自主课堂：调动学生自主学习能动性

自主课堂，顾名思义，就是指不听命、不依赖于别人的独立自主的学习课堂，以激励学生主动参与、主动实践、主动探索、主动创造为基本特征，以促进学生创新精神及整体素质全面提高为目的的一种新型的教学观和教学形式。

自主课堂教学最大的特点是尊重学生的主体性，激发学生的积极性，调动学生的兴趣性，最大限度地调动能动性，从而真正实现学生是学习中的主角。自主课堂让小组合作有效化、学习效度明显化，扭转了课堂单调乏味、纯粹说教的被动局面，实现了课堂气氛活跃、积极性高涨，思维碰撞，能力发展，为学生的全面发展奠定了基础。

一、自主课堂以教师为主导，以学生为主体

自主不是教师完全放手让学生彻底独立地学习，而是在导学的基础上师生共同确立学习目标并围绕目标通过多种方式让学生参与课堂活动。自主课堂旨在培养学生自主学习的能力。自主学习能力是指学习者在学习活动中表现出来的一种综合能力，具备这种能力的人具有强烈的求知欲，能够合理地安排自己的学习活动，具有刻苦钻研精神，并且能够对自己的学习效果进行科学的评价。有了一定的自主学习能力，学生就不再是被动接受知识的机器，而是能用科学的方法主动探求知识、敢于质疑问难、个性充分发展的学习的主人。

学生主动学习的精神，需要教师经常地启发、点拨和引导，需要长期地、有计划地进行培养，这与教师的主导作用密切相关。因此，自主课堂中要求处

理好教与学的关系、引导者与主体地位的关系，只有真正实现了学生的主体地位，激发了学习的热情，掌握了好的学习方法，才能实现课堂的有效性。

1.自主课堂中学生是主体

传统教学主要是教师讲、学生听，教师按照拟定好的教学设计完成自我预想，这种课堂下学生始终是知识的被动接受者，老师呈现什么学生接受什么，领悟多少因人而异。显然传统教学对学生的主体作用的忽视才会出现老师教得累、学生学得更累。

自主课堂正好弥补了传统教学的不足，以学生的学定教师的教。自主课堂可以给学生更多的自主空间和自我展示的舞台，学生可以根据自我喜好自主选择一堂课或几堂课来展示自我学习、领悟的心得。让学生自主学习、学会学习，变被动为主动、变接受为探究，以学习求新知、化知识为能力，进而全面提高素质，让学生真正成为课堂学习的主人。只要学生自己乐于参与，懂得创造，就会有奇迹。

2.自主课堂中资源利用最大化

教师要由单纯的知识传授者转变为学生学习的引导者、组织者、参与者，学生要由过去的“要我学”转变为“我要学”，变“学会”为“会学”。教师要把挖掘资料的主动权授予学生，发动他们通过网络、书籍和报刊搜集学习资源，从自己的身边、生活中用自己的视角去发现，用自己的头脑去分析，从而真正摆脱教材和教师的束缚；在教学中鼓励学生大胆发表自己的看法、提出自己的见解，引导学生得出有价值的观点和结论，成为学习知识的主人，学会自主学习。

自主课堂对于教材资源、网络资源、学生资源进行了充分整合、利用，特别是自主课堂下，学习成为一种富有主动性、合作性、探究性、反思性的实践活动时，大脑处于主动求知状态，自主学习状态下学生理解和掌握知识与技能的效度最佳。

3.自主课堂让合作学习有效化

“自主、合作、探究”是现代教育的一种价值取向，是优化思想品德课堂教学策略的基本理念。以“自主、合作、探究”为主的思想品德有利于学生学习态度和学习方式的转变，有利于学生素质的全面发展，有利于课堂教学效率真正地提高。在合作探究中，小组成员可以根据自己的角色和能力、喜好和特长参与其中，并承担相应的学习任务。提倡合作学习方式，并不排斥个人学习，而是把个人学习看作合作学习的基础和前提。学生在自己独立思考先学的基础上，所学内容由组长组织讨论，小组上台展示、汇报合作学习的成果。同时，课堂是一个大合作、大共享的平台，让学生教学生，促使学生通过思考、讨论交流及教师启发解决疑难问题，课堂更平等，竞争的氛围更加浓厚。

自主课堂真正体现了教师为主导、学生为主体的教学原则。课堂上学生注意力高度集中，在合作中能使学生树立自信心，强化自主意识，形成合作学习、互动学习、探究学习的风气。

二、以评价机制推动自主课堂建设

要使每个学生都动起来，并形成动力和竞争力，继而形成合力，以达到良性竞争，从而推动和促进整个班集体的竞争力和凝聚力的目的，最好的办法是建立相关的评价机制。

评价机制既实现高效合作的保障又激发着学生的求知欲、调动着学生学习的积极性、增强了学生的实践能力，使学生能更好地完成学习任务，提高教学质量。当然在评价中更多的应该是引导为主、鼓励为主。在鼓励的基础上适度点拨，引导学生更好地突出重点，灵活运用方法，学会调控课堂气氛、加强互动。学生互评时要找到、找准讲授者的闪光点，并予以一定程度的放大，从而给讲授者带来身心都愉悦的感受。激发学生主动参与课堂的兴趣，为自主课堂良性循环做好铺垫。

自主课堂让思考高效化。自主课堂一改以往教师的“一言堂”，取而代之的是师生互动、生生互动、共同探讨的新面貌。以学生自主学习为主，教师只起到组织、示范、引领作用，且上课模式不固定、主持人不固定，而是根据每堂课的内容和学生实际，采取灵活多样、切实可行的教学方法，八仙过海、各显神通，根据每个学生的自我喜好、特长设计课堂，模式多样化。学生之间既是学习的伙伴也是竞争的对手，学生既是学习的主角也是课堂的评判者。

学生对于成功的做法或不足都有自我的感受。在学习观摩中，在相互竞争中，他们有了不同的思考，不仅仅是对于学习的内容有了独自的感受，而是更多思考如何把这些内容通过不同的方法来处理，以便于同伴更好地理解。“思者先行”，有了思考，学习的侧重点发生了变化，经过深思熟虑的知识，在大脑中的印象会更深刻、更持久。同时，小小的辩论更能锦上添花，让学生的思维在激荡中升华。

对于学校和老师来说，要打造自主高效的课堂，则需要不断优化学生自主学习、合作学习、探究学习的方式，提高教学效率及学习效率，从而培养学生的自主学习能力，从教学中摸索出一套符合教学实际的、科学而合理的教学模式及环节，注重对学生进行启发、引导、体验等教学。

首先，认真编写教案，指导学生进一步明确学习目标以及任务。其次，让学生前置自学，老师必须做好巡检，让学生积极地就所学产生的疑问进行交流讨论，通过老师的点拨以及同伴的帮助获取新知识。再次，鼓励学生进行互动交流，各小组及时围绕问题进行方法、思路的交流与探讨，教师进行补漏，为各小组提供解决问题的具体做法以及思路，在互动交流中提升学生的表达能力，通过合作学习培养学生的探究能力。大家在研讨过程中互相借鉴、互相补充，不断使问题明朗化，主动学习其他同学的好想法、好思路，不断开阔解决问题的思路。接下来是拓展深化，结合学习内容与现实生活相联系，培养学生知识迁移能力，从而提高其分析以及知识应用能力。最后，课堂检测，通过设计检测题，并且根据学生认知水平的不同来体现其层次性和梯度性，及时从学生信息的反馈中查找教学中的不足，调整以及完善后续教学，学生的自主学习能力同时得到有效提升。

自主课堂作为一种全新的课堂教学模式，彻底扭转“千人一面，削足适履”的传统方式，在提高学生参与教学活动主体意识、发挥主观能动性方面无不彰显了它应有的生命力，应成为永不凋谢的艺术之花！

本章结语

现代教育教学工作当中，延安中学坚持用发展的观点、创新教育的观点，还教育本身的规律性于教育教学之中，用更新的教育教学方法来指导教学。“授之以鱼一餐之用，授之以渔享受终生。”我们要以最高的效率掌握更多的知识，开发更深的思维，培养更优秀的创新型人才。教育作为一种社会现象，“绝非单纯的文化传递，教育之为教育正是在于它是一种人格心灵的唤醒”，所以在教学实践中，我们要充分发挥积极主动、创造性的教学方式去培养学生的创新意识和创新思维，让每一个学生都体验到创新的快乐，真正实现陶行知先生所说的“处处是创造之地，天天是创造之时，人人是创造之人”的教育场景。

第九章
干城之将——激活教育的价值点

怎样当好中学校长，特别是如何带领革命老区一所有着悠久历史和革命传统的中学，这是我们一直面对的课题。

作为中学校长，我们肩负着培养下一代的重要责任。一个好的中学校长不仅要具备专业知识和管理能力，还需要有良好的领导才能和人际关系处理能力。

首先，一个好的中学校长应该拥有卓越的专业知识。作为学校的领导者，校长需要了解最新的教育理论和方法，以确保学校的教学质量和教育成果。他们应该参加教育培训、研讨会和学术会议，与其他教育专业人士交流和分享经验。

其次，中学校长应具备优秀的管理能力。管理学校是一个复杂而多元化的系统性任务。校长需要结合学校实际制定愿景和目标，并带领全体教职员工共同努力实现。为了完成这些目标，还需要制定有效的策略和计划，分配资源并监督学校的运营。此外，还应该善于激发员工的潜力，鼓励和支持他们在教学领域的创新和发展。

再次，一个好的中学校长应具备良好的领导才能，这要求我们应该有明确的愿景和目标，并能够激励和激发员工追求卓越。校长应该建立一个积极向上的工作环境，鼓励团队合作和持续学习。他们应该成为学校的榜样，展示出高尚的品质和价值观。

此外，中学校长还需要具备优秀的人际关系处理能力。校长需要与教职员工、家长、学生、社区甚至是主管部门各方面保持良好的沟通和合作关系。校长应该倾听各方的意见和建议，并及时回应和解决问题，与家长保持紧密合作，共同关注学生的发展和福祉。

最后，中学校长应始终保持学习和进步的态度。教育是一个不断发展和变革的领域，校长需要保持对最新教育动态的了解，并相应调整学校的教育策略和方法。校长应该鼓励学生和教职员工积极参与学习和创新，以适应社会的变化和挑战。

所以，当好一个中学校长需要全面发展的素质和技能。除了教育专业知识和管理能力，还需要优秀的领导才能和人际关系处理能力。只有不断努力和进取，才能为学生提供一个优质的教育环境，培养他们成为未来的社会栋梁。

具体到延安中学，一所坚持用延安精神教书育人、有着光荣历史与傲人成绩的红色中学，需要的是更高标准的办学治校精神。对于这样一所学校的校长而言，毋庸置疑，必须深入学习、运用和践行延安精神，以更好地肩负起培养未来社会主义建设者的使命。

从思想信念上，要坚持信仰、明确目标。延安精神鼓励人们坚定理想信念，对于我们教育工作者而言，就是要坚守教育事业的初心，始终以培养德、智、体、美、劳全面发展的社会主义建设者为目标。要认清自己的责任和使命，坚定信念，不忘初心，牢记肩上的责任和使命，引领学校朝着正确的方向前进。

从精神品质上，要勇于面对挑战、艰苦奋斗。延安精神强调艰苦奋斗的精神品质，要求我们教育工作者在困难和挫折面前不气馁，要有坚韧不拔的毅力和奋发向前的精神。在学校里，我们要勇于面对各种挑战和困难，解决问题，推动学校的发展。同时，还要注重师生的思想教育，培养他们的坚强意志和顽强拼搏的品质。

从服务理念上，要以人为本、为民服务。延安精神强调为民服务的理念，我们教育工作者要把学生和家长的利益放在首位，关心他们的成长和发展，为他们提供良好的学习环境和教育资源。同时，还要注重师生的全面发展，关心他们的身心健康，关注他们的成长需求，为他们提供个性化的教育和发展机会。

从对外联络上，要加强团结与友爱。延安精神强调团结合作的意义，我们教育工作者要加强师生之间的沟通与交流，建立和谐的校园氛围。同时，还要加强学校与社会、家长之间的联系与合作，形成共同育人的合力。只有团结一心，才能共同促进学校的发展，实现教育目标。

结合自己作为延安中学校长的工作经验，我认为要从文化领导力、环境领导力、课程领导力、管理领导力、精神领导力、流程领导力、系统领导力、模范领导力、敏捷领导力等方面全面提升，才能胜任中学校长这一关键教育岗位。

第一节　文化领导力

文化领导力是指一个领导者对于组织内部文化的塑造和引领能力。在今天的多元化、全球化的环境下，文化领导力变得更加重要。一个优秀的领导者应该能够理解和尊重不同文化之间的差异，并能通过正确的方式来管理和发展这些文化。

一个有良好文化领导力的领导者应该具备跨文化沟通的能力。不同的文化有着不同的价值观、信仰和行为准则，一个领导者应该能在不同文化之间建立起有效的沟通桥梁。他应该学会倾听和理解他人的观点，而不仅仅是将自己的观点强加于他人。通过良好的跨文化沟通，领导者能够建立起信任和共识，使团队更加协调和高效地工作。

一个优秀的文化领导者应该通过自身行为和榜样示范来展示文化的重要性。领导者应该具备文化敏感性，能够理解和尊重不同文化背景下的员工或成员，通过积极地参与和支持不同文化的活动和传统，能够让员工感受到自己的关怀和尊重。这样做不仅有助于建立一个积极向上的工作环境，也能提高员工的归属感和工作满意度。

一个优秀的文化领导者应该具备清晰的愿景和价值观，并能将其传达给团队成员。他能够通过各种方式来塑造和强调组织内部的文化，例如通过培训、庆祝活动和激励措施等。通过正确地引导组织文化，领导者能够创建一个积极向上、相互支持的工作环境，从而提高团队的凝聚力和创造力。

一个优秀的文化领导者应该能管理和调节不同文化之间的冲突和摩擦。在一个多元文化的团队中，不可避免地会出现不同文化之间的差异和冲突。一个好的领导者应该能敏锐地察觉到这些问题，并能采取适当的措施来解决。他们应该鼓励和促进不同文化之间的交流和合作，以达到团队的整体目标。

文化领导力是一个领导者在多元文化环境下必须具备的能力。通过跨文化沟通、文化敏感性、文化塑造和冲突管理等方面的努力，一个优秀的文化领导者能够为组织带来更好的工作环境和更高的绩效。因此，我们应该重视对文化领导力的培养，并致力于提高自身的文化领导能力。

学校文化是学校的灵魂，代表着学校的价值观和信念。校长应该建立一种积极向上、互相尊重和包容的学校文化。作为学校的领导者，校长在塑造和发展学校文化方面起着至关重要的作用。他不仅需要具备管理和组织的能力，还需要具备一定的教育和文化背景，以更好地理解和引导学校内部的各种文化元素。可以说，校长的文化领导力是核心领导能力。

首先，校长应该具备广博的文化知识和深厚的文化素养。他们需要了解并尊重不同文化之间的差异，包括学生和教职员工的文化背景。通过学习和研究不同的文化，校长可以更好地理解学校内部的多样性，并同样重视每个人的需求和价值观。

其次，校长应该成为一个文化倡导者和榜样。他应该积极参与学校的文化活动，并展示对学生和教职员工的关心和关注。校长应该具备良好的沟通和表达能力，以便有效地与学校社区中的各个成员交流和合作。通过与学生和教职员工建立积极的关系，校长可以更好地了解学校内部的文化需求，并做出相应的调整和改进。

另外，校长还应该具备良好的跨文化管理能力。学校中可能存在不同文化之间的冲突和摩擦，校长需要有能力解决这些问题，并促进各个文化之间的融合和共享。校长应该注重培养学校内部的文化多元性，并创造一个开放和包容的学习环境。

最后，校长应该持续不断地学习和发展自己的文化领导力。他可以通过参加培训课程、阅读相关书籍和与其他教育专业人士交流等方式来不断提升自己的文化领导力。同时，校长应该关注国内外的教育和文化研究，以便及时了解并应对不同文化背景下的挑战和机遇。

对于中学校长而言，发扬延安精神、增强学校文化的影响力至关重要。在现代教育中，校长作为学校的领导者，要发挥好自己的文化领导力，可以借鉴延安精神的精髓，提升自己的领导能力。

那么，如何传承延安精神，并以此培养和提升自己的文化领导力呢?

首先，延安精神是一种集体主义思想，注重团结互助。中学校长可以通过倡导团队合作、鼓励师生相互支持来增强学校文化的影响力。以延安精神为指导，学校可以建立起一个积极向上的氛围，使师生形成一个紧密的团队，共同努力、共同前行。在这样的环境下，学生们能够感受到集体的力量，从而更好地融入学校文化中。

其次，延安精神强调实践经验和实际行动。中学校长可以通过组织学生参与社会实践活动、开展志愿者服务等方式来增强学校文化的影响力。这样做不仅可以让学生们在实践中获得更多的经验和知识，还能培养他们的社会责任感和奉献精神，学校文化也将因为学生们的积极参与而更加深入人心。

此外，延安精神强调实事求是、批评与自我批评的精神。中学校长可以通过鼓励师生们勇于尝试、敢于面对问题来增强学校文化的影响力。学校应该鼓励师生们勇于提出问题、敢于表达意见，并且能够正确对待批评和自我批评。这样的环境能够激发师生们的思考能力和创新意识，使学校文化不断进步和发展。

最后，延安精神强调党性教育和道德修养。中学校长可以通过开展各种形式的党员教育活动、组织道德讲堂等方式来增强学校文化的影响力。通过这些活动，学校能够加强对师生的党性教育，引导他们树立正确的人生观、价值观和行为准则。在这样的教育环境下，学校文化将充满着正能量，对师生们的成长和发展起到积极的影响。

通过倡导团队合作、实践经验、实事求是和党性教育等方式，中学校长可以增强学校文化的影响力，只有这样，学校才能更好地传承和发展延安精神，助力培养优秀的社会主义建设者和接班人。

总之，校长的文化领导力对于学校的成功发展至关重要。通过获取广博的文化知识和培养深厚的文化素养，成为一个文化倡导者和榜样，具备跨文化管理能力，并持续不断地学习和发展自己的文化领导力，校长可以更好地引导学校内部的多元文化，并创建一个积极、包容和创新的学习环境。打造积极向上、凝聚力强的学校文化，这样的校长才能为师生们的成长和发展提供坚实的支持；传承弘扬延安精神，提升文化领导能力，才能培养学生的跨文化意识和能力，为他们的未来成功奠定坚实的基础。

第二节　环境领导力

环境领导力是指在保护和改善环境方面展示出优秀的领导能力。校园环境领导力体现的是学校管理人员对于改善、提升和引领校园环境方面所具备的管理水平。

环境领导力对于保护学校的环境至关重要。一个优秀的环境领导者能够提供解决方案，并带领团队采取行动，通过制定可持续发展的战略并推动实施，从而延续校园环境长期稳定存在。

环境领导力还涉及教育和启发师生。一个成功的校园环境领导者不仅要有专业知识和技能，还要具备沟通和教育他人的能力。可以通过演讲、培训和社区活动等方式传播校园建设的重要性，激发更多人参与到校园环境建设和保护行动中来。

成功的环境领导者有许多不同的特质和技能。优秀的校园环境领导者通常具备坚定的信念和毅力，能够在面对困难和挑战时保持积极的态度。他们能够设定明确的目标并制订计划来实现这些目标。他们还具备团队合作和协调的能力，能够与各方利益相关者建立良好的关系，并协同合作解决问题。

校长不仅负责领导管理学校的日常运作，还承担着提升学校环境的重要责任。一个良好的学校环境可以创造出积极的学习氛围，提高学生的学习动力和成绩。

首先，校长应该重视学校的物质环境和设施建设。一个舒适、安全和美观的学习环境可以为学生提供更好的学习体验。校长可以定期检查学校的设施和设备，并及时安排维护和更新。可以与相关部门合作，争取更多的经费用于学校设施的改善，如图书馆、实验室、操场等。此外，还可以鼓励学生和教师积极参与学校环境的美化工作，如植树活动、花坛设计等，增加学校的绿化和美化程度。

其次，校长应该注重学校文化的营造。学校文化代表着学校的价值观和信念，对老师和学生的影响是潜移默化的、影响终身的。校长应该建立一种积极向上、互相尊重和包容的学校文化。可以通过定期举行各种活动，来增加学生和教职员工的凝聚力和归属感。此外，校长还可以引入学校特色的文化活动，如国际文化节、艺术展示等，来丰富学生的学习经历。

最后，校长应该加强学校的沟通和合作机制。一个良好的学校环境需要教师、学生和家长之间的良好沟通和合作。校长可以定期组织家长会议和教师工作坊，以促进校方与家长和教师之间的沟通和合作。此外，校长还可以建立学生代表会议或学生领导团队，让学生参与学校事务的决策和管理，增加学生的参与感和责任感。

此外，校长还应该注重教师的培训和发展。教师是学校环境的重要组成部分，专业能力和教学水平直接影响着学校的整体质量。校长可以组织各种形式的教师培训和研讨会，提供专业发展的机会，帮助教师不断提升自己的能力和水平。此外，校长还可以鼓励教师参与学术交流和研究活动，提高他们的教学水平和学术造诣。

所以说，校长作为学校的领导者，应该积极推进学校环境的提升工作。通过营造良好的学校文化、加强沟通和合作、改善物质环境和设施、注重教师培训和发展等一系列措施，有效提高学校环境，创造更好的学习氛围和条件。只有发挥好环境领导力，才能真正实现学校环境的全面提升。

用延安精神来提升环境领导力，归根结底就是要求校长能够运用延安精神营造尊师重教、勤奋好学的校园氛围。

首先，尊师重教是延安精神的重要内容之一。延安时期，毛泽东等党的领导人深知教育对于培养革命接班人的重要性，因此高度重视教育事业。“教育必须从娃娃抓起”，强调要把教育放在首位。今天，我们也应该认识到，教育是国家发展的基石，教师是培养未来人才的灵魂人物。我们应该尊重教师的专业知识和人格魅力，学会从他们身上汲取智慧和力量。只有树立起尊师重教的观念，我们才能建立起一个有品质、有活力的教育体系。

其次，勤奋好学是延安精神的核心要义。在延安时期，中国共产党人面临着极端艰苦的环境和残酷的战争压力，但依然保持着对学习的执着追求。他们通过深入学习马列主义理论、社会科学和自然科学等知识，不断提高自己的综合素质和领导能力。如今，我们身处和平年代，相对来说享受较好的学习条件，但有时却缺乏勤奋好学的态度。延安精神告诉我们，只有通过持之以恒的努力和不断的学习，我们才能不断进步，成为有用之才。

最后，营造尊师重教、勤奋好学的校园氛围需要全社会的共同努力。家庭、学校和社会是孩子成长的3个重要环境，只有这3个环境相互配合，才能形成一个良好的教育生态系统。家庭应该注重培养孩子的教育意识和学习习惯，学校应该提供优质的教育资源和良好的教育环境，社会则应该加强对教育的支持和关心。只有通过全社会共同努力，我们才能在延安精神的指引下，营造起尊师重教、勤奋好学的校园氛围。

在营造尊师重教、勤奋好学的校园氛围方面，我们应该从延安精神中汲取智慧和力量，认识到教育的重要性，培养勤奋好学的态度，并通过全社会的共同努力，建立起一个有品质、有活力的教育体系。只有这样，我们才能真正实现教育事业的繁荣发展，推动国家的长远进步。

第三节　课程领导力

在课程领域中，领导力同样扮演着至关重要的角色。一位优秀的教育领导者不仅需要具备专业知识和技能，更需要展现出良好的领导能力，以有效地引导学生和教师们朝着共同目标努力。

首先，领导力在课程方面的重要性体现在对学生的激励和激发潜能的能力上。优秀的教育领导者能够通过设定明确的目标和期望，激励学生全力以赴地投入学习。他们能够建立良好的学习氛围，促使学生们在课堂上积极参与，展示出自己的才华和潜力。此外，领导者还能帮助学生们发现自己的热情和兴趣，并为他们提供相关的资源和机会，以便他们能更好地发展自己的潜力。

其次，领导力在课程方面的重要性还体现在对教师的指导和支持上。优秀的教育领导者能够与教师建立良好的沟通和合作关系，了解他们的需求和挑战，并提供相应的指导和支持。他们能够激励教师为学生提供高质量的教育服务，并促使教师在教学中不断创新和改进。此外，领导者还能为教师们提供专业发展的机会和资源，以便他们能够不断提升自己的教学能力。

最后，领导力在课程方面的重要性还体现在对整个学校环境的影响力上。优秀的教育领导者能够营造积极向上的学习氛围，鼓励学生们相互合作和分享知识。他们能够创建一个开放和包容的学习环境，让每个学生都感受到尊重和关注。此外，领导者还能与学校的其他领导者和相关者合作，共同制定和实施有效的课程政策和规划，以确保学校的发展和进步。

综上所述，领导力在课程方面起着至关重要的作用。优秀的教育领导者能够激励学生们全力以赴地学习，并帮助他们发掘自己的潜力和兴趣。他们能够指导和支持教师们提供高质量的教育服务，并推动他们不断创新和改进。此外，领导者还能塑造积极向上的学习环境，促进学校整体的发展和进步。因此，我们应该重视领导力的培养和发展，以进一步提升课程领域的质量和效果。

课程领导力涉及制定教学目标、设计课程内容、培养教师队伍以及评估教学效果等方面，对于学校的教学质量和发展具有关键性的影响。校长必须具备相应的领导能力和专业知识，以便更好地推动课程改革和提升教学质量。

校长需要建立一个课程改革的团队，并确定明确的目标。这个团队应该由学校具有教学经验和专业知识的教师组成，他们可以共同制定教学目标，并通过合作研讨的方式设计课程内容。校长应该起到引领者的作用，明确课程改革的方向，并为团队提供支持和资源。

校长需要关注教师的培训和发展。教师队伍是学校教学质量的关键因素，校长需要制订培训计划，提供各种培训机会，帮助教师提高教学能力和专业水平。同时，校长还可以鼓励教师参与教学研究和教学团队，通过交流和合作促进彼此的成长。

校长需要积极推动课程评估和反馈机制的建立。评估是提升课程质量的关键环节，校长可以制定评估标准和评估方法，对课程进行定期评估，并根据评估结果进行调整和改进。同时，校长还需要建立一个反馈机制，鼓励教师和学生提供对课程的反馈意见，以便及时发现问题并进行改善。

校长应该注重与家长和社会的沟通和合作。家长和社会是学校的重要资源，不仅可以为学校提供支持和资源，还可以提供宝贵的意见和建议。校长需要与家长和社会保持紧密的联系，倾听他们的声音，了解他们的需求，并根据实际情况进行调整和改进。

延安精神凝聚了中国共产党及其领导人民群众艰苦奋斗、团结协作、无私奉献的精神，对于塑造正直坚韧、勇往直前的精神风貌具有重要意义。身为延安中学校长，必须借鉴延安精神的核心价值观念，科学构建学校的课程，培养学生积极向上、勇于创新的品质。

1.通过课程设置，引入延安精神的相关内容

在历史、政治、思想品德等学科中，选取与延安精神相关的知识点进行深入讲解。通过学习延安精神的历史背景、主要内容以及对后世的影响，让学生了解并感受到这种精神所蕴含的伟大力量。同时，可以组织学生参观延安相关的纪念馆、革命遗址等，让学生亲身感受延安精神的历史底蕴。

2.通过课程设计，培养学生的实践能力和团队合作精神

延安精神强调的是集体主义、团结协作的观念，这与现代社会需要培养的核心素养有着密切的关系。校长可以将实践活动纳入课程内容，让学生通过实践去感受集体的力量。例如，在社会实践课程中，组织学生到社区、农村等地开展志愿服务，帮助他人解决实际问题，同时培养学生的服务意识和责任感。此外，校长还可以鼓励学生参与各项社团活动，让学生在团队中合作、交流，培养团队合作的能力。

3.通过教学方法，引导学生树立正确的价值观

延安精神的核心价值观念是为人民服务、忠诚奉献、自我牺牲等。校长可以通过引导学生进行深入的讨论和辩论，让学生了解不同价值观念之间的差异，并通过讲解案例，培养学生正确的价值判断能力。同时，可以通过鼓励学生参与志愿者活动、社会实践等，让学生亲身体验并思考如何将延安精神中的价值观念融入自己的行为中去。

4.通过课程评价，检验学生对延安精神的理解和运用能力

在考试评价中适当设置与延安精神相关的题目，考查学生对延安精神的理解和运用能力。此外，可以通过学生的课堂表现、实践活动参与度等多维度进行评价，引导学生形成正确的学习态度和价值观。

以延安中学为例，学校课程设置非常丰富多彩，既有基础课程也有拓展课程。其中，数理化三科是该校的重点科目，同时也注重人文社科方面的课程设置。与此同时，在校长的主导下，学校还设置了一些特色课程。学校非常注重培养学生的社会责任感和公益意识，要求每个学生都要参加一定量的志愿服务活动，并且可以自主选择服务内容和方式。通过这样的活动，不仅可以帮助他人，还能提高自身综合素质。在创新创业教育方面，学校注重培养学生的创新和创业意识，开设了多个创新实验室和创业俱乐部，鼓励学生积极参与各类科技竞赛和创业比赛。

中学校长可以依据延安精神的核心价值观念，科学构建学校的课程。通过课程设置、课程设计、教学方法和课程评价等方面的努力，培养学生积极向上、勇于创新的品质。这样不仅有利于学生的全面发展，也有助于传承和弘扬延安精神的宝贵精神财富。

第四节　管理领导力

在一个组织或团队中，管理者的领导力可以决定整个团队的运作效率和成功与否。

首先，管理领导力的重要性不言而喻。一个优秀的管理者需要具备一系列的领导才能，如目标设定、决策制定、团队激励等。他们不仅需要具备良好的沟通技巧，还需要能够有效地解决问题和管理冲突。管理者的领导力直接影响着团队成员的工作动力和团队整体的绩效。一个有强大领导力的管理者可以激励团队成员充分发挥潜力，提高工作效率，实现组织的目标。

其次，如何培养和发展管理领导力也是一个重要的议题。管理领导力并非一朝一夕可以获得，需要长期的学习和实践。一个想要成为优秀管理者的人应该注重自我提升和学习，可以通过参加领导力培训和研讨会来学习领导力的理论知识和实践技巧。此外，他们还可以通过阅读相关的书籍和研究案例来拓宽自己的视野。最重要的是，在实际工作中不断锻炼和尝试各种领导技巧，通过实践来提高自己的领导能力。

再次，一个优秀的管理者还应该具备一些基本的管理原则。他们需要建立一个明确的目标并与团队成员分享这个目标。同时，他们需要制定合理的计划和策略，并分配适当的资源来实现这个目标。在整个过程中，他们应该注重团队成员的参与和反馈，以便及时调整和改进计划。此外，他们还应该建立一种积极的团队文化，鼓励团队成员之间的合作和互助。

最后，管理领导力是一个动态的过程。一个成功的管理者应该不断反思和改进自己的领导风格。他们应该保持学习的态度，及时了解和适应变化的环境。同时，他们还应该积极地寻求反馈，了解团队成员对自己的评价和建议，以便不断提高自己的领导能力。

总之，管理领导力是一个重要的主题，对于组织和团队的成功至关重要。通过学习和实践，每个人都可以培养和发展自己的管理领导力。一个优秀的管理者应该具备一系列的领导才能，并不断反思和改进自己的领导风格。只有这样，他们才能激励团队成员，实现组织的目标。

一、提升领导力

中学校长作为学校管理的核心，其管理领导力的高低直接影响着学校的运行效率、教学质量以及师生发展。如何提升管理领导力，是中学校长甚至是几乎所有校长需要不断探索的重要课题。

那么，对于延安中学来说，如何用延安精神提升管理者的领导力？

1.要深刻理解延安精神的核心价值观

延安精神的核心价值观包括坚定的理想信念、艰苦奋斗的精神、扎根人民的情怀以及团结协作的态度。校长应当深入研究延安精神，真正理解其中的核心价值观，并将其融入自己的管理实践中。

2.树立正确的教育理念

延安精神强调“以人为本”，以培养社会主义建设者和接班人为教育目标。校长应该树立正确的教育理念，注重全面培养学生的综合素质，关注学生的个性发展和创新能力的培养。

3.秉持艰苦奋斗的精神

延安精神所强调的艰苦奋斗的精神是中学校长提升管理领导力的重要品质。校长应该具备艰苦奋斗的毅力和坚韧性，不怕吃苦，勇于面对困难和挑战，并能带领全体教职员工共同奋斗，推动学校的发展。

4.树立正确的权力观

延安精神强调党员领导干部要以人民为中心、服务人民，真正做到“为人民服务”的宗旨。校长应该树立正确的权力观，始终将学生和教职工的利益放在首位，注重听取他们的意见和建议，善于团队合作，营造良好的工作氛围。

5.加强学习和实践

校长要提升管理领导力，需要加强自身的学习和实践。他们可以通过阅读延安精神的相关文献资料，深入了解延安时期党的领导经验，学习其中的管理智慧和方法。同时，中学校长还应该结合自己的实际工作，不断实践和总结经验，不断提高自身的管理能力。

二、注意事项

有一些值得注意的事项，对于中学校长来说尤其关键。

1.加强自我认知和学习

校长作为学校的领导者，担负着管理学校、指导教师和关心学生的重要职责。随着社会的发展和教育的变革，中学校长需要不断提升自己的认知能力，以应对日益复杂的管理挑战。

一是必须通过不断学习和更新知识来提升自己的认知能力。要定期参加各种教育研讨会和培训课程，了解业界最新的教育理论和实践方向。阅读相关的专业书籍、期刊和报纸，关注教育研究的前沿动态也是提升认知能力的有效途径。通过不断学习，可以拓宽自己的知识面，深入理解教育问题，并能更好地指导教师和管理学校。

二是必须主动寻求各种机会来扩展自己的思维方式和视野。积极参与行业交流会和学术论坛，与其他校长和教育专家进行交流和互动。通过与不同领域的专业人士合作，可以了解其他学校的管理经验和成功案例，从而得到启发和借鉴。如果有机会的话，可以担任社会组织或教育机构的职务，参与相关决策和项目，以扩展自己的视野和认知能力。

三是必须不断加强自我反思和自我评估的能力，以提升自己的认知水平。

定期回顾自己的工作表现，查找问题和改进的空间，并制订个人发展计划。通过不断反思和评估，可以发现自己的盲点和不足之处，并采取相应的措施进行改进。此外，还可以寻求他人的反馈和建议以了解自己的优缺点，在调整改进中获得成长和提升。

四是必须注重提升自己的沟通和人际交往能力，以更好地与教师、学生和家长进行有效的沟通和合作。有必要的话，可以参加相关的培训课程，学习沟通技巧和人际关系管理，以增强自己的影响力和领导能力。此外，还可以利用各种沟通渠道，如会议、讲座和咨询等，与教师和家长进行广泛的交流和互动，以建立良好的合作关系和信任基础。

2.建立有效的沟通渠道

有效的沟通对于学校的发展和教育质量至关重要，良好的沟通是管理领导力的基础。中学校长应建立起与教职员工、学生家长以及其他利益相关者的有效沟通渠道。通过定期的会议、座谈会、问卷调查等形式，听取各方面的意见和建议，了解他们的需求和期望，并及时采取行动。同时，应注重倾听和理解，鼓励员工参与和创新，共同推动学校的发展。

首先，应该积极主动地与学生保持沟通。比如，定期与学生进行座谈或开展问卷调查，了解学生对学校环境、学习资源和教育方式的意见和建议。还可以参与到学生活动当中，与学生们亲切交流，了解他们的需求和关注点。这种直接而亲密的交流有助于我们了解学生的想法，并及时采取相应的措施来改善学校环境和教育质量。

其次，应该与教师建立良好的沟通渠道。定期召开教职工大会是不可或缺的，这样可以及时向教师们传达学校发展的目标和方向，并听取教师们的意见和建议。校长还可以开展一对一的定期面谈，与教师们深入交流，了解他们的工作情况和需求，并提供必要的支持和帮助。与教师保持紧密的沟通有助于建立团队合作精神，促进教师的专业发展和提高教学质量。

最后，应该与家长建立有效的沟通渠道。学校不定期举办家长会议或座谈会，与家长们分享学校的教育理念和教育政策，并听取家长们的意见和建议。还可以利用现代科技手段，如电子邮件、短信或社交媒体等，向家长们发送学校相关信息，并及时回答他们的疑问和解决他们的问题。与家长保持良好的沟通有助于增加家长对学校的信任和支持，促进家校合作，共同推动学生的全面发展。

还有一点不可忽视，校长必须与其他利益相关者建立紧密的沟通联系，与当地政府教育主管部门保持定期的联络，这是理所当然的。这样可以帮助学校及时了解教育政策的变化和发展趋势，并实时调整学校的发展战略。校长还可以与其他同类型学校的校长进行交流和合作，分享经验和资源，共同提高教育质量。与其他利益相关者保持积极的沟通有助于学校与外部环境的对接，为学校的发展提供有力支持。

3.培养团队合作精神

团队合作是一个团队成功的重要因素。于学校而言，团队合作可以促进知识共享和专业发展。当教师们共同努力工作、分享自己的经验和知识时，他们可以从彼此的专长中受益。这种合作有助于提升教师的教学水平和专业技能，进而增强学校的教育质量。团队合作可以加强教职工之间的联系和相互支持。在一个紧密合作的团队中，教师们能够相互倾听和支持，分享困难和成功。这种支持和联系可以减轻教师的工作压力，提高他们的幸福感和工作满意度。此外，团队合作还可以促进学校的创新和改进。当教师们齐心协力、共同研究和解决问题时，他们能够提出新的想法和方法，以改进教学和管理。这种创新精神可以帮助学校适应不断变化的教育环境，并提供更好的教育服务。

作为学校的领导者，需要激发教职员工的工作热情和归属感，建立积极向上的工作氛围。可以通过组织团队建设活动、培训班以及奖励制度等方式，促进员工之间的合作与交流，提高协作能力和凝聚力。同时，树立一个明确的目标，并与团队共同制订实施计划，使每个人都能明确自己的责任和角色。

中学校长在培养教职工团队合作精神方面可以采取以下措施。

一是建立一种积极的团队文化。校长应该明确传达团队合作的重要性，并鼓励教师相互合作和支持。与此同时，要适时组织团队建设活动和培训，以促进教职工之间的沟通和合作。

二是激励教师参与团队合作。校长可以设立奖励机制，鼓励教师之间的合作和知识共享，而且还应该提供资源和支持，以帮助教师实施他们的合作项目。

三是关注和解决潜在的合作障碍。校长可以通过定期会议和交流，了解教师的合作需求和问题。校长应该鼓励教师表达自己的观点和意见，并提供必要的支持和解决方案。

四是培养教职工的团队合作精神，有助于带动培养学生的团队合作精神，帮助学生成长，实现教学相长。所以，校长有责任培养教职工团队合作精神，以提高学校的整体效能和教育质量。

4.注重学校文化建设

学校文化是学校管理的灵魂。中学校长应该意识到学校文化对于学生的成长和发展具有重要影响，并积极采取行动来强化学校文化建设。比如，注重学校文化的塑造和传承，打造具有明确价值观和共同认同的文化氛围。可以通过组织师德师风培训、举办文艺活动、评选先进个人等方式，弘扬学校的精神风貌，营造一个积极向上、和谐有序的学习环境。

一是必须明确学校文化的愿景和价值观。一个良好的学校文化应该以学生的全面发展为核心，注重培养学生的创造力和批判性思维能力。校长应该与教职员工、学生和家长进行广泛的讨论和参与，共同确定学校的愿景和价值观，这样可以确保学校文化与学校目标一致，并得到所有相关人员的支持和认同。

二是应该营造积极的学习氛围。学校应该成为一个让学生愿意学习和探索的地方。校长可以推动教师使用创新的教学方法，如小组合作学习和项目制学习。同时，校长还可以鼓励学生参与课外活动和社区服务，培养他们的领导和团队合作能力。通过这些努力，学校将成为一个激发学生潜力的地方，帮助他们实现个人目标。

三是应该注重塑造积极的校园文化。校长可以鼓励学生和教职员工遵守校规校纪，培养良好的行为习惯和社交技巧。此外，校长还可以组织一些特殊活动和庆祝活动，增强学校社区的凝聚力和归属感。例如，每月举行一次学生表演或展览活动，让学生们展示自己的才华和成果。通过这些活动，学校将成为一个充满活力和互动的地方。

四是应该注重建立良好的沟通机制。校长应定期与教职员工、学生和家长进行会谈，了解他们的意见和建议。同时，校长还应该鼓励教师之间和学生之间的交流，促进信息共享和互相学习。良好的沟通机制可以帮助学校解决问题和改进教育质量，同时增强学校文化的凝聚力和稳定性。

第五节 精神领导力

精神领导力是指在组织中具备强大的精神力量和高度的情商，能够激励和影响他人实现共同目标的能力。它强调的是以积极的心态、高尚的品德和智慧的思考方式来引领团队，促进个人和组织的成长与发展。在当今快速变化的商业环境中，精神领导力已经成为一种不可或缺的能力。

首先，精神领导力能够提升团队的凝聚力和合作性。一个有着积极心态并富有激情的领导者能够激励团队成员克服困难、相互支持并共同追求目标。他们能够建立一个开放和谐的工作氛围，鼓励员工分享想法和意见，增强团队协作的能力。

其次，精神领导力能够帮助团队应对挑战和变革。一个精神力量强大的领导者能够冷静地面对困难和不确定性的情况，并通过正面的思考方式和解决问题的能力为团队提供方向和支持。他们能够帮助团队成员发现机会、克服挑战、保持积极的态度并迎接变革。

再次，精神领导力还能培养团队成员的个人发展。一个关注员工个体需求和发展的领导者能够提供适当的指导和支持，帮助他们实现自己的目标和潜力。通过鼓励员工学习和成长以及为他们提供合适的培训和发展机会，领导者能够促使团队成员不断进步并为组织的长远发展作出贡献。

最后，精神领导力也是一种道德和伦理的引领方式。一个具备高尚品德和正直行为的领导能够树立榜样，传递价值观念，并在面对困难和决策时坚持原则和正义的立场。这种道德引领能够建立信任和尊重，帮助团队成员更好地理解和接受组织的使命和愿景。

总的来说，精神领导力是一种基于积极心态、高尚品德和智慧思考的引领方式。它能够提升团队的凝聚力和合作性，并帮助团队应对挑战和变革。精神领导力还能够促进个人发展和组织成长，并树立道德和伦理的榜样。在当今竞争激烈的商业环境中，发展和培养精神领导力已经成为非常重要的任务，能够帮助组织取得成功并保持持续竞争优势。

一、为什么做

在一个快速变化的教育环境中，校长不仅需要具备专业知识和管理能力，还需要有强大的精神领导力来激发教职员工和学生的积极性和创造力。提升校长的精神领导力意义重大、影响深远、势在必行。

1.校长应该树立一个积极向上的态度

作为学校的领导者，校长的态度和情绪会直接影响到全校师生的情绪和心态。校长应该保持乐观的态度并以身作则，展示出对学校未来的信心和期望。同时，校长应该与教职员工保持紧密的联系，倾听他们的意见和建议，共同解决问题，打破壁垒，促进沟通和合作。

2.校长应该注重营造全校的文化氛围

一种积极向上、充满活力的学校文化可以激发教职员工和学生的潜能，提高他们的工作热情和学习动力。校长可以通过组织各种文化活动，如讲座、演讲比赛、艺术展览等来营造学校的文化氛围。此外，校长还可以鼓励教师和学生参与社会服务和志愿者活动，通过积极回馈社会来培养全校的公益意识。

3.校长应该注重员工的发展和成长

一个优秀的学校需要有一支充满活力和创造力的教职员工队伍。校长可以通过提供专业发展机会、组织培训课程、鼓励教师参与研究项目等方式来激励员工的发展。同时，校长还应该鼓励员工参与学校决策过程，共同制定学校发展战略和政策，让每个员工都感到自己的价值和作用。

4.校长应该注重学生的全面发展

学生是学校的未来，他们的成长和发展关系到整个学校的未来。校长应该关注学生的个人特长和兴趣爱好，提供各种课外活动和俱乐部组织，鼓励学生参与其中，并发现他们的潜能和才华。同时，校长还应该注重学生成绩的提高，制定有效的教学计划和评估机制，为学生提供良好的学习环境和资源。

二、怎么做

校长的精神领导力对于学校的发展和改进至关重要。通过树立积极向上的态度，营造全校的文化氛围，注重员工和学生的发展，提升自己对全校的精神领导力。只有具备强大的精神领导力，校长才能将学校引领到更高的水平，为师生创造一个良好的学习环境和发展平台。校长要发挥自身的精神领导力，引领全校师生秉承延安精神，培养学生的优秀品质和良好行为习惯。

1.带头钻研，吃透延安精神的内涵

延安精神是以毛泽东同志为核心的中国共产党在延安时期形成的一种精神风貌，包括坚定理想信念、艰苦奋斗、实事求是、群众路线、纪律严明等内容。中学校长应深入研究延安精神的历史背景和内涵，准确把握其中的价值观念和行为准则。

2.率先垂范，亲自践行延安精神

中学校长作为学校的灵魂人物，应率先垂范，亲自践行延安精神。校长可以以身作则，坚定理想信念，勤奋工作，积极参与学校活动，与师生共同奋斗。通过自身的言行，校长向全校师生传递出强烈的精神力量和影响力。

3.拓展形式，建设延安精神教育体系

中学校长应重视延安精神的教育价值，将其融入学校的教育体系中。校长可以通过组织延安精神教育讲座、开展延安精神主题活动等方式，向全校师生普及延安精神的内涵和意义。同时，校长还要注重将延安精神渗透于课堂教学、学生管理等方面，培养学生秉持延安精神的优秀品质和良好行为习惯。

4.注重传承，加强团队建设与沟通协作

中学校长需要在全校师生中建立起一支紧密团结、高效沟通、积极协作的团队。校长应重视教师队伍的培养，提升师资素质，使教师们能够更好地传承和弘扬延安精神。此外，校长还应加强与教师、家长以及社会各界的沟通，形成共同肩负责任、共同努力的良好合作局面。

5.文化浸润，营造延安精神的校园氛围

中学校长要通过塑造校园氛围，营造延安精神的氛围。可以组织学生参观延安革命纪念馆、开展延安精神主题的艺术活动等，让学生亲身感受和体验延安精神的力量。同时，校长还可以鼓励学生开展志愿服务活动，培养学生的奉献精神和集体意识。

身为学校的核心领导者，校长要以延安精神为引领，提升对全校的精神领导力。通过了解延安精神的内涵，亲自践行、建设教育体系，加强团队建设与沟通协作，营造校园文化氛围等方面的努力，引领全校师生秉持延安精神，树立正确的价值观念，培养优秀品质，为学校的发展作出积极贡献。

第六节　流程领导力

在当今竞争激烈的社会环境中，流程领导力早已成为追求卓越的关键要素。通过优化和改变工作流程，领导者能够提高组织内部运营的效率，并激发员工的创造力和潜力。流程领导力是指领导者在组织中引导、优化和管理工作流程的能力。它涉及对现有流程的不断优化和创新，以确保组织能够以最高效的方式实现目标。

一、流程领导力的重要性

1.提高效率

通过优化工作流程，领导者可以减少时间浪费和资源浪费，实现生产效率的提升。这不仅可以节约成本，还可以提高产品和服务的质量。

2.促进创新

优化的工作流程可以为员工创造更多的时间和空间进行创新思考和实践。领导者可以通过激发员工的创造力，推动组织的创新和发展。

3.增加透明度和沟通

良好的工作流程可以提升组织内部的透明度和促进沟通。领导者可以设立明确的目标和指标，并建立有效的信息传递机制，从而提高团队间的协作和合作。

要培养和发展流程领导力，领导者可以采取这些步骤。一是熟悉业务流程。领导者需要全面了解组织的各个业务流程，并洞察其中的优化空间。通过对流程的深入研究和理解，领导者可以找到改进的机会，并提出相应的解决方案。二是学习和借鉴他人的经验。领导者可以与其他具有流程领导力的人士交流和学习，分享彼此的经验和教训。这些宝贵的经验可以为领导者提供新的思路和启示，帮助他们更好地应对挑战和问题。三是激发员工的参与和创造力。领导者应该积极鼓励员工参与到流程优化和创新中来。他们可以设立激励机制，鼓励员工提出改进建议，并给予他们充分的支持和资源。四是采用科技工具。现代科技工具可以在很大程度上帮助领导者进行流程优化和管理。领导者应该及时掌握和应用这些工具，以提高效率和准确性。

可以说，流程领导力是组织成功的关键要素之一。通过优化和改变工作流程，领导者能够提高组织的运营效率，并激发员工的创造力和潜力。通过培养和发展流程领导力，领导者可以为组织的可持续发展打下坚实的基础。

二、校长需具备的流程领导力

教育环境面临不断变化，学校校长担负着重要责任，其中就包括确保学校具备严格高效的工作流程。所以，校长必须具备出色的流程领导力，以确保学校工作高效运转并取得良好发展。

一是培养沟通和协调能力。校长应致力于建立一个积极有效的沟通渠道，与学校各部门以及教职员工保持紧密联系。通过定期会议、沟通平台等方式，及时了解各部门工作进展、遇到的问题以及需求，从而及时协调资源并解决问题。此外，校长还应鼓励和培养团队合作精神，在协作中实现更好的工作流程。

二是制定明确的工作目标和计划。领导者的角色包括设定明确的目标，并制订详细可行的计划来实现这些目标。校长应与教职员工共同制定工作目标，并根据目标制定相应的工作计划和时间表。同时，校长应提供适当的资源支持，并对工作进展进行监督和评估，确保工作按计划顺利进行。

三是注重激励与赋权教职员工。校长应激励和赋权教职员工，使他们在工作中发挥出最大的潜力。激励措施可以包括提供奖励和认可机制，建立良好的晋升通道等。此外，赋权是提升工作流程的关键，校长应鼓励员工主动承担责任，并相信他们的能力，给予他们足够的自主权，让他们在参与决策和解决问题的过程中发挥自己的才能。

四是改进优化教育教学流程。校长应具备持续改进和学习的意识，积极寻求新的理念和方法，以优化工作流程。他们可以参加相关培训和研讨会，与其他学校领导者交流经验，并关注教育领域的最新趋势和研究成果。通过不断学习和改进，校长能够引领学校朝着更高效和创新的方向发展。

五是建立反馈调整机制。校长应建立一个正向的反馈机制，鼓励教职员工提供意见和建议，并认真对待他们的反馈。通过听取员工的声音，校长可以了解到工作流程中存在的问题和改进的机会，并及时采取措施进行调整。建立反馈机制还可以增强教职员工的参与感和团队凝聚力，进一步促进工作流程的优化。

三、流程领导力

延安精神是我们党在延安时期形成的一系列思想观念和工作方法，包括实事求是、群众路线、独立自主、自力更生等核心要义，对于中学校长提升工作流程的领导力具有重要意义。

1.实事求是

校长应秉持实事求是的原则，不偏听偏信，客观冷静地分析问题，制订科学合理的工作方案。

2.群众路线

校长应倾听师生家长的声音，注重民主决策，建立学校内部的参与式管理机制，实现师生的主体地位。

3.独立自主

校长应具备独立自主的精神，勇于承担责任和决策，不受外部干扰，为学校的长远发展制定目标和规划。

4.自力更生

校长应提倡自力更生的精神，依托学校资源和团队力量，充分发挥师生的潜力，推动学校各项工作持续改进。

如何弘扬延安精神以适应现代教育发展的需要？延安中学主要从以下方面提升校长的流程领导力。

一是始终把为人民服务的理念放在首位。延安精神强调为人民服务的宗旨，中学校长要牢记教育的初衷，以学生的发展为核心，为学生提供优质的教育资源和良好的学习环境。校长应该关心学生的成长和需求，积极解决学生和家长的问题，激发学生的学习兴趣和创造力，培养他们健康、积极向上的人格。

二是积极践行集体主义精神。延安精神强调团结协作和集体智慧的力量。在校长工作中，应当注重与教师、学生以及家长之间的沟通和合作。校长需要积极参与教师团队的建设和学校事务的决策。通过集思广益，共同制定学校的发展目标和教育教学计划，使每个成员在工作中都感受到归属感和责任感。

三是坚决贯彻实事求是的原则。延安精神要求我们根据实际情况进行工作，不做空洞的口号和虚无的规划。在优化工作流程中，校长应该对学校的现状进行全面的分析，找出存在的问题和瓶颈，并提出具体的解决方案。同时，校长也应该积极倾听教师和学生的意见和建议，及时调整和改进工作方法，以实际行动推动学校的发展。

四是时刻不忘艰苦奋斗的精神。延安精神强调战胜困难和艰苦环境下的奋斗精神。在教育工作中，校长常常会面临各种挑战和压力，但只有坚持不懈地努力工作才能取得良好的成绩。校长应该以身作则、勇于担当，引领教师和学生共同努力、克服困难，为学校的发展贡献自己的力量。

践行延安精神来优化工作流程，可以将为人民服务的理念、集体主义、实事求是和艰苦奋斗贯穿于校长的日常工作中，帮助校长更好地协调各方面的资源和力量，推动学校的发展。

第七节　系统领导力

系统领导力是现代管理和领导理论中的一个重要概念。随着组织的复杂性和全球化的不断增加，传统的个人领导模式已经不再适用于解决现代组织所面临的挑战。系统领导力强调的是整体性思维和协同合作，通过优化整个组织系统来实现可持续的成功。

在一个复杂的组织系统中，各个部门和团队相互依赖、相互影响。传统的单一领导者往往只能关注自身职责范围内的问题，而无法全面了解整个系统的运行状况，系统领导者则具备跨部门、跨团队的视角，能够洞察整个组织的运作机制，并且做出综合决策，推动整个系统向着共同的目标前进。

首先，系统领导者需要具备全面的知识和洞察力。他们必须了解组织的各个方面，包括业务流程、团队协作、市场趋势，等等。只有这样才能做出正确的决策，并且有针对性地提供指导和支持。

其次，系统领导者需要具备强大的沟通和协调能力。他们需要与各个团队和部门进行有效的沟通，确保信息流动顺畅，问题得到及时解决。他们还需要协调不同利益相关方之间的冲突和分歧，达成共识并推动组织向前发展。

再次，系统领导者需要具备创新和适应变化的能力。现代组织面临的环境和市场变化越来越快，传统的管理方法已经不再适用。系统领导者需要灵活应对变化，并且鼓励团队成员积极创新，只有这样才能在激烈的竞争中保持组织的竞争力。

最后，系统领导者还需要具备鼓励和培养下属的能力。他们需要激励团队成员发挥潜力，并且为其提供必要的培训和支持。通过建立一个高效的团队，系统领导者可以更好地实现组织的目标。

总之，系统领导力是现代管理的核心。它强调整体性思维和协同合作，通过优化整个组织系统来实现可持续的成功。系统领导者需要具备全面的知识和洞察力、强大的沟通和协调能力、创新和适应变化的能力，以及鼓励和培养下属的能力。只有这样，他们才能在复杂的组织环境中取得不俗的领导成就。

作为学校的领导者，校长既要能确保学校的日常运营顺利进行，还需要具备系统领导力以推动学校整个教育体系的发展。系统领导力是指校长在决策、规划和沟通等方面展现的能力。系统领导力的高下直接关系到整个学校的发展与进步。

一、五要素

就校长而言，系统领导力主要包括几方面的要素。

1.建立清晰的愿景和目标

作为系统领导者，校长需要与教师、学生和家长一起制定明确的愿景和目标。这些目标应该既能够激励团队成员，又能够为全体师生提供方向。通过明确目标，校长能够引领学校朝着正确的方向发展。

2.加强沟通和协作

系统领导力要求校长善于沟通和协作。校长应该建立起有效的沟通渠道，与教师、学生和家长保持紧密联系。通过定期会议、邮件和面对面交流等方式，校长可以了解各方的需求和意见，并及时回应问题和解决矛盾。此外，校长还应鼓励团队成员之间的协作，以促进创新和合作。

3.提供支持和培训

系统领导力也包括为教师和职员提供必要的支持和培训。校长应该关注教师的职业发展，了解他们的需求，并提供相关资源。通过组织培训课程、工作坊和专业发展活动，校长可以帮助教师不断提升专业能力，从而提高整个学校的教育质量。

4.推动创新和变革

在快速变化的教育环境中，校长需要具备推动创新和变革的能力。校长应该鼓励教师尝试新的教学方法和技术，以提高学生的学习效果。同时，校长也应该引导学校采用先进的教育科技帮助学生适应数字化时代的挑战。

5.建立有效的评估和反馈机制

系统领导力要求校长能够建立有效的评估和反馈机制，以监测和改进学校的运作。校长应该与教师合作，制定评估标准和流程，并及时提供具体的反馈意见。通过持续的评估和反馈，校长可以识别问题，并采取相应的措施解决问题。

通过建立清晰的愿景和目标、加强沟通和协作、提供支持和培训、推动创新和变革，以及建立有效的评估和反馈机制，校长能够更好地发挥领导作用，推动学校的发展进步。在不断变化的教育环境中，校长的系统领导力将成为学校成功的关键因素。

二、做法

在当前复杂多变的教育环境下，如何用延安精神提升系统领导力，激发高层的使命感、中层的危机感以及基层的饥饿感，并将其转化为实际行动，推动学校各级领导团队的成长与发展，是值得我们深入探讨的课题。

延安精神的内涵包括坚定的理想信念、艰苦奋斗的革命精神、紧密团结的集体主义意识以及批评自我、与时俱进的创新意识等。这些特点使延安精神成为一种宝贵的资源，可以激发校长系统领导力，促使各级领导团队形成使命感、危机感和饥饿感。

1.明确教育愿景

校长应带领全体教职员工明确教育的使命和愿景，将其贯穿于学校的发展规划和日常管理中。延安精神的坚定理想信念将使校长具备坚毅的领导力，引领学校朝着既定目标不断努力。

2.培养危机感

校长需要灵敏洞察教育环境中存在的问题和挑战，及时采取措施解决。延安精神中艰苦奋斗的革命精神使校长能够以乐观的心态应对困难、勇往直前。

3.激发饥饿感

校长应建立完善的考核机制和激励机制，让基层教师在教育事业中得到充分的发展空间和个人成长机会。延安精神中紧密团结的集体主义意识使校长能够与基层教师形成紧密合作，形成高效的领导团队。

三、经验

落实延安精神，提升系统领导力，以下经验可以借鉴。

1.加强理论学习

校长要深入研读延安精神相关文献，理解其核心要义，并将其与现实教育工作相结合，形成可操作性的措施。

2.建立制度保障

校长应建立健全组织机构、管理制度和流程，确保各级领导团队的工作有序、高效进行。

3.建设学习型组织

校长可以组织领导力培训班、专题研讨会等活动，提升领导团队成员的知识水平和专业素养。

4.倡导创新精神

校长应鼓励教职员工勇于尝试新思路、新方法，培养创新驱动力，推动学校的不断发展和进步。

通过明确教育使命和愿景、培养危机感和饥饿感，以及落实延安精神的具体措施，中学校长可以激发高层的使命感、中层的危机感以及基层的饥饿感，推动学校领导团队的成长与发展，助力学校更好地适应现代教育的需求，为学生的全面发展提供更好的保障。

第八节　模范领导力

模范领导力是指身体力行、为他人树立榜样的领导风格。这种领导风格能够激励团队成员，促进他们发展与成长，并且在团队中营造出积极向上的工作氛围。在现代商业环境中，模范领导力已经成为一个备受关注的话题。

首先，模范领导力对于组织的成功至关重要。一个好的领导不仅仅是指挥下属完成任务，而且能够激励团队成员并引导他们朝着共同的目标努力。模范领导者通过自己的言行树立起榜样，让团队成员愿意跟随。这种领导风格能够提高团队的凝聚力和执行力，进而推动组织的发展。

其次，模范领导力对于个人的成长也是至关重要的。一个模范领导者不仅仅是指导他人，还需要不断地学习和提升自己。通过持续学习和进修，模范领导者能够不断提升自己的专业知识和技能，从而更好地指导团队成员。此外，模范领导者还需要具备良好的沟通能力和人际关系管理能力，以便更好地与团队成员进行交流和合作。

一、模范领导力校长需要的素质

一是应该具备高度的责任感和使命感。他们应该明确自己的职责和目标，并且始终保持对组织和团队的承诺。

二是应该展现出积极的态度和乐观的心态。他们应该在困难和挑战面前保持镇定，并且通过自己的言行激励团队成员克服困难。

三是应该倾听和尊重团队成员的意见和建议。他们应该给予团队成员足够的空间和自由，鼓励他们发表自己的观点，并且尊重他们的决策。

四是应该不断学习和发展自己。他们应该保持谦虚的态度，愿意接受反馈和批评，并且始终保持对新知识和技能的求索。

校长是学校的核心管理人员，更是全校的模范表率。以身作则、树立榜样，带动团队、激励学生，是校长义不容辞的责任。一个优秀的校长除了具备丰富的教育经验和管理能力外，还需要具备模范领导力，以激发教师和学生的潜能，提升整个学校的综合素质。

延安精神是强调集体主义、奉献精神、共产主义理想和革命斗争的坚定信念。校长必须善于运用延安精神提升模范领导力，为学校的发展注入强大动力。

首先，中学校长要深入了解延安精神的内涵和价值观念，并将其融入日常工作和教育管理中。校长应该积极学习毛泽东等革命先烈的先进事迹，尊崇他们为人师表的精神风貌，并通过讲座、学习会等形式向教职员工传达延安精神的重要性和意义。

其次，中学校长要以身作则，展现出延安精神的具体表现。校长应该勤勉工作、勇于担当，树立正直、公正、责任感强的形象。他们应该主动关心教职员工的工作与生活，积极帮助他们解决困难和问题，并对他们进行公平、公正的评价和奖励。

再次，中学校长还应该注重培养教职员工的集体主义精神。校长可以组织教职员工参观延安革命纪念馆，开展相关主题教育活动，激发他们的爱国情怀和奉献精神。同时，在日常工作中，校长要注重团队协作，鼓励教职员工互相支持和帮助，形成团结合作的良好氛围。

最后，中学校长还可以通过举办延安精神主题讲座、写作比赛等方式，引导学生了解和学习延安精神。校长可以邀请革命老干部或相关专家学者进行专题讲座，向学生传授延安精神的知识和价值观念。同时，鼓励学生参与延安精神相关的写作比赛，激发他们的学习热情和创新能力。

二、具体做法

以身作则、从我做起，用延安精神树立榜样、带动团队进步，这是校长的必修课。通过深入学习和理解延安精神，在日常工作中展现出延安精神的具体表现，并通过各种方式激励教职员工和学生，营造出积极向上的教育环境。

1.塑造自我行为价值观

校长应该明确学校的发展愿景，并将其传达给全体教师和学生。同时，校长应该制定明确的核心价值观，包括追求卓越、尊重个体、促进创新等，以这些核心价值观为自我行为准则，引导教师和学生的行为和决策。

2.以自我主动带动师生主动

校长应该建立起与教师、学生和家长之间的良好沟通机制，以主动作为带动老师主动教学积极性、激励学生主动学习积极性。通过主动倾听、定期开展座谈会和亲自走访教室等方式，校长可以了解每个成员的需求和意见，并及时作出回应。同时，校长也应该鼓励教师和学生之间的沟通，创造一个开放和包容的学习环境。

3.激发自我潜能带动激发师生潜能

校长应该关注并尊重每位教师和学生的个体差异，以激发自我潜能带动激发师生的潜能和创造力。校长可以提供一系列的培训计划和专业发展机会，帮助教师提升教学水平。同时，校长还应该鼓励学生参与各类活动和竞赛，激励他们积极进取。

4.力促学习交流，鼓励师生学习

校长应该在学校中营造学习的氛围，通过自己的主动学习，引导鼓励教师和学生不断学习和创新。校长可以鼓励教师参加教育研讨会和交流活动，促进思想碰撞和资源共享。同时，校长可以鼓励学生读书、参观展览和社区服务等，培养他们的综合素质。

5.积极参与、改进、优化学校事务

校长应该积极参与学校的各项事务，了解学校的运作和问题，并积极寻求解决方案。校长可以组织定期的教职工会议，听取教师的意见和建议。同时，校长可以与学生代表会面，了解他们的需求和感受。通过积极参与学校事务，校长可以深入了解学校的真实情况，进而制定有效的改进措施。

提升校长的模范领导力是学校发展的重要因素。一个具备模范领导力的校长能够为学校注入强大动力，激发教师和学生的潜能，推动学校不断进步。将延安精神融入自我模范领导力的培养和提升中，通过明确愿景和核心价值观、建立良好的沟通机制、激发潜能、建立学习文化以及积极参与学校事务等方式，校长可以提升自己的模范领导力，为学校的发展作出更大贡献。

第九节 敏捷领导力

敏捷领导力是近年来在管理领域中备受关注的一个主题。随着市场的快速变化和竞争的加剧，传统的领导方式已经无法满足组织的需求，敏捷领导力通过灵活、迅速地适应变化，以及有效地激励和引导团队，成为推动组织成功的关键要素。

敏捷领导力的核心是领导者的能力和态度。首先，敏捷领导者需要具备高度的适应性和学习能力。敏捷领导力能够迅速理解和适应变化的环境，并及时采取行动，这对于应对不确定性和风险是至关重要的。其次，敏捷领导者需要具备良好的沟通和影响力。敏捷领导者能够清晰地传达组织的愿景和目标，以及团队的角色和责任。最后，敏捷领导者也能够倾听和理解团队成员的意见和想法，并及时作出调整。敏捷领导者还应具备良好的人际关系和情商，以建立信任和合作的关系。同时，敏捷领导者需要具备团队激励和发展的能力。他们能够激发团队成员的动力和积极性，以实现组织的目标。敏捷领导者也应该重视员工的职业发展和学习机会，以吸引和留住优秀的人才。他们应该鼓励团队成员参与决策，并给予他们更多的责任和自主权。

另外，敏捷领导者对风险和挑战需要具备积极的态度。他们能够勇于面对困难和挫折，并从中吸取经验和教训。敏捷领导者也应该鼓励团队成员积极面对变化和新的机遇，以创造更大的价值。

敏捷领导力是引领组织成功的关键要素。通过敏捷领导力的实践，组织能够快速适应变化，提高创新和灵活性，实现持续的成功。所以，在当今社会教育背景下，敏捷领导力对于中学校长来说是非常重要的。一个具有良好政治敏锐性的校长能够更好地了解并适应政治环境的变化，并以此为依据制定出更加合理和有效的管理策略。

一、管理策略

1.学习延安精神，提升政治敏锐性

延安精神是指在中国共产党领导下，面临巨大压力和困难的艰苦岁月中，毛泽东等党的领导集体积极探索、勇于创新、坚持实事求是的奋斗精神。我们应该深入研究延安精神的内涵，理解其中的核心价值观和工作方法，将其融入自己的日常管理和决策中。

2.加强政策学习，提升政策认同感

对各项教育政策的及时了解是提高政策敏锐性的基础。只有主动参与各类政策培训和学习，才能增强对政策的理解和掌握能力。同时，通过定期组织教师会议、政策宣讲等形式，将政策精神传达给全体师生，提高大家对政策的知晓度和认同感。

3.善于分析研判，建立快速反应力

延安精神注重实践和实事求是，中学校长也应该在日常管理工作中注重实践和反思。及时收集学校内外的信息，关注时事热点，通过分析和判断，作出迅速而准确的决策。同时，校长要建立反馈渠道，鼓励教师和学生提出问题和建议，及时解决存在的困难和问题，不断完善教育教学工作。

4.凝聚团结师生，加强团队协作度

延安精神强调团结合作和集体智慧，要重视团队建设。校长同样要建立科学有效的领导团队，发挥每个团队成员的专长和优势，在共同探索中提高政策敏锐性和反应力。同时，校长要激发教师和学生的创新精神，鼓励他们提出改革建议和创新思路，形成整体合力，推动学校的发展。

二、如何提升

延安精神蕴含着坚定的共产主义信仰、为革命事业奋斗的决心、百折不挠的毅力以及扎根人民、紧密联系群众的革命作风。研究和学习延安精神的内涵，加强对政策的学习和解读，建立快速反应机制，培养团队合作精神以及传承延安精神，有助于校长更好地推动学校发展和教育教学改革。具体来说，要从5个层面提升自己的敏捷领导力。

1.需要加强政治思维的培养

政治思维是指从政治角度去分析问题和解决问题的能力，校长可以从多个层面培养自己的政治思维。例如，校长可以组织学校相关教师进行政治教育培训，提高教师对政治问题的认识和理解；校长还可以借助政治角度来审视学校发展中的问题，制定出更加符合时代要求和政策导向的办学思路。

2.必须坚定和明确自己的理想信念，树立正确的世界观、人生观和价值观

延安精神的核心是坚定的共产主义信仰，校长们可以通过学习和思考，加深对共产主义理想的认识，并将其与现实工作相结合，引导教职员工树立正确的价值观和信念，积极践行社会主义核心价值观，做到以人民为中心、以德育人、以优质教育推动社会进步。

3.勇于担当，敢于挑战政策问题

延安精神强调百折不挠的毅力和坚定的决心，在面对困难和挑战时要有奋发向前的勇气，并能积极寻求解决问题的途径。校长们应该关注国家教育政策的变化，深入研究和理解政策精神，善于抓住政策导向，切实做好学校工作的规划和布局。同时，还应鼓励教师团队进行创新实践，提出建设性的意见和建议，积极参与教育改革，为学校的发展出谋划策。

4.加强与政府部门、社会机构的沟通与合作

延安精神强调扎根人民、紧密联系群众的革命作风，校长们应该注重与各方面的交流与合作，了解社会的需求和期望，及时调整教育教学的方向和目标。与政府部门的沟通可以让校长及时了解政策动态，把握教育改革的方向；与社会机构的合作可以拓宽学校的资源渠道，提供更多的发展机会和条件。通过与各方面的沟通与合作，中学校长将更好地把握时代脉搏、提升政策敏感性。

5.要以身作则，做延安精神的践行者

延安精神强调实事求是、勤俭节约的作风，校长们应该注重实践工作、关注细节，并且要树立起艰苦奋斗的精神风貌。校长们应该注重自身修养，不断提高自身的综合素质，做到对学生和教职员工言传身教。同时，还要积极引导学生培养良好的品德和习惯，增强他们的社会责任感和团队协作能力，使他们能够积极参与社会建设，成为德智体美劳全面发展的社会主义建设者和接班人。

校长要学习延安精神，提升政治敏锐性，坚定理想信念，勇于担当，加强沟通与合作，并以身作则，做延安精神的践行者。校长应该从关注时事政治新闻、主动参与政治活动、加强团队建设、注重个人修养和素质的提升等多个方面来提高自己的政治敏锐性。通过了解和应用延安精神，中学校长可以提升其政策敏感度，加强快速反应能力，更好地适应时代的发展，才能更好地应对政治环境的变化，为学校的稳定发展提供有力支持。

本章结语

作为中学校长，我们应当认真学习、灵活运用延安精神，坚持信仰、明确目标，勇于面对挑战、艰苦奋斗，以人为本、为民服务，加强团结与友爱，不断提高自身修养和能力水平，为培养德、智、体、美全面发展的社会主义建设者作出应有的贡献。只有不断提升文化领导力、环境领导力、课程领导力、管理领导力、精神领导力、流程领导力、系统领导力、模范领导力、敏捷领导力，才能不断适应社会发展和教育水平的要求，真正成为一名好的中学校长，不仅能推动学校的快速发展，还能培养出更多有志于社会主义现代化事业的优秀人才。

第十章
力量之源——抓稳教育的发力点

延安精神是中国共产党在长期革命实践中形成的优良传统和宝贵精神财富，其核心是坚定正确的政治方向，解放思想、实事求是的思想路线，全心全意为人民服务的根本宗旨，自力更生、艰苦奋斗的创业精神。用延安精神教书育人，就是要坚持这些宝贵精神财富，将其融入教育教学中，培养更多优秀人才。

用延安精神教书育人，要坚定正确的政治方向。教育是培养人的事业，必须坚持正确的政治方向，坚持马克思主义的指导地位，坚持中国特色社会主义道路，教育引导学生树立正确的世界观、人生观、价值观。

用延安精神教书育人，要解放思想、实事求是。教育要适应时代发展变化，不断解放思想、实事求是，坚持一切从实际出发，理论联系实际，不断推进教育理念、教育体制、教育内容、教育方法、教育手段、教育管理等方面的创新，不断提高教育质量和效益。

用延安精神教书育人，要全心全意为人民服务。教育是人民群众最关心、最直接、最现实的利益问题之一，必须坚持全心全意为人民服务的宗旨，把人民群众的需求作为教育发展的出发点和落脚点，不断提高人民群众的教育获得感和满意度。

用延安精神教书育人，要自力更生、艰苦奋斗。当前，我国正处于全面建设社会主义现代化国家的关键时期，面临着许多困难和挑战，必须坚持自力更生、艰苦奋斗的精神，依靠自己的力量推动发展，不断战胜各种困难和挑战。

用延安精神作为教书育人的力量之源，就是要抓住教育的发力点，从信仰教育、激情教育、责任教育、自主教育、励志教育、智慧教育、启悟教育、创造教育、生活教育、未来教育十方面抓好发力点。

第一节　信仰教育：大张旗鼓、理直气壮地搞

信仰作为一种精神力量，指引着信仰者的价值追求，影响着信仰者的精神状态。而教育是着重塑造人的心性和灵魂的一项事业，信仰教育的实施可以催生学生的自我意识，使学生从一个“生物人”转变为“社会人”，并在实践中把握自身与周围世界和祖国的关系，站在信仰的人民性向度给予现实更多的关注和阐释。

信仰教育中，教育理念是信仰教育的重要基石，理念的重要性是不容忽视的，顺应时代发展的教育理念才会增强信仰教育的效能。

一、用延安精神教书育人必须开展信仰教育

用延安精神教书育人，要理直气壮地开展信仰教育，这是非常重要的。延安精神是中国共产党在长期革命实践中形成的宝贵精神财富，其中就包括坚定信仰、艰苦奋斗、实事求是、独立自主、团结协作、服务人民等。

在教书育人过程中，学校应该注重培养学生的信仰，让学生树立正确的世界观、人生观、价值观。学校可以通过多种方式来开展信仰教育，如开设相关课程、举办主题活动、加强思想政治教育等。

学校应该引导学生学习延安精神，让学生了解延安时期中国共产党人的革命精神，以及这种精神在现代社会中的意义和价值。同时，学校应该鼓励学生积极参与社会实践和志愿服务活动，通过实际行动来加深对信仰的理解和认同。

用延安精神教书育人，要理直气壮地开展信仰教育。通过加强信仰教育，

帮助学生树立正确的世界观、人生观、价值观，让学校成为培育社会主义建设者和接班人的重要基地。

二、当前信仰教育没有跟上时代发展

目前，我国的教育模式还是以传统的应试教育为主——老师进行教授，学生听课学习——在这个过程中没有充分考虑学生的感受，因此中学生信仰教育也仍旧沿用传统的填鸭式教育方式，教师通过灌输向学生传授死板枯燥的理论知识。这种方法知识只不过是被全面地输出了，并不能保证输出的知识会被完全地接收。况且学生即使接收了这些知识，也不会在实际生活中运用这些知识来解决生活问题，久而久之这些知识就会被淡忘，更不可能成为学生的信仰了。

新时代背景下，各种主流思想越来越多，因此信仰教育工作是我国当前形势下势不可当的教育任务之一。思想主义信仰教育方面的手段以及理念、途径等都在不断地发生着变化以及革新。正是基于这种情况，社会发展和学生的身心发展规律都对信仰教育的针对性等其他各方面因素提出了相应的发展要求。

紧随时代的不断发展，将习近平新时代中国特色社会道路的创新性与信仰教育内容的时代性紧密结合、融会贯通，并使其正确快速地与大学生信仰发展成长相结合。在这个过程中积极帮助大学生解决实际问题，使大学生认同以及从内心自居地而去践行思政。

但是从目前的信仰教育来看，教育者大多都是照本宣科，很少能做到与学生有效沟通解决学生的生活所需和困惑。比如，当前中国精准扶贫实施方案或者社会国家的发展前景等现实问题从不提及，只是单纯地宣讲理论知识，不断地向学生灌输一些方针政策、基本原理等死板枯燥的知识点，以至于社会生活与学校学习出现分歧，给学生们的心理带来极大的困扰，无法得到合理有效的解决。

目前，进行信仰教育最直接也是最为普遍的就是思想政治教育课堂，这种教育在对共享教育要求下的信仰教育方法而言是滞后的、不够全面的，同时这种教育方式也是非常单一的。在这种教育之下的信仰教育效能并不是特别高，在传统课堂上只能依靠灌输来进行。一方面在实践活动各方面相对比较缺少，另一方面很多先进的教育方式方法都没有应用，这对学生的信仰教育有着不利的影响。

社会不断发展，互联网技术更新迅速，多媒体技术得到了广大群众的喜爱和认可，尤其是在教育行业颇受欢迎。几乎所有高校都引进了多媒体技术，但是拥有不等于会用，因此“怎么用”成为老大难问题。老师们上课都使用PPT，但是很多教育者的课件来源于网络，甚至出现了不同的老师使用的课件与课堂讲授的内容完全一致的现象。老师们没有理解PPT只是一种教育的辅助手段，并不是全部教育的内容。老师们直接读上面的内容跟传统的照本宣科读课本上的内容没有什么区别，只不过是把课本上的内容搬到了PPT上。

此外，很多老师不能很好地运用视频、音频、图片等教育资源，在进行授课的过程中播放的图片乏味没有内涵或者不符合教学内容等，学生看了之后并不能起到任何的正面引导作用，反而可能起到负面效果。

三、信仰教育催动“自然人”成长为“社会人”

为什么需要进行信仰教育？信仰教育的实施可以催生学生的自我意识、社会意识、国家意识和民族意识。

1.促进高中生的政治认同和国家认同

具有共有的、统一的价值认同，是实现国家有效治理的重要基础。只有培养出具有强大凝聚力的公民，这个国家才能更具向心力与凝聚力。政治认同是民众对理想的政治理念、政治目标等的确信和追求，通过信仰教育，增强马克思主义信仰，才能增强学生的政治认同和政党认同。

马克思主义信仰教育就是要使一个人由“自然人”转化为“政治人”，以政治愿景去感召每一个个体，形成巨大的精神牵引力。只有在作为未来接班人的高中生内心深埋对中国政治理想和发展目标坚信不疑的种子，才能使他们为马克思主义政治理想奔走呼号、付诸实践，并形成与之相应的意识形态体系。

培养高中生与主流价值观同质化的国家认同对于巩固党的执政地位具有重要意义，也有利于高中生认识当代中国、看清外部世界，更有利于确立起对马克思主义的自信与坚持，使马克思主义信仰成为高中生追求和捍卫马克思主义真理性的行动指南，成为他们开启新征程、永葆青春活力的根本所在。

2.推动学校落实立德树人的根本任务

立德树人关乎党的事业后继有人，关乎国家发展前途命运。教育是立德树人的事业，在这个关乎根本的问题上必须旗帜鲜明、毫不含糊。加强当代高中生的信仰教育，可以给学生提供积极的、无限的精神力量，而马克思主义信仰将极大地促使当代高中生真正懂得怎样的人生才是值得过的道理，使他们坚定不移地克服前进中的种种坎坷和磨难，保持乐观向上的态度，培养高贵的品格，体验有意义的生活，实现个人与社会的相互促进、协调发展。

学校在现代人的成长过程中起着重要作用。学校教育是塑造马克思主义信仰的关键途径，加强当代高中生马克思主义信仰教育是当仁不让的切入口和着力点，并且应该深入研究和实践探索，这必将有助于深化和加强高中生马克思主义信仰教育，助推学校立德树人的根本任务生根落地。

3.引领学生增强“四个自信”

确立“四个自信”事关中国的未来发展，当下不断加强高中生信仰教育尤具重大意义。今天，我们强调做好高中生马克思主义信仰教育的工作，就是为未来的社会主义事业建设者从思想上、精神上多补点儿“钙”，提高他们处理纷繁事务的水平，激活他们对不良信息的识别力和免疫力。

通过学校教育切实增强学生的认同感和自信心，为学生树立坚定正确的政治方向奠定坚实的精神基础，真正使学生明确政治目标，赋予每个学生生存发展利益的权利和保障，确立自己的政治灵魂，启发学生对美好未来的向往，帮助学生认清中国前进的道路，掌握客观世界和主观世界最一般的规律，并与自己的实践有机结合，指导自己的生存发展之路。

四、理直气壮地开展信仰教育

实现中华民族伟大复兴，离不开注重培养有信仰的人。那么，如何培养有信仰的未来接班人？

首先，通过对学生实施马克思主义信仰教育，使之成为内心坚守的精神支柱。其次，对马克思主义的信仰也要注重培养有道德的人，只有培养出有道德的高中生才能让他们把个人利益与国家利益相结合。再次，马克思主义信仰教育需要寓于文化教育之中，并通过文化教育而呈现出来，有坚定信仰的青年必然是具有丰厚文化底蕴的青年。最后，要培养和造就有纪律意识的建设者和接班人。没有自觉的纪律，便不会凝聚成磅礴力量。我们只有因时而变，把他们培养成坚定的、忠于人民的接班人，才能激励学生不断奋进，凝聚起共筑中国梦的力量。

在党对信仰教育的领导方面，“做好教育工作，加强党的领导是根本保证”。这就要求各级党委深刻领会、强化认同党在教育事业中的领导权，坚持不懈培养优良学风和校风，积极承担主体责任。教育系统各级党委要聚焦、聚神、聚力教育改革发展各项任务，保证党在教育工作方面的路线、方针、政策不折不扣得到贯彻执行、取得实效。

“我们共产党人的本，就是对马克思主义的信仰”“坚定理想信念，是共产党人安身立命的根本”。也就是说，我们要腰杆硬、底气足地加强思想政治工作，将教育系统打造成坚持党的领导的模范。“理想信念就是共产党人精神上的‘钙’”，生动而又形象地告诉我们，在人的精神世界中也有一种“钙”，支撑人的灵魂、激发着人的斗志，这就是坚定的理想信念，这是一种能够跨越物质和现实障碍的伟大力量。

坚定不移地用延安精神加强高中学生的马克思主义信仰教育，可以为学生的思想导航，帮助他们明确人生意义和成长方向，引导学生摸清中国特色社会主义道路形成的历史脉络，培养树立坚定的马克思主义信仰。

第二节　激情教育：在快乐中学习进步

“激情教育”简单地说就是“激发积极健康情感、促进全面持续发展”的教育，就是以激发师生积极健康的情感为切入点，通过创设与落实全员激情、全方位激情、全过程激情的教育管理机制，推动学校各项工作的开展和进行，达到提高教育教学效率、减轻学生负担、实现学生全面发展的目的。

“激情教育”所激发的“情感”不仅仅指心理学意义上的情绪和情感，而且包括情绪基调、情趣爱好、审美体验、价值取向、人生态度、精神信念、理想信仰等较为广泛的领域，包括营造激情校园和激情课堂的育人环境，培养激情教师和激情学生实现激情学习和工作、激情人生和事业。通过激情教育，使整个校园生机盎然、蓬勃向上、书声琅琅、歌声嘹亮、口号响亮，使广大师生理想远大、精神焕发、激情飞扬、斗志昂扬。通过激情教育进一步转变教育观念、改进教学方法，最大限度发挥教师的潜能，充分调动学生的积极性，养成良好高效的学习习惯。

一、课堂有激情，教学才有感染力

教师上课富有激情，学生才会为之振奋，教学效果也会相应凸显。真正能影响人的教育，往往就蕴藏于那些细微的小事之中。一次简短的谈话、一个不经意的举动、一个肯定的眼神、一个浅浅的微笑，其间饱含着教师浓浓的真情，摩擦出师生心灵交流的火花。

激情使教育充满情趣，只有情意融融的教育氛围，学生才会受感染、受熏陶，才会萌发创造的欲望。“感人心者，莫先乎情。”文学作品是这样，教育也如此。很多学校的教学索然寡味，原因就是缺乏情感和触动。教育情感是师生情感交融的真诚流露，一旦产生情趣，就会出现师生心有灵犀的动人情景，教育环境就会宽松和谐。

激情与快乐教育相随。开展激情教育，学生就与快乐结缘，老师的笑容就会飞越在学生的心田，让学生的心扉也放飞快乐。拥有了激情，老师的心就会与学生的心紧紧贴在一起，师生真正成为知心的朋友、创造的伙伴。当然，教育中的乐趣雅而不俗、益人心智。教育中洋溢着乐趣，才会使学生真正轻松愉快地享受学习、尽兴创造。学生要达到乐学的境界，就需要教师乐教。

激情教育对老师的要求如下。第一，教学行为应和所传授的知识内容相统一。求实的态度、民主的作风、简洁的语言、昂扬的精神状态，无疑对学生获得这些相应的品质具有表率作用。第二，应具备和自己所传授的知识内容相符合的人格形象。只有自身具备了高尚的情操和博大的胸怀，才能宽容学生的错误，更好地塑造学生的品格。第三，要积极研究来自社会大课堂的道德内容。社会教育、家庭教育对思想政治课教育有重要影响，有的是积极的，有的是消极的。只有积极研究这些内容，并结合课堂教学进行正确的分析、补充、修正，才能使课内外形成统一的力量，共同作用于学生的心灵。

当老师精神饱满、面带微笑、充满激情地走进课堂时，他就会给学生很大的感染力。老师的激情就像一粒火种，点燃学生高涨的情绪，课堂气氛会随之活跃起来。教师教得轻松、学生学得愉快，上课富有激情、学生为之振奋，教学效果也会相应而生。

二、老师要善于让课堂充满激情

营造快乐愉悦的课堂气氛，让课堂充满激情，方法有很多。

1.善用生动幽默的语言

一个富有激情的教师，表达应是声情并茂、抑扬顿挫的，言语应是富有哲理而幽默的。如果教师教学语言平淡无味，好像是弹着单弦古琴，没有抑扬顿挫，一个声调从头讲到尾，有时是有气无力的样子，好像三天没吃饭，让人昏昏欲睡；如果教师面部表情没有丝毫的微笑，铁青着脸，严肃而又庄重，就好像不是进行教学，而是在举行追悼会；那么同学们在这样的课堂上听课，多待一分钟都浑身难受。

如果老师充满激情、声音洪亮、妙语连珠、滔滔不绝，有时候声音高亢起伏令人振奋，有时候语调低沉令人伤感，有时候一句南腔北调令人合不拢嘴……这就是激情的催化剂，使课堂气氛顿时活跃起来。

2.巧用丰富的肢体语言

肢体语言的运用不但能吸引学生的注意力，还能加深学生的印象，激发学生的想象力。如果教师站在讲台上手扶讲桌，动口不动手，犹如一台发声机，索然无味，呆板无趣，是不能引人注目的。如果头望“天花板”，或者目不转睛地看某个地方讲课，久而久之，学生便会厌烦，甚至误会。因此，上课时应经常扫视每一位学生，与学生进行心灵的交流。我有时适时走下讲台讲课，对个别昏昏欲睡的学生或点击提醒，或提问催答，或以幽默语言引人发笑，活跃课堂气氛。

当然，说到利用幽默语言引人发笑，学生有笑声，老师也应有笑容，不要板着面孔，使学生笑都不敢笑，那就失去意义了。若讲课时充满激情，声音洪亮，表情丰富，讲到兴奋时手舞足蹈，学生自然积极响应，课堂气氛活跃。成功的课堂是教师讲得滔滔不绝，学生听得津津有味，流露出敬佩、赞赏的眼神，直至下课铃响，仍意犹未尽。

3.理论联系实际，引人入胜

传统的教学方法是说教式教学法，其理念滞后落伍、缺乏激情，无法及时适应时代的变化和人的需求。为什么学生比较喜欢年轻教师讲课？主要是年轻教师与时俱进，上课富有激情，理论联系实际，引人入胜。随着社会的发展，新事物不断增多，人的感官要求就越来越高，学生需要不断有新的感官刺激，使他们保持振奋。而说教式的教学是不能适应时代需要的，是难以引人入胜的，单纯的理论叙说是枯燥无味的，就像节奏缓慢的戏剧，逐渐被打入冷宫一般。许多新的教学法，其共同点就是充满激情，它们更能点燃和释放人的激情。

所以，我们要求老师设法保持对上课的新鲜感，不能墨守成规、老调重弹，要不断给自己充电，完善和创新教学方法，使自己处在一种不断探索的过程中，每天都是新的尝试、新的感受，注入新的活力，使其焕发新的生命力，让激情在教学中得到更大的发挥。要想使教学富有激情，还必须理论联系实际，举例说明，引人入胜。学生好奇心切，自然睡意全无。

4.师生共情，延伸激情

课后，老师要与学生保持亲切的友谊，让激情得以延伸。在教学过程中，老师努力营造一种轻松、愉悦、生动有效的学习氛围，对激发学生的学习兴趣是十分必要的；而课后与学生保持亲切的友谊，让激情延伸也是很重要的。下课后，学生如有问题可以到老师的办公室提问，老师应耐心解答，不要自顾休息，满脸不耐烦；学生与老师迎面打招呼问好时，老师要面带笑容回礼问好，不要爱理不理、一声不吭；平时学生有困难，老师应主动问候、热心帮助。

当然，在与学生交往中，要注意保持一定的距离，有所“分寸”。距离产生美和神秘感，而这种“距离”的状态使人保持一种好奇心，就像在熟人面前，可以肆无忌惮、不加掩饰；但在陌生人面前，你却会在乎他们的看法，注意自己的言行举止，希望给别人留下美好的形象。有“距离”使学生在课堂上不敢“放肆”，适当的“距离”又可以使学生感到亲近，让老师的激情在课后仍感染每一位学生，保持对你的热情，期待着上你的下一节课，点燃学生求知的欲望，从而推动整个课堂教学的进程。

三、延安中学：激情教育，潜能无限

一个有激情的学校才是有希望的学校，一个有激情的学生才会拥有未来。

一个学校要提高教育质量，成为名校，就必须打造富于激情的教师队伍，培养富于激情的学生。教育因激情而鲜活，理想因激情而美丽，生命因激情而精彩。

延安中学的激情教育包括两个层面：一方面通过校领导的引领，以激情传递激情，以激情激发激情，以激情引领激情；着力培养教师团队的激情，创设激情校园文化，在校园里形成一个千帆竞发、百舸争流、奋发向上的局面。另一方面，通过激情晨会、激情早读、激情跑操、激情每日一歌、课堂激情展示、激情演讲等活动的开展，对学生进行激情教育，让学生阳光自信、活力四射、勇于进取，使快节奏、高效率的学习和生活成为学生的常态，使整个校园处处充满激情和活力。

延安中学激情教育文化体现在以下方面。

一是领导干部有激情，率先垂范。校长坚持跟早操、查晚休，坚持下班组去蹲点，坚持到一线听评课。校长的每一次讲话都做到精心准备、激情澎湃，校长的每一次出场都做到信心百倍、激情洋溢。以激情传递激情，以激情激发激情。

二是优化环境，净化心灵，培养激情。提倡“同事之交淡如水”，建立和谐的人际关系，保持风清气正，远离低级趣味，让学校成为精神特区。

三是精心设计校园生活。学生每天的激情生活，从早晨的激情跑操、激情早读开始。上午大课间，要在3分钟内集结到操场进行激情跑操。课堂上要激情展示、激情辩论，敢于挑战权威；课下要做风行少年，走在校园的路上健步如飞。

四是高远目标教育，劳逸结合，发掘激情。通过举办运动会，对学生进行素质教育、锻炼身体，让学生牢记校训“胸怀天下、自强不息”，让学生每天生活在理想之中、目标之中、追求之中。

五是树立标杆，形成激励。在教师中开展“十大青年教师希望之星”“最富激情备课组”“激情班集体”等一系列评优活动，激励大家向标杆看齐，形成你追我赶的态势。

六是组织活动，激发激情。学校经常组织师生开展优秀教师报告会、激情学子报告会、激情演讲比赛等系列活动，激发师生激情；每年都组织学生进行远足活动和体育运动比赛，磨炼意志，挑战极限。

四、特色模式：有激情才有高效

延中人坚持“用延安精神教书育人”的理念，充满激情，积极进取，实事求是，艰苦奋斗，不断创新，为国家培养了一代又一代具有坚定正确的政治方向，实事求是、开拓创新精神，全心全意为人民服务的精神和自力更生、艰苦奋斗精神的栋梁之材和社会主义劳动者。

我在10余年工作中，探究出一种适合我校发展的特色管理模式，包括教师团队、德育、教学、教研等管理内容。这一模式基于自主学习理论，以“激情启智，精细管理”为驱动，以精细化抓落实，在“艰苦奋斗、努力学习、勇于担当、光明在前”的延中精神鼓舞下，以激情激励人，以热情暖人心，以爱心感化人，以制度管理人，体现了“团结、紧张、艰苦、活泼”的延中校风，其灵魂是“激情与实干”，其目标是“培养具有奋斗精神、创新意识、实践能力和社会责任感的优秀人才”。

众所周知，高考复习备考工作枯燥、艰苦，但是延中人总是激情饱满、乐观待之。就如在2017年高三复习备考伊始，一名学生写了这样两句话：“在振奋的蓝图指引下，我们就要迎来2017年高考，如此的机遇，我们更要放飞梦想，让青春释放激情。我们要以激情书写人生，以激情美丽我们的人生！”2017届年级部实事求是、开拓创新，探索出了适合高三复习备考的“激情·高效”新模式，2017届的所有老师、同学都亲身体验了这一新办法的效果，全体家长也都见证了这种管理办法的全过程并认为它是行之有效的。

何为“激情·高效”管理模式？是指我校2017届年级部在教育、教学管理实践中探索、总结、归纳出的一套行之有效的教育教学管理模式，包括教师团队管理、学生的德育管理和学习管理等。“激情·高效”管理模式是以延安精神和自主学习的理论为基础，即教育主体以艰苦奋斗、努力学习、自主发展为指导，以学习论为核心的现代教育教学理念，以理解为核心的学习观、动态的结构化的知识观。它以“用激情为驱动，精细管理为保障，于细微处抓落实，靠实干出成绩”为工作的指导思想对教师、学生进行管理和教育。“激情·高效”管理模式的管理手段是在“艰苦奋斗、努力学习、勇于担当、光明在前”的延中精神鼓舞下，以激情激励人，以热情暖人心，以爱心感化人，以制度管理人。其本质体现了“团结、紧张、艰苦、活泼”的延中校风，其灵魂是“激情与实干”。“激情·高效”管理模式的终极目标，是“培养具有奋斗精神、创新意识、实践能力和社会责任感的优秀人才”，美丽学生的人生。

在特色模式中，激情是永恒的主题，激励是主要手段，制度是必须遵守的规矩，优秀是一种习惯。它激励学生一直保持高昂的奋进状态，彻底地转变学生的学习态度，使自主学习成为习惯，严格管理增强了学生的规矩意识，有效地解决了学生管理中的诸多难题；教师的精准教学培养了学生精益求精的学习品质，教师的实干精神感染了学生，使之形成了刻苦学习、踏实学习和用心学习的品质。2017年，我校高考本科上线率达到92.9%，这有力地证明特色模式是行之有效的。

当然，在教学中并不是时时刻刻都能让课堂充满激情，有时不合时宜的激情反而影响教学，适得其反。激情不可能是一种持久的状态，激情的短暂性和工作的持久性是矛盾的，我们往往难以保持持久的良好的激情状态。因此，我们必须处理好激情的培养、创造和维持三者的关系，就像皮肤的保养一样，需要精心地、耐心地、科学地护理，注意适度，不要过度频繁地使用，要做到细水长流。

第三节　责任教育：德育教育的灵魂

责任教育是什么？通俗地说，就是帮助学生形成对国家、对社会、对民族、对家庭、对亲人、对朋友、对同学、对他人、对自己负责任的一种教育。概括地说，责任教育是教育学生对社会中一切的人、事、物负责任，如果不负责任就会造成严重的后果。

责任教育是德育教育的灵魂。很多时候，我们在进行德育教育时，只注重活动、注重灌输，忽略了体验与共鸣。只有经过亲身体验，或是心灵产生共鸣，找到精神碰撞而悟醒的教育，才是真正富有实效的德育教育。

我们经常会遇到这样的情况：在学校时学生讲道德，步入社会后反而不讲了；小学时讲道德，长大后又不讲了。这都说明，我们的德育教育是不稳定的，没有打下牢固的根基。所以，只有进行责任教育，才会让学生真正理解进行德育教育的意义，认识到进行德育教育的益处，意识到进行德育教育的迫切需求。

当代中学生大多是00后甚至是10后，许多人积极向上，也有许多人消极颓废。消极因素有许多表现，最主要的是自私、贪玩、叛逆，其中以自我为中心是最典型的不良品质。而以自我为中心的不良品质必然导致责任意识的严重缺失，使他们对家庭、对社会缺乏责任感，对天地、对生命、对老师、对文化、对权威缺乏敬畏感。

一、责任教育是时代的呼唤

美国一位教育家说过：教育的两个伟大目标是使受教育者聪慧，使受教育者高尚。而在我们国家，学校面临的核心问题应该就是道德教育，所有其他问题归根结底也都源于此，甚至连我们所进行的教学改革也把品格问题放在第一位。没有良好的道德品质，聪慧又能如何呢？没有良好的人格品质，能耐又能如何？我们必须强调责任教育，只有责任教育为先，道德教育才能得到有效实施。

责任教育，就要从小培养孩子的责任心。对父母尽责，对家庭尽责，就是要孝敬父母；对学校、对老师尽责，就是要好好学习、尊敬老师；对社会尽责、对国家和人民尽责，就是要努力学习，将来努力工作、遵纪守法，为祖国和人民作出力所能及的贡献；对自己尽责，就是要热爱生命、珍惜时间，努力学习、踏实工作，实现人生价值。

我们不妨看看现代社会：事事都讲责任意识，责任制已成为国家发展、社会进步的保证。一个没有责任的国家，怎能取信于世界？一个没有责任的民族，怎能屹立于世界民族之林呢？往小里说，一个人没有责任，谁敢与他合作共事？

责任不是一种制度，却比制度更重要。任何制度的确立首先是建立在责任的基础上，而任何制度最终能否得到贯彻执行，也是与责任分不开的。没有责任的制度不过是一纸空文，最终得不到约束性的落实，达不到应有的效果。

责任教育是时代的呼唤，是社会的责任。政府部门重视，不代表人人都重视；领导干部重视，不代表普通民众重视。这种不平衡的责任体系，最终使一些制度、法律、法规、道德、理想、信念没有得到很好实施。当前，我们的国家，仍有许多责任心不强、责任感不强的人，很多人没把责任当成一种品质、一种使命、一种责任，而是把它当成一种负担，甚至有的人把不负责作为一种炫耀的资本。

道德是一种规范，是理性的，这方面最根本的教育便是责任教育，所以要进行责任教育。教育孩子对自己和他人都要负责任、不受到伤害是双方共有的责任。所以，当前我们只单纯地进行德育教育显得有些空泛，应该把责任教育作为德育教育的起点和核心才能收到应有的效果，这是时代对德育教育提出的呼唤和要求。

责任教育，从责任的角度出发，提出了解决德育教育的问题，让我们有了德育教育基本的出发点和立足点。责任教育是德育教育的一种，却是德育教育的先行者。责任感是一个人成才的基础与前提。一个人要成功，学识、能力、才华确实很重要，但一旦离开了责任感，这些都将成为无源之水、无本之木。

通过儒家传统文化的熏陶，让学生成为能“修身”、有“仁爱”、能“治国平天下”的具有社会责任感的人。借鉴“修身之道”，学会对自己负责；借鉴“孝悌之道”，学会对家庭负责；借鉴“仁爱之道”，学会对他人负责；借鉴“济世之道”，学会对国家负责。

我们应该把“责任意识”的培养渗透到学生学习生活的各个领域，内化为学生的品德与修养，这样的责任感教育才真正达到了“春风化雨、润物无声”的最高境界。

比如，我们要对学生进行文明礼仪的教育，培养学生良好的文明礼仪习惯和如何进行文明礼仪在生活中的应用，首先要进行责任教育。为什么要进行文明礼仪教育？学习文明礼仪有什么用处，有什么样的意义？这是一种什么样的责任？只有让学生明确了他身上负有的责任和其应尽的义务时，他的学习行为和实践行为才能成为一种自觉的行为。

二、责任教育，课堂内外需双管齐下

教育观念与教育行为的一致性，呼唤学生责任心、培养学生责任感，既要重视课堂教育，也要重视课外教育。

1.培养学生责任心的重要渠道在课堂

作为学校领导和曾经的班主任，我非常重视语文课、写字课、品德课、心理健康课、劳动课。我们鼓励老师在日常教学中，在每一堂课渗透与课堂教学知识相关的思想品德教育，将空洞的教育变成具体形象的教育，使学生潜移默化地长期受到教育的影响。

课堂教育具有“滴水穿石”“润物无声”的作用。我们的老师从不给学生讲大道理，而是在每一堂课中抓学生学习习惯的培养，时刻让学生清楚作为一名学生，有责任培养自己良好的学习品质，从小养成良好的学习习惯。要让学生学会听讲、回答问题、读书、写作业，培养学习做事的认真态度，教育学生面对知识不要单从兴趣出发，要磨炼自己学习的意志，在学习中能吃苦，说明学习的责任心就强。

学生往往是上班主任的课守纪律，而上科任老师的课就放松了。针对学生的两面性，我们要求学生不仅要上好班主任的课，更要上好其他老师的课，这是每一个学生的责任。一直以来，延安中学在课堂教学中不厌其烦地“反复抓”“抓反复”，塑造着学生上课主动学习的责任心，学生逐渐上课自觉了、稳定了，视上课专心为己任。

2.培养学生责任心的主要渠道在课外

培养学生努力完成作业的责任心在课下。延安中学的老师培养学生认真写好每一个字、认真完成每一项作业、认真改正每一道错题。比如，培养学生写出工整、漂亮的字。我们不要求学生个个写字有字体，但要求学生必须有认真写好每一个字的责任心。教学经验告诉我们，凡是学习困难的学生，字迹大都乱，说明平时的学习态度有问题。字写好了，作业本干净整齐了，学习态度一端正，作业的正确率自然就提高了。可见认真的学习态度正是学生责任心的体现。

关心学生身体健康，培养学生自觉锻炼的责任心。延安中学非常重视每天学生上操的表现，无论是全班队伍的集合、队列的整合，还是每一节操的某一个动作，我们要求老师都及时纠正、每天总结，教育学生要有责任锻炼好自己的身体。不论是学校体育组开展什么活动，学校领导和老师都尽量陪同，和学生一起锻炼。自觉锻炼的责任心逐渐形成，学生就会懂得：现在对自己负责，锻炼出健康的体魄，将来有个好身体才能为社会更好地工作。

在班委会工作中重视树立班级的奋斗目标，在明确每人的奋斗目标中培养责任心。每周的班队会做到专时专用，在一点一滴的小事中潜移默化地培养学生爱集体的责任心。在做事情时，我们要求学生做完事情后要反思“我尽力了吗，我努力了吗”。作为集体的一分子、一滴水，要为集体争光，集体的荣誉就是个人的荣誉。班级管理的最终目的是注重不同层次学生的素质全方面发展，让每个学生寻求自我实现的价值。

责任教育的目的是教育学生学会对家庭、对国家、对社会负责，增强学生的历史使命感和社会责任感，提高学生的综合素质。延安中学的具体做法如下。

一是进行校史教育。把校史教育作为新生入学第一课，让学生了解延中的光辉历史和辉煌的办学成就，继承和弘扬延安中学的优良传统，增强报效祖国、服务人民的自觉性和责任感。

二是进行新生军训。培养学生良好的生活习惯、严谨的纪律习惯、雷厉风行的行为习惯和良好的文明礼仪习惯。

三是开展感恩教育和爱心教育。通过举办“让生命充满爱”等大型感恩教育演讲活动、成人仪式，召开感恩教育主题班会，开展贫困生“手拉手”“爱我延安”等活动，教育学生学会感恩、心怀大爱、回报社会。

四是实施学生“塑造自我”行动计划，成立学生自主管理委员会，让学生自觉融入学校管理和班级管理中，特别是在学校举办的各类大型活动中，学生参与活动的策划、布置和实施的全过程，促进学生自主教育、自主管理和自主发展，在实践中学会做人、学会合作、学会担当。

五是开展革命传统教育。组织学生参加由省委省政府组织的“纪念世界反法西斯战争暨中国人民抗日战争胜利70周年”纪念活动，召开祭奠四八烈士陵园主题班会，省市电视台等媒体做了专题报道。主题鲜明的责任教育实践活动，培养了学生的社会责任感和担当精神。

培养学生的责任心需要家长的配合。我们要求延安中学的老师们一有时间就进行家访，校领导也不例外，为的是寻求学生、家长、教师三方面的相互了解。告诉家长，老师有信心、有责任培养好每一个孩子。家长有的是硕士生、博士生，特别愿意与老师探讨有关孩子的教育问题。在交流中，我们会把教育观念告知家长和学生，希望家校共育，把学生培养成为具有强烈责任心的人。而且在每一件小事中去培养，形成学生自我教育的自动化，学生自己要求上进才真正受益终身。

学生的责任心绝不是一下子就能培养出来的，需要教师不厌其烦地、耐心地长期培养。要善于呼唤家长和学生共同的责任心，家长有了责任感，才能配合老师培养孩子的责任感。

第四节　自主教育：培养思行并举的自主人

我们坚持用延安精神教书育人，就必须开展好自主教育。延安精神包括实事求是、理论联系实际的精神，全心全意为人民服务的精神和自力更生、艰苦奋斗的精神，本质是解放思想、实事求是。其中，自力更生、艰苦奋斗的精神，就是对学生开展自主教育的精神指引。因此，开展好自主教育，是教育教学工作弘扬延安精神的天然举措。

自主教育是一种充分发挥生命个体发展性和主体性的教育理念。自主教育是“三自三主”的教育，即两个方向（发展性、主体性）、六个维度（自知、自律、自强、主导、主见、主动）、十二项能力（学习力、思维力、行动力、责任力、整合力、抉择力、规划力、自律力、创想力、审美力、情商力、财商力）培养的教育。

一、核心是培养学生的自主思维能力

自主教育从生命个体“人”的内在成长与发展出发，在给定环境下关注个体在成长与发展的过程中思维意识的培养，尊重个体的思维差异，是促进个人或团体自主生活、自主管理、自主学习、自主规划、自主创新、自主发展，追求自强自立的教育体系或教育理念与过程。

自主教育的核心就是要培养学生的自主思维能力，培养人观察、发现、思考、辨别、体验和领悟等能力，并在学习和工作过程中培养发现问题、分析问题、解决问题的能力。从拓展性和发散性思维能力开始，提高人的思维积极性，这包括人的批判和思辨探究能力、横向联想思维能力以及纵向联想思维能力，等等。自主思维的培养，着重在于成长型思维的培养，打破固定型思维模式。

自主教育的根本目的是培养思行并举的自主人，即能独立思考、笃实行动的全面发展的人，其根本是独立人格的养成，成为独特的自己。培育有自知能自强、有主见能选择、有主动能践行、有责任能担当、有专注能自控、有责任的自主品质的人是自主教育的过程与追求。

自主教育具有主体性、发展性和差异性。

主体性方面，自主教育相对于传统教育、讲授式教育、他主教育而言，强调主体内生力量的激发，强调独立自强，侧重于主体与环境及外界的相互关系中主体的主导作用。

发展性方面，自主教育从人成长过程强调每个个体有无穷的潜力，有无限可能，有不断地向上、向善成长的趋势。

差异性方面，教师在激发学生的思维主动性的前提下，要尊重学生的差异性，保护学生的天性，引导学生自主发展，要适性而为、辨性助学。

自主教育关注每个人生命成长中的责任心和使命担当能力的培养，包括社会责任与担当、家庭责任与担当和个人发展的责任与担当，我们必须培养每个人的社会责任心和公德心，不危害社会，做对社会有用的人，热爱世界、热爱祖国、热爱家庭，培养家国情怀，正确处理人际关系；培养人的家庭责任与担当，继承和发扬传统家庭文化，尊老爱幼，勤劳朴实，勤奋节俭；培养个人对国家、社会和集体的责任与担当，追求人生目标，实现自我价值。

自主教育倡导终身学习理念。随着社会生产力的发展、人们知识水平的不断提高，整个社会将向着学习型社会方向发展，终身学习将成为人们适应社会高速发展的必备能力。学习是人成长与发展的最重要素养，每个人在成长与发展过程中都离不开学习，只有不断学习才能充实并提升自己。自主教育提倡高效学习，有针对性和有目的地学习，从而快速高效地提高自身知识水平和实践能力。

自主教育倡导科学精神。科学是社会发展的第一生产力，也是推动人和社会发展的最重要动力，增强科学素养有助于推动人和社会发展的前进步伐。自主教育将提高人的科学水平作为一个重要目标，旨在通过自主学习培养人的科学精神，提高每个人的科学素养，促进人的快速发展，推动社会的不断进步。

二、自主教育让学生从被动变主动

教育就是未来，学生就是明天。学会自主学习和搞好自主教育可以帮助孩子赢在未来，更好地迎接未来面临的挑战。那么，在课堂教学中，教师如何让学生化被动学习为主动学习呢?

我认为，只有真正理解自主教育与自主学习，进而构建合理的课堂文化，才能培养学生的自驱力。

一堂有效的课，需要让学生有更多的自主性，让学生有更多的权利，更多地参与课堂，更多地发表意见，而不是教师一个人在讲课。原来的课堂是教师在提问题，现在需要想办法让学生来提问题，学生提的问题也许比老师提的问题更好。当然，学生提的问题教师还要引导和选择，因为学生未必明白这堂课要达到什么教学目标。

教师要把课上好，就要体现自主学习。自主教育需要落实在课堂上，因为课堂是学生基础教育的主渠道，所以对于教师来说，上好课是最基本的一个要求。当然，今天上好课的标准叫作建构深度课堂，即不仅教学生概念、定律、法则，更重要的是教学生形成思维方式，学习过后能够解决问题。

自主教育的课堂构建应该满足以下四点：课堂首先是应该开放的，因为我们今天要培养创新型人才；课堂应该是互动的，教师作用于学生，学生又作用于教师，这叫作“教学相长”；课堂应该是有思考性的，教师要启发学生动脑思考，深入分析问题；课堂应该是结构化的，教师在每一堂课中的行为是脑中建立的理念。

教师要营造课堂文化，是集中在如何培养学生的自主教育这个角度，让学生更多地参与，让学生成为课堂的主人，把课堂的中心还给学生。所以，今天我们所说的自主学习、自主教育肯定是方向，因为从信息加工的角度，学习就是自主的。

延安中学高2018届30班郭子尧家长在回忆儿子高中学习经历时说：

“（孩子）上高中后的第二个变化就是充满自信。孩子曾跟我说过：‘我感觉每天过得很充实，学习很快乐，学习成绩一定能赶上去。’他的自信可能源自两件事。第一件事，就是学习成绩一直处于不断进步状态。刚入校时，他的成绩在班里排名是二十几名、年级500名左右；期中考试时进步到班里前几名，年级名次达到200名以内；期末考试成了第一名！我分析进步的原因主要有这几点：一是清楚为什么学习了，端正了学习态度。孩子每天回来已经晚上11点了，还要复习、预习、背诵、记忆、验算等，看起来似乎很忙，一直能忙到深夜12点甚至凌晨1点，有几次逼着去睡觉还不愿意睡，似乎不知疲倦、精力充沛。二是知道怎样学了，找到了适合自己的学习方法。三是知道学什么了，查漏补缺，尤其在自己不擅长、拖后腿的学科上下功夫，这样各科成绩都差不多，没有差得很远的短腿学科了。长此以往，形成了良性循环。第二件事情，可能源自他的爱好——打篮球。从小到大，他一直喜欢打篮球，只要有时间，就会约上院子里的小朋友去玩，整个上下午发疯般地玩。上高中后，学校举行过几次篮球比赛，儿子所在的班级赛出了水平、赛出了友谊，取得了好成绩。对儿子而言，更是赛出了自信。目前，虽然孩子的学习成绩不是班里最好的，而且时有起伏，但是孩子确实在用顽强的毅力、意志不懈地努力着，不断地学习着、奋斗着、拼搏着，对我而言很欣慰。成绩有高低，能力有大小。作为父母，只要孩子健康快乐地成长就是最大的满足。高中三年，孩子拥有健全的人格、宽广的胸怀、善良的品格和健康的体魄，这将是终身受益、不断努力奋斗的最大财富。”

自主学习与自主教育最终的目的是赢在未来，具体体现在孩子学习的时候愿意为自己学、为自己定目标，自己安排与自己管理。那么，在将来的人生路上，他也将学会管理自己，为自己定目标，为自己努力，学会自己坚持，学会自己把控进度和探讨问题。

第五节 励志教育：激发学生追求成功的内动力

励志教育，是应用教育心理学、教育激励学激发和唤醒学生内动力，使学生从“被成长”中产生生命自觉，让学生用自己的力量成长，最终达到成人成才的目的。

追溯“励志”一词的本源，“励”即激励、鼓励之意。“志”一指志向、抱负，亦即理想、励志；一指集中心智，致力于某种事业。

新时代的“励志教育”，是指运用心理学、成功学原理和自我效能理论，通过系统科学的教育，激发青少年的自主意识和成就动机，培养青少年自我规划和自我管理能力，较为系统地培养青少年的成功品质，激发青少年潜能的教育。励志教育的本质，是帮助青少年树立志向，激发青少年的动力，磨砺青少年的意志，并帮助青少年形成良好的品质修养，从而走向人生成功。

一、励志教育正引起普遍重视

传统励志教育理念提倡精神层面上的成功，不管是做大事还是做小事，只要实现了原先的既定目标就是一种成功。而随着经济的发展、社会的进步，世人对成功的理解发生了曲解，对于目前各方面压力的增大，家庭励志教育引起了普遍重视。

青少年是祖国的未来，他们带着能够提高自身素养及综合竞争力的初衷接受励志教育，这无可指责。家长往往要求孩子阅读各类励志图书，参加各种励志类的培训班，这已经成为一种培训模式，很多人都对此趋之若鹜。但是，这种不正确的家庭励志模式，让孩子只是盲目地参加所谓的培训班，而忽视了励志教育的真正内涵。

很明显，这种做法是本末倒置的。真正的励志教育是老师和家长通过言传身教和积极引导，激发孩子在困境中的潜力，使他们在未来的生活中能不畏艰难，为了理想努力奋斗拼搏。

励志教育是学校教育中的薄弱环节，为实现教育科学化必须更新教育的观念，老师要做以下几方面的努力。

1.要正确地理解励志教育

励志教育不等于吃苦教育。教育界有一种误读，很多家长单纯地把励志教育等同于吃苦教育。家喻户晓的“卧薪尝胆”的故事就是近乎残忍的励志，勾践固然是复国成功了，但这是以扭曲人性、变态人格为代价的。不可否认，在极端艰苦的环境下，鼓励能够使人改变现状。但是，过于艰苦的环境又容易使人产生自卑心理，损害人的人格健康，造成严重的心理问题。

励志教育不等于挫折教育。无论是励志教育，还是挫折教育，都是为了激发青少年成功的志向和成功的潜能，全面提高学生的综合素质，二者相辅相成。但是，这不是二者相等的原因。青少年的励志教育，从普通意义上讲，就是勉励青少年树立志向，并为孩子积极创造条件实现志向的教育。挫折教育的基本任务是提高青少年的挫折认知能力，学会正确使用心理防卫机制和心理调节机制，增强对挫折的排解能力。所以，挫折教育是励志教育的重要组成部分，抗挫折能力的增强有利于提高教育质量。

2.要引导孩子正确认识自己

励志教育不仅是口头上的励志，也不只是口头上的鼓励，应该表现出实实在在的励志行为。励志的首要前提是自知。老师要帮助孩子正确地认识自己的思想和行为，青少年有了自知之明后，就是设立最适合自己的奋斗目标。教育应该注重远大志向的培养，这是人生的精神支柱，也是青少年前进的动力。有了奋斗目标就必须有一套切实可行的方案，把人生的终极目标切割成若干小目标。要让学生明白千里之行始于足下的道理，必须落实在一点一滴的行为上。只有踏踏实实地行动，才能达到励志的效果，走向人生的辉煌。

二、励志教育方式方法有很多

做好励志教育，帮助学困生克服心理障碍，可以采取以下教育对策。

1.对学生进行目标教育

我们先让学生确定自己的奋斗目标，然后找一些与这个目标相关的成功场景，反复地在学生眼前来展现，然后让学生闭上眼睛来想象一下自己就是这个场景中的一员，并反复进行练习，使学生对于成功时的场景变得非常熟悉。这样一来，学生就能在自己的意识当中感受到成功时的喜悦。通过长期的暗示，学生的心态会处于一种积极状态，这样对学生进行的励志教育才会取得良好的效果。

2.利用自己的名字进行励志教育

一位叫李家柱的企业家在介绍自己时说“我是李家的顶梁柱”，让人一听很容易记住，同时给人一种安全感。其实我们中国汉字的每一个字都可以用一句很有意义的话表示出来，同样学生的名字也可以用一句押韵而且很有气势的话表述出来，并让学生每天都大喊几次，学生的自信心与自豪感便很容易被激发出来，这样进行励志教育才会取得良好的教育。

3.形象暗示法

一个人要想取得成功，不是一蹴而就的，是一个长期、漫长而且痛苦的过程，许多人开始做得好，但是坚持下来的却非常的少，这就是成功的人少之又少的原因。如果在奋斗的过程当中，没有非凡的自信、不自我欣赏，怎么可能取得成功呢？这种方法同样可以运用到对学生的教育过程当中，怎么做呢？其实不难，就是征得家长的同意，给学生拍一张造型比较好、能显示出学生自信的照片并放大，在照片上打印上学生自己的奋斗目标，并冠之以学生感觉到能激励自己的话，再将照片悬挂于学生的房间内。在教室当中同时开辟一个专栏来悬挂学生的照片，教师和同学在进行活动时就以照片上的称谓来称呼他，学生就有一种成功的感觉，这样对学生进行励志教育效果很不错。

4.让学生学会坚持去做一件事

教师要为他们创造动手的机会与空间，尤其是高中学生。教师要做好督促与检查，并长期坚持下去，要求学生做这件事的时候必须是认真完成的，不能敷衍了事，直到学生形成习惯为止。这样做一方面可以培养学生的责任心，另一方面可以养成学生坚持做事的习惯，同时也可以达到对学生励志教育的目的。

延安中学一贯坚持引导学生树立远大理想、坚定人生目标，奋发进取、励志成才。一是校园文化熏陶。文化是学校的灵魂，学校组织师生提炼总结了“艰苦奋斗、努力学习、勇于担当、光明在前”的延中精神，把“用延安精神教书育人”确定为延安中学办学理念，把“艰苦奋斗、努力学习”确定为延安中学校训，把“团结、紧张、艰苦、活泼”确定为延安中学校风，把《边区中学校歌》确定为延安中学校歌。历经数载，投资百万，学校建成了延安中学教育史馆，设计新颖，布局合理，资料翔实，规模宏大，其已成为对学生进行革命传统教育的课堂。精心打造具有延中特色的校园文化，把校园建成延安精神教育基地，营造“润物无声”的励志教育浓厚氛围。二是育人活动感染。通过开展“走延安路、做延安人、铸延安魂”红色远足活动、国旗下宣誓、优秀新生“走向清华北大”夏令营等励志教育活动，唤醒学生树立远大理想的内动力。三是成功人士榜样引领。通过中国科学院院士武向平、南方科技大学朱宝亭博士、西北农林科技大学教授呼世斌来校做专题报告，邀请知名校友中国通信学科首位博士获得者、美国纽约科学院院士寇卫东，北大教授、博士生导师傅绥燕，盘古智库学术委员刘科博士等来校给学生做励志报告，安排当年考入北大、清华的学生与在校学生分享成长心得等活动，为学生树立榜样，激励学生发愤图强、积极进取、励志成才，让奋斗精神成为伴随学生终生的宝贵财富。

当然，对学生进行励志教育的方法还有许多，但是无论使用哪种方法，一要长期坚持，二要将外界的力量转化成学生的内在需要，这样才会有好的教育效果。决定事物发展的是其内因，对学生的励志教育开展得好，学生会显得生机勃勃，学习方面动力十足，心理上积极向上。

第六节　智慧教育：培养高智商、高情商的学生

智慧教育有两层意思。一是创建教育教学智能环境，改变了教与学的方式，引入“平台+教育”服务模式，整合各级各类教育资源公共服务平台和支持系统，进行“智慧课堂”的构建与实施。二是用智慧化的教育教学方式，培养更具智慧的学生，从而帮助学生更好融入社会，高智商、高情商地解决问题。

智商即智力商数，指认识、理解客观事物并运用所学知识解决问题的能力；而情商则是指做人处世的经验及态度。智商一般是先天形成的，大多数人如果不是智力非常低下接近于智障的话，对于一般程度的学习及工作、生活来说，是没有多大影响的；而情商就不一样了，它不是生来就有的，没有一个确切的数值范围，与后天的养成息息相关。

一、高情商的人在社会上更吃得开

通常情况下，情商高的孩子更懂得说话的艺术，待人接物让人感觉如沐春风。就算是智商比较平庸的孩子，如果有进退有度的谈吐、不失礼貌的作风、阳光爽朗的笑容，不管是在什么场合也是比较“吃得开”的，相比较智商高但情商低的孩子，会给人更佳的第一印象。因此，我们在注重培养教育学生时，千万别忘了关注孩子的心理发展和对其情商的培养。

如果一个孩子整天沉迷于课堂、书本、知识、考试，没有外出游玩开阔眼界，没有与之交心的朋友，没有业余的兴趣爱好，是很容易形成内向、孤僻、自闭心理的，这样就不利于孩子情商的发展，或者说根本就没有情商可言。这

样的孩子就算智商再高，也不会感受到真正的快乐。

相信很多父母也亲身体验过，情商高的孩子往往活得更乐观、积极、幸福，也会比智商高的孩子更合群、更受欢迎，不管是在学校里还是职场中。

对于智商和情商的关系，网上有很多说法。最主要的说法是，“智商是情商的基础。任何情商都必须建立在一定的智商的基础之上，没有基本的智商，就不可能存在任何情商”。但事实并非如此。

有智商就会有情商吗？白眼狼一般都是智商超人、懂得利用一切的人，甚至连人情也要利用。在这样的人看来，情商不过是智商的一种，当然也就不能成为情商。缺乏智商的人，其实还是可以有高情商的，他可能什么都不懂，只记得小时候父母教的要感谢人，会在每一个收获面前去感谢施恩的人，因而会得到大家的共同帮助，就会呈现出众所周知的“傻人有傻福”。

为什么要说智商是情商的辅助呢？因为智商是发现问题、解决问题的能力。对于这方面能力弱的人，情商感知也不会高到哪里去。“傻人有傻福”是人们不屑与之计较得失，所以有了大家都羡慕的结果。但如果这个结果达到让你羡慕到嫉妒再到恨的程度，傻人最终就可能会出现自己被人卖了还帮着数钱的情况。

二、情商的培养需要细节展现

现在的学生对于身边的人际规则一般都是模糊的，很多学生只知道：学习是为了迎接中考、高考，书上写的和老师讲的都是对的，其他什么人文道理、人际交往准则基本上都不清楚，甚至不清楚在学校里面自己的责任是什么、老师的责任应该是什么。

老师其实和学生一样，也是正常人，也有正常的喜怒哀乐。如果老师下课后对学生说了什么、教了什么，在今天的社会看来都是应该的，其实这是一种误导，而且是培养一种只想索取不想付出的不良行为的误导。

老师不介意对学生一点一滴地帮助，可你认为那都是老师应该做的，那时间长了之后，你还能指望老师继续无怨无悔地付出，甚至还想要求老师真的像蜡烛一样为学生而奉献?

特别是我们的学生以后要进入社会，那些习惯了心安理得去索取的学生能顺利生存吗?没有哪个老板会养这样的员工，也不会有哪个社会角落会容纳这样的角色。

因此，我们不能培养没有原则、没有智商、没有情商的学生。我们应该告诉学生这个世界最真实的那一面：有失有得，有得一定有失，这就是最基本的原则。

同样，作为学生，交了学费到了学校，认真读书就是本分，考满分也是应该。如果考试成绩优异就需要表扬、需要鼓励的话，反而是一个荒唐的错误。正如上班族一样，你认真上班、完成该做的工作就是本职工作。

所以，在面对学校表彰时，同学们就应该知道这个表彰不仅因为自己做得好，而是学校希望你们以后继续做好、坚持努力，并且以后面的努力来证明学校和老师的关注没有错。

需要提醒学生的是，感恩需要表达，懂得表达就是情商。学会感谢周围给自己大大小小帮助的人、事、物，并用语言和态度表达出来，这是情商培养的具体形式。进一步具体来说，就是人们通常说的这个人懂“人情物理”，具体来说，是分为人情和物理两个部分。

人情就是用友好的感情表达自己的谢意。记住别人的帮助，能够用自己愉悦的心情、恰当的语言和行为来表达自己的感谢。比如用语言说“谢谢”“添麻烦了”“你人好了”，配合微笑点头、握手、鞠躬等，以及在受助之后，记着这份情义，并能够在合适时把这份情义还回去。

三、智慧教育，培养高情商学生

1.关爱学生，让学生在关爱中培养爱心

这种关怀意味着为学生提供良好的情感环境，以一种学生能接受的方式支

持他。当发现学生与平时情绪反差很大时，家长和老师要及时并且有技巧地了解在学生身上发生的事及其原因，让他们自己说出内心的感受。

这需要一些谈话的技巧，可根据学生的性格特征来把握。从关心和爱护学生的角度出发，让学生感受到你的爱，时刻发现学生的心理状况，及时地给以疏导，久而久之学生就能和家长、老师之间建立信任感。

2.让学生发自内心地认识自我

有一些情商较高的孩子做事情的动力来自内部，有很强的自觉性、主动性，做任何事情都动机明确、兴趣强烈、独立积极、不甘落后，而且有勇气、自信心强，所以成绩一般会比别的孩子好。还有一部分学生对自己的认知不太清晰，容易看不见自己个性上的缺点。

提醒各位家长和老师，在平时教育中，应有意识并时刻提醒学生要常常自我反省，从不同的角度了解、认识自己，客观地评价自己，为自己正确定位；能认识自己的情绪，更能了解各种感受的前因后果，能认知感觉与行为的差距。这样的教育能够助他处理好周围的一切关系，他成功的机会就比较大。一个情商较高的孩子，会很清醒地看到自己的优点和缺点，既不会因为成绩好、受老师赏识而自傲，也不会因为在某方面不如人而自卑。

3.培养学生良好稳定的情绪

中学生处于生长发育阶段，心理的发展很不成熟，情绪波动大，时而高兴情绪激昂，时而难过情绪低沉。很多同学都不善于控制、调节自己的情绪，有时为一点儿小事而伤心或大发脾气，有时为考试不理想而沮丧。有的学生时常被悲观、忧虑、孤独、紧张等不良情绪所困扰，导致学习没有兴趣、精力不集中、缺乏主动性和自觉性，甚至产生厌世、轻生的念头。

人人都有情绪，情绪随着境遇有相应的波动是正常又合乎人性的。但是中学生心智尚不成熟，不能掌握调节情绪的方式，便很容易被情绪所困扰。情绪化严重的学生，学习会受到很严重的影响，甚至会影响正常的生活。

成功的情商教育必须紧密配合学生的成长阶段，学校经验对孩子的深远影响将持续到他的青春期乃至长大后。孩子在校的表现与其自我价值观紧密相连，表现较差的可能产生自我贬抑的心态，进而影响一生的发展。对于刚上初中的青少年，接受过与未接受过情商教育的孩子相比有显著的不同，对于同学间的竞争、课业的压力及其他不良诱惑都能应对自如。显然，情商教育带给他们一定的免疫力，能够面对即将到来的压力与挑战。

4.培养学生的自我约束能力

情绪控制并非简单地抑制，而是重在自我教育、自我疏导、自我评价和自我调节。当一个学生产生不良情绪时，老师和家长就应该引导学生进行自我教育，提高自我认识水平、正视自己的不良情绪，告诉他们每个人并非时时刻刻都是积极乐观的，偶尔产生一些不良情绪也是正常的，了解自己的情绪处于什么状态，即什么心情或心境。让孩子认识到，任何不良情绪都是可以控制、转化、调节的。家长和老师应该引导学生积极主动地寻求有效控制情绪的方法，有意识地克制。一个情商高的学生，懂得适时调控自己的情绪，遇到烦恼的事情能自己化解，绝不会做出极端的事情。

人是感情动物，都有喜怒哀乐、爱憎好恶。情商，就是懂得感谢，懂得利他，不为眼前利益而损害他人。有时候，付出比收获更直观、更有意义，而付出之后不经意的收获则会让你的人生惊喜连连、幸福美满。

第七节　启悟教育：启发学生自我开悟

启悟教育是指在充分发挥教师主导作用的前提下，依据学生的认识规律和本学科的固有规律，激发学生的求知欲，充分调动学生的积极思维，让学生最大限度地获取知识和技能的一种教学方法，其主要特点是调动学生的积极性、主动性，激发学生积极思考、融会贯通地掌握知识并发展智力。

启悟教育是一种基于启发式思维理论的教学方法，其核心是培养学生的思考能力和创新能力。启发式教育的理念提倡学生自主学习和探索，积极发挥学生的主体性和主动性，让他们在教学实践中不断思考和创新，成为具有创新能力和竞争力的优秀人才。

中国最早提出启悟教育的是教育家孔子，西方教育家苏格拉底把教师比喻为“知识的产婆”。这一教育理论，是西方最早的启悟教育。所谓启悟教育，对于教师的要求就是引导转化，把知识转化为学生的具体知识，再进一步把学生的具体知识转化为能力。

教学，是要通过教师的工作使学生爱学、会学。学生是否有学习积极性非常重要，启发式教学的关键就是调动学生的学习积极性。学习积极性就是强烈的求知欲（表现为兴趣、信念、愿望和焦虑），而求知欲就是学习需要。学习需要是学生在学习时感到对某种知识欠缺而力求获得提高的一种心理状态。

一、启悟教育方法的优点及实践

第一，启悟教育可以激发学生的兴趣。传统的教育方法往往是老师讲、学生听，学生的兴趣很难被激发。而启悟教育则是通过让学生自主思考、探究问题发现问题的本质和规律，从而激发学生的兴趣。通过这种方式，学生可以更深刻地理解知识，而且对知识的掌握也更加牢固。

第二，启悟教育可以提高学生的学习效率和学习成果。在传统的教育方法中，老师的讲解往往是固定的，而学生的学习也是被动的。启悟教育则是根据学生的特点和能力来设计学习活动，提高学生的学习效率和学习成果。在启悟教育中，学生是通过自主学习和自主思考来获得知识，这种学习方式可以提高学生的学习主动性和自我调节能力。

第三，启悟教育可以培养学生的创造性思维。启悟教育强调学生的自主学习和自主思考，这种学习方式可以培养学生的创造性思维和创新能力。在启悟教育中，学生是通过自主思考和自主探究来解决问题的，这种学习方式可以培养学生的创造性思维和创新能力。

第四，启悟教育有利于培养学生解决问题的能力。启悟教育作为一种教学思想，其目的是引导好学生的学习过程，使他们经过独立思考掌握知识，提高分析、理解和解决问题的能力。

第五，启悟教育有利于形成融洽的师生沟通氛围。与传统的“灌输式”教学方法不同，启发式教学法可以根据教学内容和学生的实际情况进行类比联想、比喻联想和研究争论，教师和学生可以互相启发、互相影响、良性互动。在启发式教学思想的指导下，课堂提问既发挥了教师的主导作用，又充分调动了学生学习的主动性和积极性，使两者处于互助互利合作之中。

综上所述，启悟教育是一种以学生为中心的教育方法，可以激发学生的兴趣，提高学生的学习效率和学习成果，培养学生的创造性思维和创新能力。在实践中，教师需要根据学生的特点和能力来设计合适的学习活动，提供足够的学习资源，从而实现启发式教育方法的最佳效果。

二、启悟教育需要和谐的课堂气氛

营造和谐的课堂气氛是启悟教育的基本要求。和谐的课堂气氛常常使学生情绪高昂，智力呈现最佳状态，始终保持积极的学习心态，而不良的课堂气氛往往使学生产生厌倦、烦闷、冷漠之感，从而压抑了学习的积极性，窒息智慧的火花。

课堂提问是启悟教育的载体。有效的课堂提问能够激起学生的兴趣，调动其学习的积极性，碰撞出智慧的火花，达到启发式教学的效果。

课堂提问不是漫无目的的，而是有原则的。

1.目的性原则

课堂提问应有明确的目的，便于有效引导学生积极思考，为实现教学目标服务，内容应结合教学目的，围绕本节课的教学重点和难点来进行设置。所以，课堂提问忌不分主次轻重，为提问而提问，而要有的放矢，紧紧围绕重点、针对难点、扣住疑点，体现强烈的目标意识和明确的思维方向，避免随意性、盲目性和主观性。如果脱离这一点，往往会导致“问无实质，问多无趣”，影响课堂教学效果和学生能力的发展。

2.启发性原则

我国古代教育名著《学记》中提出“道而弗牵，强而弗抑，开而弗达”的教学原则，旨在强调教师的作用在于引导、启发，而不是强迫、代替。现代认知心理学认为，新学的知识只有纳入原有的认知结构，并在原有的认知结构中找到联结点，才能将新知识同化，才能牢固地掌握新知识。故在教学中，教师要善于利用提问来引导、启迪学生的思维，使之应启而发，切忌问学生“对不对”“是不是”“好不好”这样的问题。

3.适度性原则

课堂提问要根据思维“最近发展区”原理，选择一个“最佳时机”进行。

适度性原则有两方面：一方面，在教学过程中要恰到好处地掌握提问的频率和时间（一节课不能提问不断，否则学生无法冷静有效地思考，反而破坏了课堂结构的严密性和完整性，但也不能没有提问，否则整堂课会毫无生机）；另一方面，问题的难易程度要科学适度（没有难度或难度太大的问题都会使学生失去兴趣）。课堂提问要适合学生的认知水平，要根据教学内容和学生掌握程度，合理地把握问题的难易程度，找到学生的“最近发展区”。

4.兴趣性原则

兴趣是最好的老师，早在两千多年前，孔子就认为“疑是思之始，学之端”。现代教育心理学告诉我们，当教学内容引起学生兴趣时，学生就能集中注意力，就能对所学知识更好地感知、记忆、思维和想象，从而获得较多、较牢固的知识与技能。

5.全面性原则

素质教育是面向全体学生的教育，使每个学生在原有基础上都能得到应有的提高和发展，因此提问要面向全体学生，要调动每一个学生思考问题的积极性和主动性，让每一个学生都参与到教学过程中来，切忌教室内有“被遗忘的角落”；要有亲切的态度、民主的作风，让学生敢于发表自己的见解和不同的意见，充分施展学生的自我个性，暴露学习中的问题；要认真听取学生的回答，运用适当夸张的语气和鼓励、赞扬的言辞去激发学生的求知欲望。

6.激励性原则

教师应在学生回答完问题后，及时给予评价。对于创造性的回答予以赞美；对于正确的回答予以表扬，尤其是那些有进步的学生；对于胆小害羞的学生予以鼓励；对于一时答不上来的学生给予希望，希望下次能回答好……从而使不同层次的学生都对课程产生兴趣。只有通过不断提问、不断鼓励来培养学生的学习兴趣，才能让学生积极主动学好知识。

三、启悟教育要求有高素质的教师

老师需要在备课的过程中体现启悟教育理念。

1.深入钻研教材，了解学生情况，抓住主要矛盾

备课的主要内容是研究教材和学生的特点，设计合适的教学方法，而这个设计的过程就是如何贯彻启发式教学的过程。我们所使用的教材有很严密的科学性和逻辑性，但学生的认识并非都能一下子步入正确的轨道，教材内容与学生的认识有时会出现矛盾与偏差。鉴于此，对教材有时需要经过两次处理，即循着学生的认识轨道推进，遇到问题就解决问题，着力分析问题产生的原因，然后再回归到课本的知识系统上来进行第二次分析，分析教材的逻辑关系，使学生掌握书中的内容及整体结构，纠正原有思路中不正确的地方。这种方法可使学生在掌握知识的同时学会考虑问题的方法。

2.因势利导，集中精力解决教学中的重点和难点

课本上的内容是前人成百上千次研究的结果，已经舍去了考虑的过程和走过的弯路，以最佳的过程得出结论。而学生则是第一次接触这些知识，正处在探索的开始，出现问题是完全正常合理的。所以在讲课时，可适当地加一些本学科的思想发展史方面的内容，使学生能从前人的失败中理顺自己的思路，自觉调整思考的方向，力求达成教师的思路和学生的思路一致，否则学生是学不进去的。因此，贯彻启发性原则必须了解和掌握学生的知识基础、接受能力和学习困难等情况。只有从学生的实际出发，启发诱导，才能收到预期的效果。

启悟教育要求有高素质的教师，不断从先进经验中汲取一切教育学和心理学的最新成果，以不断改进教学方法，提高教学艺术，在课堂内外采取灵活多样、生动活泼的教学形式。

因此，时代要求当代教师要不断更新观念、转换思维，掌握不断发展的先进的教学理论，根据学生在各个教育阶段的年龄特征、心理特征，因材施教，实现真正的素质教育。

实践是检验真理的唯一标准，启悟教育的实践需要有一个良好的教学环境和教学资源。在实践中，教师需要根据学生的特点和能力来设计合适的学习活动，提高学生的学习效率和学习成果。教师还需要提供足够的学习资源，如图书、实验设备等，来支持学生的学习活动。

第八节　创造教育：引爆学生的“创造素养”

创造教育，有广义和狭义之分。我们中小学实施的应是广义的创造教育，是指根据创造学的基本原理，以培养人的创新意识、创新精神、创造个性、创新能力为目标，有机结合哲学、教育学、心理学、人才学、生理学、未来学、行为科学等有关学科，全面深入地开发学生潜在创造力，培养创造型人才的一种新型教育。

创造教育主要特点有：突出创造性思维，以培养学生的创造性思维能力为重点；注重个性发展，让学生的禀赋、优势和特长得到充分发展，以激发其创造潜能；注意启发诱导，激励学生主动思考和分析问题；重视非智力因素，培养学生良好的创新心理素质；强调实践训练，全面锻炼创新能力。

一、创造教育是延安精神的应有之义

第二次世界大战后，创造教育受到广泛重视，初步形成理论体系。20世纪60年代以来创造教育在日本很受重视，1960—1979年有关创造力培养的著述译作有250多种，并开展这方面的实践活动。德国则把对学生发散思维的培养渗透到中小学各年级的课堂教学中。目前，创造教育已成世界性教育潮流。

陶行知是中国创造教育开拓者，于20世纪30年代在育才学校设立“育才创造奖金”，后发表《创造宣言》。60年代后，台湾教育界亦就此进行实验研究。70年代末、80年代初创造教育再度兴起，1982年中华创造力开发研究所研究人员在上海和田路小学进行实验，运用一些专门编排和设计的教法。

创造教育是我们党和国家教育事业的优良传统，我们坚持用延安精神教书育人就必须开展创造教育，这是因为延安精神本身就蕴含着丰富的创造精神，而创造教育则是延安精神在当代教育中的一种体现和延伸。

延安精神包括坚定正确的政治方向，解放思想、实事求是的思想路线，全心全意为人民服务的根本宗旨，自力更生、艰苦奋斗的创业精神等。其中，自力更生、艰苦奋斗的创业精神就是一种极富创造性的精神。

因此，用延安精神办学要求学校开展创造教育，就是要让学校在教育过程中注重培养学生的创新精神和实践能力，鼓励学生勇于探索、敢于创新，不断开创教育事业的新局面。同时，这也是对延安精神的继承和发展，使其在当代教育领域中焕发出更加夺目的光芒。

二、创造教育必须调动学生的创新意识

创造力的高低与职业成就成正比，创造力开发对于各种职业和各个领域的每个受教育者都是十分重要的。未来的社会需要更多的创造型人才，培养学生的创造力是我们教育的主要目标之一。同时，每一个学生都具有创造力，只是程度高低不同而已，普通人和天才之间并无不可逾越的鸿沟。创造力通过教育和训练是可以提高的。创造力和智力是不同的范畴，智力教育不能代替创造教育。与传统的教学方法相比，创造性教学方法能够取得更好的教学效果。

创造教育必须调动学生的积极性和主动性，强调自主地学习是创造教育的一项原则。个人追求成功的内在动机是创造性活动的主要动力，强烈的创造动机会激发人们的创造能力。

人是教育的核心因素，教育是创造人的活动，这体现在两方面。一是创造教育要发现人的价值，就是要尊重学生应有的地位、作用与尊严，懂得学生不是动物、机器，而是有自己思想、观念的活生生的人。并且每一个人都有自己的尊严，渴望得到别人的尊重与理解，获得其应有的地位，发挥其应有的作用。二是创造教育要重视人的个性。个性即人生在个体上的表现或反映，是由

人们的生理、心理和社会性诸方面的一系列稳定特征综合而成。个性是人的主观能动反应机能得以充分发挥的前提，最富有个性的人往往最具有创新能力。创造教育必须重视人的个性，尊重学生的心灵自由和心灵世界的独特性。

三、创造教育是为了培养创造素质

创造教育的目标不是追求传统教育和继续教育的“灌输”“充电”“加油”等作用，而是要起“引爆”的作用，旨在释放人类的潜能，并强调开发潜能要同培养人的优秀品质和积极人生态度相结合。创造教育关注的中心是创造素质，这种素质在现代和未来人才的各种素质中具有统治作用和最大的时代适宜性。

1.创造素质包括创造性品质、创造性思维和创造性技能

创造性品质属于非智力因素，是创造性活动的内存动力机构，包括创造人格、创造个性、创新意识、创新精神等。创造品质是创造性活动成功的关键，集中体现为强烈的创造动机、顽强的创造意志和健康的创造情感，反映出创造主体良好的思想面貌和精神状态。我国各级各类学校特别是中小学的品德教育课程应当适应时代发展要求，把培养创造品质或创造人格作为重要内容。

创造性思维能够打破常规、突破传统，具有敏锐的洞察力、直觉力，丰富的想象力、预测力和捕捉机会的能力等，从而使思维具有一种超前性、变通性。创造性思维是创造力的核心，具有非常规性和积极主动性两个根本特点，是创造教育要着力培养的最可贵的思维品质。

创造性技能是反映创造主体行为技巧的动作能力，是在创造智能的控制和约束下形成的，属于创造性活动的工作机构，具备宽广而扎实的基础知识、广阔的视野以及善于综合开拓新领域的能力。良好的创造技能包括一般工作能力和动手能力、熟练掌握和运用创造技法的能力。创造技能也像其他技能一样，只有通过训练和实践才能真正获得。

2.创造教育需要营造良好的环境

马克思说：“人创造环境，同样环境也创造人。”人刚出生时的差别是不大的，连哭声也几乎一样。但几经沧桑、双鬓斑白之时，他们的能力见识、观念个性、成就命运却有天壤之别，其中差别也有赖于人所处的社会生活环境。“橘生淮南则为橘，生于淮北则为枳。”可见，实施创造教育，创设、营造创造性的教育环境有着重要的意义。

如何营造良好的创造教育环境呢？就是要努力创造“无拘无束的气氛”，让学生“自由地呼吸”。这种气氛的内涵应该是民主、自由、平等、和谐，要求管理民主、师生平等、学术自由、教学相长，只有这样才能发挥学生的“自由精神”。所谓“自由精神”，就是一种敢于冲破旧习惯和旧势力的力量，是人的能动反应机能的实现。一个人只有具有“自由精神”，才能有所发现、有所发明、有所创造、有所前进。

3.创造教育需要拓宽知识面

心理学研究表明，知识与能力之间存在着极大的相关。知识越丰富，产生重要设想的可能性就越大。

基于现代科学和社会发展对人的智能结构的要求，创造教育中既要有自然科学知识的内容，又要有人文科学知识的内容，要从传授分科知识转到进行整体知识教育，重视拓宽知识面，尽量开阔思考的领域，培养综合能力；既要注重基础知识教育，又要追随科学发展的新动态，强调让学生掌握最新科学知识和边缘学科。另外，还要突出方法论的内容，普及创造学知识，培养学生综合运用知识去分析问题和解决问题的能力。

4.创造教育在不同时期有不同方法

我们应该根据人脑生长发育的特点，在不同时期采用不同方法。在创造性的启蒙时期（3～9岁）以发现教育为主，重点在激发学生对自然现象和社会现象产生好奇的心理，学习发现问题的方法；在创造性的培养期（9～22岁）要注意强化脑的功能，提倡教师、学生共同探究、共同思考问题，培养学生多提问题、多想问题的习惯；在创造性的结实期（22～28岁）要深入钻研问题，广泛接触社会实践，将所学知识真正运用于社会的生产生活实践。

一方面，教师要启发性地“教”，不仅要让学生“学会”，更重要的是引导学生“会学”。对学生不只是传授知识，更重要的是激励思维，启发学生善于学习、勤于思考、勇于创造。另一方面，学生要创造性地“学”，树立起批判意识，增强思维的灵活性和深刻性，进而突破思维定式的局限，为提高创造力奠定基础。

5.创造教育是全社会共同的事

首先是课堂教学。课堂教学是实施创造教育的主阵地。课堂上，创设良好的课堂教学情境，发挥学生的主动性，在开发学生爱学、乐学天地的同时，开发课堂教学效益的最大值。因此，要激发学生潜能，教师必须退隐为“导演”，把活跃在舞台上的主动权交给学生。

其次是课外活动。课外活动通常是开展创造教育的重要场所，其优点是可以将课堂上学到的东西运用于实际，可以发展学生的兴趣爱好，可以锻炼学生的独立思考能力和动手能力。因而，创造教育的许多成果都是在第二课堂中取得的。

为此，要实施创造教育，就要为培养学生的创造素质提供更广阔的活动空间，让学生卸下肩头沉重的书包，轻轻松松地投入丰富多彩的课外活动中。学校应当成立课外兴趣小组，开展各种形式的兴趣活动。此外，读课外书、练书法、弹琴、画画、做家务等应成为学生的必做作业。

这里可以分享一下从延安中学走出的长征五号大推力火箭总设计师李东的故事。

少时聪颖的李东常常会问父亲各种奇奇怪怪的问题，把父亲问得哭笑不得，每当父亲答不出来时就会说“这有什么为什么呢，火箭都发射啦，卫星都上天啦”，从此，发射卫星和火箭就成了小李东心里最神秘、最牛的一件事情。

1979年，李东考入延安中学。学校光荣的历史、优良的革命传统时时激励着他，学校良好的校风、严谨的教风和勤勉的学风天天熏陶着他。求知若渴的李东，每天课余时间成了学校图书馆和阅览室的常客。在图书馆和阅览室老师的印象中，他个头矮矮的，穿着朴素的衣服，总是捧着一本书，静静地坐在图书馆或阅览室的一角沉醉地阅读着。

1985年，在延安中学上完初中和高中后，李东即将面临高中毕业。由于延安经济落后、信息闭塞，对于填报什么志愿、报考什么大学、学习什么专业，他感觉一头雾水、毫无头绪。有一天，他在学校阅览室看到一本《人民画报》，封面是长征三号火箭一飞冲天的照片。突然，他感到血脉偾张、心潮澎湃，小时候心中的那粒梦想的种子再次萌发。如果不去学航空航天，不去从事这个职业，一辈子都可能无法接触一枚真正的运载火箭。一瞬间，他就知道志愿怎么报了。少年立志，豪气冲天，当年，他的高考志愿清一色全部填报了航空航天专业。多年以后，李东成为中国长征五号大推力火箭总设计师。他带领着自己的威武之师——长征五号科研团队，一次次将“胖五”送上了发射台。国之重器，翱翔寰宇，举国欢腾，全球瞩目。

实施创造教育不仅是学校的事，也是全社会的事，如果社会能给创造教育提供一个良好的社会环境，对于培养和锻炼学生的创新能力也是一条有效的途径。比如，中央电视台和各种报刊举办的各种智力竞赛活动就激起了许多青少年学生的创造欲望和兴趣，出现了许多新的创造，取得了明显的成绩。

学生的许多时间并不都是生活在学校，他们作为社会的成员，时时生活在社会的群体中。如果让他们接触社会实践，用自己所学的知识解决实际中遇到的问题，这不仅为社会实际需要解决了一些困难，而且锻炼了他们的创新能力。

就延安中学而言，就是要遵循学生的认知规律，遵循学生的成长规律，教会学生今天会学习、明天会创造。

一是打造“自主高效”课堂，鼓励学生运用新方法、提出新观点、发现新规律，强化学生创造性思维培养，促进学生核心素养发展。延安中学“自主高效”课堂教学改革被列为人民教育出版社“十三五”课题，“三单”（教师导案、学生学案、课时活页作业）即《新课程标准学科素养培养方案》已由陕西人民出版社正式出版，标志着我校“自主高效课堂教学改革”步入了一个新阶段。

二是开展研究性学习，指导、帮助学生从自然、社会和生活中选择专题研究，主动获取知识、运用知识、解决问题，培养学生的科学态度和创造精神。近年来，有9名学生的论文获得研究性学习成果文本类省级奖励，14人次获得科技小制作国家发明专利。

三是举办科技艺术节，让学生自主设计活动内容和活动形式，挖掘学生自主创造潜能，启迪学生心智，激发学生兴趣，培养学生的艺术创造能力。

四是成立学生社团联合会，组建符合学生年龄特征和成长需求的各类社团。通过社团活动培育和发展学生的创新能力和创造意识。目前已成立机器人社团、航模社团、阳光摄影社、延中书社、心桥心理社、创新设计手工社、播音与朗诵社、枣花读书社、《先锋》《夏花》杂志社、舞蹈社和体育社团等各类社团20多个，学生积极性高，经常开展活动，取得了良好成绩。其中，男女足球社团勇夺延安市中小学生足球联赛冠军，女子足球社代表延安市参加陕西省中小学生足球联赛取得了第四名的好成绩；男子篮球社参加陕西省中小学生篮球赛取得了第八名的好成绩；舞蹈社参加延安市校园文艺会演夺得了第一名；航模社团拍摄的学校升旗、跑操、720度校园全景图和魅力宝塔等，在优酷、土豆、腾讯、微博等网站上点击量累计超过百万；机器人社团在陕西省第十六届中小学生电脑制作活动机器人竞赛项目中获得工程创新赛WER2016–撬动地球高中组一等奖；“校园足球新长征、革命圣地再出发”启动仪式也由延安中学协办。丰富多彩的创造教育实践活动，培养了学生的创造精神和创新能力。

学校、教师、家长和社会把培养创造人才作为自己的责任，同时教育学生把培养创造素质作为自己的追求，中国的教育就能与世界的教育接轨。

第九节　生活教育：培养真正生活化的人

生活教育是陶行知教育思想的核心。他说“生活即教育，是把一只鸟放在林子里；教育即生活，是把鸟放在笼子里”，集中反映了他在教育目标、内容和方法等方面的主张，反映了陶行知探索适合中国国情和时代需要的教育理论的努力。

生活教育理论是一种不断进取创造，旨在探索具有中华民族特色的教育道路的理论。它体现了立足于中国实际、“去谋适合，谋创造”的追求。无论是强调学校教育与社会生活、生产劳动相结合，还是要求手脑并用、在劳力上劳心，都是对学校与社会割裂、书本与生活脱节、劳心与劳力分离的传统教育的反对，显示出强烈的时代气息。陶行知的生活教育理论是我们民族教育理论宝库中十分可贵的遗产。

一、生活教育是延安精神的内在要求

生活教育“是供给人生需要的教育，不是假的教育”“是要把学校的一切伸张到大自然里去，大社会里去”。“要先能做到‘社会即学校’，然后才能讲‘学校即社会’；要先能做到‘生活即教育’，然后才能讲‘教育即生活’。生活教育使教育与生活、学校与社会密切联系，血脉相通。”

生活教育与封建传统教育、洋化教育是对立的。封建传统文化“以天理压迫人欲”，生活教育主张“要用教育的力量，来达民之情，顺民之欲”“要解放全人类”。生活教育认为文化“是要满足我们人生的欲望，满足我们生活的需要的”“我们是现代的人，要过现代的生活，就要受现代的教育”“过什么生活就用什么书，书不过是一种工具”，反对读死书、教死书的“书本教育”。

开展生活教育是延安精神的内在要求。我们坚持用延安精神教书育人就必须开展生活教育，这是因为延安精神本身包含着理论联系实际、实事求是的理念，而生活教育则是延安精神在当代教育中的一种体现和延伸。

延安精神包括坚定正确的政治方向，解放思想、实事求是的思想路线，全心全意为人民服务的根本宗旨，自力更生、艰苦奋斗的创业精神等。其中，解放思想、实事求是的思想路线和自力更生、艰苦奋斗的创业精神就是一种极富生活化的精神。

因此，用延安精神办学要求学校开展生活教育，就是要让学校在教育过程中注重培养学生的生活能力和实践能力，鼓励学生深入生活、深入实际、勇于实践，不断开创教育事业的新局面。同时，这也是对延安精神的继承和发展。

总之，没有生活做中心的教育是死教育，没有生活做中心的学校是死学校，没有生活做中心的书本是死书本。生活教育的中心思想是主张教育为人民大众服务，与社会生活需要和社会生活实践密切结合，促进社会和人民生活“向前向上”发展。

二、“生活即教育”是生活教育的内核

“教育即生活”是将孩子的教育场域狭隘化了，教育是生活的一部分，但不是全部。它是成人精心调制的七彩奶糖，通过科学的设计、高超的技法吸引着孩子们围绕它欢呼、走近它，这是承认了教育主体还是孩子却没看到教育有广阔的世界。

“生活即教育”是鸟儿入林，是鱼儿入渊，是对儿童作为完整的人的肯定，他们有着连续的精神生活，而不是像有些成人以为的那样：孩子的精神生活可以随意安排、任意割裂。

1.重视生活教育的重要性

教育来源于生活，生活教育理论的主体是“生活即教育”，这是对教育本质的一种诠释。生活本身就是教育，孩子的一日生活皆课程，对孩子的教育最有效的实施就是他们的所有日常活动。

生活决定教育，是教育的中心。教育的很多问题和方法都是来源于生活，陶行知先生就非常重视让孩子在生活中发现问题并找到解决问题的办法，他的农村学校、农村幼儿园就是让孩子从农村的生活中接受教育。过什么样的生活便受什么样的教育，家庭、幼儿园提供给孩子什么样的生活环境很大程度上影响着这个孩子的教育。

2.在动手实践中学会知识，真正做到“教学做合一”

陶行知的“教学做合一”思想，要求“教”与“学”同“做”结合起来，同实际的生活活动结合起来。的确，幼儿园的教学有别于其他学校的教学，教师的“教”不是一味地给孩子灌输知识，孩子的“学”也不会像高年龄段的学生那样接受。因此，教师应该根据孩子自身的特点结合他们的日常生活对其进行教育，注重孩子的主动性，让孩子自己动手操作。教师只是起到启发引导孩子的作用，陶行知强调：“先生的责任不是在教，而在教学，而在教学生学。”

3.重视对学生主动性、创造性的培养

学生具有很强的创造力，但是如果我们不重视对他们的培养，随着他们的成长，这种创造力就会逐渐消失。因此，教育的任务是培养他们的主动性和创造性。陶行知认为发展创造性最好的途径就是解放孩子，所以提出了六大解放。

在现代教育中，我们老师、家长也需要解放孩子的手、脑、嘴、眼、时间、空间，让孩子有自由，从而发挥自己的主动性和创造性。孩子的主动性和创造性培养是要从小开始的，老师、家长要尽量鼓励孩子自己动手操作，不断地拓展思路、解决问题，从而激发他们的创造性。

“生活即教育”是浓缩在生活教育中的本质内核，是生活教育中最基本的也是最根本的理论。生活教育与生俱来、与生同去，出世便是破蒙，进棺材才算毕业。在社会的伟大学校里，人人可以做我们的先生，人人可以做我们的同学，人人可以做我们的学生，随手抓来都是活书、都是学问、都是本领。

今天的教育就是为学生明天的幸福人生奠基。延安中学通过教会学生会学习、会健体、能审美、重养成、懂法制等系列主题教育活动，塑造学生健全人格，促进学生全面发展。一是加强安全教育。通过创建国家安全教育示范基地，举办安全知识讲座，召开“护校安园”主题班会，组织师生紧急疏散演练等活动，增强学生的安全观念，提高学生自我保护意识和自防自救能力。二是坚持健康教育。广泛开展新生军训、春季田径运动会、科学健身“冠军校园行”志愿服务活动、拔河比赛和球类比赛等阳光体育运动，认真组织学生健康体质检测、疾病预防、高考心理辅导和青春期心理健康讲座等，强健学生体魄，培养学生良好的生活情趣、积极乐观的生活态度和健康文明的生活方式。三是注重养成教育。通过开展“双文明”评比、“双十佳”表彰，举办“文明我先行、礼仪伴成长”主题教育活动，培养学生良好行为习惯。四是强化法治教育。通过举办法治知识讲座、服刑人员“现身说法”，邀请延安市中级人民法院等来校进行普法宣传，开展“珍爱生命、远离毒品”禁毒控烟等活动，增强学生法治观念，提升学生自我防范意识和遵法守纪的自觉性。今天，学生在学校掌握了好的学习方法、锻炼出强健的体魄、培养了健康的审美情趣、养成了良好的生活习惯，同时学法知法守法，明天一定会生活得幸福美好。春风化雨的生活教育实践活动，培养了学生的创造精神和创新能力。

总而言之，“孩子的培养不只是文字技术的训练”，会认字、会算术并不是教育的全部，对孩子的教育应该融入他们的生活，让他们发挥自己的主动性和创造性，从而更好地接受和学习知识。把他们放在社会的生活磁场里，才能通出教育的电流，射出光、放出热、发出力，成为对社会有用的人才，成为对国家和民族有价值的人才。

第十节　未来教育：让学生适应未来竞争

未来教育是为了适应和推动未来社会的发展，培养具有全球竞争力的人才的重要方式。

首先，未来教育强调培养学生的未来意识和未来发展能力，使他们能够更好地适应快速变化的社会环境，具备在未来社会中生存和发展的能力。

其次，未来教育注重学生的综合素质和能力的培养，不仅仅是学术成绩，还包括创新思维、合作精神、领导能力以及社交技巧等方面的培养。这些能力将在未来社会中发挥越来越重要的作用。

此外，未来教育还重视学生的个性化和多样性，通过精准了解每个学生的个性特征和认知结构，可以提供适合他们个性的知识和内容，以及相应的学习策略和方法，增加学习的适应性和可供选择性。

未来教育旨在培养具备未来发展能力、综合素质和个性化人才，以适应和推动未来社会的发展。

一、为什么要开展未来教育

“教育要面向现代化，面向世界，面向未来”[①]是邓小平在1983年10月1日为北京景山学校所作的题词，后来成为我国社会主义教育事业的指导方针。“面向现代化”，是指教育能够全面适应社会主义现代化建设的需要，提高劳动者素质，培养造就一代又一代合格的社会主义建设者和接班人。“面向世界”，

① 《邓小平文选》第三卷，人民出版社 2001 年版，第 35 页。

是指教育的改革和发展要符合世界发展潮流，积极借鉴世界各国教育改革和发展的有益经验，为我所用。“面向未来”，是指教育要着眼长远，面向未来的挑战，不断改革教育体制和教育结构、更新课程教材内容、改进教学方法和手段。“三个面向”是邓小平分析国内外教育发展形势，对我国教育事业发展前景作出的科学概括，为我国教育改革和发展指明了方向、明确了任务。

不仅如此，公元前400年，古希腊哲学家伊索克拉底就反复强调：“教育决定未来。”

2002年，时任国务院总理的温家宝指出：“教育寄托着亿万家庭对美好生活的期盼，关系着民族素质和国家未来。”[①]

2019年，习近平总书记作出“教育兴则国家兴，教育强则国家强”[②]、“建设教育强国”[③]的重要论述。

……

教育对于未来为何如此重要？因为教育的对象是每个鲜活的人，人决定了经济的发展状况，人决定了科技的深入程度，人决定了政治的基本形态，人最终决定了教育本身。

遗憾的是，我们当前的教育对于未来缺乏想象，目光总是围着“既得利益”打转。对于很多人来讲，基础教育仍旧是为“上大学”做准备，高等教育则总是被视为“职业介绍所”，至于未来的话题，教育没有太多兴趣，所以干脆闭口不谈。

未来对于很多教育的实施者来说，就是升学率与就业率组成的坐标。所谓“流水的学生、铁打的分数”，未来在他们眼中是可以预见终点的线段，而不是通往未知的直线。

倒是家长们对于未来充满想象，但必须加上“规避风险”的前提条件。未来对于他们来说，就是孩子的未来，这个未来不是精彩卓越，而是按部就班、

① 温家宝:《政府工作报告——2010年3月5日在第十一届全国人民代表大会第三次会议上》,《人民日报》海外版2010年3月16日，第1版。

②③ 习近平：《扎实推动教育强国建设》，《求是》2023年，第18期。

风平浪静。未来在他们眼中，是一座显示“性价比”的天平，未来的指针总是围绕“生活要保险一点”打转。

二、未来教育迫在眉睫

好的学校，面向未来。人类是一种会思考未来的生物。要探讨面向未来的学校，我们肯定要思考未来会是什么样的。

美国教育家杜威说过：“如果我们仍然以昨天的方式来教育今天的孩子，无疑就是剥夺了他们的明天。”教育的变革已迫在眉睫。昨天的教育模式包括昨天的培养目标、昨天的概念体系、昨天的课程范式、昨天的技术手段、昨天的教学方式，等等。如果我们还停留在昨天的情况之下，那怎么带领我们的学生走向未来？所以从这个意义来讲，教育需要有前瞻性的思考，学生需要接受未来教育。

1.未来社会需要创新思维

创新能力的培养是当前的一个巨大挑战。当前国际环境发生很大变化，我国科技发展存在不少短板，很多产业技术瓶颈主要在于原始创新薄弱。基础研究是推动原始创新、构筑科技和产业发展“高楼”的基石，我国已经到了必须大力加强基础研究的关键时期，立足现实，决不能错过这个时机。

科技界、社会各界精英都在反思科技无根的原因在哪里。何以无根？既有历史原因，也有现实原因；既有科学原因，也有文化原因；既有社会原因，也有教育原因……我们的校长、教师，在我们力所能及的范围内，是不是做过很有意义的探索？这都是值得去思考的。

何以无根？缺乏对原创的尊重，热衷于模仿、复制、粘贴；对科学内在兴趣越来越淡，对外在名利越来越浓；思维格式化越来越严重，想象力、创造力普遍缺失；深度思考、哲学思辨缺失……当前教育最大的危机是教育质量支撑不了国家对创新的需求。我们培养了数量众多的研究生、本科生，但是满足不了创新的需求。

2.未来社会需要创意想象

当今社会，抄袭现象时有发生，涉及的领域也较为广泛。一个国家，要么是高创新，要么是低创新，只有这两种可能。创新源于想象力，那想象力贫乏，与教学有关吗?

学校的标准化教学导致了学生思维的程式化，而思维的程式化是想象力贫乏的关键所在。未来胜任力的关键在于创造力，而创造力的关键在于想象力。学校教育的目标不在于培育优秀的“记忆者”，而在于培育出色的“思考者与探究者”。

儿童是最认真、最好奇、最热情、最有观察力的。处于儿童时期的小学生是最有灵感、最敏捷的一群人，他们最富有想象力。对此，我们要通过课程范式、教学范式去保护他们的想象力。例如，我们学校开设的超学科创意想象课程：小学阶段开设的是“创意绘画”（以绘画为主来表达创意。这门课程不在于培养学生的绘画技巧，而在于引导学生把关于社会、关于未来的美好想象用图画的方式呈现出来）；初中阶段开设的是“创意写作”（这门课程也不在于培养学生的写作技巧，而在于引导学生把想象中的美好东西通过文字等外化出来）；高中阶段开设的是“创意建模”（这门课程引导学生把美好的想象用模型做出来，比如未来的学校、未来的社区、未来的医院等）。

3.未来社会需要知识的整合运用

移动互联网正在深刻改变着人类社会，技术的整体性突破给人类生活带来巨大的变革。毫无疑问，这个变革是非常明显的。随着时代的发展，今天我们对知识概念的认知已经发生了很大的变化。联合国教科文组织的文件中讲道，知识还包括你对知识的理解、你用知识解决问题的技能、你面对知识的态度和价值观。

实际上，处理后的数据是信息，未经处理的数据不叫信息；处理后的信息叫知识，未经处理的信息不叫知识；处理后的知识叫智慧，未经处理的知识不叫智慧。换言之，我们作为教育教学一线的校长、教师，不能仅仅是“低头拉车”，还要“抬头看路”，看看这个社会在发生什么样的变化。

我们需要意识到，整合的知识才是力量。以前我们常说“知识就是力量”，现在需要调整一下，整合的知识才是力量。在信息化社会里，碎片化堆积状态的知识不再是力量、不可能产生力量，所以整合非常重要。

知识整合已成为当下非常重要的概念。我们应强调概念间的关联、信息的分类整合、知识的有效迁移及结构化处理。其中的结构化处理，要求校长、教师有结构化的头脑、结构化的思维。

学生不仅要学习学科知识，还要关注丰富多彩的生活；不仅要知道知识系统，还要关注复杂的社会系统；不仅要提高解题能力，还要提高问题解决能力；不仅要提高学科能力，还要提高综合素养；不仅要关注分数，还要着眼于未来的学习。所以，跨学科整合成为当下的基本共识，我们要扎扎实实把它做好。

可以运用的知识才有力量，知识如果不能被运用就是死的知识。知识不应该是死的应该是活的，只有这样，在解决问题的过程中才能体现出它的价值。有体验支撑的、能够基于证据作出自己回答的知识才是智慧，即基于反思、有助于解决问题的知识才是智慧。

怎样培养学生的问题解决能力？学校教育应帮助学生掌握方法论，我们让学生取得的不是知识而是判断的能力。只有这样的教育，才能实现我们的目标，让我们的学生在未来社会中站稳脚跟、有所作为。

因此，教育面向未来的实质是参与教育的人必须面向未来。施教者必须拥有未来思想，将相对缺失的人文教育重新弥补回来；家长则必须有对未来的判断，重新审视教育的未来意义；学生必须拥有未来眼光，将受教育的目的重新明确。只有这样，教育才能改变过于功利化的理念，成为面向未来的事业，改变未来的原动力，这也是“教育面向未来”的意义所在——教育就是未来本身。

本章结语

延安中学是延安精神的一贯承载者、持续传承者和不断发展者，“十个教育”是延安中学立足实际，用延安精神教书育人的生动实践，是对我们党和国家中学教育事业的伟大探索。延安中学发力信仰教育、激情教育、责任教育、自主教育、励志教育、智慧教育、启悟教育、创造教育、生活教育、未来教育“十个教育”，坚定正确的政治方向，解放思想、实事求是，全心全意为人民服务，自力更生、艰苦奋斗，不断提高教育质量和效益，培养更多优秀人才，为全面建设社会主义现代化国家作出更大贡献。

附1　我们从延安走来

第一幕：延安颂

从黄土高原走来，
从太行山上走来。
我们，是延安的建设者！
悠悠延河水，寸寸报国心。
延安十三年，
大江南北燃遍革命的烽火，
延河水畔集结进步的青年。
滚滚延河水，巍巍宝塔山。
延安十三年，
实事求是结合中国之特色，
思想光芒照耀东方的明天！
国难当头，我们延安青年，重任在肩——
我们要做忠于人民、忠于民族的青年，
我们要做团结互助、民主自由的青年，
我们要做纪律严明、行动迅速的青年，
我们要做朝气蓬勃、艰苦奋斗的青年！
历历十三载，延安，
孕育出了不问功名与利禄的张思德精神、白求恩精神；

历历十三载，延安，
总结出了“从群众中来，到群众中去”的宝贵经验。
这是“延安道路”的凝练，
这是“延安作风”的升华，
这里，是坐定后方的延安，
这里，是决胜千里的延安，
这里，是中国革命的圣地，
这里，是新中国的摇篮！
我们，从延安走来！

第二幕：时代歌

从历史变迁中走来，
从改革春风中走来。
我们，是延安的传承者。
愚公移山，愿效滴水洞石穿；
征途漫漫，愿效江水去不还。
我们以自豪的身份站在这里，
感恩时代的馈赠，
立志用奋斗谱写新中国的辉煌！
一架架机器隆隆作响，
一道道汗水恣意流淌，
我们丢掉了经济落后的帽子，
却不忘延安机杼纺纱忙。
一座座广厦拔地而起，
一台台电器满目琳琅，
我们告别了简陋的茅屋，

却忘不了延安温热的土炕。
请把任务交给我吧，
我会创造出累累硕果，
为我们的祖国贡献力量！
请把任务交给我吧，
我会撑起华夏的明天，
让中华之名威震四方！
这是延安人的责任，
这是延河青年的担当，
我们，从延安走来！

终章：复兴望

从新时代的召唤中走来，
向中华民族伟大复兴走去。
我们，是延安的弘扬者，
我们，是新时代的延安人，
我们，是新征程上的青年力量。
从军旅中锤炼意志，
从基层中点燃希冀，
从实践中探索真理，
从科研中开天辟地！
在“实践创新”中回答中国之问，
在“命运共同”中回答世界之问，
在“中国特色”中回答时代之问，
在“为民服务”中回答人民之问。
我们是绘就者，

我们是奋进者，

我们，从延安走来！

结语：谱华章

延安窑洞的灯，照亮祖国东方的红，

延河滔滔的水，承载先辈不世之功。

延安精神，是我们发展创新的动力，

“三严三实”，是我们做人做事的标尺。

漫漫黄土路，见证着这一路的风风雨雨；

巍巍黄土坡，诉说着这九十年的光辉历程。

在黄土路上追寻信念，追寻初心与理想；

在黄土坡上追寻精神，追寻红色的记忆。

我们，是延安精神的传承者，

继往开来，砥砺奋进！

我们，是延安精神的弘扬者，

勇担大任，谱盛世华章！

我们，从延安走来！

附2　牢记使命，不负嘱托

2022年10月26日
是个令人难忘的日子
坚持用延安精神教书育人
办好人民满意的教育
总书记的殷殷嘱托
如春风拂面
温暖人心

2022年10月26日
是个令人激动的日子
从小树立远大理想
立志成为社会主义建设者和接班人
总书记的谆谆教诲
如黄钟大吕
震撼人心

两年来
全体延中人
时刻牢记总书记的殷殷嘱托

落实立德树人的根本任务
将红色文化融入课堂
融入生活
忘不了红色远足路上的汗水
忘不了主题教育活动上动人的故事
忘不了思政课堂上的思维碰撞
忘不了张思德雕像前的铮铮誓言

两年来
全体延中人
时刻不忘总书记的谆谆教诲
弘扬革命传统，培育时代新人
将延安精神融入班级管理
融入育人细节
以严格的自我管理为动力
以坚定的理想信念和使命担当为旗帜
以创造良好的学习氛围为灵魂
以塑造学生健全人格为宗旨
努力培养堪当民族复兴重任的时代新人

今天，我们又一次站在国旗下
迎接这面曾经在天安门广场高高飘扬的五星红旗来到延安中学
这是我们这所共产党创办的第一所中学的神圣时刻
这是对我们坚持用延安精神教书育人的肯定与鼓励
这是对每一位延中学子的深切厚望
这是一份属于延中人的无上荣光

沧海桑田，百年巨变

伟大的党，带领人民披荆斩棘，从胜利走向胜利

先辈们用生命铸就了共和国的光辉历史

步入新的时代，青年肩负着中华民族伟大复兴的神圣使命

作为一名光荣的延中人

我们应当牢记报国使命，不负总书记的殷殷嘱托

用实际行动当好红色历史的宣传者

红色阵地的守护者

红色基因的传承者

让延安精神在时代的丰碑上熠熠生辉

（2024年4月22日，迎接“2022年10月26日在天安门广场飘扬的国旗授予延安中学”升旗仪式）

希望延安中学坚持用延安精神教书育人，办好人民满意的教育，弘扬革命传统，培育时代新人——习近平

附3　延安中学：用延安精神教书育人

我的心里话

延安中学校长郭博

习近平总书记的谆谆嘱托，让人备受鼓舞，更加坚定了我们用延安精神教书育人的信心和决心。一年多来，学校党建工作焕发新气象、赓续红色血脉激发新活力、思政“金课”范本取得新成果、教育教学质量迈上新台阶……我们将持续深化用延安精神教书育人理念和实践体系，大力培养德智体美劳全面发展、担当民族复兴大任的时代新人，努力办好人民满意的教育。

（本报记者陈宏江整理）

4月22日6时55分，在延安中学国旗台前，全体师生肃立。庄严的升旗仪式后，在8名曾在天安门国旗护卫队服役的旗手护送下，编号为2022-0145的国旗被授予延安中学。

2022年10月26日，这面国旗在天安门广场上升起。正是在这一天，习近平总书记走进延安中学教育史馆，了解学校总体办学情况，希望延安中学坚持用延安精神教书育人，办好人民满意的教育，弘扬革命传统，培育时代新人。

延安中学是中国共产党创办的第一所中学，具有光荣历史和优良革命传统，为革命老区培养了大批人才。

新时代，延安中学赓续红色血脉，深化育人方式改革，健全“五育”并举育人体系，形成以“用延安精神立德树人”为主题，以责任教育、创造教育、生活教育、励志教育为四翼的“一体四翼”素质教育实践体系，努力培养担当民族复兴大任的时代新人。

红色基因代代传

4月的延安，春意盎然。4月26日上午，延安中学2024年读书节、科技节、运动会“两节一会”开幕。

55支代表队的1100名运动员同场竞技。文艺表演、航模表演、速度比拼……青春洋溢的健儿沐浴着春光，挥洒汗水，活力四射。

不远处的办公楼上，“用延安精神教书育人”9个大字在阳光的照耀下熠熠生辉。

作为中国共产党创办的第一所中学，80多年来，延安中学先后15次易名，14次搬迁校址，虽几经辗转，但办学从未间断，红色基因一脉相承。

追溯历史，展望未来。走进延安中学教育史馆，760平方米的展厅内，展出图片1363张、实物321件，生动地呈现了延安中学的峥嵘岁月。

“1946年12月9日，行知中学（后改为延安中学）‘毛泽东青年团’成立。这是中国共产党重建青年团的第一个学校团组织。”延安中学教育史馆讲解员蒋蕊介绍，当时为粉碎国民党的经济封锁，广大师生纺线织布、开荒种地、砍柴烧炭、下乡办学、上街演出，自己动手，丰衣足食。

彼时，延安中学学子挖窑洞当教室，用桦树皮当纸，以膝盖为课桌，在“窑洞大学”里学习知识，坚持教育为人民服务、为革命战争服务、为边区建设服务。崇高的理想信念让他们战胜了一切艰难困苦。毛泽东同志为延安中学题词“光明在前”。

80多年来，延安中学为党和国家培养了大批优秀人才，为抗日战争的胜利、解放战争的胜利、新中国的成立和国家经济建设作出了贡献。我国首批21

名留苏学生中，有16名曾是延安中学的学生。

参观学校教育史馆，是延安中学每名学子的“开学第一课”。

“我们以教育史馆为红色阵地，将‘红色种子’播撒进学生心里，激励他们做有理想、敢担当、能吃苦、肯奋斗的时代新人。”蒋蕊说，这是学校“用延安精神教书育人”课程体系的重要组成部分。

“传承红色基因、赓续红色血脉，延安中学坚持开展一天一次的‘延安精神主题教育特色班会课’、一周一次的延安精神讲习社活动、一月一次的‘延安精神主题教育活动’及常态化校史教育活动。”延安中学德育处副主任文剑锋介绍。

2023年12月，延安中学高二（24）班学生常瑞雪作为学生代表，参加了中国人民大学和延安中学的研学活动，在天安门观看升旗仪式，参观张思德纪念馆和部分高校。

从延安到北京，一路走、一路看，延安精神在常瑞雪心中的分量更重了。

“这次研学活动是一次血脉的传承、一次初心的追寻，让我感受到延安精神鼓舞着一代代国人奋勇向前，是整个民族的力量源泉。我将在延安精神的照耀下，努力学习，朝着理想不断前进。”常瑞雪坚定地说。

在红色精神的滋养下，延安中学的青少年成长起来了。交谈时，常瑞雪身上自信坚定的气质令人感慨：那些曾经播撒下的“红色种子”，已悄然生根发芽，结出丰硕果实。

宝塔山下育新人

4月25日，在延安中学高三（24）班讲台上，历史老师屈梅正绘声绘色地为学生讲课。

新民主主义革命、社会主义现代化建设、改革开放……屈梅将一件件“大事”巧妙地连缀起来给学生讲解。

2022年10月26日，屈梅正为高一（2）班学生讲解“隋唐文化”内容时，习近平总书记走进教室同师生亲切交流。

“总书记的勉励让我备受鼓舞。高三学生学业繁重，我经常以中华优秀传统文化和革命文化中艰苦奋斗的故事激励他们在学习中要敢于拼搏、勇于克服困难。”屈梅说。

在屈梅的历史课堂上，中华优秀传统文化的风骨神韵、革命文化的刚健激越、社会主义先进文化的繁荣兴盛，吸引着渴求知识的学子。

今年以来，针对陕西2025年“新高考”模式，延安中学聚焦“六个下功夫”深化课堂教学改革。

延安中学教科处主任刘鹏飞介绍:“‘六个下功夫’涵盖学习全过程。课前，在预习反馈上下功夫；课中，在问题设计、活动组织和精讲点评上下功夫；课后，在作业训练和辅导纠错上下功夫。”

“‘新高考’形势下，考试科目和试卷结构发生变化，对学生的综合素质要求更高。学校围绕‘六个下功夫’，分批组织新入职教师、中青年教师等开展课程大比武活动。通过开展比赛，学校教学质量明显提升。”刘鹏飞说。

从教16年，延安中学生物老师徐芳似乎又变成了“学生”。

“面对‘新高考’，教学理念要持续更新，教学方法要不断改进。要遵循‘以学生为主体’的教育理念，要呈现知识的构建过程，让知识于学生处‘生成’，而不只是用大量背诵和重复练习获取知识。”徐芳说。

如何让学生实现自主学习？徐芳的见解颇为独到。

“在基础知识的学习中，老师要精心设计问题，发挥学生的自主性。老师要带领学生领悟科学家解决问题的科学思维和巧妙办法，培养学生的创新能力。”徐芳说。

4月24日，在延安中学高二（25）班课堂上，思政课老师张艳如带领学生就“如何实现人生价值”展开讨论。

成为科学家、医务工作者、外交官……学生争先恐后地讲着自己的理想。

“课堂上，我引导学生将个人理想与国家发展联系起来，将实现人生价值与国家前进步伐统一。通过思政课教学，学生制订长期规划、树立远大理想，将个体的‘小我’融入国家的‘大我’。”张艳如说。

近年来，延安中学组织编写《薪火传承话初心》等校本教材，建立特色思政课体系，开展思政课大教研和教师大练兵活动，评选思政课优秀教学成果和典型案例，努力打造有高度、有深度、有温度的思政“金课”。

延安中学充分挖掘用好红色资源，开展思政课第二课堂教学实践活动。“学校通过‘革命纪念地思政课’‘重大节日思政课’‘研学旅行思政课’等，将思政课从课堂延伸到课外，增强思政课的实效性和针对性。”文剑锋说。

喝延河水、听陕北曲、望宝塔山，延安中学思政课“长满”红色故事，一粒粒“红色种子”在学生心中扎下根来。

4月15日，中国人民大学等联合大中小学思政课一体化共同体建设牵头单位，举办“北京中轴线上的大思政课”示范展示活动，发起成立全国首个大中小学思想政治理论课“金课”建设联盟。“学校在挖掘红色资源、创新实践载体建好大课堂、多校协同搭建更大平台等方面取得了良好成效。我们将持续在强师资、搭平台、建机制、推‘金课’上发力，深化思政课改革创新。”延安中学校长郭博在活动中发言。

延安市以“用延安精神教书育人”专题培训为抓手，邀请知名专家学者讲学，加强教师思想政治教育，开展骨干教师示范课、观课、议课活动以及外出学习分享会、业务技能大赛、教师论坛等活动，引领教师当好红色历史宣传者、红色阵地守护者和“用延安精神教书育人”践行者。

弘扬延安精神，培育时代新人。如今，“用延安精神教书育人”已成为延安教师的共识。

群众满意是目标

4月26日正午时分，延安中学学生餐厅，19个档口摆满各式各样的饭菜，学生正有序排队打饭。

2022年10月26日，在学生餐厅，习近平总书记向厨师们了解饭菜的价格和口味，叮嘱他们确保质量、注意卫生，让同学们吃得放心舒心。

这些暖心的叮嘱，学生餐厅负责人杨建峰牢记于心。

为守护师生“舌尖上的安全”，延安中学设立食品安全“双总监”。作为总监之一，杨建峰每天事无巨细，与同事严格把控食材采购、饭菜制作、餐具消毒等环节。

“我们开展了‘两心’工程，其中‘放心’工程围绕落实食品安全‘两个责任’，做好日管护、周排查、月调度；‘舒心’工程做到饭菜营养搭配、健康美味，不断更新产品、提升质量。”延安中学服务处副主任、食品安全总监高山说。

真心出美味，真爱伴成长。延安中学落实校领导陪餐制，推出美食征集栏，开展满意度测评，以满足学生多样化的就餐需求。

吃过午饭，高一（26）班学生宋柏良与几名同学戴上“文明就餐督导员”袖标，开始维护秩序，督促大家文明用餐，落实“光盘行动”。

延安时期，中国共产党团结带领人民群众，大力发扬艰苦朴素、勤俭节约的优良传统和自力更生、艰苦奋斗的精神，谱写了一曲曲战天斗地的劳动者之歌。

从小在延安精神滋养下长大的宋柏良，熟知毛泽东同志种菜地、南泥湾大生产运动等革命先辈艰苦奋斗的故事。

“我们要自觉做延安精神的践行者，勤俭节约、艰苦奋斗。”宋柏良说。

运动会上，高二（2）班学生高佳宁摩拳擦掌，今年她参加了铅球和短跑项目。

“校长勉励我们‘无运动，不延中’。最近一段时间，我积极锻炼，已经做好准备了。”高佳宁说。

文明其精神，野蛮其体魄。延安中学弘扬“完全人格、首在体育”的优良传统，强化体育锻炼，实施体育固本行动，常态化开展田径运动会、阳光跑操比赛、越野赛等活动。

“希望学生将体育运动作为一种生活方式，走到阳光下，走进操场，在学习之余实现‘每天锻炼一小时’，为健康成长和终身发展打好基础。”郭博说。

如今，“无运动，不延中”这句口号已在延安中学学子心中生根发芽。

早在延安时期，红色体育就在黄土高原发轫。1942年，延安“九一”扩大运动会吸引1300余名运动员参赛，成为延安时期党中央举行的规模最大的一次体育盛会。

几十年来，在宝塔山下，在延河之畔，红色体育精神薪火相传……

多年来，延安中学不断寻找“延安精神”与“教育方针”的契合点，发挥办学经验丰富、名师荟萃等优势，与延安多所学校建立校际联盟，长期开展送教下乡、教研交流等帮扶活动，提高基层学校的教育科研水平，推动城乡教育均衡发展。

2023年3月，延安中学与子长中学签订托管协议，带动后者在教育教学、教研管理、教师专业发展、课程资源建设等方面不断提升。

“合作办学一年多来，我们全方位对接优质教育资源，创新育人方式，推进新课程改革，构建全面培养体系，学风和校风变化非常大，群众的认可度更高了。”延安中学副校长、子长中学执行校长刘晓茹说。

仰望巍巍宝塔，聆听滔滔延水。这片红色沃土上，一株株“幼苗”正在红色精神的滋养下，茁壮成长……

（本报记者王婕妤、陈宏江、仵永杰，
延安市融媒体中心记者乔建虎，
宝塔区融媒体中心记者刘思男）

记者手记：融理想于脚踏实地的奋斗中

延安中学是中国共产党创办的第一所中学，诞生于战火硝烟中，在烽火岁月中一步步成长起来。80多年来，从最早的陕甘宁边区中学到延安中学，学校先后15次易名，14次搬迁校址，虽几经辗转，但办学从未间断。延安中学继承优良的革命传统，为党和国家培养了大批优秀人才。

红色基因一脉相承。走进今天的延安中学，从教育史馆到学生餐厅，从历史课堂到“两节一会”现场，我们看到，红色血脉始终在延安中学赓续传承。延安中学坚持弘扬革命传统，用延安精神教书育人，把思政工作贯穿教育教学全过程。学校立足延安红色资源禀赋，把延安丰富的革命旧址变成“沉浸式”课堂，通过唱响红色歌曲、宣讲红色故事、追寻革命足迹等丰富的形式，传承红色基因。

育人的根本在于立德。新时代的教育，不仅要传授知识提升能力，更要培养坚定的理想信念、高尚的道德品格。延安中学独具特色的“一体四翼”素质教育实践体系，覆盖了培养时代新人的方方面面。在教师感召式教学中，延安中学引导青年学子将自身理想与奋斗融入党和国家事业中，用党的科学理论武装青年，用党的初心使命感召青年，为全面建设社会主义现代化国家贡献青春力量。

青年强，则国家强。从学生们自信坚定的气质中，我们看到，一群怀抱梦想又脚踏实地，敢想敢为又善作善成，有理想、敢担当、能吃苦、肯奋斗的时代新人，传承红色基因，正在茁壮成长。

（王婕妤）

（摘自《陕西日报》2024年5月8日，第2版）

后记　延安中学，光明在前

光阴荏苒，岁月沧桑。80多年来，延安中学一路风雨、一路凯歌，延安中学的学子毕业了一拨又一拨，延安中学的老师换了一茬又一茬，延安中学的光荣传统和优良作风生生不息、薪火相传，这种光荣传统和优良作风就是延安中学在长期的办学过程中形成的“艰苦奋斗、努力学习、勇于担当、光明在前”的延中精神。

延安精神是中国共产党人的传家宝。时代在发展，社会在进步，延安精神永远不会过时，正如老校友谢子长之子谢绍明在给母校贺信中所说：“为什么喝延河水长大的这一批人都称得上是好样的？这一切都归功于这批人青少年时期就深受延安精神的抚育，从小就锻炼了吃苦耐劳的品质，树立了以天下为己任、为人民服务、为国家民族解放奋斗终身的远大理想。”往者犹可鉴，来者仍当期。传承红色基因，用延安精神教书育人；肩负神圣使命，为民族复兴催桃育李。

“用延安精神教书育人”在延安中学不是一句口号，不是一条标语，它已融入学校教育教学的各个环节，成为广大师生的自觉行动。“用延安精神教书育人”像一面旗帜，引领着学校沿着正确的道路不断向前发展。延安中学的优良传统和作风生生不息、薪火相传，在延安精神的哺育下，在长期坚持学习、宣传和弘扬延安精神的实践中，延安中学形成了“艰苦奋斗、努力学习、勇于担当、光明在前”的延中精神，像盛开在陕北黄土地上的一朵山花，娇艳无比。

“发扬革命传统，办好延安中学”是全体延中人的历史使命和政治责任。在新的历史时期，全体延中人将牢记嘱托、不辱使命，坚持用延安精神教书育人，创新教育模式，全面推进素质教育，以培养具有奋斗精神、创新意识和实践能力的杰出人才为目标，科学谋划学校发展，全面加强学校管理，深化教育教学改革，形成富有延中特色的管理模式、教育模式、教学模式和服务模式，努力把延安中学办成“教育理念先进、管理机制科学、教量省内一流、特色创建全国一流”的特色品牌学校！

延安中学，光明在前！